Einführung
in die physiologische Optik

Von

Prof. Dr. Armin von Tschermak-Seysenegg

**Vorstand der Lehrkanzel für Physiologie an der Außenstelle Regensburg
der Medizinischen Fakultät der Münchner Universität**

Zweite,
neubearbeitete und vermehrte Auflage

Mit 111 Abbildungen im Text

Springer-Verlag Wien GmbH

1947

ISBN 978-3-211-80036-2   ISBN 978-3-7091-7704-4 (eBook)
DOI 10.1007/978-3-7091-7704-4

Vorwort zur zweiten Auflage.

Als mir im Jahre 1940 durch die Deutsche Ophthalmologische Gesellschaft die
ebenso ehrende als reizvolle Aufgabe gestellt wurde, diese Reihe von Einzeldar-
stellungen*) mit einem Beitrage zu eröffnen, war es mir von vornhinein klar, daß
ich meine bescheidene Gabe nur jenem Forschungsgebiete entnehmen könnte, dem
meine erste Liebe gehörte, und zu dem ich in bald fünf Dezennien fachwissenschaft-
licher Arbeit immer wieder zurückgekehrt bin. Es ist der Zaubergarten der physiologischen Optik, in den ich so manchen lieben Schüler einführen konnte, und in
den ich nun die größere Schar der Jünger der Augenheilkunde überhaupt ein-
'ıden möchte. Wir wollen dabei in kameradschaftlichem Verein nicht den her-
ᴋömmlichen schulmäßigen Weg gehen. Vielmehr wollen wir nach eigenem Plan
gerade das uns als Biologen und Ärzten besonders reizvoll und bedeutsam Erscheinende aufsuchen und zu einer einheitlichen Schau zusammenfassen. Dabei
kann natürlich nur das Wesentliche geboten und selbst dieses oft nur andeutungsweise behandelt werden. Schon so wird sich der Inhalt unseres Bildes bald als
so reich erweisen, daß er immer wieder drohen könnte, den eng gezogenen Rahmen
zu sprengen. Deshalb müssen wir uns auch — wenn ich es schulmeisterlich sagen
darf — auf die Lehre der physiologischen Optik beschränken, auch von Literatur-
hinweisen ganz absehen. Dabei können wir allerdings die zur Gewinnung dieser
Ergebnisse verwendete und zur Fortarbeit unerläßliche Methodik meist nur kurz
streifen. Ihre zusammenfassende Würdigung würde eine gesonderte Darstellung
erfordern, wie ich sie — allerdings in ausführlicher, handbuchmäßiger Form und
mit reichen Literaturnachweisen, deren Wiederholung hier bald zu einem bloßen
Aneinanderreihen von Einzelnamen führen würde (wie entschuldigend bemerkt
sein möge) — für die physiologischen Untersuchungsverfahren des optischen
Raumsinnes und der Augenbewegungen bereits, wenn auch leider nicht einzeln
käuflich, anderwärts (bis 1929) gegeben habe. Hier gilt es mir vor allem, das
Interesse weiterer augenärztlicher Kreise für die Schönheit der physiologischen
Optik überhaupt zu gewinnen und sie zugleich zur praktischen Auswertung ein-
zuladen. Wenn mir dies auch nur einigermaßen gelingen sollte, wäre die auf
diese Darstellung verwendete ehrliche Arbeit, die allerdings auch vom Leser
nicht wenig verlangt, keine „verlorene Liebesmüh". Allerdings wird es auch
manchen geben, der die kameradschaftlich, ohne jede Überheblichkeit dargebotene Führerhand verschmäht und auf eigene Rechnung und Gefahr wandern
will. Mag er es tun! Nur ist es ungerecht, wenn dann ein solcher so manches
Erwartete, besonders an Untersuchungsmethodik, vermißt — so an der Nicht-

---

*) Die erste Auflage erschien als 1. Band der Sammlung „Augenheilkunde der
Gegenwart", J. F. Bergmann, München, und Springer-Verlag, Berlin und Wien 1942.

erwähnung des Augenspiegels Anstoß nimmt. In eine Einführung zur Lehre von Licht-Farben-Raumsinn, wie sie hier ohne näheres Eingehen auf die Untersuchungsmittel geboten wird, und die eben kein oculistisches Kompendium darstellt, gehört dieser aber bei aller Bewunderung für das einzigartige Genie eines HELMHOLTZ einfach nicht hinein! Es wäre aber auch ein arges Mißverstehen, wollte man glauben, daß hier als „exakter Subjektivismus" psychologische Dinge höher gewertet würden als die Naturwissenschaft, speziell die Physiologie. Als bester Gegenbeweis sei nur auf die rein physiologische Erklärung des Kontrastes, ebenso auf die Einführung einer physiologischen inneren Hemmung an Stelle einer psychologischen Exklusion verwiesen. Das Büchlein bedeutet auch keineswegs einen bloßen Auszug aus früheren eigenen Schriften, wie etwa wohl ein oberflächlich Blätternder erwarten könnte, sondern ist ständig bemüht, nach Möglichkeit neue Wege zu weisen. Einen solchen mag schon der Hinweis auf die Neutrallichtprüfung, auf die Vierlichtereichung des Spektrums, auf die Wahrnehmung der Polarisation des Himmelslichtes, auf die optischen Wirkungen der Massenwerte, auf die überhaupt hier erstmalig behandelte sensorische Fusion u. a. belehren! Ich aber hoffe damit vor allem unserer ophthalmologischen Wissenschaft zu dienen — getreu dem stolzen Mahnworte des großen, erst jetzt verstandenen Paracelsus (1552):

> Nicht einem anderen hänge sich an,
> Wer auf eigenen Füßen stehen kann
> (Alterius non sit, qui suus esse potest)!

Diese Zuversicht glaube ich schon daraus schöpfen zu dürfen, daß mein Buch bereits nach etwas über einem Jahr vergriffen war und eine zweite Auflage nötig geworden ist. Bei deren Vorbereitung wurde nicht bloß der Text sorgfältig überprüft, sondern auch nach Möglichkeit die seither erschienene Literatur berücksichtigt, auch der Bestand an schematischen Abbildungen noch verbessert und vermehrt.

Straubing, im Sommer 1947.

Armin von Tschermak-Seysenegg.

Inhaltsverzeichnis.

Sechstes Kapitel.
Einführung in die Physiologie der Augenbewegungen.

Erstes Kapitel.

Das optische Bild.

1. Bedeutung und Formulierung der Bilderzeugung.

Das Auge vermag seine biologische Aufgabe nur dann zu erfüllen, wenn seine einzelnen nervösen Elemente in geordneter Weise durch verschieden gelegene äußere Lichtquellen beansprucht werden. Dieser Vorbedingung erscheint entsprochen durch Erzeugung eines sogenannten Bildes, an dessen Produktion sich die gekrümmten Grenz- wie Schichtungsflächen der verschieden brechenden Medien beteiligen. Bilderzeugung bedeutet somit, physiologisch gesprochen, Reizverteilung an die Mosaik oder Klaviatur der Netzhaut, ein geordnetes Anschlagen ihrer Tasten.

Dabei ist der Sinn der Lagebeziehung zwischen Lichtpunkten im Außenraum und Reizstellen im Auge grundsätzlich gleichgültig. Gegensinnigkeit oder Umkehr des Bildes ist nur leichter und einfacher zu erreichen als die Erzeugung eines aufrechten oder besser doppelt umgekehrten Bildes. Keinesfalls bedarf es erst einer psychologisch erlernten Rückumkehr des inversen Netzhautbildes, da dieses selbst ja nicht direkt wahrgenommen wird, sondern nur einer bestimmten Anschlagsform nervöser Tasten entspricht. Es muß nur das räumliche Reaktionsvermögen auf der Netzhaut gegensinnig abgestuft sein, also die Verteilung der funktionellen Lokalzeichen — ein später (S. 90) näher zu erörternder Begriff — unter den einzelnen Retinalelementen eine entsprechende oder harmonische sein. Zwischen der Lagebeziehung der einzelnen Objektpunkte, der Anordnung der Reizstellen im Auge und dem System der Funktionsverteilung in der Netzhaut muß weitgehende geometrische Ähnlichkeit bestehen. Durch geeignete Anordnung der brechenden Flächen wird im Normalfall eine Abbildung oder Reizverteilung von beträchtlicher Güte erreicht, wie sie angenähert ebenso durch eine einzige Brechungsfläche möglich wäre: so im Schema des reduzierten Auges nach LISTING mit 5,125 mm Radius und 20,075 mm hintere Brennweite.

Eine einfache gesetzmäßige Beziehung zwischen Lichtorten und Bildpunkten läßt sich nur formulieren unter Voraussetzung geradliniger Fortpflanzung des Lichtes gemäß dem Strahlenschema sowie bestimmter einheitlicher Kardinalpunkte eines sphärischen, axial zentrierten Systems. So arbeitet die übliche Bildkonstruktion mit charakteristischen „Strahlen", welche die Objektpunkte, die Brenn- und Hauptpunkte bzw. Hauptebenen in charakteristischer Konjugierung verbinden. Dabei verlaufen die nach dem vorderen Fokus zielenden „Strahlen" von dem Treffpunkt der ersten Hauptebene an achsenparallel, während die achsenparallelen Radianten nach Durchstoßen der zweiten Hauptebene dem hinteren Brennpunkt zustreben, endlich der auf den vorderen Knotenpunkt zielende Radiant nach kurzem Verlauf in der Achse den hinteren

Knotenpunkt parallel zur Einfallsrichtung verläßt[1] (vgl. Abb. 1[2]). Schon aus dieser Charakteristik wird es klar, daß es sich hier nicht um eigentliche Lichtwege, sondern um Leitstrahlen, d. h. geometrische Konstruktionslinien handelt, welche nur die Aufgabe haben, zu gegebenen Objektpunkten die zugehörigen oder konjugierten Bildorte finden zu lassen. Dabei erscheint es fast überflüssig, daran zu erinnern, daß die Bemessung der Gegenstands- und der Bildweite zweckmäßiger von den empirisch erfaßbaren Brennpunkten aus (x, x'), statt von den nur theoretisch angesetzten Hauptpunkten oder von einem „mittleren Hauptpunkt" oder Mittelpunkt einer symmetrisch bikonvexen Linse vorzunehmen ist (a, b). Letzteres entspricht der älteren Linsen- oder Hauptweitenformel $\dfrac{1}{a} + \dfrac{1}{b} = \dfrac{1}{f}$, ersteres der neueren Abbildungs- oder Brennweitenformel $x x' = f f'$, worin

---

[1] Eleganter ist die Darstellung in Form einer vom vorderen Brennpunkt ausgehenden Kugelwelle, welche bei Erreichen der vorderen Hauptebene sich zu einer achsensenkrechten Ebene abflacht und als solche weiterläuft — umgekehrt: einer bis zur hinteren Hauptebene laufenden Kugelwelle von unendlichem Radius, welche von hier ab zentrisch gegen den hinteren Brennpunkt schrumpft. Analoges gilt von dem Vergleich des Knotenpunktpaares mit einer planparallelen Platte ($Ae. Pl.$ in Abb. 1 von der Dicke $K_1 K_2 = 0,4$ mm), welche einen schief einfallenden „Strahl" parallel zu sich selbst verschiebt. Bei der Knotenpunktkonstruktion, welche natürlich bei stark schiefe Inzidenz nur eine grobe Annäherung an die Wirklichkeit abgibt — gar bei Ansetzen eines „mittleren Knotenpunktes" mit dem Schema ungebrochenen Durchlaufens der Leitstrahlen —, ist übrigens die Regression des wirksamen Perspektivitätszentrums und damit die Reduktion der Bildgröße mit dem Neigungswinkel zu berücksichtigen. Allerdings ist diese Näherung gegen den Retinalpol hin bisher nicht in eine Formel zu fassen. Die chromatische Differenz der Kardinalpunkte, speziell der Knotenpunkte $(F'_D - F'_F = 0,2719$ mm, $K_D - K_F = 0,0124$ mm für das schematische Auge — nach EINTHOVEN) bildet die Grundlage für die zweiäugige Farbenstereoskopie, bzw. für die stärkere Krümmung des Blauhoropters gegenüber dem Rothoropter (vgl. S. 107).

[2] Das oben gegebene Schema entspricht allerdings insofern nicht den Verhältnissen der Bilderzeugung im menschlichen Auge, als hier das Bild auf dem Netzhautschirm aufgefangen wird, welcher beim Emmetropen im hinteren Brennpunkt selbst steht. Auch dürfte das Objekt selbst bei maximaler Akkommodation nicht näher als auf etwa 10 cm (etwa entsprechend dem Vierfachen der Länge der Augenachse) an das Auge heranrücken! Endlich haben die beiden Hauptpunkte ebenso wie die Knotenpunkte einen sehr geringen Abstand (0,4 mm) voneinander, wie die nachstehende Übersicht der Abstände vom Hornhautscheitel beim Fernsehen zeigt:

Im schematischen Auge nach LISTING		Im normalen Auge nach HELMHOLTZ (I ältere Berechnung, II neuere Berechnung)		Nach GUTTSTRAND
	in Millimetern	I	II	
F_1 (bzw. vordere Brennweite $= F_1 H_1 = f$)	$-12,833$ $(-15,007)$	$-12,918$ $(-14,858)$	$-13,745$ $(-15,498)$	$-15,707$ $(-17,055)$
F_2 (bzw. hintere Brennweite $= H_2 F_2 = f'$)	$22,647$ $(20,075)$	$22,231$ $(19,875)$	$22,819$ $(20,713)$	$24,387$ $(-22,785)$
H_1	$2,175$	$1,940$	$1,753$	$1,348$
H_2	$2,572$	$2,356$	$2,106$	$1,602$
K_1	$7,242$	$6,957$	$6,968$	$7,078$
K_2	$7,640$	$7,373$	$7,321$	$7,332$

$x = a - f$, $x' = b - f'$ und $f = f'$ bei Liegen von Objekt und Bild im gleichen Medium. Beim Auge befindet sich allerdings das Objekt und der vordere Fokus gewöhnlich in der Luft, der hintere Fokus und das mit ihm zusammenfallende Bild in der Netzhaut selbst ($x' = O$), so daß die Gleichung lautet $\infty \cdot O = ff' = 20 \cdot 15 = 300$ (für das reduzierte Auge; bzw. 295,3 bis 321,01 für das Auge nach den Berechnungen von HELMHOLTZ). Besonders die Betrachtung (von MÖBIUS) des vorderen Knotenpunktes als des Perspektivitätszentrums des Objektraumes und des hinteren Knotenpunktes als des Perspektivitätszentrums des Bildraumes sowie die Aufstellung eines mittleren

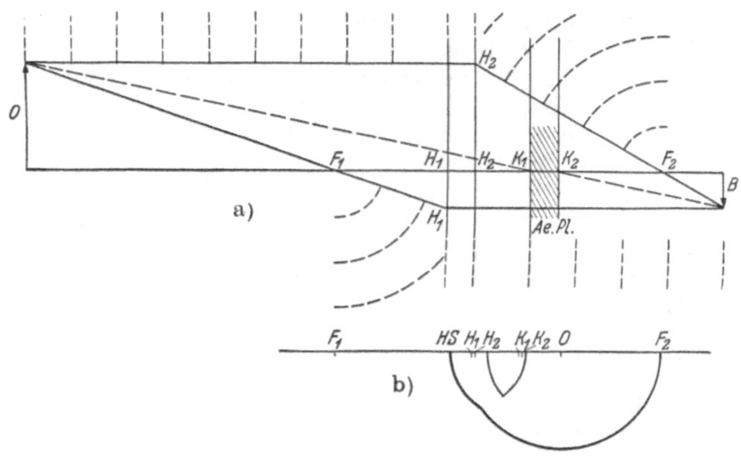

Abb. 1. Schema der Abbildung.

a) Allgemeiner Fall (nach GAUSS), b) Lage der dioptrischen Kardinalpunkte im menschlichen Auge.

Knotenpunktes (nach LISTING 7,44, nach HELMHOLTZ 7,165 bis 7,144 mm retrocorneal) als der Durchstoßstelle ungebrochener Lichtstrahlen oder Richtungslinien hat in der elementaren ophthalmologischen Optik großen Anklang gefunden. Der Vorzug hoher Anschaulichkeit ist dieser Konstruktion trotz dagegen geäußerter Bedenken (GULLSTRAND) nicht abzustreiten.[1]

Solche einfache Formulierungen sind aber — auch unter den oben bezeichneten Voraussetzungen — nur so lange zulässig, als der Öffnungshalbwinkel des foko-

---

[1] Auf Grund des obigen Schemas erscheinen folgende Werte für Gesichtswinkel und Bildgröße bzw. Netzhautfläche berechnet:

Bildgröße	Gesichtswinkel		
	älterer Wert	neuerer Wert (abgerundet)	in GULLSTRANDS schematischem Auge
1 mm	229′	216,7′ (200′)	206′
1 μ	13,74″	13″ (12″)	12,37″

Gesichtswinkel	Bildgröße		
1′	4,37 μ	4,6 (5) μ	4,85 μ
1″	0,073 μ	0,077 (0,08) μ	0,081 μ

zentrischen Strahlenkegels 4° nicht überschreitet, sich also innerhalb der Gauss-schen Bedingung hält, nämlich in Grenzen, bis zu welchen die Werte von Sinus, Arcus und Tangens, da sie erst in der vierten Dezimale um je eins voneinander abweichen, gleichgesetzt werden können.

2. Die Abbildungsfehler des Auges.

Außerhalb der Gaussschen Bedingung kann die Newtonsche Abbildungs-formel, ebenso die Gausssche Aufstellung von Kardinalpunkten und das Möbius-sche Perspektivitätsschema nur eine grobe erste Annäherung, nicht eine wahre Lösung bieten. Und zwar gilt diese Einschränkung auch bei Gegebensein von Licht mit einheitlicher Wellenlänge, also mit homogenem Charakter, somit bei Ausschluß des Abbildungsfehlers der *chromatischen Aberration*, welche sowohl als Chromasie, d. h. chromatische Vielheit der Brennpunkte bzw. Brennweiten (vgl. S. 2, Anm. 2), wie als Chromasie, d. h. chromatische Differenz der Vergrößerung (für kurzwelliges, sogenannt blaues Licht geringer als für langwelliges, sogenannt rotes), in Betracht kommt. Bei einem Öffnungswinkel von mehr als $2 \times 4°$ beginnt bereits die „*sphärische Aberration*" wirksam zu werden, deren Begriff wir heute (speziell im Sinne von Gullstrand) weiter fassen, also nicht auf die sogenannten Rand-strahlen beschränken. Selbst bei Voraussetzung von spektralem

Pupillen-durchmesser in Millimeter	Durchmesser der Beugungsaureole in Millimeter	Entsprechende Zahl von (zentralen) Zapfen zu $3\,\mu$
6	0,0040	1,3
4	0,0061	2
2	0,0122	4
1	0,02436	8

Charakter des Lichtes sowie von Abwesenheit aller Refraktionsfehler und von Homogenität der optischen Medien hört bereits dadurch die Punktualität oder Stigmatik der Bilderzeugung auf. Ein „physiologischer Punkt" sei dement-sprechend mit höchstens 30'' angesetzt, praktisch aber können noch Flächen bis 15' Öffnungswinkel als „punktförmig betrachtet werden (I. Schmidt). Statt Bildpunkten resultieren nunmehr Zerstreuungskreise mit charakteristischer Licht-verteilung, bzw. Schnittflächen von kegelartigen Lichtbündeln. Dabei wird unter optimaler Einstellung die Netzhaut von der engsten Stelle, der sogenannten Taille des einfallenden Bündels, getroffen (nach Ad. Ames und Proctor, nach Gull-strand von der lichtstärksten Zone der Bündelspitze — was nicht in allen Fällen dasselbe bedeutet). Bei zu naher, hyperopischer Lage wird der retinale Auffangschirm von einem Schnitt der sogenannten Caustica getroffen, bei zu ferner, myopischer Lage nur von den Brennflächenspitzen erreicht. Der tradi-tionell als sphärische Aberration bezeichnete Abbildungsfehler nimmt allerdings mit der Verkleinerung des Öffnungswinkels des zur Aufnahme gelangenden Licht-bündels, bzw. mit Abblendung der Randstrahlen, d. h. Verengerung der Pupille ab, welch erstere zugleich die Leuchtdichte des Netzhautbildes min-dert, also vor Blendung schützt, jedoch den Tiefenschärfenbereich der Ab-bildung erweitert. Dafür wächst hinwiederum mit Pupillenverengerung die *diffraktive Aberration* durch Beugung am Pupillarrande, wobei einerseits Vergrößerung der zentralen Beugungsaureole, anderseits Vergrößerung und Verbreiterung der sie umgebenden Beugungsringe erfolgt. Letztere bewirken eine unstetige Mitbelichtung der Zwischenräume zwischen den Bildpunkten von Lichtquellen auf dunklem Grund. Für den Bereich des scheibenförmigen Netz-hautbildes bzw. der Beugungsaureole oder des nullten Spektrums eines leuch-tenden Punktes wurden nebenstehende Werte errechnet (C. v. Hess).

Zu den geschilderten Unvollkommenheiten der Bilderzeugung im Auge kommen aber noch als Komplikationen hinzu: *die nicht streng sphärische Krümmung, eine gewisse Asymmetrie und mangelhafte Zentrierung der brechenden Flächen.* Schon die Hornhautoberfläche ist (nach GULLSTRAND) in Wirklichkeit kein reguläres Ellipsoid, sondern besteht aus einer angenähert sphärischen zentralen oder optischen Zone (12 bis 16° mit 7,8 mm Radius), welche jedoch von der Blicklinie nicht genau zentrisch durchsetzt wird. Die Randzone der Hornhautoberfläche ist hingegen mehr abgeflacht und unregelmäßig gekrümmt. Eine bessere Annäherung an gleichmäßig sphärische Krümmung zeigen die Linsenflächen. Bedeutsamer ist im Auge das eigentliche Fehlen einer optischen Achse überhaupt! Die unbestreitbare Dezentrierung des optischen Systems nötigt an die Stelle einer fiktiven Achse die vom Blickpunkt zum Foveazentrum laufende *Blicklinie* bzw. die *Hauptvisierlinie* zu setzen, welche vom fixierten Punkt zunächst auf den scheinbaren Mittelpunkt der Pupille zielt, nach der Brechung in der Hornhaut durch den wirklichen Mittelpunkt der Pupille, nach der Brechung in der Linse zur Mitte der Netzhautgrube läuft (GULLSTRAND). Diese Linie bildet, allgemein gesprochen, den Hauptstrahl des beim scharfen Sehen wirksamen Strahlenbündels. Bei der Mehrzahl der Menschen liegt der extraokulare Teil dieser Linie etwas nasal und unten von der im Einfallspunkte errichteten Hornhautnormalen, bzw. von der Achse des Hornhautellipsoids (positiver Winkel[1] α nach GULLSTRAND). Schon durch die schiefe Incidenz der Hauptvisierlinie zeigt das gebrochene endliche Bündel tatsächlich eine charakteristische Asymmetrie, eine sogenannte monochromatische Abweichung zweiter Ordnung, welche zu einer Astigmatik der zweiten Form führt.

Die tatsächliche individuelle Asymmetrie des gebrochenen Bündels ist allerdings nicht einfach aus der Größe und dem Sinn des Winkels α ablesbar. Auch kann Richtung und Grad der Dezentrierung der Pupille individuell variieren. Beim Nahesehen, bzw. bei der Akkommodation wird die Abbildung infolge von Senkung der Linse nach unten (und etwas temporalwärts) im vertikalen Meridian asymmetrisch. Übrigens werden wir auf diesen Tatbestand von Asymmetrien im bilderzeugenden Apparat zurückkommen bei der Analyse der Asymmetrien an optischer Lokalisation, die uns später (S. 90) als sogenannte Diskrepanzen beschäftigen werden.

Endlich unterliegt das Netzhautbild einer *homozentrischen Schrumpfung,* da der Öffnungswinkel, welcher einem Objekt zugehört, das senkrecht zur Blicklinie verschoben wird, immer kleiner wird und die retinale Auffangfläche gekrümmt ist.[2] Gleichen Strecken eines ebenflächigen Objekts entsprechen daher nicht gleiche Öffnungswinkel sowie Bildwinkel (sogenannter Tangentenfehler, vgl. S. 2, Anm. 1). Aber auch bei einem sphärisch gestalteten Gesichtsfeld — beispielsweise bei

---

[1] Für die praktische Messung läßt sich der Winkel α (Richtungsunterschied zwischen *Gesichtslinie* [d. h. durch den mittleren Knotenpunkt laufende Verbindungslinie von Blickpunkt und Foveazentrum oder Hauptrichtungslinie] und Achse des Hornhautellipsoids nach DONDERS, HELMHOLTZ, LANDOLT, Winkel δ nach HOWE) definieren als der Richtungsunterschied zwischen der Blicklinie und der durch das Zentrum der Pupille laufenden Hornhautnormalen, hingegen der Winkel γ als Richtungsunterschied zwischen der Blicklinie und der durch die Mitte der Hornhautbasis gelegten Hornhautnormalen, die als „optische Achse" angesetzt wird.

[2] Die Krümmung der retinalen Auffangfläche dürfte nicht selten keine streng sphärische und streng symmetrische sein, sondern im macularen Bezirk mit 8 mm Ausdehnung eine paraboloide und auf der nasalen Hälfte eine stärkere als auf der temporalen. Immerhin entspricht sie recht angenähert der Form der Bildfläche recht ferner Gegenstände.

Anbringung des Objekts auf einem Perimeterbogen — findet eine gewisse Bildverzerrung statt, da das schematische Perspektivitätszentrum der Bildlage und der Mittelpunkt der Krümmung der Auffangfläche voneinander abweichen, indem der innere Bulbusradius ($r = 10,87$ mm) erheblich kleiner ($- 4,74$ mm) ist als die hintere Knotenweite ($k' = 15,61$ mm). Auf die Abbildung eines ebenflächigen Objekts, dessen Mitte senkrecht von der Blicklinie getroffen wird, wirken die beiden ersteren Faktoren im Sinne von konzentrischer Schrumpfung, der letztgenannte hingegen von Zerrung. Übrigens rückt, wie schon bemerkt (S. 2, Anm. 1), der schematisch angenommene „mittlere" Knotenpunkt mit der Schiefe des Blickeinfalls nach hinten, was im Sinne einer gewissen Verkleinerung des Öffnungswinkels und des Bildwinkels wirkt.

Den wichtigsten Abbildungsfehler im Auge bildet jedoch — über die chromatische, sphärische, diffraktive und dezentrische Aberration hinausgehend — die *Inhomogenität der optischen Medien*. welche einerseits zu erheblichem Lichtverlust, anderseits zu beträchtlicher Entwicklung von Streulicht führt. Dieser Charakter, der bei lebenden, gewachsenen Gebilden unvermeidlich zu nennen ist, verrät sich — abgesehen von der Erscheinung der sogenannten fliegenden Mücken (einerseits vor der Netzhaut gelegene gröbere Inhomogenitäten des Glaskörpers, anderseits solche hinter dem hinteren Linsenpol bzw. nahe dem mittleren Knotenpunkt) — schon durch die deutliche Trübung, welche das Auge, zumal die Hornhaut bei fokaler Beleuchtung mittels Spaltlampe als sogenannte „TYNDALL-Beugung" erkennen läßt. An der Linse führt schon die reguläre Faseranordnung und Schichtung, aber auch die allgemeine irreguläre Ungleichartigkeit zu beträchtlicher Lichtverstreuung. Subjektiv wird eine solche in den optischen Medien deutlich, wenn man starkes Licht auf den unempfindlichen Sehnerveintritt fallen läßt. Das ganze Gesichtsfeld erscheint dann von verstreutem Licht übergossen: am blinden Fleck kommt eben keine primäre Weißerregung zustande, infolgedessen fehlt auch eine sekundäre Schwarzerregung und daher tritt die direkte Reizwirkung des aberrierten Lichtes in der Umgebung unvermindert zutage.

Als weitere Abbildungsfehler kommen noch in Betracht die mannigfachen Lichtreflexionen an den Grenz- und Schichtungsflächen der verschiedenen brechenden Medien. Aber auch das motorische Verhalten des Auges, nämlich die unwillkürlichen Blickschwankungen — seien es feinschlägige Vibrationen oder gröbere Aberrationen —, trägt dazu bei, die Schärfe der optischen Eindrücke zu vermindern. Endlich sei noch der polarisatorisch-optischen Fehler des Auges gedacht, welche an bereits polarisiert einfallendem, wie an dem erst im Auge selbst (speziell in den doppelbrechenden Bauelementen des Glaskörpers und der fovealen Netzhautregion) polarisierten Licht zu charakteristischen Ungleichmäßigkeiten des Feldes führen (vgl. S. 143 ff.).

Angesichts dieser Fülle von Mängeln der tatsächlichen Bilderzeugung muß die übliche Bildkonstruktion unter regelmäßigem Überschreiten der GAUSSschen Bedingung und die übliche Annahme von punktuellem Bildcharakter als weitgehend unzutreffend bezeichnet werden. Unser Sehen ist immer und unvermeidlich ein Sehen in „Zerstreuungskreisen"! Dieser Tatbestand verlangt nachdrücklich Betonung! Stets müssen wir uns entgegen der Schultradition vorhalten, daß die übliche Formulierung und Konstruktion der Bilderzeugung nur ein Gleichnis, ein Alsob-Schema bedeutet, das in jedem Fall mehr oder weniger weit hinter der Wirklichkeit zurückbleibt. Damit soll aber nicht eine glatte Verwerfung solcher praktischer, elementarer Behelfe ausgesprochen werden. Sie behalten vielmehr, schon in Ermangelung eines Besseren, einen unleugbaren Darstellungs- und Anregungswert. Wohl aber sei vor ihrer Fehlbewertung und Überschätzung nachdrücklich gewarnt!

3. Physiologische Korrektur der Abbildungsfehler, Kontrastfunktion.

Die Reizverteilung im Auge muß nach dem Ausgeführten als eine unvermeidlich mangelhafte bezeichnet werden. Ja, es ist vom Standpunkt des Physikers aus begreiflich, daß ein HELMHOLTZ erklären konnte: er würde einem Mechaniker, der ihm ein so unvollkommenes optisches Instrument brächte, wie das menschliche Auge, die Türe weisen. Dabei bleibt aber das Paradoxon bestehen, daß dieser so „mangelhafte" Apparat doch, wie die tägliche Erfahrung uns lehrt, praktisch so Hervorragendes zu leisten vermag. Es muß daher das Bestehen einer *physiologischen Korrektionseinrichtung der Abbildungsfehler* vermutet werden. Eine solche ist zunächst in einer gewissen Beschränkung der Unterschiedsempfindlichkeit gegeben, wodurch mäßige Ungleichheiten der Reizstärke bzw. Leuchtdichte im Bilde ausgeglichen erscheinen. Doch würde ein Allzuviel an Abstumpfung die erforderliche Differenzierungsleistung des Auges nur zu leicht beeinträchtigen!

Die Hauptrolle in der Korrektur oder besser Retusche des optischen Bildeindruckes spielt aber der *physiologische Kontrast*,[1] d. h. die gegensinnige Wechselbeziehung der einzelnen Elemente des Sehorgans (AUBERT, MACH, E. HERING, vgl. das Schema in Abb. 2). Dieselbe ist heute als ein Spezialfall der antagonistischen oder reziproken Innervation erkannt, wie sie allgemein zwischen nervösen Zentren — beispielsweise für die Beuge- und Streckmuskeln — als Koppelung zwischen Erregung und Hemmung besteht. Im Sehorgan äußert sich die Kontrastfunktion darin, daß durch Licht ausgelöste primäre Weißerregung sekundär in

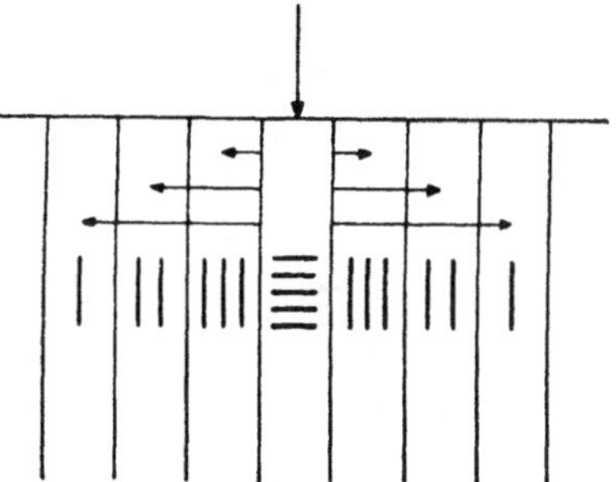

Abb. 2. Allgemeines Schema der Kontrastwirkung.

der Nachbarschaft Schwarzerregung hervorruft, ebenso wie primäre Roterregung sekundäre Grünerregung, primäre Gelberregung sekundäre Blauerregung induziert, aber auch umgekehrt primäre Grünerregung sekundäre Roterregung oder primäre Blauerregung sekundäre Gelberregung. Nur fehlen Strahlungsreize,

---

[1] Der Zusatz „physiologisch" oder „funktionell" erscheint deshalb geboten, weil unzweckmäßigerweise von manchen, speziell von Lichttechnikern, bereits sprunghafte Unterschiede an objektiver Beleuchtung überhaupt als „Kontraste" bezeichnet werden. Unter (physikalischem) Kontrast oder besser: fraktionierter Leuchtdichtendifferenz wird nämlich speziell das Verhältnis zwischen der Leuchtdichtendifferenz des helleren Objektes (P) und des dunkleren Umfeldes (U) einerseits, der Leuchtdichte des Umfeldes anderseits, also $K = \dfrac{P-U}{U}$ verstanden; bei hellerem Umfeld lautet der Ansatz: $K' = \dfrac{U-P}{U}$ (LITTMANN). Aber auch die Formel $\dfrac{P-U}{P+U} \cdot 100$, speziell bei sehr großen Leuchtdichten, oder mit Einsetzen der höchsten im Gesichtsfeld gebotenen Leuchtdichte, der sogenannten Adaptationsleuchtdichte (A), $K'' = \dfrac{P-U}{A} \cdot 100$ oder durch Einbeziehung des bestehenden Streulichtes (Sp), $K''' = \dfrac{P-U}{P+U+2Sp} \cdot 100$ wird verwendet (SCHOBER). Damit ist meines Erachtens nur die physikalische Hauptunterlage für die Unterschiedsempfindlichkeit bezeichnet, welcher der physiologische Kontrast nicht einfach gleichzusetzen ist. Eine Messung fraktionierter Leuchtdichtendifferenz bedeutet natürlich etwas ganz anderes als eine Messung des physiologischen Kontrastes (vgl. S. 24, Anm. 1).

welche primär Schwarzerregung und durch deren Vermittlung sekundär Weißerregung hervorzurufen vermöchten. Das System Weiß-Schwarz wird daher nur
nach der einen Richtung hin, also „orientiert" beansprucht, sonst aber besteht
eine volle Analogie zwischen dem farblosen und dem farbigen Simultankontrast.
Die Vorstellung einer Rückwirkung des sekundären Schwarz, also des Zustande-
kommens eines induzierten, tertiären Weiß, entbehrt meines Erachtens der Begründung; wir kommen auch ohne eine solche Komplikation aus!

Ansonsten aber erfolgt eine antagonistische Wechselwirkung zwischen benachbarten Feldern in beiderlei Richtung, so daß die übliche Unterscheidung
von „kontrasterregendem" und „kontrastleidendem" Feld — speziell als sogenanntes Infeld bei allseitiger Um-
schließung durch das sogenannte Umfeld
— nur quantitativ-dimensionale Bedeutung hat. Die gegensätzliche Einflußnahme eines örtlichen optischen Eindruckes auf die Helligkeit und Farbe
seiner Nachbarschaft zeigt eine relativ
weite Erstreckung, die allerdings mit der
Entfernung deutlich, und zwar ziemlich
rasch abnimmt. Zwischen Leuchtdichte
bzw. Helligkeit und Flächenausdehnung
des kontrasterregenden Feldes besteht
eine umgekehrte Beziehung. Neben der
Größe ist auch die Gestalt des Umfeldes
von charakteristischem Einfluß auf die
Schwellenerregbarkeit im umschlossenen
In- und Prüffeld (CRAWFORD). Was den
zeitlichen Verlauf der Kontrastwirkung
anbelangt, ist ein verspäteter Beginn
gegenüber dem Primärreiz (vgl. S. 11, 13),
dann ein rascher Anstieg zu einem Opti-

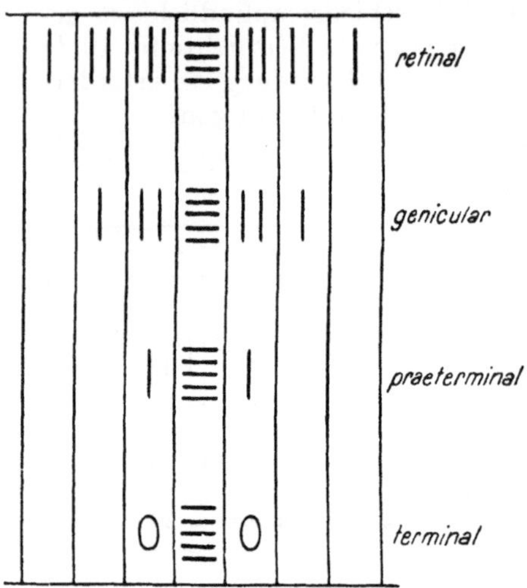

Abb. 3. Staffelung der Kontrastwirkung in der
Sehbahn.

mum, endlich ein merklicher Abfall unter „Adaptation" zu beobachten — nicht
aber eine Nachdauer nach Aufhören des Primärreizes.

Über den *Ort der Kontrastinduktion* läßt sich sagen, daß diese gewiß in erster
Linie retinal erfolgt, sich aber über die Netzhaut hinaus noch zentralwärts bis
in die „präterminale Region" erstreckt, wie das Zustandekommen von Sekundär-
effekten (Schwarz oder Gegenfarbe) auf Skotomen beweist, denen entsprechend
die Anfangsglieder der optischen Leitung fehlen (vgl. das Schema[1] in Abb. 3).
Auch das anfängliche Merklichwerden des blinden Flecks beim Öffnen des einen
Auges ist ein Beispiel dafür. Allerdings ist das Gewicht des bezüglichen Eindruckes überhaupt ein so geringes, daß er im Laufe der entoptischen Beobachtung bald verschwindet, bei zweiäugiger sofort vom Lichteindruck der entsprechenden Stelle des anderen Auges unterdrückt wird; die immer wieder auf-
genommene Annahme einer Ausfüllung des blinden Flecks durch Querausbreitung oder sogenannte Propagation der Nachbareindrücke ist meines Erachtens unberechtigt (vgl. unten S. 12). In gleichem Sinne spricht das Eintreten einer, wenn auch schwächeren gegensinnigen Wechselwirkung, wie sie

---

[1] Das obige Schema bezeichnet natürlich nur den Endeffekt an gegensinniger
Seitenwirkung und sagt nichts aus über den dazu benutzten Weg. Innerhalb der
Netzhaut selbst kommt dafür zunächst eine Intervention der dort nachweisbaren
tangentialen Elemente in Betracht.

— unter geeigneten Bedingungen — zwischen den beiden Einzelaugen als sogenannter binokularer Kontrast nachweisbar ist (vgl. S. 116).

Das kontrastive Minus an Helligkeit, ebenso das kontrastive Plus oder Minus an Farbe erweist sich vollkommen gleichwertig mit der Wirkung einer objektiven Abnahme, bzw. eines objektiven Zuwachses an einfallendem Licht. Der gegensinnige Sekundäreffekt ist eben durchaus gleichwertig mit einem Primäreffekt negativen Vorzeichens; die Erregung selbst ist von derselben Art und folgt denselben Gesetzen, gleichgültig, ob sie direkt durch Licht oder indirekt — sekundär durch Nachbarerregung — hervorgerufen wird. Eine zahlenmäßige Charakterisierung der Kontrastwirkung läßt sich dadurch erreichen, daß man dem kontrastiv verdunkelten oder verfärbten Feld so lange weißes oder gegenfarbiges Licht beimischt, bis der Kontrasteffekt eben aufgehoben wird. Am besten geschieht dies in örtlicher Beschränkung, so daß Konturen hervortreten, denen eine charakteristische Einstellung, beispielsweise auf scheinbar vertikal, zu erteilen ist (Prinzip der Kontrastmessung nach A. v. Tschermak-Seysenegg). Das Verhalten des Kontrastes im Hell- und im Dunkelauge bedarf erst daraufhin vergleichender Untersuchung.

Als Kontrastfolge des einfallenden gemischten Lichtes, speziell des Tageslichtes, und damit der Weißempfindung begegnet uns dabei erstmalig die Empfindungsqualität des Schwarz. Dieselbe entbehrt, wie gleich hier mit allem Nachdruck betont sei, keineswegs eines positiven Charakters, etwa deshalb, weil Reize fehlen, welche direkt Schwarzerregung produzieren. Gewiß entspricht dem Schwarz, physikalisch genommen, Lichtlosigkeit oder wenigstens relative Lichtarmut in stärker beleuchteter Umgebung; physiologisch aber ist Kontrastschwarz ein unleugbar positiver Reizeffekt, wenn er auch auf indirektem Wege, durch gegensinnige Induktion seitens primär weißerregter Elemente in der Nachbarschaft zustande kommt. Doch sei über die Stellung des Schwarz in der Welt der Gesichtsempfindungen überhaupt erst später — bei der Einführung in die Lehre vom Lichtsinn (vgl. S. 19, 22) — gehandelt.

Hier genüge es, die Bedeutung zu betrachten, welche der physiologischen Kontrastfunktion als Korrektionsmittel gegenüber den Abbildungsfehlern des Auges, gegenüber seiner vielfältig bedingten Astigmatik zukommt. Dioptrisch-physikalisch genommen entstehen eben auf der Netzhaut auch von punktuellen Lichtquellen keine punktförmigen Bilder, sondern mehr oder weniger große Zerstreuungskreise, ebenso von abgegrenzten Objekten mit verschiedenem Emissions- oder Remissionsvermögen keine retinalen Bilder mit scharfen Konturen (Volkmann, Aubert, Gullstrand). Daß die am albinotischen Bulbus gut durchscheinenden Netzhautbilder, ebenso die Ausbleichungsbilder oder Optogramme auf der sehpurpurhaltigen Netzhaut des Dunkelauges uns scharf konturiert erscheinen, ist kein Gegenbeweis. Betrachten wir sie doch unter kontrastiver Korrektur in unserem eigenen Auge! Die eben bezeichneten Abbildungsfehler gelten aber auch dann, wenn wir bei optimaler Beschaffenheit und Einstellung unseres Auges als „terminale Anschauungsbilder" Punkte, d. h. scharf abgegrenzte Minimalflächen, und scharfe Konturen sehen. Allerdings müssen dabei die schließlich wirksam bleibenden Bildstellen nicht notwendig mit den Zentren der entstandenen Zerstreuungskreise übereinstimmen, sondern können je nach der Lichtverteilung in diesen „Kreisen" mehr oder weniger davon abweichen! Im allgemeinen werden hingegen die resultierenden Bildstellen den Maxima an Lichtstärke entsprechen; aber auch dies muß nicht unter allen Verhältnissen zutreffen: Zentral-Leitstrahlen und Intensitätsmaxima-Leitstrahlen und Leitstrahlen für die Maxima oder Resultanten physiologischer Wirkung sind demnach grundsätzlich voneinander zu unterscheiden. Dasselbe gilt ebenso von den „physikalischen" und den „sensiblen" Grenzen der Zerstreuungskreise.

Die hauptsächliche physiologische Korrektionsleistung gegenüber den mannigfaltigen optischen Mängeln des Auges bringt eben die Kontrasteinrichtung zustande, indem sie der Mitbelichtung des Grundes entgegenwirkt und den Effekt von Lichtreizen einengt und begrenzt. Man kann sagen, daß wir ohne Kontrast nur den Eindruck von verwaschenen Flecken und Säumen erhalten würden, nicht aber zu lesen vermöchten. Erschwert doch schon ein einseitiges Auslaufenlassen von Buchstaben in den Grund — so weißer Zeichen mit schwarzen Zwischenräumen in weißen Grund — ihr Erkennen sehr, gar wenn wir den Ausfüllungs-

Abb. 4. Leseprobe (ITA) bei Fehlen der Abgrenzung nach oben und unten (nach Hering).

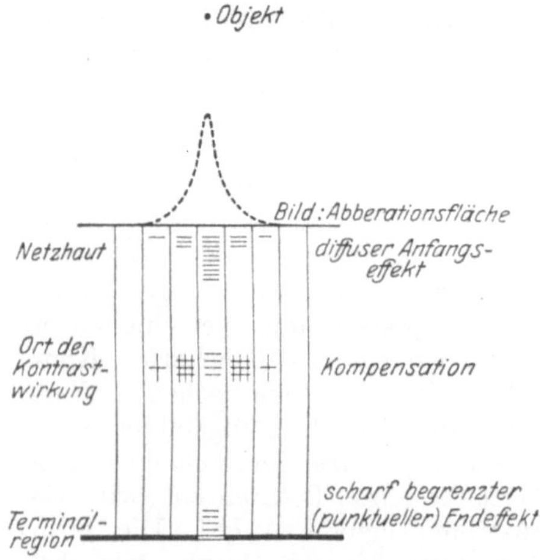

figuren unsere Aufmerksamkeit zuwenden. Hingegen wird die Probe sofort lesbar bei Vorsetzen eines schwarzen, nach oben und unten scharf abgrenzenden Rahmens (Demonstration nach E. Hering; vgl. Abb. 4). Nebenbei sei dazu bemerkt, daß für schwarze Schrift auf weißem Grunde die Auflösung eine deutlich bessere ist als für weiße Zeichen auf schwarzem Grunde, gar wenn deren Helligkeit relativ groß

ist. Diese Erfahrung sollte bei Aufschriften allgemein berücksichtigt werden — in Erinnerung an den Fehler, der seinerzeit mit der Anordnung von Weiß- statt Schwarzbeschriftung für die Kraftwagen gemacht wurde. Daß überhaupt der Kontrast beteiligt ist an der hochgradigen Abhängigkeit, welche die Unterschiedsempfindlichkeit, speziell die Sehschärfe, von der Beleuchtung — entgegen dem Weber-Fechnerschen Gesetz — zeigt, braucht kaum hervorgehoben zu werden. Aber auch bei der diesbezüglichen Unterlegenheit, welche das Dunkelauge trotz der Steigerung seiner Schwellenerregbarkeit gegenüber dem Hellauge — von den geringsten Beleuchtungsstärken abgesehen — erkennen läßt, dürfte eine Verschiedenheit der Kontrastleistung mitwirken. Allerdings vermag der Kontrast auch Kunstprodukte zu schaffen. So können unter seinem Einfluß verstreute Stellen von verschieden starker Lichtabsorption auf hellem Grund zu dunklen Scheinkonturen zusammenfließen (Kühl), wie dies die oft wiederholten Angaben über Kanäle auf dem Mars oder über gewisse Bilder im Monde dartun. Ebenso erscheint die vor der Sonnenscheibe durchgehende Venus zunächst als gestielter, dunkler „Bailyscher Tropfen".

Abb. 5. Kontrastschema bei punktueller Lichtquelle (nach A. v. Tschermak-Seysenegg).

Im Anschauungsbild eines einzelnen Lichtpunktes deckt das induzierte Schwarz die Aberrationszone mehr oder weniger zu und engt diese so ein, daß schließlich der Weißeindruck günstigenfalls auf ein einzelnes Netzhautelement beschränkt erscheint. Der Kontrast wirkt somit der Lichtverstreuung subjektiv entgegen. Das gilt ebenso von der Schwarzinduktion gegenüber der Aberration gemischten weißen Lichtes wie vom gegenfarbigen Kontrast gegenüber der Verstreuung farbigen Lichtes. Ein Schema (Abb. 5) mag dieses Verhalten veranschaulichen und das Zustande-kommen einer physiologischen Stigmatik trotz Astigmatik des dioptrischen Bildes genauer erklären.

Jedes einzelne Element des Sehorgans induziert in den benachbarten Parallelgliedern gegensinnige Erregung, beispielsweise Schwarz, welche mit deren gleichzeitiger Beanspruchung durch verstreutes Licht interferiert, so daß eine Subtraktion oder Kompensation zustande kommt. Diese erstreckt sich natürlich auch auf das zentrale Element der gereizten Gruppe, so daß dessen Eindruck weniger stark, minder hellweiß erscheint, als wenn es allein stünde. In den umgebenden Elementen geht die Subtraktion von Primär- und Sekundäreffekt so weit, daß bald ein Überschuß von letzterem verbleibt, somit die Abdeckung des Lichthofes durch Schwarz erreicht wird. Wo allerdings diese Scheingrenze im Aberrationsgefälle gesetzt wird, das hängt ab von der objektiven Leuchtdichte, vom individuellen Aberrationsgrad und von der subjektiven Unterschiedsempfindlichkeit, welcher

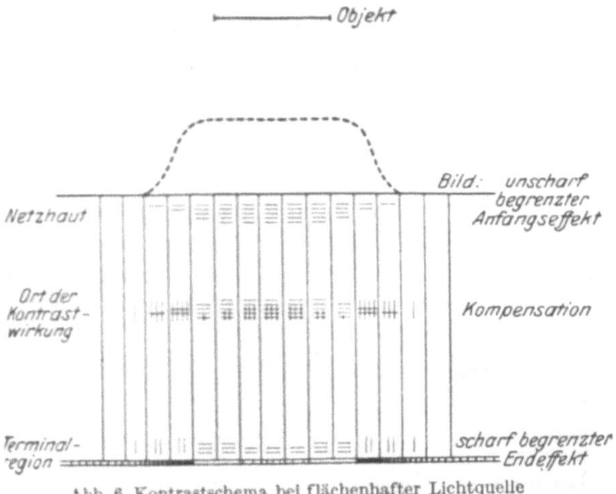

Abb. 6. Kontrastschema bei flächenhafter Lichtquelle (nach A. v. Tschermak-Seysenegg).

übrigens der Kontrast nicht einfach gleichgesetzt werden darf. So erscheinen Sterne verschiedener Lichtstärke bzw. Entfernung verschieden groß, ohne daß die Klassifizierung einen zuverlässigen Schluß auf die wirkliche Größenabstufung gestatten würde. Ist doch der rechnerische Gesichtswinkel der Sterne gleich groß! (vgl. S. 16, 17, 30).

Analoges gilt von der Umgrenzung flächenhafter Lichteindrücke. Hier erscheinen (vgl. Abb. 6) die Randzonen bei mäßig starker Beleuchtung heller als die Bildmitte, da letztere von allen Seiten kontrastiv gedrückt wird (*Binnenkontrast*). Hingegen erfahren die Randzonen eine solche Beeinträchtigung nur von der einen Seite her, können hingegen nach der anderen ihre Induktionswirkung voll entfalten, dunkle Randsäume erzeugend. Der scheinbare Helligkeitszuwachs beruht demnach auf der geringeren kontrastiven Subtraktion. Dementsprechend erscheint ein kleines Objekt bei gleicher spezifischer Beleuchtungsstärke (pro Flächeneinheit gerechnet) oder Leuchtdichte heller oder „brillanter" in „splendid isolation" als ein flächenhaft ausgedehntes Objekt, zumal dessen Mittelpartie. Es besteht eben nicht bloß zwischen Feldern *verschiedener* Leuchtdichte, sondern auch zwischen Feldern oder Feldteilen *gleicher* Leuchtdichte eine gegensinnige Wechselwirkung. Das Hervortreten der Konturen wird noch verstärkt durch Blickschwankungen, wie sie bei längerdauernder Betrachtung unvermeidlich sind. Auf diese Weise wird der Simultankontrast durch Sukzessivkontrast unterstützt, ja übertrieben, indem Netzhautstellen, die bisher in relativer Ruhe waren, daher empfindlicher sind, herangezogen werden, bzw. negative Nachbilder längs der Konturen hervortreten. Doch ist der Nebenkontrast nicht einfach vorgetäuscht durch den Nachkontrast, sondern auch schon bei sehr kurzdauernder Darbietung merklich, nur nicht unter 0,12 bis 0,6 tausendstel Sekunden. Auch bei flächenhaften Eindrücken entscheidet neben der objektiven Lichtstärke und der Steilheit des Aberrationsgefälles in den Randzonen wesentlich die Kontrastfunktion ·und die Unterschiedsempfindlichkeit über die Lage des resultierenden Konturs und damit über die scheinbare Größe. Diese hängt eben von der *Zahl* der wirksam gereizten Zapfen ab. So tritt auch bei objektiver Stetigkeit des Gefälles in Form einer Kurve mit Wendepunkt ein Scheinkontur entsprechend der steilsten Stelle des Gefälles auf. Die meines Erachtens rein physiologisch, nicht psychologisch — als kompliziertere, der übergeordneten geistigen Konzeption und Auswertung unterworfene Leistung (SIEGERT) — zu fassende Kontrastfunktion verdient noch genaueres Studium und spezielle Prüfung, wie Messung in der augenärztlichen Praxis. Ist es doch ihr zu verdanken, daß in nicht wenigen Fällen von mäßiger Refraktionsanomalie trotz der Mängel der Bilderzeugung gute Seh- und Meßleistungen aufgebracht werden! — Allerdings wirkt sich bei rein sphärischer, d. h. durch sphärische Refraktionsfehler bedingter Lichtverstreuung der Kontrast günstiger aus als bei zylindrischer, d. h. durch Krümmungsastigmatismus bedingter Aberration (für Korrektur des letzteren hat Verengerung der Pupille größere Bedeutung, speziell durch Abblendung der Randbündel!).

Auf eine Mitwirkung des Kontrastes bei zeitlichen Schwankungen der Sehschärfe (vgl. S. 13) sei schon hier vorbereitet. Die Kontrastempfindlichkeit bzw. ihr Kehrwert, die sogenannte Kontrastschwelle, welche von der Umfeldleuchtdichte und der Objektgröße abhängig ist (LITTMANN), unterliegt zweifellos einer charakteristischen Variation.

4. Irradiationserscheinungen.

Aber auch die *Erscheinungen* sogenannter *Irradiation*, das sind Änderungen des scheinbaren Ortes von Konturen und der scheinbaren Größe bei Verschiedenheit der Beleuchtung, lassen sich vollbefriedigend erklären, wenn man die Tatsachen der Abbildung und der Lichtverstreuung und der allerdings beschränkt entgegenwirkenden Kontrastfunktion berücksichtigt. Daß wir von einer helleren Scheibe einen größeren Eindruck erhalten als von einer dunkleren von gleicher Dimension, daß ein Bergkontur eingekerbt erscheint durch die dahinter auf- oder untergehende Sonne, ein Draht unterbrochen durch eine gerade dahinter stehende Lichtquelle, ist ohne weiteres verständlich durch das Wechselspiel, das der physikalische Aberrationsfaktor und das physiologische Kontrastmoment miteinander führen; dabei gewinnt in den oben angeführten Beispielen der erstere die Oberhand. Zur Erklärung der Irradiationsphänomene bedarf es nicht erst der paradoxen Vorstellung, daß neben der gegensinnigen, den örtlichen Reizeffekt einengenden Wechselbeziehung noch eine gleichsinnige Beziehung zwischen den Netzhautelementen bestünde, die zur Ausbreitung oder Propagation der Erregung führe. Das hieße ja neben die physiologische Korrektur des dioptrisch bedingten Astigmatismus eine sie wieder aufhebende Einrichtung setzen! Die Annahme einer physiologischen Irradiation erscheint geradezu zweckwidrig und überflüssig, da der Tatbestand der Aberration und Astigmatik der Bilderzeugung unbestreitbar ist. Der Anschein einer wechselseitigen Unterstützung der Netzhautelemente wird nicht durch gleichsinnige Querausbreitung der Erregung hervorgerufen, sondern durch Mitreizung seitens des verstreuten Lichtes gleicher Art. (Dies gilt auch bezüglich des RICCòschen Gesetzes, d. h. bezüglich der Ersetzbarkeit von Flächengröße durch ·Leuchtdichte — vgl. S. 43, Anm. 1.) Allerdings findet auch die der unvermeidlichen Lichtverstreuung entgegenwirkende Kontrastfunktion gewisse Grenzen. Dementsprechend ist es auch selbstverständlich, daß bei starker weißer oder farbiger Belichtung das Licht nicht auf die Bildfläche beschränkt bleibt, sondern sich darüber hinaus, ja über die ganze Netzhaut verstreut, und daß dabei die Kontrastfunktion entweder von vornherein oder wenigstens nach einiger Zeit unzulänglich wird. Dann entsteht eben der trügerische Anschein einer seitlichen Ausbreitung gleichgearteter Erregung, die sogenannte *simultane, gleichsinnige Induktion*. Eine solche zeigt beispielsweise eine schwarze Scheibe auf sehr hellem, eventuell farbigem Grund, indem sie zwar einen kontrastiv dunklen, andeutungsweise gegenfarbigen Saum aufweist, im Innern aber, entsprechend einem Überwiegen der (gleichfarbigen) Lichtverstreuung, (gleichfarbig) aufgehellt erscheint. Eine gänzlich unbelichtete Stelle auf der Netzhaut ist eben unmöglich, solange andere Stellen derselben irgendwie beleuchtet sind: überall stehen die erhellende Wirkung des falschen Lichtes und die verdunkelnde des Simultankontrastes miteinander im Kampf.

5. Das Problem der Sehschärfe.

Die praktische Leistung der Kontrastfunktion wird wesentlich noch dadurch begünstigt, daß mit der Induktion von Schwarz auch eine deutliche Herabsetzung der allgemeinen Anspruchsfähigkeit wie der Unterschiedsempfindlichkeit in der Umgebung gesetzt wird. Die Erhöhung der Reizschwelle geht dabei direkt der Intensität des Nachbarreizes proportional. So verschwinden alle Details des durch die Lücken einer Gardine betrachteten Abendhimmels, sobald durch Einschalten von künstlicher Innenbeleuchtung das Netzwerk des Vorhanges hell, weiß, hervortritt und Kontrastschwarz die Lücken nun ausfüllt.

Auch ist — wie bereits (S. 8, 11) erwähnt — mit einer gewissen zeitlichen Entwicklung, einer Trägheit, ja Latenz des Simultankontrastes zu rechnen, die, speziell im Netzhautzentrum, zu einem deutlichen Nachhinken hinter dem Primäreffekt führt. Noch mehr aber kommt ein Absinken unter Anpassung oder Adaptation der indirekten Erregbarkeit, schließlich eine Ermüdung oder Erschöpfung des Kontrastes in Betracht. Dementsprechend wird der Augenarzt auch an eine Pathologie, speziell eine Insuffizienz der Kontrastfunktion denken. Er wird jedenfalls gut tun, in Fällen, in denen sich die Sehschärfe ohne dioptrische und ophthalmoskopische Begründung als auffallend vermindert oder schwankend[1] erweist, eine Störung der physiologischen Kontrastfunktion zu vermuten.

Der Einfluß, welchen der Kontrast wie der Lichtsinn überhaupt auf die *Grenzen der Sehschärfe* nimmt, bedarf noch genauerer Erörterung. Zunächst sei kurz darauf hingewiesen, daß die Abhängigkeit der Sehschärfe von der Beleuchtung, die relativ lange fortschreitende Besserung des Lesens bei wachsender Leuchtdichte (vgl. S. 10 und 28) auch auf die gleichzeitige Steigerung der Schwarzinduktion zu beziehen ist. Allerdings entspricht auch jedem Adaptationszustand eine optimale Beleuchtungsstärke, bei welcher das Maximum der Deutlichkeit des Sehens erreicht wird. (Über das Verhalten der Sehschärfe bei Blendung vgl. S. 39.) Angesichts des Miteinflusses des Adaptationszustandes — auch der Vorbelichtung (COMBERG) — wäre es unberechtigt, die Sehleistung ausschließlich auf die Beleuchtungsstärke bzw. Umfeldleuchtdichte zu bezeichnen. Nur unter einem solchen Vorbehalt und unter Anerkennung großer individueller Unterschiede an Höhe wie Verlauf (SIEDENTOPF), lassen sich für Zustände vollendeter Anpassung Sehschärfen-Helligkeitskurven (ARTHUR KÖNIG) zeichnen. Dabei wird die Sehschärfe bei Tages- wie bei Dämmerungs-

---

[1] Bei den tagweisen Schwankungen des Auflösungsvermögens (SCHUPFER — mit Unterscheidung des totalen Auflösungsvermögens des Auges und des immer größeren Auflösungsvermögens der Netzhaut) mag neben einer objektiven Variation im bilderzeugenden Apparat ein Wechsel in der Kontrastfunktion mitspielen.

sehen als eine lineare Funktion des Logarithmus der Beleuchtungsstärke bzw.
Leuchtdichte des gesehenen Objektes, jedoch mit verschiedenen Konstanten,
betrachtet und der Knick in der Sehschärfen-Helligkeitskurve bei etwa 0,1 lx
zu rascherem Anstieg auf Beginn des Zapfensehens neben den bisher allein
beanspruchten Stäbchen zurückgeführt (SCHOBER, KÜHL, HAMBURGER; HECHT
für kompliziertere Beziehung) und werden etwa folgende Abhängigkeitswerte
der Sehleistung angegeben (COMBERG):

Beleuchtung	Umfeldleuchtdichte	Sehleistung
32 lx	10^{-3} sb	1,0 optimale „Zapfen"-Leistung
2 lx	$6,3 \cdot 10^{-5}$ sb	0,5
0,5 lx	$1,6 \cdot 10^{-5}$	0,4
0,125 lx	$4 \cdot 10^{-6}$ sb	0,3
0,08 lx	$25 \cdot 10^{-6}$ sb	0,2 optimale Stäbchenleistung zwischen 0,13 bis 0,3
0,02 lx	$6,2 \cdot 10^{-7}$ sb	0,08
0,007 lx	$2,2 \cdot 10^{-7}$ sb	0,06

Bei höheren Werten an Beleuchtung bzw. Leuchtdichte (oberhalb 1000 lx)
wurde von den einen (so von ARTHUR KÖNIG) Abnahme der Unterschiedsempfindlichkeit und des Auflösungsvermögens, von den anderen Konstanz der Plan-
wie der Tiefensehschärfe (so von SCHOBER mit WITTMANN, BAHRS, GUTSCHREITER)
gefunden — ein Verhalten, das auf rasch eintretende Helladaptation bezogen wird.

Auch ergibt sich dann ein von der Farbe bzw. Wellenlänge unabhängiger
Grenzwert (STRECKFUSS).

Im Zustande der Dunkeladaptation erreicht die Sehschärfe, auch bei optimaler
Beleuchtung, nicht die Werte wie im Hellauge (HERING, BLOOM und GARTEN,
KATZ, STRECKFUSS). Die Erweiterung der Pupille im ersteren Falle bewirkt
zwar einen größeren Helligkeitseindruck, nicht aber eine Steigerung der Sehschärfe. Übrigens erweist sich bei kleinen Helligkeiten die Sehschärfe als so
gut wie unabhängig von der Pupillenweite (FABRY und ARNULF, HAMBURGER).
Auf die Abhängigkeit der Sehschärfe von der Durchsichtigkeit der Atmosphäre
wird noch bei der Lehre von der Tiefenlokalisation Bezug zu nehmen sein
(S. 127).

Gewiß beruht das Auflösungsvermögen des Auges wesentlich auf der Feinheit der
Netzhautmosaik, auf der Dichte der Besetzung der Auffangfläche mit Sinneszellen
und auf deren Querdimensionierung. Doch muß es als unmöglich bezeichnet
werden, daß selbst unter günstigsten Verhältnissen Bilder im Auge zustande
kommen, welche dem Querschnitt eines einzelnen Netzhautzapfens entsprechen
oder ihn gar unterschreiten. Ein Zapfen ist in der menschlichen Fovea mit 1,5 bis
4,5, im Mittel $3\,\mu$ Durchmesser, bzw. mit einem rechnerischen Öffnungswinkel von
20 bis 60, im Mittel etwa 39 Bogensekunden anzusetzen. Anderseits ist aber nicht
zu leugnen, daß unser Auge im optimalen Zustand, d. h. bei mittlerer Helladaptation, relativ enger Pupille und unter geeigneten Bedingungen Einzelobjekte vom
Hintergrund zu unterscheiden vermag, deren rechnerischer Öffnungswinkel unter
dem angegebenen Wert, ja weit darunter gelegen ist. Das gilt sowohl von einzelnen
„Lichtpunkten" als von dunklen linearen Objekten, beispielsweise feinen Fäden
oder Drähten (von etwa 0,1 bis $0,2\,\mu$) auf hellem Hintergrund. Das Auge vermag also sehr wohl noch aus sehr kleinen Öffnungswinkeln Licht aufzunehmen
und dadurch gesonderte Eindrücke zu empfangen. Nicht aber ist hieraus zu
schließen, daß dabei ebenso kleine Bildwinkel in Geltung träten, somit eine weit-

gehend stigmatische Abbildung die Voraussetzung für jene Leistung an Unterscheidungsvermögen bilde. Die erwähnte Grenzleistung wird eben nicht durch die Abmessungen der Netzhautzapfen, sondern durch die Unterschiedsempfindlichkeit für Helligkeiten unter gleichzeitigem Einfluß des Kontrastes bestimmt.

Es muß also erreicht werden, daß trotzdem die Anfangsreizung eine *Mehrzahl* von Elementen des Neuroepithels betrifft, doch der merkliche Endeffekt sich, wenigstens in der Fovea, auf ein *einzelnes* Netzhautelement beschränken kann. Das aber geschieht, wie bereits (S. 10) auseinandergesetzt, durch eine sekundäre Korrektur oder Retusche, nämlich die nervöse Kontrastfunktion, welche die Netzhaut sozusagen aus einer weich-, ja flauarbeitenden Platte zu einer hartarbeitenden macht. Dabei haben wir meines Erachtens keine Berechtigung anzunehmen, daß das einzelne Netzhautglied noch weiter unterteilt funktionieren könne, speziell ein Zentralzapfen mehrere einzelreagierende Strukturglieder (Neurofibrillen) in sich schließe. Der Befund, daß an Objekten, deren Öffnungswinkel den Durchmesser eines einzelnen Zapfens nicht übersteigt, noch verschiedene Größen unterschieden werden können, ist durchaus kein Beweis dafür! Es genügt eben, daß das Bild eines Minimalobjekts von „Unterzapfenwert", unterstützt vom Kontrast, ein Einzelelement unterscheidbar von seiner Umgebung zu reizen vermag. Analoges gilt von der Auflösbarkeit zweier nebeneinander gebotener Objekte, wie sie bei der Seh- oder Trennschärfenbestimmung nach dem WEBERschen *Doppelpunktprinzip* gefordert wird: zwei „Punkte" (besser: parallele Linien) erscheinen dann als getrennt, wenn die zugehörigen Sinneszellen eine nicht oder merklich minder erregte solche zwischen sich fassen, also eine praktische Grenze (sogenannte Punktsehschärfe) von 40 bis 60″ an Öffnungswinkel erreicht wird. Die Sehschärfe stellt dabei den Kehrwert des in Minuten ausgedrückten Winkels dar, den das Auge gerade noch aufzulösen vermag (LITTMANN). Praktisch wird die Sonderung von zwei punktförmigen Objekten bei einem Abstand von 1 Bogenminute als Norm betrachtet (SNELLEN) — ein Ansatz, der allerdings von Sehtüchtigen bei entsprechend hoher Beleuchtung weit (mit 15 bis 37″) überboten wird (SCHOBER mit WITTMANN, SIEDENTOPF). Die Auflösungsleistung, der sogenannte Visus, wird durch eine Verhältniszahl ausgedrückt, in deren Nenner der gerade 1 Minute ergebende Sollabstand für die Leseprobe (d. h. für die Breite der einzelnen Linienelemente desselben) steht, während die gefundene Distanz bzw. die entsprechend indizierte Probe den Zähler einnimmt (z. B. $^6/_{12} = {}^1/_2$ gegenüber der Norm von $^6/_6 = {}^{12}/_{12} = 1$). Allerdings fallen die Werte je nach den besonderen Beobachtungsbedingungen — speziell nach dem Helligkeitsunterschied zum Grund, und zwar in komplizierter Beziehung, aber auch nach der Farbe (Weiß optimal, dann Gelb, Grün, Rot, Gelbgrün — pessimal Blau) oder wohl besser nach der Wellenlänge des Lichtes (besonders SCHOBER und WITTMANN, H. H. WEBER mit TANNER), von welcher auch der Grad der Aberration in den inhomogenen, trüben Medien des Auges abhängt — sehr verschieden aus. Auf jeden Fall ergibt sich dabei bereits eine empirische Grenze vor jener, die nach der Querdimension der Netzhautelemente zu erwarten wäre. Es greifen eben bereits die Randsäume der Zerstreuungskreise soweit übereinander, daß hier kein merklich verschiedener Effekt mehr resultiert gegenüber der Erregung jener Elemente, welche vom Gipfel eines der beiden Zerstreuungskegel getroffen werden. Viel weiter herunter, nämlich bis zu 5 bis 13 Bogensekunden, führt das *Noniusprinzip*, welches zuerst A. W. VOLKMANN, dann WÜLFING verwendet hat — bestehend im Einstellen zweier Strecken in eine gerade Flucht. Auch hier ist die Grenze nur eine relative, d. h. nur für die speziellen Bedingungen gültige, obwohl sie scheinbar dem Öffnungswinkel eines Einzelzapfens entsprechen, ja ihn unterschreiten kann. Es genügt eben,

wenn von beiden Bildstrecken wenigstens teilweise Elemente *verschiedener* Längs-
oder Querreihen wirksam beansprucht werden. (Dem relativen Grenzwert an
Breitenunterscheidbarkeit für *ein Auge* entspricht übrigens durchaus der relative
Grenzwert an Tiefenunterscheidbarkeit für *beide* Augen; vgl. unten S. 124.)

Eine einheitliche oder absolute Grenze für das Auflösungsvermögen ist entsprechend der Astigmatik überhaupt nicht festzustellen. Bei sehr kleinen Bild-
werten (unter 2 bis 3 Bogenminuten an Öffnungswinkel) entscheidet überhaupt
nur die Lichtmenge über die scheinbare Größe des optischen Eindruckes, wie das
bereits oben (S. 11, s. auch 17, 30) bezüglich der sogenannten Größenklassifikation
der Sterne betont wurde. Die Grenzen des optischen Raumsinnes sind eben nur
durch den Lichtsinn, d. h. die Unterschiedsempfindlichkeit für Helligkeiten und
die Kontrastleistung, nicht aber durch das Auflösungsvermögen bestimmt. Im
allgemeinen aber sind das Minimum visibile und das Minimum separabile
bzw. legibile nicht einfach gleichzusetzen.

Dessenungeachtet erscheinen die geschilderten Befunde der Sehschärfen-
prüfung sehr wohl verträglich mit der Vorstellung, daß im Netzhautzentrum die
einzelnen Zapfen, außerhalb desselben Gruppen von Netzhautelementen, und
zwar in einer peripherwärts wachsenden Zahl, die funktionellen Einheiten[1] darstellen, welche zwar nicht isoliert belichtet werden können, wohl aber, infolge
ihrer gegensinnigen Wechselbeziehung, unterscheidbare Einzeleindrücke zu produzieren vermögen. Gewiß hängt die Sehschärfe zunächst ab von der Güte der
Bildoptik (Refraktion; Akkomodation; Pupillenweite — letztere speziell bedeutsam angesichts der Refraktionsdifferenz des axialen Bündels und der Randbündel; Lichtstärke bzw. Leuchtdichte des Bildes) und von der Größe des Augapfels bzw. der Bildgröße, nicht minder aber auch von der Auflösung der Netzhaut. Entscheidend ist eben deren Struktur, d. h. die Korngröße oder die Zahl
der Rezeptoreinheiten pro Flächeneinheit sowie deren funktionelle Abstufung
nach Unterschiedsempfindlichkeit und Kontrasterregbarkeit. Es kommt aber
auch die Kooperationsweise der Rezeptoreinheiten in Betracht, da diese erst
den Querschnitt der funktionellen Einheit bestimmt. Endlich nimmt noch der
Adaptationszustand und die jeweilige Ermüdungslage Einfluß auf die Sehschärfe.
Nebenbei sei bemerkt, daß die Zahl der jeweils als Gruppe zusammenarbeitenden
Einheiten außerhalb der Fovea anfangs sehr rasch, dann langsamer wächst.
Doch entspricht dieses Verhalten nicht einfach der Zunahme der Stäbchen,
deren Zahlenverhältnis zu den Zapfen übrigens ab 8° Exzentrizität konstant
bleibt, so daß nirgends, auch nicht in den Randpartien, ein größerer zapfen-
freier, nur Stäbchen führender Bezirk oder gar eine solche Zone (vgl. S. 41, 84)
resultiert. Unter den entweder nodal oder pupillozentrisch angesetzten

---

[1] Das Zusammenarbeiten einer Mehrzahl von Netzhautelementen zu einer Seheinheit bedeutet nicht eine ständige Koppelung oder Vergesellschaftung bestimmter Elemente zu einer „Empfangszelle", sondern betrifft einen wechselnden Verband von Nachbarn, deren minimale, nahezu stetige funktionelle Verschiedenheit unterschwellig bleibt ((vgl. KÜHLS Annahme der Vergesellschaftung einer größeren
Zapfenzahl bei abnehmender Leuchtdichte). In analoger Weise grenzen die Tast-
kreise auf der Haut nicht aneinander, sondern greifen mit ihren Randsäumen übereinander. Beim Auge wirkt noch unterstützend der Astigmatismus der Bilderzeugung,
der nach der Peripherie hin zunimmt. Eine solche Wechselkooperation gilt nicht
bloß für das indirekte Sehen des Einzelauges, sondern auch für das sensorische Zusammenwirken mäßig disparater Stellen in beiden Augen. Dabei bezeichnet die Schar
der mit einem bestimmten Element des einen Auges zusammen f a k u l t a t i v e s Einfach sehen vermittelnden Elementen des anderen Auges den sogenannten PANUM-
schen Empfindungs- oder besser Verschmelzungskreis (vgl. S. 103, 105, 117.

Öffnungswinkel eines Zentralzapfens kann allerdings der elementare optische Eindruck nicht heruntergehen (so bestimmte bereits AUBERT die Größe des „physiologischen Punktes" auf 35'' Gesichtswinkel bzw. 2,5 μ Netzhautfläche). Der *wirksame* Anschlag auf der Netzhautklaviatur findet seine natürliche Grenze an der Tastenbreite. Die Dimensionierung der retinalen Mosaik geht zwar einigermaßen proportional der absoluten Größe des Auges, ist aber gleichzeitig ein Anzeichen für die rezeptorische Auflösung des Netzhautbildes. Eine noch weitergehende Aufgliederung der Mosaik fände bald eine Nutzgrenze an den unvermeidlichen Abbildungsmängeln sowie an der Beschränktheit und Ermüdbarkeit der Kontrastfunktion. Auch bliebe ein selbständiges, nicht gruppenweises Reagieren, also eine entsprechend feine Abstufung der Verschiedenheit an physiologischem Raumwert oder funktionellem Lokalzeichen Voraussetzung dafür. An der Netzhautperipherie setzt sogar die zeitweilige Vereinigung einer Mehrzahl von Netzhautelementen zu einer funktionellen Einheit früher eine Grenze,[1] als es die Reizverteilung, d. h. die Abnahme der Güte des dioptrischen Bildes, erwarten ließe; die erstaunliche relative Schärfe der Abbildung noch bei stark schiefem Einfall und die erhebliche Unschärfe des subjektiven Auflösungsvermögens stehen geradezu in einem auffallenden Gegensatz. Auch nimmt die Sehschärfe vom Fixierpunkt nach der Peripherie rapid ab, in 2° Abstand bereits auf $^1/_2$, in 5° Abstand auf $^1/_3$, in 10° auf $^1/_5$, und zwar schon innerhalb der Fovea, so daß die Stelle des deutlichsten Sehens nur etwa ein Sechstel derselben einnimmt (GUILLERY). Im Dunkelauge erreicht die Sehschärfe unter optimalen Bedingungen (bei 10^{-6} sb) höchstens ein Drittel (0,3) vom Visus des Hellauges; auch kehrt sich das Gefälle der Sehleistung im nasalen und temporalen Halbmeridian um, indem sich der Abfall im Hellauge nasal, im Dunkelauge temporal als steiler erweist (A. E. FICK, HAMBURGER). Nur in einem Intervall sehr geringer Leuchtdichten erweist sich das Dunkelauge als überlegen (BLOOM und GARTEN), aber lange nicht in dem Maße, als es an Lichtempfindlichkeit gewonnen hat (FERREE und RAND).

Anderseits widerspricht das Verhalten des optischen Raumsinnes der Vorstellung, daß hellere Empfindungen nicht durch eine stärkere, eventuell frequentere Erregung des einzelnen Netzhautelements, sondern durch Einbeziehung einer immer größeren Zahl solcher zustande kämen. Zu einer solchen Annahme würde nämlich die Ausdehnung des Gesetzes der maximalen Reaktion (Isobolie, Prinzip: „Alles oder Nichts") von der unermüdeten motorischen Nervenfaser oder der quergestreiften Muskelfaser (LUCAS, ADRIAN) auf das Auge führen. Ein Gegengrund erscheint vor allem darin gegeben, daß die Sehschärfe bei wachsender Beleuchtung bis zu einem bestimmten Optimum sogar eine deutliche Zunahme zeigt. Allerdings hat die Steigerung der Lichtstärke infolge der gleichzeitig wachsenden Aberration in den optischen Medien die Tendenz, die „wirksame" Reizfläche zu vergrößern, also zu einer scheinbaren (positiven) Irradiation zu führen. Die verschiedenen Stufen an Lichtstärke werden dadurch zu Größenklassen[2] (vgl. S. 11, 16, 17, 30).

Daß der physiologischen Auffassung des Simultankontrastes, wie sie MACH und E. HERING begründet, und wie wir sie im vorstehenden vertreten haben,

---

[1] Eine solche erscheint auch durch die Anzahl isolierter Leitungsfasern des Sehnerven gesetzt, von denen beim Menschen je eine auf einen Netzhautkreis von 36 μ- bzw. 8'-Öffnungswinkel kommt.

[2] Nebenbei sei bemerkt, daß ein Stern 1. Größe 100 mal so viel Licht aussendet als ein Stern 6. Größe, ein solcher von der Größenklasse 2 2,5mal so viel als einer der 3. Größe (LÖHLE).

früher eine rein psychologische Deutung entgegenstand, hat heute fast nur mehr historisches Interesse. So vertrat HELMHOLTZ noch die Theorie einer Urteilstäuschung, speziell einer Verschiebung des Weißbegriffes bei farbigem Kontrast. Aber auch eine Inbeziehungsetzung, ja Zurückführung des Simultankontrastes auf sogenannte *Transformation*, d. h. eine psychologische Umgestaltung des primären Gesichtseindruckes, welche auf einer urteilsmäßigen Sonderung von Farbe des Objekts und der Beleuchtung beruhen soll (JAENSCH und seine Schüler), will mir weder sachlich ausreichend begründet noch fruchtbar erscheinen. Entbehren doch wohl die Sehorgane selbst niederer Tiere keineswegs einer kontrastiven Korrektur der unscharfen Bilderzeugung!

Gerade die hohe biologische Bedeutung, welche der in subjektiver Helligkeits- und Farbenbeeinflussung sich äußernden Kontrastfunktion zukommt, läßt uns erkennen, wie recht GOETHE hatte, sich zu rühmen, daß er „die oft als Augentäuschungen bezeichneten subjektiven Farben als vervollständigende Tätigkeiten des gesunden und richtig wirkenden Auges gerettet habe"!

Zweites Kapitel.

Einführung in die Lehre vom Lichtsinn; Photik und physiologische Optik.

1. Die Begriffe: Spezifische Energie, Weiß-Schwarz und Grau.

Das Auge ist sinnfällig eingerichtet für die Aufnahme von Licht und für die Gewinnung optischer Eindrücke, welche das sensorische und motorische Verhalten des Trägers wesentlich mitbestimmen. Dabei entbehrt aber das Sehorgan nicht glatt der Empfänglichkeit für andere Energiearten, so speziell für nichtphotische Strahlungen, wie Röntgen- und Radiumstrahlen (mit 0,0172 bis 1,33 mμ W. L., also etwa ein 200stel bis 20 000stel der W. L. von Grenzviolett), für elektrische Ströme (oberhalb 0,2 mA) und mechanische Einwirkungen (sogenanntes Druckphosphen). Allerdings erfordern solche inadäquate oder „heterologe" Beanspruchungen weit höhere Energiewerte als der „adäquate" oder „homologe" Lichtreiz — so der galvanische Strom etwa das 80 000fache gegenüber diesem, und zwar für das helladaptierte Auge weniger als für das Dunkelauge (ACHELIS, BOUMAN). Doch ist die Reizbarkeit des Auges eine deutlich elektive, indem es selbst für photische Strahlungen, deren wir solche zwischen 100 000 und 20 mμ bzw. 1 Million und 200 Ångströmeinheiten (Å. E.) an Wellenlänge kennen, nur eine Sinnesbreite von 800, ja 850 bis 313, und zwar unter Reinblau- erscheinen (SAIDMANN, GOODEVE, TAYLOR, FRIEDRICH und SCHREIBER), ja 280 (wenigstens in der Jugend), welch letzterer Wert gerade der Grenze des Sonnen- spektrums auf der Erdoberfläche entspricht, in praxi etwa von 700 bis 400 mμ bzw. 429 bis 750·10^{12} S. Z.[1] aufweist. Unabhängig von der Reizart reagiert das menschliche Sehorgan entsprechend dem Gesetz der spezifischen Sinnesenergie (JOH. MÜLLER) mit einer eigenen charakteristischen Empfindungskategorie, die wir als Licht-Farbensinn bezeichnen.

---

[1] Die Umrechnung geschieht nach dem Ansatz:

$$x \cdot 10^{-6} \text{ W. L. in mm} \times y \cdot 10^{+12} \text{ S. Z.} = 3 \times 10^{+11}$$

pro Sekunde   Lichtgeschwindigkeit
in mm

entsprechend einer gleichseitigen Hyperbel mit Scheitelpunkt bei 547,7 (Gleich- zahligkeit) in Bill. oder mμ.

Dementsprechend hat dessen Behandlung nach dem Grundsatz des exakten Subjektivismus nicht mit der physikalischen Behandlung des Lichtreizes, sondern mit der Analyse des physiologischen Reizeffektes zu beginnen. Den letzteren erfassen wir in der physiologischen Optik allerdings zunächst durch die Mittel der Psychologie, nämlich durch die Analyse der Empfindungen. Diese neuere Grundauffassung tritt der älteren objektivistischen gegenüber, welche ein direktes Wahrnehmen und Erkennen durch die Sinneswerkzeuge behauptete, wenigstens einen einfachen, zwangsläufigen Zusammenhang von Reiz und Reizeffekt. Wir aber unterscheiden klar und konsequent, was angewandte Physik des Außenvorganges ist, und was der physiologischen Reaktion zugehört. Die erstere bezeichnen wir gesondert als Photik, die letztere untersuchen wir in der physiologischen Optik, und zwar zunächst empfindungsanalytisch. Erst dann fragen wir nach dem Verhältnis von Lichtreiz und farbloser Empfindung, von Wellenlänge und Farbe. Wir führen aber die grundsätzliche Scheidung von Reiz und

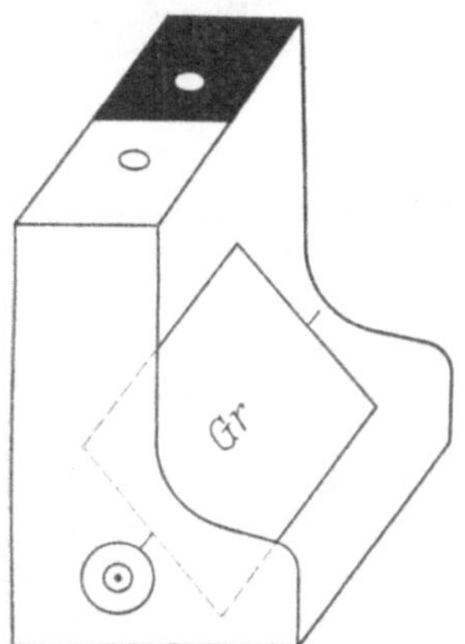

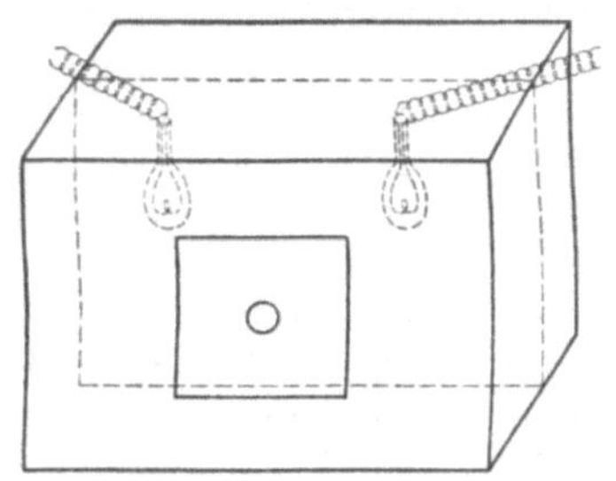

Abb. 7. Lochkontrastkasten (nach E. HERING).

Abb. 8. Nuancierapparat (nach E. HERING).

Reizeffekt nicht bloß auf dem Gebiete des Licht-Farbensinnes durch, sondern dehnen sie auch auf den optischen Raumsinn aus. Wir trennen also objektive Anordnung der Reize und subjektives Reagieren darauf, somit die Begriffe Außenraum und subjektiver Raum, und lehnen die noch allzuoft vertretene Vorstellung einer wenn auch beschränkten Wahrnehmung des objektiven Raumes entschieden ab.

Dem angegebenen Grundsatz entsprechend, nehmen wir unseren Ausgang von den Gesichtsempfindungen und suchen diese nach Elementarqualitäten, nach psychischer Quantität oder Gewichtigkeit, nach zeitlichem Verlauf und Abhängigkeit vom Allgemeinzustand wie von einander zu analysieren. Natürlich ergibt sich dabei sehr bald, aber doch erst in zweiter Linie die Frage, in welchem Verhältnis diese Eigentümlichkeit der Reizeffekte — speziell Farbenton, Sättigung, Nuance, Helligkeit — zur Qualität der Lichtreize, wie Wellenlänge, Zusammensetzung und Intensität bzw. Leuchtdichte stehen.

Zunächst aber handelt es sich um die Kennzeichnung der Grundelemente des Licht-Farbensinnes, um die Scheidung von farblosen oder unbunten und farbigen oder bunten Gesichtsempfindungen und um die Feststellung, daß *Weiß und Schwarz* selbständige, durchaus *einfache und elementare* Empfindungen sind und prinzipiell *gleichberechtigte* Komponenten in der ersteren Reihe darstellen. Schon bei der Behandlung der Kontrastfunktion lernten wir das Kontrastschwarz als eine physiologische Realität kennen — trotz Fehlens einer physikalischen Unterlage, als Ausdruck einer seitens der photogenen, primären Weißerregung induzierten Sekundärerregung. Hier sei nun diese Aufstellung (S. 7 ff.) ergänzt durch

2*

einen kurzen Hinweis auf die Fülle von Demonstrationsexperimenten, welche die *positive Natur des Schwarz* einwandfrei beweisen. Ich meine in erster Linie die Vorführung des HERINGschen Lochkontrastkastens (Abb. 7), welcher den überraschenden Umschlag von Weiß in Schwarz an einer von ganz schwachem Licht durchstrahlten Scheibe schwarzen Florpapiers zeigt, sobald ein umgebender Weißrahmen durch Auffallenlassen intensiven Lichtes sichtbar gemacht wird, während bisher der Beobachtungsraum dunkel gehalten war und nur das zentrale „Loch" schwach aufleuchtete. Hier ist es gar ein, wenn auch schwacher Lichtreiz, dem einmal der Eindruck eines hellen Fleckes, dann aber der Eindruck eines

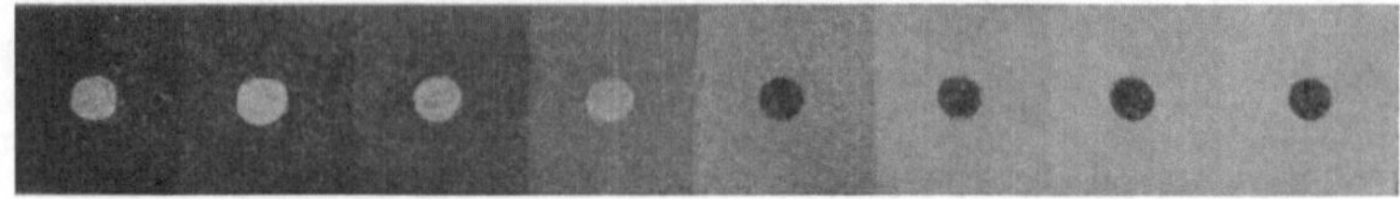

Abb. 9. HERINGsche Grauskala.

schwarzen Loches entspricht. Analoges gilt von der gleichzeitigen Darbietung zweier, vom gleichen schwachen Remissionslicht mittelgrauen Papiers durchstrahlter Öffnungen, von denen die eine in weißem, die andere in schwarzem Umfeld geboten wird (*Nuancierapparat* nach E. HERING, vgl. Abb. 8), ebenso von einer Reihe von Scheibchen gleicher Graustufe, dargeboten auf einem stufenweise von Weiß zu Schwarz wechselnden Grund (*Grauskala* nach E. HERING, vgl. Abb. 9). In ähnlicher Weise erscheinen Schneeflocken, ebenso Möven vor ziemlich hellem Himmel dunkel, vor dem Dunkel der Häuser hingegen weiß. Desgleichen imponieren die Stämme der Bäume vor dunklem Hintergrund grau, eventuell mit farbigem Ton, die Zweige vor dem hellen Himmel hingegen als

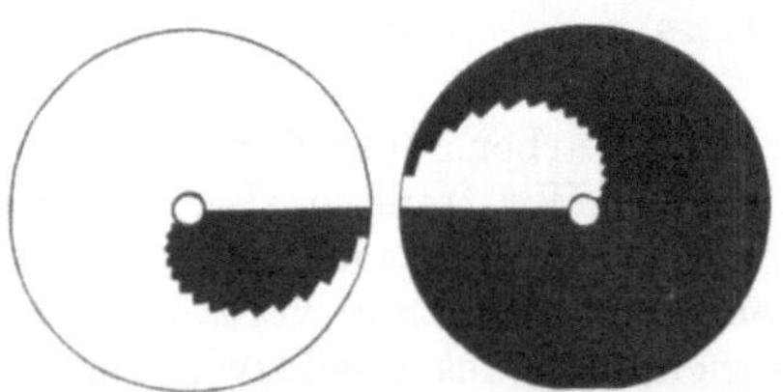

Abb. 10. Stufenscheiben (nach E. MACH).

Abb. 11. Flimmerkontrastscheiben (nach SHERRINGTON).

schwarz. Dabei erweist sich durchwegs die Umgebung als maßgebend für den subjektiven Helligkeitswert des umschlossenen grauen Feldes, und zwar in gegensätzlichem Sinn: weißes Umfeld wirkt verschwärzend durch kontrastive Induktion, schwarzes Umfeld wirkt scheinbar erhellend durch Isolierung, d. h. durch Fehlen „drückender", schwarz induzierender Nachbarn. So kann infolge des Vorhandenseins oder Fehlens von Kontrastwirkung trotz Gleichheit der objektiven Lichtstärke oder Leuchtdichte eine große Verschiedenheit an subjektiver Helligkeit bestehen. Umgekehrt aber läßt sich auf diesem Wege bei großer Verschiedenheit an Lichtstärke zweier Feldchen (so für $l_1 = 47\,l_2$ an einem Nuancierapparat mit gesonderter Durchstrahlung beider Löcher) doch der Eindruck gleicher Helligkeit erreichen.

Grenzt ein an sich gleichmäßiger Streifen oder eine solche Zone (beispielsweise ein grauer bzw. schwarz-weißer Ring auf einer rotierenden Stufenscheibe nach MACH, vgl. Abb. 10) auf der einen Seite an einen helleren Nachbar, so erscheint dieser Randsaum verschwärzlicht, der Saum gegen den dunkleren Nachbar hingegen subjektiv aufgehellt, wie wir dies auch beim Fernblick auf hintereinandergereihte Bergketten beobachten können. Ja, auf einer weiß-schwarz gehälfteten Kreiselscheibe (nach SHERRINGTON, vgl. Abb. 11) flimmert bei wachsender Drehgeschwindigkeit ein gegensinnig gelagerter Ring aus kontrastiv verstärktem Schwarz und ungedrücktem Weiß ausgiebiger und länger, da der Wechsel zwischen höherwertigem „Weiß", das sich wie ein objektiv stärkeres Licht verhält, und höherwertigem Schwarz erfolgt, also einem weiteren Schwankungsbereich entspricht. Vielleicht noch deutlicher ist ein solches Verhalten, wenn man den schwarz-weiß gehälfteten Ring über den weiß-schwarz gehälfteten Grund „verschiebt", also einen von drei Seiten her kontrastiv vertieften schwarzen Sporn vorangehen und einen von drei Seiten her nicht-gedrückten weißen Sporn nachfolgen läßt oder umgekehrt. Aber auch bei Darbietung eines weißen Feldes für das rechte und eines schwarzen Feldes für das linke Auge zeigt sich im binokularen Wettstreit Schwarz im Durchschnitt gleichwertig mit Weiß, indem das eine das andere etwa ebensooft besiegt wie umgekehrt.

Nach all dem müssen wir, wie schon oben (S. 7) betont, Schwarz ebenso als eine positive Empfindungsqualität und damit als Ausdruck eines bestimmten

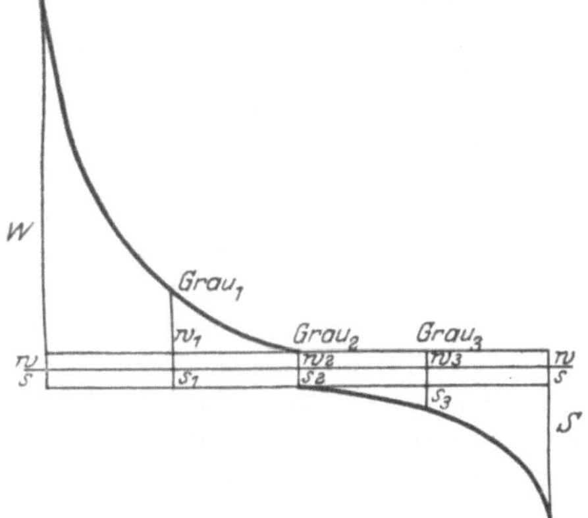

Abb. 12. Schema der Weiß-Schwarz-Reihe oder Graureihe (nach A. V. TSCHERMAK-SEYSENEGG).

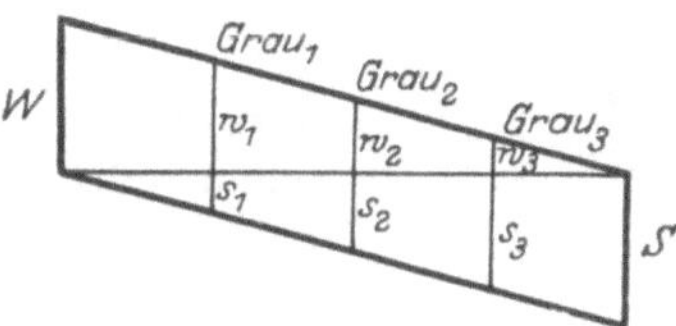

Abb. 13. Schema der Weiß-Schwarz-Reihe oder Graureihe (nach E. HERING).

physiologischen Geschehens betrachten wie Weiß, nicht als ein bloßes Anzeichen von Reizmangel oder Ruhe. Dementsprechend werden wir auch den Eindruck von *Grau verschiedener Helligkeit* nicht einfach als Sensation für verschiedene Stufen von Lichtstärke ansehen, sondern als eine Kombination von Weiß- und Schwarzqualität in bestimmtem Verhältnis. Dieses ist allerdings — in Ermangelung einer subjektiven Maßeinheit — nicht direkt meßbar, sondern läßt sich nur durch das Sektorenverhältnis ($W : S$) zweier bestimmter als „Weiß" und „Schwarz" angesetzter Kreiselscheiben oder durch einen dieselbe Eindruckshelligkeit ergebenden Anteil (beispielsweise Ausschnitt einer Schlitzscheibe, bzw. Episkotister-Schlitzwinkel oder Polarisationswinkel) einer Standardlichtquelle objektiv charakterisieren. Verschiedenen Stufen objektiver Lichtstärke entsprechen eben verschiedene Stufen subjektiver Helligkeit, bzw. Weiß-Schwarz-Relation: *der objektiven Intensitätenreihe geht eine subjektive Reihe von Qualitäten, und zwar von Relationsqualitäten von Grau parallel.* Doch ist diese Beziehung keine feste, vielmehr deutlich abhängig vom jeweiligen Zustand des Auges und von der Beanspruchung der Umgebung, also den Kontrastverhältnissen. Je nach solchen Bedingungen kann ein und derselbe Lichtreiz das eine Mal eine Empfindung von nicht unbeträchtlicher Helligkeit, also ein relativ helles Grau hervorrufen — wenn beispielsweise einem durch Lichtabschluß an Dunkel gewöhnten, „dunkeladaptierten" Auge isoliert dargeboten —, während derselbe Lichtreiz für das lichtgewohnte, „helladaptierte" Auge unterschwellig bleibt, ja bei stärkerer Belichtung der Umgebung im Kontrastschwarz versinkt.

Neben der Beziehungs- oder Relationsqualität ($W : S$) des Graucharakters kommt unseren optischen Eindrücken, speziell den farblosen, anscheinend noch ein *Empfindungsgewicht* zu, welches der absoluten Größe der beiden Anteile Weiß und Schwarz ($W + S$) — nicht bloß jener des Weiß allein oder gar der Stärke des Lichtreizes — entspricht. Das Gewicht erscheint für die verschiedenen Graustufen deutlich verschieden, und zwar scheint jeder einzelnen derselben zwangläufig ein bestimmtes Gewicht zugeordnet zu sein. Dementsprechend steigen, von einem bestimmten mittleren Grau geringsten Gewichtes ausgehend, nach dem „reinen" Weiß hin die Weißordinaten, nach dem „reinen" Schwarz hin die Schwarzordinaten etwa logarithmisch an (vgl. Abb. 12) — nicht geradlinig wie in dem älteren Schema nach E. HERING (vgl. Abb. 13). Wir dürfen allerdings die Annäherung an das Schwarzextrem nicht ebensoweit treiben können, wie jene an das Weißextrem. Erhalten wir doch tiefes Schwarz nur dann, wenn wir die Nachbarschaft oder Umgebung einer lichtlosen oder wenigstens lichtarmen Stelle stark belichten, also durch gleichzeitige Weißerregung eine starke

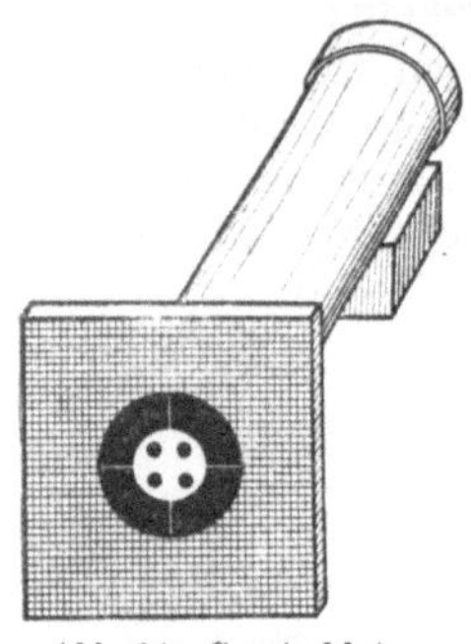

Abb. 14. Samtschlot
(nach E. HERING).

Sekundärinduktion hervorrufen. Dies ist am besten zu ersehen am sogenannten Samtschlot (nach E. HERING, Abb. 14), an dem nicht die Stirnplatte, ja auch nicht die große Öffnung des lichtlosen Schlotes, sondern die vier kleinen Löcher in der weißen Zentralscheibe am dunkelsten erscheinen.

Schon bei Ausschluß aller äußeren Reize vom Auge, also unter lichtdichtem Verband oder im lichtlosen Raum, entbehren wir keineswegs jeglicher Gesichtsempfindung oder sehen tiefstes Schwarz vor unseren Augen. Vielmehr tritt nach Ablauf gewisser Nachwirkungen (allgemeines Dunkel des sogenannten Sukzessivkontrasts und spezielle, umgrenzte Nachbilder heller Lichtquellen) eine subjektive Erhellung des gesamten Sehfeldes hervor. Diese bleibt auf die Dauer nicht gleichmäßig, sondern läßt einen auffallenden zeitlichen Wechsel erkennen, den man am ehesten mit dem Eindruck wallender Schleier, wandernder Nebelschwaden, hellerer und dunklerer Ströme vergleichen mag: es ist das sogenannte Eigenlicht (JOHANNES MÜLLER) oder besser Eigengrau (AUBERT), das einen räumlichen Charakter zeigt und von der Phantasie leicht zur Halluzination vermuteter Objekte ausgewertet werden kann. Wir haben kein Recht, etwa anzunehmen, daß der sich so äußernde Vorgang bei folgendem Einwirkenlassen von Licht glatt aufhöre. Weit natürlicher erscheint die Vorstellung, daß sich die photogenen Reizeffekte auf das Eigengrau draufsetzen, daß die farblosen wie farbigen Außeneindrücke sich auf diesem als Hintergrund malen oder, genauer gesagt, bestimmte Veränderungen des Eigengraus darstellen. So dürfen wir wohl sagen, daß einfallendes Licht den Weißanteil im Eigengrau verstärke, eventuell bestimmte Farbenqualitäten, und zwar entweder Rot oder Grün, entweder Gelb oder Blau hinzufüge, daß hingegen örtliche primäre Weißerregung in den Nachbarelementen sekundär Schwarzerregung induziere, wozu überdies auch gegenfarbige Komponenten kontrastiv hinzutreten können. Auch als Nachwirkung von Weißverstärkung kommt, wie erwähnt, Schwarzverstärkung in Form des sogenannten Sukzessivkontrastes in Betracht.

Nicht aber vermag irgendein einfallendes Licht im gleichen Netzhautelement, also am gleichen Ort und zur gleichen Zeit den Weiß- und den Schwarzanteil im Eigengrau gleichzeitig zu verstärken, also ein Grau ohne Änderung seiner Helligkeit stärker, bloß „grauer" zu machen. Bezüglich der Beanspruchung von der Peripherie her besteht somit ein reinlicher Gegensatz von Weiß und Schwarz —

ganz analog, wie wir ihn bezüglich der gegenfarbigen Paarlinge Rot-Grün, Gelb-Blau finden werden. Hingegen sind im Eigengrau selbst bereits Weiß und Schwarz — ohne Reizwirkung von der Peripherie her — nebeneinander gegeben. Dementsprechend wird man die Entstehung des Eigengrau zentral, in der sogenannten psychophysischen Sphäre anzunehmen haben und diese Empfindung als Ausdruck oder Korrelat eines physiologischen Vorganges betrachten, welcher dort dauernd und doppelsinnig abläuft. Dafür spricht die Erfahrung, daß Blinde mit zerstörten Augäpfeln oder atrophischen Sehnerven nicht das ihnen von früher her wohl bekannte Schwarz, sondern einen Nebel, ein richtiges Eigengrau vor den „nichts" sehenden Augen beschreiben. Im Gegensatz zur zentralen Vereinbarkeit von Weiß und Schwarz steht der sogenannte präterminale Antagonismus dieser beiden Komponenten ebenso wie jener der gegenfarbigen Qualitäten, die nur alternativ neben dem, sei es verweißlichtem oder verschwärzlichtem, Eigengrau vorkommen können. Gerade in dieser Formulierung tritt uns wieder die bereits betonte Verschiedenheit zwischen der neueren, exakt-subjektivistischen und der älteren, objektivistischen Auffassung klar entgegen!

2. Sinnesbreite, Helligkeit und Leuchtdichte, Unterschiedsempfindlichkeit.

Die schon eingangs (S. 18) erwähnte Beschränkung der Empfänglichkeit des Auges auf einen relativ engen Bereich von Lichtstrahlen ist im nervösen Aufnahmeapparat oder Rezeptor selbst begründet, nicht etwa bloß durch wahlweise Durchlässigkeit der das Licht zuführenden Medien erzwungen. Gewiß sind letztere nicht gleichmäßig durchgängig, indem die Linse in der Jugend das Gelbgrün, im Alter das Gelb im verbleibenden Restlicht bevorzugt, hingegen das Violett und Ultraviolett deutlich schwächt. Aber auch das gelbe Pigment in der Macula lutea bedingt eine analoge, allerdings nur lokale Absorption, die sich auch auf bestimmte optische Farbengleichungen von Einfluß erweist. Doch bleibt die Elektivität der Lichtverwertung seitens der Netzhaut das Entscheidende. Dies verrät sich auch besonders dadurch, daß die Abstufung der subjektiven Helligkeit in einem Spektrum durchaus nicht der daselbst gegebenen Energieverteilung parallel geht. Schon aus diesem Grunde wäre es durchaus unzweckmäßig, die objektive Reizgröße und den subjektiven Effektwert mit demselben Ausdruck „Leuchtdichte" zu bezeichnen; dieser bleibe vielmehr dem physikalischen Gebiete (s. S. 25) vorbehalten. Charakterisiert man zunächst die Helligkeitsverteilung, wie sie im kontinuierlichen Dispersions- oder Diffraktions- (Normal-) Spektrum einer geeigneten Lichtquelle besteht, durch Intensitätsgrade oder Leuchtdichtenstufen eines fein variierbaren, am besten farblosen Vergleichslichtes, also durch eine Reihe von Äquivalenzwerten für ein als normal betrachtetes Auge (subjektive Photometrie), so findet man dieselbe charakteristisch verschieden bei verschiedenen Zuständen desselben. Hingegen bestehen für die einzelnen gewöhnlich benutzten Lichtquellen keine erheblichen Differenzen.

Bei Hellstimmung des menschlichen Auges (und dementsprechend höherer Leuchtdichte) ergibt sich sowohl für das farbig sehende Netzhautzentrum als für die äußerste (relativ) farblos sehende Netzhautperipherie ein stetiger, relativ steiler Anstieg vom langwelligen sogenannt roten Ende bis zu einem Maximum im Gelb zwischen 605 und 568 mμ Disp. bzw. 590 und 558 Norm., und zwar Sonnenlicht 568 Disp., 560 bis 558 Norm., Auerlicht 589 Disp., 571 Norm., gewöhnliches Gaslicht 605 bis 575 Disp., 590 bis 565 Norm., Petroleumlampe 590

Disp., 572 Norm. (vgl. Abb. 15), und ein stetiger, relativ langsamer Abfall nach der kurzwelligen, sogenannt violetten Seite. Die Gleichsetzung an Helligkeit wird durch die Farbenverschiedenheit zwischen Spektral- und Vergleichslicht wohl erschwert, gelingt aber bei genügender Übung doch mit erheblicher Sicherheit. Die einzelnen Bestimmungsverfahren (Direktvergleich, Kleinstufenvergleich, Flimmerphotometrie) ergeben bei geeigneter Leuchtdichte weitgehend übereinstimmende Werte. Im Gegensatz dazu erweist sich bei Dunkelstimmung (und dementsprechend geringerer Leuchtdichte), beim farblosen Dämmerungssehen (vgl. Abb. 14, 18, 29) der Anstieg der Kurve der Helligkeits- oder Dämmerungswerte im langwelligen Anteil als verzögert, der Gipfel als nach dem Gelbgrün bis etwa 535 Disp. bzw. 520 Norm. verschoben, der Abfall als versteilt. In beiden Fällen aber weicht die Verteilung der subjektiven Helligkeit völlig ab von der Kurve der Lichtenergie. Letztere ist — nach Ausweis thermo- wie photoelektrischer Bestimmung — bei den einzelnen künstlichen Lichtquellen etwas verschieden, erreicht aber im allgemeinen schon im Infrarot ein Maximum (für Glühlampen bei 1200 bis 1000 Norm., für Petroleumlicht bei 2150 Disp. bzw. 1200 Norm.) und sinkt in konkavem Bogen gegen 400 und darüber hinaus ab. In der natürlichen Lichtquelle des Sonnen- und Himmelslichtes wechselt allerdings die objektive Energieverteilung in hohem Maße mit der Höhenlage der Beobachtungsstelle, mit den atmosphärischen Verhältnissen und der Sonnenhöhe, und zwar zwischen 450 und 470 extraterrestrisch bzw. 540 und 700 Norm. auf der Erdoberfläche (ABBOT). Bei Lichtquellen *verschiedener* physikalischer Beschaffenheit bedeutet dementsprechend Helligkeitsgleichheit durchaus nicht Energiegleichheit oder umgekehrt! Die Charakterisierungszahlen an „Normalkerzen" oder „Luxeinheiten",[1] welche mittels subjektiver Photometrie an verschiedenartigen Lichtern — mögen

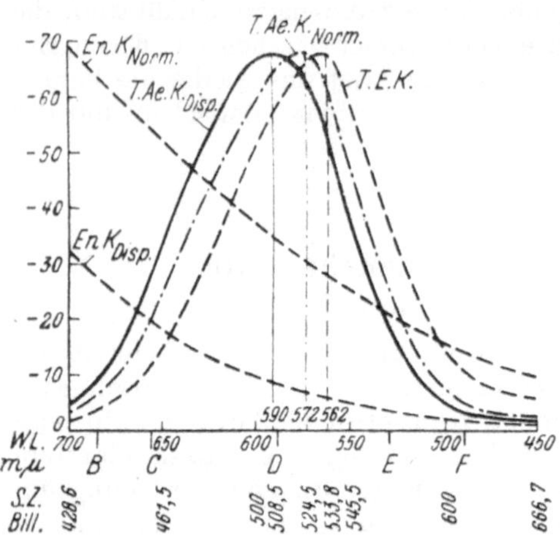

Abb. 15. Verteilung von Energie und Helligkeit (bzw. Äquivalenzkurve für das zentrale Tagessehen) im Spektrum des Petroleumlichtes, und zwar im Dispersionsspektrum (En $K_{Disp.}$ — T. Ae. $K_{\cdot Disp.}$), im Normalspektrum (En $K_{Norm.}$ — T. Ae. $K_{\cdot Norm.}$) und im isenergetischen Spektrum (T. E. K.) nach den Werten von PULFRICH mit Doppelindizierung der Abszissen nach Wellenlänge und Schwingungszahl.

---

[1] *Lux* (1 lx = 10^6 Mikrolux) bedeutet als Einheit der *Beleuchtungsstärke* die Beleuchtung durch eine Normalkerze (HK, d. h. die Einheitslichtquelle einer HEFNER-schen Amylacetatlampe bestimmter Dimensionierung [Dochtdurchmesser 8 mm, Flammenhöhe 40 mm; 1 HK entspricht 0,9 internationaler Standardkerzen bzw. 1 stK = 1,11 HK; 1 „Neue Kerze" = 1,16 HK]), bezogen auf eine in 1 m waagrechtem Abstand von der Flamme senkrecht bestrahlte, ebene Fläche von 1 m² $\left(\mathrm{lx} = \dfrac{HK}{E^2_m}\right)$. Dieser Wert entspricht einem Lichtstrom von 1 Lumen (lm), indem das Licht einer Meterkerze gleichmäßig in den Raumwinkel 1 ausgestrahlt wird (1 Lichtquantum entspricht rund $3,84 \cdot 10^{-12}$ Erg; Lichtstärke J = Beleuchtungsstärke $[B] \times$ Abstandquadrat $[E^2]$). Der Hefnerkerze kommt eine Farbtemperatur von 1910° K (KELVIN) zu, der Neuen Kerze eine solche von 2046°, wobei Farbtemperatur (T_f) die Temperatur bezeichnet, bei welcher ein schwarzer Körper eine Strahlung aussendet, welche dieselbe Energieverteilung im sichtbaren Teil des Spektrums

diese beide farbig oder das eine farbig, das andere farblos oder beide farblos erscheinen — gewonnen werden, sind in Wahrheit nicht miteinander vergleichbar. Zudem sind solche Gleichungen deutlich abhängig vom Adaptationszustand des Auges. Selbst die Indikation einer Glühlampe auf 16, 32 oder 60 Normalkerzenstärken oder nach den neuen internationalen Leuchtdichteneinheiten ($^1/_{60}$ der inneren Ausstrahlung eines glühenden Thoriumoxydröhrchens, was

aufweist wie die betreffende Lichtquelle. Die Angabe der Farbtemperatur bezeichnet somit bereits die spektrale Energieverteilung.

Die *Leuchtdichte* [früher: Flächenhelligkeit oder spezifische Intensität, $e = I\,(F)$] ist bei nichtselbstleuchtenden Körpern abhängig vom Rückstrahlungsvermögen, der sogenannten Albedo, welche bei einer frisch mit Magnesiumoxyd belegten Platte mit $100\,\%$ gesetzt wird. Die Leuchtdichte wird in *Stilb* (sb-Einheiten) gemessen entsprechend der Leuchtdichte einer ebenen Fläche, deren Einheit ($r^2\,\pi$) von $1\,\mathrm{cm^2}$ den Lichtstrom einer HK in senkrechter Richtung aussendet oder abstrahlt $\left(1\,\mathrm{sb} = \dfrac{1\,\mathrm{HK}}{\mathrm{cm^2}}\right)$. Die Untereinheit der Leuchtdichte, $1\,Apostilb$ (asb $= 1000\,\mathrm{masb}$ oder Milliapostilb) wird benützt zur Kennzeichnung beleuchteter, nicht selbstleuchtender Flächen und bezeichnet jene Leuchtdichte, welche bei 1 Lux Beleuchtungsstärke unter voller Rückstrahlung (also bei $100\,\%$ Albedo, statt welcher bei nicht zu glatten Flächen auch das Reflexionsvermögen gesetzt werden kann) resultiert: $1\,\mathrm{asb} = 1\,\mathrm{lx}$ bei Albedo $100\,\%$ oder $1\,\mathrm{lx}$ (genauer $1,05\,\mathrm{lx}$) $\perp$ auf Weiß. Bei einer ideal weißen, diffusreflektierenden ebenen Fläche mit frischem MgO-Belag hat die Leuchtdichte in asb zahlenmäßig dieselbe Größe wie die Beleuchtungsstärke in lx, d. h. die Beleuchtungsstärke einer Fläche in lx multipliziert mit ihrer Reflexionszahl (Albedo) ergibt die Leuchtdichte dieser Fläche in asb. Dementsprechend gelten folgende Beziehungen: $1\,\mathrm{asb} = \dfrac{1}{\pi}\cdot 10^{-4}\,\mathrm{sb} = 3{,}18\cdot 10^{-5}\,\mathrm{sb}$ bzw. $1\,\mathrm{sb} = \pi\cdot 10\,000\,\mathrm{asb} = 31\,400\,\mathrm{asb}$, $1\,\mathrm{asb} = 1\,\mathrm{lx}$ (genauer $1{,}05\,\mathrm{lx}$) $\perp$ Weiß ($A = 100$).

Zahlenmäßig entspricht:

$$1\,\mathrm{lx} = 3{,}18\cdot 10^{-5}\,\mathrm{sb}\ \text{oder}\ 32\cdot 10^{-6}\,\mathrm{sb},\quad 1\,\mathrm{sb} = \pi\cdot 10^4\,\mathrm{lx} = 3{,}14\cdot 10^4\,\mathrm{lx}.$$

Mit Recht wird nunmehr der Beleuchtungs e f f e k t (in sb oder asb), nicht die Beleuchtungs s t ä r k e angegeben, da nur die Leuchtdichte für den Eindruck des Auges maßgebend ist. Der Lichtstrom entspricht dem Produkt aus Leuchtdichte und Quadrat des Gesichtswinkels.

Als Beispiele seien hier bloß angeführt:

Leuchtdichte auf einem weißen Papierblatt
(nach ALBERT KÖNIG, SIEDENTOPF).

	lux = asb $\perp$ W	sb
Im Sonnenlicht mittags (Sommer)	$1\cdot 10^5$	$3{,}17$
Bei Sonnenaufgang oder -untergang	$3\cdot 10^2$	$9{,}5\cdot 10^{-3}$
Bei künstlicher Mindestbeleuchtung für Lesen und Schreiben	20	$6{,}3\cdot 10^{-4}$
Bei Zwielicht	1	$3{,}2\cdot 10^{-5}$
Bei Mondlicht	—	10^{-6}
Vollmond	$0{,}2$	$6{,}3\cdot 10^{-6}$
Viertelmond	$0{,}025$	$7{,}9\cdot 10^{-7}$
Bei mondlosem Nachthimmel bzw. Sternlicht	$3\ \text{bis}\ 5\cdot 10^{-4}$	$10^{-8}\ \text{bis}\ 10^{-10}$
(Mittel …	$4\cdot 10^{-4}$	$1{,}3\cdot 10^{-9}$)

Vgl. W. ARNDT, Praktische Lichttechnik, Berlin 1938. — R. W. POHL, Einführung in die Optik. Berlin: Springer 1940. — Normblatt Din 5031: Grundgrößen, Bezeichnungen und Einheiten in der Lichttechnik.

bei einer dem Platinerstarrungspunkt [1773,5 $\pm$ 1°, gegenüber 1762 $\pm$ 2° als Schmelzpunkt] entsprechenden Temperatur 1,16 HK gleichkommt) kann daher nur eine relativ grobe Orientierung abgeben, bedeutet aber bei verschiedener Zusammensetzung der verglichenen Lichter keine wahre Messung. Photometrische Äquivalenzcharakteristik gestattet eben nur bei physikalischer Gleichartigkeit hüben und drüben eine indirekte Intensitäts- oder Energiemessung!

Zum Vergleich der Verhältnisse im Dispersions- und im Diffraktionsspektrum bedarf es erst einer Umrechnung, da die Wellenlängenverteilung im ersten eine ungleichmäßige ist, bzw. die Farbenzerstreuung eine vom Rot zum Violett logarithmisch fortschreitende Zerrung aufweist, während im Beugungs- oder Normalspektrum Gleichmäßigkeit besteht. Bei dieser Korrektur auf gleichmäßige Wellenlängenverteilung erfährt die Energie- wie die Helligkeitskurve eine gewisse Verschiebung nach der kurzwelligen Seite hin (vgl. Abb. 15). Die Umrechnung endlich auf gleichmäßige Energieverteilung, auf das „isenergetische" Spektrum, — bei dem in jedem kleinen Wellenlängenbereich $(d\lambda)$ die gleiche Strahlungsenergie dE wirksam ist (RICHTER), das aber natürlich keiner wirklichen Lichtquelle zukommt — (nach der Formel Helligkeitsäquivalenzwert: Lichtstärke für die einzelnen Orte des Normalspektrums) macht die Charakterisierungskurve der Helligkeitsverteilung für das Hellauge und für das Dunkelauge unabhängig von der besonderen Natur der Lichtquelle und vom Charakter des Spektrums. Man erhält auf diese Weise eine allgemein gültige Normalempfindlichkeitskurve des Hellauges oder spektrale Hellempfindlichkeitskurve (Tagwertkurve) (T. E. K. bzw. E_T, bereits in Abb. 15 mit-

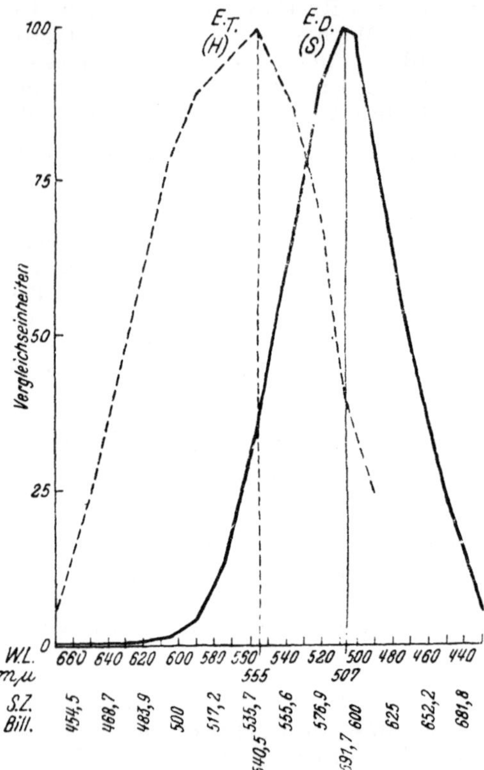

Abb. 16. Spektrale Empfindlichkeitskurven für das Tagessehen ($E._T$ auf Intensitätsstufe H) und das Dämmerungssehen ($E._D$ auf Schwellenstufe S) nach den Werten von ARTHUR KÖNIG mit Doppelindizierung der Abszissen nach Wellenlänge und Schwingungszahl.

enthalten; V_λ in Abb. 17) und eine solche des Dunkelauges (E_D, beide in Abb. 16; V_λ' in Abb. 17), von denen die erstere höhere Ordinaten im langwelligen, geringere im kurzwelligen Teil, also keine Symmetrie und ein Maximum bei 555 $\pm$ 6 gegenüber 507 $\pm$ 7 mμ (ARTHUR KÖNIG, JAINSKI — 510 WEAVER) und Schnittpunkt beider Kurven oder Indifferenzpunkt um 530 aufweist. Ein glatteres Bild geben die Kurven neuerer Beobachter (IBK-Kurven; IVES, GIBSON und TYNDALL, ARNDT, DRESLER — vgl. Abb. 17) unter gleichzeitiger Seitenumkehr der Darstellungsweise mit fallenden Wellenlängen in eine solche mit ansteigenden solchen, also gewissermaßen unter Umschlagen aus dem zweiten in den ersten

Quadranten des Koordinatensystems.[1] Damit erscheint die funktionelle Doppelnatur der Weißempfindlichkeit unseres Sehorgans, bzw. die Verschiedenheit seiner beiden Grenzzustände, die natürlich durch allmähliche Übergänge verbunden erscheinen, eindeutig festgelegt. Sowohl das Hellauge als das Dunkelauge ist eben ein elektiver, kein gleichmäßiger Absorbent, Rezeptor und Reagent.

Das Verhältnis von physikalischer Lichtstärke oder Leuchtdichte und subjektiver Helligkeit erweist sich nicht bloß bei Vergleich farbiger und farbloser oder allgemein gesprochen verschiedenfarbiger Lichter als eine komplexe Funktion, welche von sonstigen Faktoren mitbeeinflußt ist; auch für das einzelne Licht muß die Annahme einer einfachen gesetzmäßigen Beziehung zwischen Lichtstärke und Helligkeit zumindest als problematisch bezeichnet werden. Einmal entsprechen weder gleich großen absoluten Unterschieden der objektiven Lichtintensitäten noch gleichen Verhältnissen der Lichtstärke — beispielsweise den Sektorenverhältnissen $(90°\ W + 270°\ S) : (180°\ W + 180°\ S) : (360°\ W + 0°\ S) = 1:2:4$ — genau gleich große Unterschiede an subjektiver Helligkeit. Vielmehr fallen die absoluten wie die relativen Helligkeitszuwächse um so geringer aus, je größer die Lichtstärken sind (E. HERING). Der Versuch, eine Skala äquivalenter Graustufen herzustellen, ergibt keinen konstanten Quotienten der Lichtstärken benachbarter Stufen, sondern eine ziemlich stetige Abnahme (von 2,25 bis 1,98 nach EBBINGHAUS).

Aber nicht bloß für *deutliche* Helligkeitsunterschiede, sondern auch für *eben*

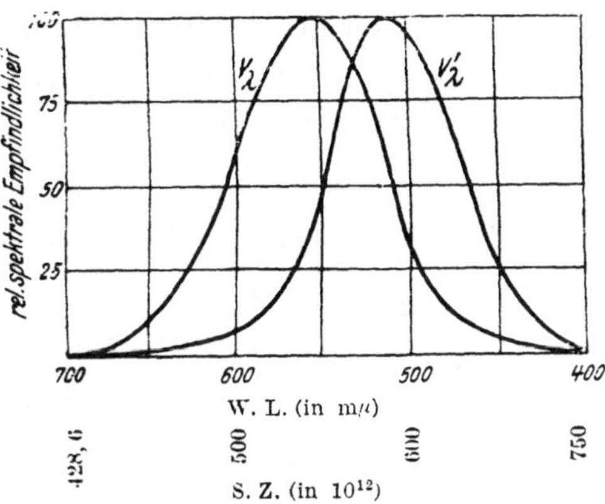

Abb. 17. Relative spektrale Hellempfindlichkeitskurve V_λ (Tageswertkurve-*IBK*-Werte) und relative spektrale Dämmerungswertkurve (letztere nach BENDER): (spiegelbildlich) nach M. RICHTER — mit Doppelindizierung der Abszissen nach Wellenlänge und Schwingungszahlen.

merkliche Differenzen ergibt sich nicht eine einfache Beziehung, speziell keine Unabhängigkeit der Unterschiedsempfindlichkeit von der absoluten Lichtstärke. Eine solche hatte das WEBERsche Gesetz behauptet, demzufolge zwei verschiedene Lichtstärken (R_1 und R_2) dann eine eben merkliche Helligkeitsdifferenz hervorrufen sollen, wenn sie in einem bestimmten Verhältnis $R_1 : R_2 = k$ stehen. Diese relative Unterschiedsschwelle wird allerdings recht verschieden angegeben — von VOLKMANN speziell auf $1/_{100}$, so daß die Stufen 100 und 101, 200 und 202, 300 und 303 eben unterscheidbar wären. Hingegen wurde bereits von HELMHOLTZ die Unterschiedsschwelle abnehmend befunden von $1/_{117}$ bis $1/_{162}$ bei wachsender Tageslichtbeleuchtung von 250 bis 14000 Lux auf Weiß. Für die tatsächlichen

---

[1] Die übliche Darstellungsweise des Spektrums mit Rot links, Blau rechts (BUNSEN, KIRCHHOFF, FRAUNHOFER) ist durchaus einwandfrei, wenn — wie dies hier in den Abb. 15, 16, 17, 18, 19, 24 geschehen — die Abszissenwerte aufsteigend in Schwingungszahlen zwischen 400 und 800 × 10^{12} und nur nebenbei (abfallend) in Wellenlängen zwischen 750 und 375 mμ indiziert werden (SZ in Billionen × Wl in mμ = 300000; vgl. S. 18, Anm. 1). Dann kann die übliche Form des (rechtshändig bedienten!) Winkelspektroskops sowie der Spektrumbilder beibehalten werden — ebenso die Bezeichnungen (nach v. KRIES) Proto-, Deutero-, Tritokomponente, bzw. Protanopie, Deuteranopie, Tritanopie des Farbensinnes.

Abweichungen von der einfachen Formulierung, wie sie für hohe Intensitäten speziell König und Brodhun, für niedrige Hecht konstatiert haben, sind physiologische Faktoren verantwortlich zu machen. Speziell ist der wechselnde Adaptationszustand (Craik) und die Kontrastwirkung zwischen den verglichenen Feldern, aber auch seitens der weiteren Umgebung, selbst die Prüffeldgröße von Einfluß auf die Verhältnisschwelle, d. h. auf das Verhältnis der Unterschiedsschwelle zur Lichtstärke bzw. Leuchtdichte, während Konstanz der Verhältnisschwelle zu erwarten wäre (Podestà und Aeffner). So ist die Unterschiedsempfindlichkeit des Dunkelauges geringer als jene des Hellauges, daher das letztere — von den geringsten Beleuchtungsstärken abgesehen — dem ersteren an Sehschärfe überlegen (Garten, vgl. S. 14, 17, 34, 38).

Aus der Weberschen These, daß für den eben merklichen Zuwachs $(\varDelta_R)$ eine konstante Relation zur Reizstärke R gelte $\left(\dfrac{R + \varDelta_R}{R} = k\text{; ebenso } \dfrac{\varDelta_R}{R} = k'\text{,}\right.$ $k' =$ die sogenannte Unterschiedskonstante von etwa $1\%\Big)$, hat bekanntlich Fechner die Folgerung abgeleitet, daß ebenmerkliche Unterschiede subjektiv gleich groß seien, unabhängig von der Empfindungsstärke. Demgemäß entspreche der Empfindungszuwachs dem Logarithmus der Relation der Reizstärken $E_1 - E_2 = \log \dfrac{R_1}{R_2}$. So fruchtbar eine solche Erfassung der Größenbeziehung von Erregung und Reiz als einer logarithmischen Funktion $E = k \cdot \log \dfrac{R}{S_R}$, worin S_R den Schwellenwert des Reizes bedeutet, für die allgemeine Physiologie geworden ist, so wenig hat sie sich als sogenannt *psychophysisches Gesetz* nach Fechner in der Sinnesphysiologie überhaupt bewährt. Allerdings können hier manche Beziehungen, beispielsweise jene zwischen der Empfindungszeit (Fröhlich) bzw. Empfindungsdauer (Ferry und Porter) und Lichtintensität, als angenähert logarithmische angesetzt werden. Gewiß ist zuzugeben, daß die experimentelle Prüfung der Weberschen Formel für den optischen Raumsinn — wie für den Temperatursinn bei Verwendung mittlerer Reizgrößen — eine weitgehende Annäherung ergibt, während bereits für den Drucksinn und Gehörsinn stärkere Abweichungen bestehen. Für den Licht-Farbensinn aber scheiden zunächst mit voller Deutlichkeit die Ergebnisse sowohl bei hoher als recht niedriger Reizintensität aus einer solchen Gesetzlichkeit aus. Nur für ein bei einwandfreier Beobachtung mehr und mehr zusammenschrumpfendes Intervall mittlerer Leuchtdichten (etwa zwischen 200 und 20 000 asb, d. h. im Bereich der Tagesbeleuchtung) und unter möglichster Ausschaltung von Kontrastwirkungen (Haldane) mag man eine solche Formulierung vertreten. Ja, man könnte hier in der angedeuteten Konstanz, bzw. in der bescheidenen Variabilität der relativen Unterschiedsempfindlichkeit eine Anpassungsleistung sehen, indem dadurch ein angenähertes Gleichbleiben des subjektiven Unterschiedes trotz wechselnder (mäßiger) Beleuchtung erreicht wird. Anderseits aber ist eben die Gesichtsempfindung stets mehrkomponentig, mindestens aus Weiß und Schwarz zusammengesetzt — eine farbige gar aus drei oder vier Anteilen, die mit wechselnder Lichtstärke ihr Verhältnis ändern (vgl. unten S. 53). Es fehlt hier eine einfache Empfindungsintensität, vielmehr bestehen selbständige Relationsqualitäten an Farbenton, Sättigung, Nuance, dazu noch als Produkt algebraischer Summierung die Qualität „Helligkeit". Von entscheidendem Einfluß ist aber auch der Umgebungs- wie der Binnenkontrast, bei dem die Feldgröße ins Gewicht fällt, und mit dem auch eine erhebliche Minderung der Unterschiedsempfindlichkeit einhergeht, ferner der Adaptationszustand und eine eventuell lang anhaltende Nachwirkung vorangegangener Reizung. Mit der Fiktion einer Stabilität der Zustandslage oder der Reizbarkeit des Auges und einer praktischen Bedeutungslosigkeit der Umgebung oder des Kontrastes kann und darf nicht weiter operiert werden! Auch ist mit den WEBER-FECHNERschen Formeln nicht etwa ein Schritt von der relativen Reizmessung zur relativen Empfindungsmessung erreicht: eine wahre Messung der subjektiven Helligkeit, wie überhaupt ein psychisches Maßsystem bleibt uns eben versagt. Trotz der schon seit langem erkannten Unzulänglichkeit gehört das WEBER-FECHNERsche „*Gesetz*" ebenso wie die später (S. 60 ff.) zu würdigende NEWTONsche Mischungsregel zum alten Hausrat der physiologischen Optik, der immer wieder getreulich übernommen wird! Und doch ist meines Erachtens ein Fortschritt nur möglich, wenn wir uns endlich zu dessen resoluter Ausscheidung entschließen, wie sie hier vertreten sei.

3. Farblose Adaptation, Hell- und Dunkelauge: Dämmerungs-, Nacht- und Blendungssehen.

Der oben (S. 23) bezeichnete Unterschied zwischen dem Verhalten verschiedenartiger Lichter beruht aber nicht, wie man zunächst glauben könnte, auf der Mitwirkung des Farbensinnes im Hellauge, speziell in dessen zentraler und parazentraler Region. Der Einfluß der Farbe an sich auf die Helligkeit wurde, wie vorausgreifend bemerkt sei, zunächst überschätzt, indem man die für das farblos sehende Dunkelauge geltende Kurve der Weißreizwerte als konstant, also auch für den Hellzustand zutreffend erachtete — zumal da man sie bei typischer angeborener Totalfarbenblindheit ständig gültig fand (E. HERING). In späteren Untersuchungen hat sich jedoch der Helligkeitseinfluß der Farbe an sich nur als ein bescheidener und in dem Sinne gelegener erwiesen, daß in der langwelligen Hälfte, also durch Rot und Gelb eine gewisse Steigerung, in der kurzwelligen, also durch Grün und Blau eine gewisse Minderung der Helligkeit

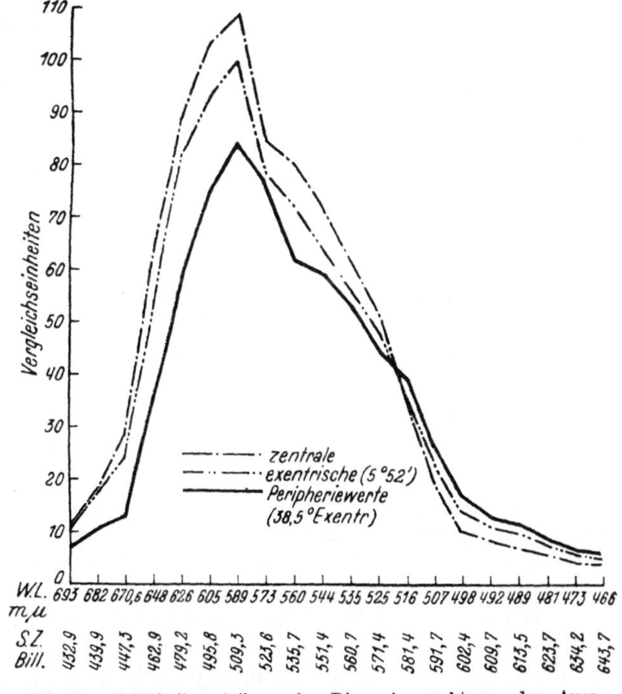

Abb. 18. Helligkeitsverteilung im Dispersionsspektrum des Auerlichtes für das zentrale, mäßig und stark exzentrische, relativ totalfarbenblinde Tagessehen (nach A. v. TSCHERMAK-SEYSENEGG), mit Doppelindizierung der Abszissen nach Wellenlänge und Schwingungszahl.

erfolgt (sogenannte spezifische Helligkeit der Farben nach HERING und HILLEBRAND). Im wesentlichen ist die oben geschilderte Differenz im Verhalten des Hell- und des Dunkelauges schon im Lichtsinn, d. h. in der farblosen Empfindlichkeit beider begründet. Es entspricht den Kurven (vgl. Abb. 15, 16, 17), ein Unterschied in der Weißerregbarkeit bzw. in der spezifischen Verteilung der Weiß- reizwerte oder Weißvalenzen an die einzelnen Spektrallichter gemäß ihrer Wellenlänge. Der Beweis für diese Auffassung wird durch die Tatsache erbracht, daß farblose optische Gleichungen verschiedener physikalischer Zusammensetzung — beispielsweise Spektralrot + Blaugrün verglichen mit Gelb + Blau oder unzerlegtem Tageslicht oder Lampenlicht — ihre Gültigkeit verlieren bei Zustandswechsel des Auges, nicht eigentlich bei Änderung der Leuchtdichte; es wird nämlich die erste Hälfte im obigen Beispiel für das Dunkelauge heller als die zweite, hingegen verhält sich eine Mischung von Gelbgrün + Violett umgekehrt (A. v. Tschermak-Seysenegg). Während für den Farbentüchtigen dabei immer ein relativ benachteiligtes Licht mit einem relativ begünstigten kombiniert werden muß, gestattet der Rotgrünblinde Gleichungen zwischen dem grünen Licht, welches seiner sogenannt neutralen Stelle entspricht und ihm daher farblos erscheint, und dem unzerlegten Tages- oder Lampenlicht herzustellen. Dementsprechend fällt der Unterschied für den letzteren bedeutend stärker aus (v. Kries und W. A. Nagel). Das eben angeführte „subjektive" Moment bedarf für die Photometrie, auch für die Helligkeits- oder Größenklassifikation der Sterne (vgl. S. 11, 16, 17) stärkerer Berücksichtigung: Tagesäquivalenz und Dämmerungsgleichwertigkeit sind eben durchaus verschieden! Beim typischen Totalfarbenblinden hingegen erfolgt die Empfindlichkeitssteigerung gleichmäßig, ohne Wellenlängenelektivität.

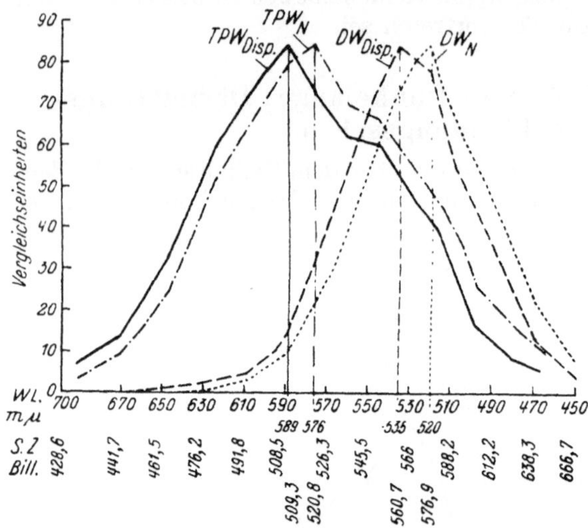

Abb. 19. Helligkeitsverteilung im Dispersions- und Normalspektrum für das stark exzentrische, relativ totalfarbenblinde Tagessehen (Peripheriewerte) und für das zentrale Dämmerungssehen mit Doppelindizierung der Abszissen nach Wellenlänge und Schwingungszahl.

In gleichem Sinne spricht aber auch die zwar nachweisbare, doch mäßige Veränderung, welche die Helligkeitsverteilung des Spektrums beim Übergang aus der farbig sehenden zentralen oder besser aus der parazentralen, extramakularen Region in die stark indirekte, relativ farbenblinde Region des Hellauges erfährt: es erfolgt nämlich eine Abnahme der Helligkeit in der langwelligen Hälfte, eine Zunahme in der kurzwelligen Hälfte mit einem Indifferenzpunkt im Gelbgrün, bei etwa 520 mμ, jedoch ohne Verschiebung des Gipfels der Kurve, welcher im Dispersionsspektrum des Auerlichtes bei 589 verbleibt (A. v. Tschermak-Seysenegg, vgl. Abb. 18). Dabei verschwindet infolge relativer Farbenblindheit im indirekten Sehen die Farbigkeit der Spektrallichter auf kleinem Felde, zumal auf weißem Grund (unter Schwarzkontrast!), völlig, und es bleiben nur mehr farblose Resteindrücke als sogenannte *Peripheriewerte* bestehen (S. 57, 72). Im auffallenden Gegensatz zu dieser bescheidenen Abhängigkeit der relativen Weißvalenzen bei Ortswechsel, jedoch konstantem Hellzustand steht der Umschlag, welchen, wie gesagt, die spektrale Helligkeitsverteilung bei Zustandswechsel unter Konstantbleiben der beanspruchten Stelle erfährt, und zwar reinlich bei dauerndem Farblossehen mit der Netzhautperipherie. — Bei typischer angeborener Totalfarbenblindheit fehlt hingegen eine solche Abhängigkeit farbloser optischer Gleichungen vom Zustand des Auges, indem dauernd eine Helligkeitsverteilung gilt wie beim Dämmerungssehen des normalen Farbentüchtigen (Hering; vgl. Abb. 20); hingegen behalten Fälle erworbener Totalfarbenblindheit die Duplizität des Verhaltens wie der Normale bei.

Die geschilderte Verschiedenheit der Helligkeitsverteilung im Spektrum, wie sie für das normale Hell- und Dunkelauge besteht, wurde früher (so speziell von König), aber auch noch neuerdings einfach darauf bezogen, daß in beiden Fällen verschiedene Leuchtdichte verwendet wurde, doch haben planmäßige Untersuchungen (besonders von E. Hering) gezeigt, daß dabei nicht eigentlich dieser physikalische Faktor, sondern der physiologische Zustand des Auges entscheidend ist. Allerdings kann mit der Reizstärke am Dunkelauge weit tiefer heruntergegangen werden und verändert hohe Lichtintensität den Zustand in der Richtung nach dem Hellauge hin. Stets aber bedarf es einer grundsätzlichen wie praktischen Scheidung des physikalischen Faktors der Leuchtdichte und des physiologischen Faktors des Adaptationszustandes!

Die beschriebene Veränderung der relativen Helligkeit durch Zustandswechsel äußert sich speziell, wenn wir einzelne Lichter von geeignet verschiedener Wellenlänge und daher verschiedener Farbe miteinander vergleichen, und zwar in Gestalt des Purkinjeschen *Phänomens*. Stellt man nämlich ein für das Hellauge helleres Rot oder Orange neben ein dunkleres Grün oder Blau und überprüft bei geringerer Leuchtdichte mit einem Dunkelauge, so erweist sich das Helligkeitsverhältnis unter Zurücktreten, ja Verschwinden der Farben als umgekehrt. Das rote oder orangefarbige Halbfeld erscheint dunkelgrau bis schwarz, das grüne oder blaue als relativ helles Grau. Dementsprechend muß zwischen Helligkeitsäquivalenz für Tagessehen und für Dämmerungssehen unterschieden werden. Es ist grundsätzlich unberechtigt, das Purkinjesche Phänomen bloß als Intensitäts- oder Leuchtdichteneffekt zu behandeln, das zwischen den Grenzen von 0,01 und 14, ja 60 asb auftrete. Gewiß wird in der Praxis der Helligkeitsvergleich beim Tagessehen auf relativ hoher, beim Dämmerungssehen auf relativ niedriger Beleuchtungsstufe vorgenommen, also die bezeichnete Erscheinung zwischen den Grenzen von 30, ja 60 bis 10 Lux bzw. 10^{-3} bis 10^{-6} sb oder 10, 30, ja 60 bis etwa 0,01 abs — also zwischen der unteren Zapfen- und der oberen Stäbchenschwelle — beobachtet. Im indirekten Sehen ist das Purkinjesche Phänomen viel stärker als in der Netzhautgrube. Für letztere bzw. einen Bezirk von 1,5° wird von manchen (Piper, Kohlrausch) geradezu ein Fehlen angegeben — was jedoch meines Erachtens nicht berechtigt ist, zumal da die Erscheinung (wie auch die entsprechende Phase der Nachreaktion am Dunkelauge, vgl. S. 69) auch innerhalb eines zirkumfoveal nachdauernd eingeprägten Nachbildringes zu beobachten ist.[1] Für die Farbenempfindlichkeit der Fovea wird bei Dunkeladaptation Steigerung, speziell für Rot, angegeben (Kohlrausch). Das Dunkelauge zeigt, wie gesagt, eine stark verschiedene Steigerung der Lichtempfindlichkeit, beispielsweise für blaues und rotes Licht 5000 : 36, bzw. für blaues Licht ein Schwellenverhältnis von D. A. zu H. A. wie 1 : 1330. Und zwar betrifft die Steigerung gerade die Weißerregbarkeit, wobei die Strahlungen der kurzwelligen Spektrumhälfte weit stärker begünstigt werden als jene der langwelligen, obwohl auch für diese die Reizschwelle nach-

---

[1] Am reinlichsten gelingt der Versuch bei haploskopischer Anordnung, d. h. bei Nachtbildeinprägung in dem einen Auge und Helligkeitsvergleich mit dem anderen, abwechselnd hell- und dunkeladaptiertem Auge (A. v. Tschermak-Seysenegg).

weisbar sinkt, also nur relativ der Eindruck von „Benachteiligung" besteht. Es erfolgt eine fortschreitende Verschiebung des Empfindlichkeitsmaximums nach der kurzwelligen Seite hin unter Spitzwerden der Kurve (WEIGEL und KNOLL). Dementsprechend treten bei allmählich wachsender Leuchtdichte alle Strahlungen des Spektrums für das Dunkelauge zunächst farblos über die allgemeine oder absolute Schwelle, während sie erst später, bei Überschreiten der spezifischen Schwelle, ihre Farbigkeit verraten, wobei an kurzwelligen Lichtern zuerst Bläulichkeit, später auch Rötlichkeit merklich werden kann (GÖTHLIN). Nur ist das sogenannte *photochromatische Intervall* (CHARPENTIER) für langwelliges, sogenannt rotes Licht am kleinsten (bei sogenannten Protanomalen jedoch sehr ausgiebig — GÖTHLIN); für manche Beobachter mag ein solches hier sogar fehlen.

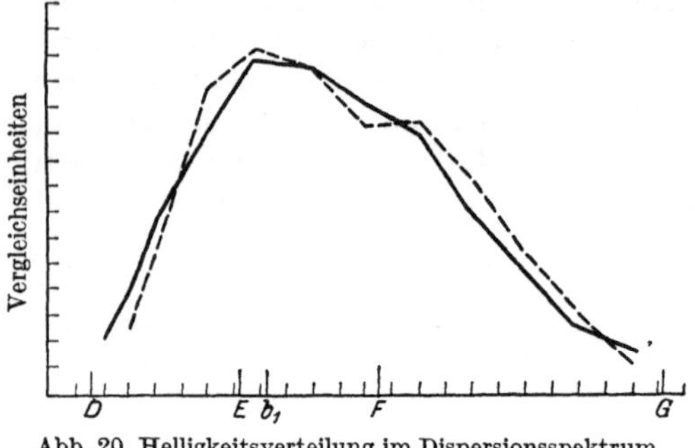

Abb. 20. Helligkeitsverteilung im Dispersionsspektrum des Himmelslichtes für das Dämmerungssehen des Farbentüchtigen (- -) und für den typischen Total-farbenblinden (Typus I — nach E. HERING).

Die Zustandsänderung, welche zum farblosen Dämmerungssehen in der auffallenden, oben charakterisierten Helligkeitsverteilung führt, verdient als Besonderheit des Lichtsinnes noch eingehendere Würdigung. Hat sie doch die hohe biologische Bedeutung einer Anpassung des Auges an die Abschwächung der Beleuchtungsreize, einer wahren *Dunkeladaptation*! Dank dieser automatischen Selbststeuerung seiner Reizbarkeit vermag unser Sehorgan dem Lichtwechsel zu folgen und auf Abschwächung der Reize mit Steigerung, auf Verstärkung mit Minderung seiner Empfindlichkeit zu reagieren. Es ergibt sich demnach eine gewisse Ökonomie, welche im letzteren Falle den Charakter einer Schutzeinrichtung gegen Erschöpfung hat. Die Reizbarkeit stuft sich eben nach Schwelle und — wenn auch weniger — an Effektgröße dem jeweiligen Beanspruchungsgrad gemäß ab. Dementsprechend resultiert trotz ungleicher Stärke des Lichtreizes doch in weitem Umfang, wenn auch nicht unbegrenzt, als Antwort *dieselbe* Helligkeitsempfindung. So erscheinen uns Blätter weißen Papiers bei nicht zu schwachem Morgenlicht und bei Mittagsbeleuchtung gleich „weiß", Buchstaben darauf „schwarz", obwohl die Beleuchtung im zweiten Fall auf etwa das 50fache gestiegen ist und die Druckerschwärze der Buchstaben nun etwa dreimal so viel Licht reflektiert, als des Morgens der weiße Grund es tat. Es wird somit eine weitgehende, wenn auch nicht absolute „Konstanz der Sehdinge" trotz Wechsels der Stärke und der Art der Beleuchtung erreicht, indem Weiß eben Weiß, Schwarz eben Schwarz bleibt, auch Grau seine charakteristische Stufe beibehält. Dadurch ist das Auge befähigt, den Außendingen eine charakteristische Eigenhelligkeit zuzuschreiben, sie nach dieser zu klassifizieren und wiederzuerkennen. Für die praktische Orientierung ist diese Eigentümlichkeit geradezu von entscheidender Bedeutung, zumal da sie — wie vorausgreifend bemerkt sei — durch die chromatische Adaptation (vgl. S. 67) auf das farbige Sehen ausgedehnt wird. Das Anpassungsvermögen des menschlichen Auges[2] ist ein sehr weitgehendes: es reicht von 1 bis zu etwa 1 Milliarde Leuchtdichteneinheiten.

Die Gewöhnung ans Dunkel muß zunächst eine Phase von gegensinniger Nachwirkung der vorangegangenen Belichtung, das sogenannte Sukzessivkontrast-

---

[1] Die Breite der Regelung des Lichteinfalles durch die Pupillenweite (zwischen 1 und 8 mm Durchmesser) beträgt demgegenüber nur 1:64.

schwarz im Sehfelde überwinden (vgl. S. 22, 46). Dabei steigt die Reizbarkeit, genauer gesagt: die Weißerregbarkeit (gemessen am reziproken Wert der Reizschwelle) und damit die Bereitschaft zum farblosen Dämmerungssehen je nach

Typenzugehörigkeit des Beobachters rascher und zu einem höheren Endwert (Typus I) oder langsamer und zu einem niedrigeren Endwert (Typus II) an. Ein Verhalten letzterer Art unterscheidet auch das Alter gegenüber der Jugend (Altershemeralopie nach A. v. Tschermak-Seysenegg, Rycroft, Heinsius: und zwar mit verspätetem Einsetzen und geringerer Endhöhe; betreffs Anfangsadaptation Braun; speziell für die foveale Adaptation: Hamburger); bei pathologischer Hemeralopie, speziell der ange-

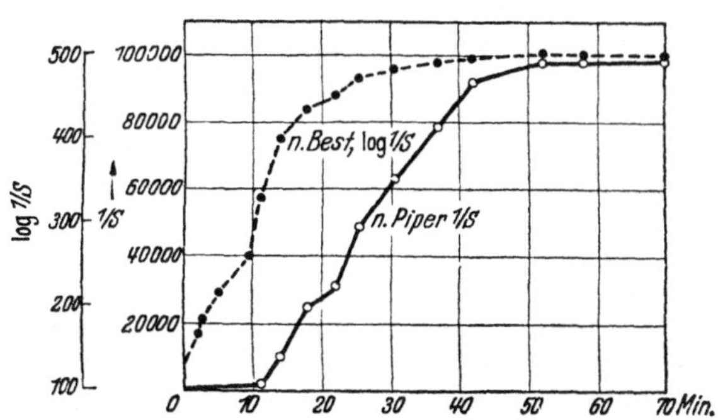

Abb. 21. Kurve der Dunkeladaptation nach reziproken Schwellenwerten (Piper) und nach deren Logarithmen bei arithmetischem Auftragen der Zeit (Best).

borenen Nachtblindheit, wird der Unterschied extrem. Die Angabe der Reizschwelle für „äußeres" Licht entspricht dabei eigentlich einer Bestimmung der Unterschiedsschwelle gegenüber dem „inneren" Eigenlicht der Netzhaut, das bei Lichtabschluß immer merklicher wird. Der Anstieg erfolgt in einer Linie, welche bei einfachem Ansetzen der Kehrwerte der Reizschwellengrößen — in Mikrolux ausgedrückt — als Ordinaten (Piper) einen S-förmigen Verlauf mit einem Wendepunkt aufweist, bei dem korrekteren Ansetzen von deren Logarithmen und arithmetischem Ansetzen der Zeit (sogenannte Normaldarstellung nach Best, vgl. Abb. 21) anfangs nahezu geradlinig verläuft, jedoch zwischen der dritten und der zehnten Minute — im Mittel nach etwa 8′ — durch eine individuell recht verschiedene Verzögerung bzw. einen charakteristischen Knick (sogenanntes kritisches Stadium nach Kovács; Kohlrausch, demzufolge der Knick, der die Adaptationskurve bzw. die Sehschärfen-Helligkeitskurve in zwei Stücke teilt, im Netzhautzentrum und bei reinrotem Prüflicht fehle) gestört erscheint,

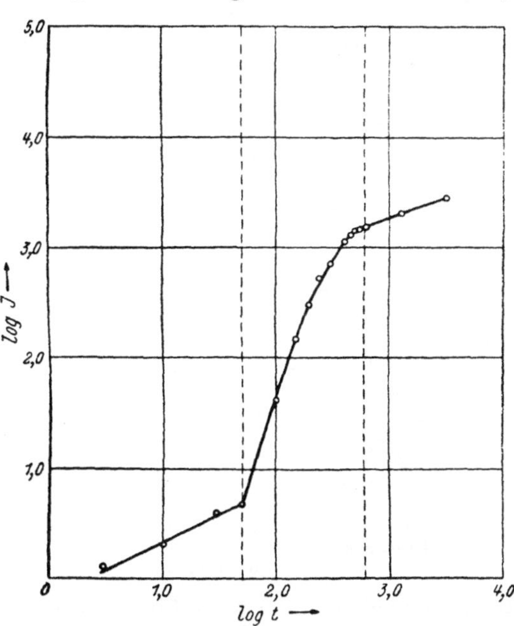

Abb. 22. Dunkeladaptationskurve mit beiderseits logarithmisch geteilten Koordinaten (nach vom Hofe und Aeffner). Helligkeit J in willkürlichen Einheiten, Zeit t in Zehntelminuten.

worauf ein anfangs rascher, dann immer langsamerer Wiederanstieg erfolgt. Besonders ausgesprochen erscheint der Knick (das sogenannte Zwischenstück in der Adaptationskurve nach Podestà), wenn man nicht bloß die Schwellengröße, sondern auch die Zeitwerte logarithmisch ansetzt (doppellogarithmische Darstellung nach HERTEL, VOM HOFE, PODESTÀ und AEFFNER — vgl. Abb. 22). Nach etwa einer halben Stunde (30 bis 45 Minuten) ist nahezu, nach zwei Stunden — wenigstens in der Regel — völlig ein je nach Typus verschieden hohes Maximum an Lichtempfindlichkeit erreicht, über das ein weiter fortgesetzter Lichtabschluß kaum mehr hinausführt (nach ACHMATOV doch noch schier asymptotischer Anstieg). Nach Vorausschicken verschieden langer Phasen von Helladaptation ergeben sich deutliche Unterschiede in den beiden Hauptteilstücken der Dunkeladaptationskurve: so speziell Abnahme der Steilheit des zweiten mit Verlängerung der Helladaptation (AEFFNER und PODESTÀ). Auch tritt der Knick um so später ein, je länger die Vorbelichtung gedauert hat (KYRIELEIS). Die typenmäßigen und individuellen Differenzen sind groß (COMBERG, HEINSIUS, NOWAK), wenn auch für den einzelnen Beobachter der Verlauf konstant und charakteristisch ist (KYRIELEIS). Dementsprechend erscheint es einigermaßen problematisch, eine Standardkurve der Dunkeladaptation (MATTHEY) aufstellen zu wollen. Zuverlässiger ist jedenfalls eine bloße Näherungsgleichung (getrennt für den Kurventeil vor und nach dem Knick) mit zwei Konstanten, die mit der Dauer der Helladaptation wachsen (AEFFNER). Jedenfalls bedarf es beim Vergleich von Zeitwerten oder Kurven stets der Berücksichtigung der Vorgeschichte oder „Voradaptation", also der jedesmaligen Wiederherstellung desselben Ausgangszustandes (H. K. MÜLLER, HAMBURGER). Die beiden Augen scheinen einander in der Geschwindigkeit der Dunkelanpassung zu beeinflussen (SCHOBER und JUNG).

Im Gegensatz zu dem relativ langsamen Fortschreiten der Dunkeladaptation wird eine mittlere Helladaptation — an gute, bereits zur Höchstleistung an Sehschärfe führende Beleuchtung — durch Belichtung des Dunkelauges relativ rasch, wenn auch keineswegs momentan, erreicht. Dementsprechend darf nicht erwartet werden, daß eine beliebige Zwischenbelichtung bereits restlos zum Ausgangszustand zurückführt! Den verschiedenen Durchschnittsgraden länger dauernder Belichtung entspricht eine vielstufige Reihe von Helladaptationszuständen, an deren oberer Grenze die zur Ermüdung führende Blendung steht. Das Hellauge dürfen wir aber nicht einfach als in gewissem Ausmaß „ermüdet" betrachten, da es zwar an Schwellenerregbarkeit hinter dem Dunkelauge zurücksteht, hingegen an Unterschiedsempfindlichkeit für Helligkeiten wie für Farben, dementsprechend auch an Sehschärfe — von tiefsten Beleuchtungsstufen abgesehen — das letztere übertrifft (vgl. S. 14, 17 und 38). Der wesentliche Unterschied zwischen Helladaptationszustand und Ermüdung besteht darin, daß ein solcher ohne weitere Minderung der Reizbarkeit unbegrenzt fortbestehen kann, während bei Ermüdung ein anfangs rasches, dann immer langsameres, jedoch anhaltendes Absinken der Reizbarkeit während der Fortdauer des Reizes eintritt. Nach erfolgter

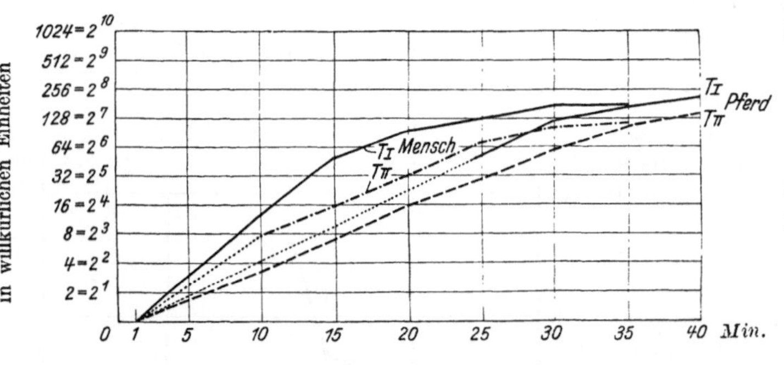

Abb. 23. Typenunterschiede der Dunkeladaptation beim Menschen und beim Pferd (in logarithmischen Werten der Schwellenwerte, in arithmetischen der Zeit; nach DRESSLER).

Gewöhnung oder Adaptation spielt eben die weitere Lichteinwirkung nicht mehr die Rolle eines Reizes, sondern bedeutet nur mehr eine Bedingung für die Konstanterhaltung des Zustandes. Im anderen Falle hingegen hört das überstarke Licht überhaupt nicht auf als Reiz zu wirken, so daß es ein ständiges Absinken der Reizbarkeit herbeiführt. Durch Adaptation wird ein Reiz bis zu einer gewissen Stärke sozusagen überwunden oder scheinbar unwirksam gemacht, so daß er nur mehr Niveaueffekt hat. Überschreitet jedoch die Reizstärke jene Stufe, bis zu welcher noch Adaptation möglich ist, so wirkt der Reiz mit einem gewissen Differential ständig fort und läßt die Reizbarkeit immer mehr und mehr sinken. Auch erfolgt Wiederanstieg der Reizbarkeit nach Wegfall des adaptativ überwundenen Reizes rasch, etwa in logarithmischer Kurve, nach Ermüdung hingegen langsam unter Durchlaufen eines deutlichen Wendepunktes. Gerade bei Sinnesleistungen, beispielsweise beim Nachtsehen, muß unterschieden werden zwischen lokal-spezifischer und allgemein-nervöser Ermüdung, welch letztere sich besonders aus psychischem Gebiete durch Abnahme der Aufmerksamkeit und des Konzentrationsvermögens äußert (SCHLICHTING).

. Von besonderer Bedeutung ist es auch, daß *Adaptation ganz lokal* erfolgen kann. Dieser Vorgang ist es gerade, welcher geringe und stetig abgestufte Unterschiede in der Belichtung, wie sie durch nahe vor der Retina oder in dieser selbst gelegene Inhomogenitäten — man denke an die schattenwerfenden Netzhautgefäße, an den durch das Maculapigment erzeugten Absorptionsfleck, an die Foveamosaik, auch an das HAIDINGERsche Polarisationsbüschel (vgl. S. 143) — bereits nach kurzer Beobachtungsdauer verschwinden. Ebenso wie an Differenzen äußerer Lichtreize erfolgt *Lokaladaptation* auch an Differenzen des inneren Kontrastreizes: so verschwindet der anfangs nach Öffnung des einen Auges entoptisch sichtbare blinde Fleck (vgl. S. 90) rasch bei Geschlossenbleiben des zweiten Auges, wenn auch wohl dauernd eine gewisse Unstetigkeit daselbst bestehen bleibt. Jedenfalls kommt der Lokaladaptation die hohe Nutzleistung zu, eine funktionelle Gleichmäßigkeit im Sehfeld herzustellen.

Bei kurzfristiger, doch selbst minutenlanger Unterbrechung des Dunkeladaptationszustandes durch Zwischenbelichtung (unter 10^{-4} sb), besonders wenn bloß seitlich erfolgend, bleibt ein beträchtlicher „Rest" an erhöhter Empfindlichkeit zurück und wird unter Readaptation relativ rasch wieder das alte hohe Niveau an Reizbarkeit erreicht (so speziell HAMBURGER). Ängstliche Scheu vor kurzdauernden, nicht zu intensiven Zwischenbelichtungen ist daher unberechtigt (K. H. MÜLLER)! Zusätzliche Lichtreize zeigen allerdings einen charakteristischen Einfluß auf die Dunkeladaptationskurve (SIEGERT), indem bei einer gewissen Raumerhellung zum Teil sogar vermehrte Lichtempfindlichkeit nach Art einer physiologischen „Weckung" eintreten kann. Auch erfolgt nach Einwirkung eines kurzdauernden Lichtblitzes die neuerliche Dunkeladaptation sehr rasch (WALD und CLARK). Hingegen führen wiederholte, länger dauernde Belichtungen schließlich zu einer Erschöpfung des Dunkeladaptationsvermögens (A. v. TSCHERMAK-SEYSENEGG).

Allerdings wird bei einem Zustand nicht allzu vorgeschrittener Helladaptation bereits durch einen plötzlichen allgemeinen Lichtabschluß von wenigen Sekunden eine gewisse Umstellung des Auges in Form sogenannter *Momentandunkeladaptation* erreicht. Um aber eine Störung des weit ausgiebigeren Niveaus an Dauerdunkeladaptation zu vermeiden oder auf ein Minimum herabzusetzen, hat sich für Personen, welche viel in lichtarmen Räumen beschäftigt sind — so für Röntgenologen,[1] Photographen —, das Tragen sorgfältig gewählter roter Gläser

---

[1] Das grünliche Licht des von diesen benutzten Fluorescenzschirmes (mit Baryum-

(TRENDELENBURGsche Brille) bewährt. Die von solchen Filtern durchgelassenen Strahlungen (oberhalb 680 mm — in der Praxis bis 640 zulässig!) greifen nämlich den Sehpurpur, welcher wahrscheinlich den photochemischen Reizvermittler für das Dunkelauge darstellt (vgl. S. 41, 86), so gut wie nicht an — von schlechten, d. h. noch Gelb, selbst bis Gelbgrün durchlassenden Rotfiltern natürlich abgesehen! Das Tragen einer solchen Brille im Hellen erspart etwa 9 Minuten Dunkelaufenthalt. Auch ist nach Rotbeanspruchung die Wiederherstellungszeit bis zur Ausgangslage nur halb so lang als nach Weißbeanspruchung. Der Ersatz durch braune Celluloidschalen erscheint hingegen nicht empfehlenswert, da diese zwar leichter und „gefälliger" zu tragen sind, jedoch bedenkliches Licht geringerer Wellenlänge mit durchlassen, leichter beim Eintreten ins warme Zimmer anlaufen und überdies, da relativ weich, leicht verkratzt werden (HELM).

Die Dunkeladaptation führt bei geringer Beleuchtungsstärke zu dem praktisch wichtigen Zustand des *Dämmerungssehens*[1] und des *Nachtsehens*. Derselbe ist, wie gesagt, ausgezeichnet durch erhöhte Reizbarkeit bzw. Weißerregbarkeit und durch Farbloserscheinen farbiger Lichter auf niedriger Intensitätsstufe, und zwar in geänderten Helligkeitsverhältnissen (wie sie auch für farblose Mischlichter differenter Zusammensetzung gelten). Auch wird bei wachsender Leuchtdichte ein farbloses Intervall durchlaufen und tritt eine farblose Sonderphase beim Anklingen wie in der Nachreaktion nach kurzdauernder Einwirkung farbiger Lichter hervor. Ferner erzeugt dabei schon eine geringere Reizfrequenz einen Verschmelzungseindruck; auch zeigt sich die Latenz des Lichtreizes, die sogenannte Empfindungszeit, verändert, die Empfindungsdauer und die Nachdauer der Erregung verlängert (vgl. S. 43). Die Sehleistung ist dabei deutlich vermindert und beträgt bei reinem Dämmerungssehen (entsprechend 10^{-6} sb) nur $1/_3$, ja $1/_8$ der Norm (COMBERG); nur unter 10^{-7} sb ist dieselbe entsprechend dem zirkumfovealen Ring besser als in der Netzhautgrube selbst. Eine wesentliche Besonderheit des Dämmerungs- und Nachtsehens ist nämlich darin gelegen, daß dabei charakteristische regionale Unterschiede an Reizbarkeit auftreten. Während im Hellauge das Zentrum der Netzhautgrube voransteht und seine nähere und weitere Umgebung an Schwellenerregbarkeit sich nicht nennenswert unterscheidet, fehlt eine solche Vorzugsstellung im Dunkelauge. Hier ist allerdings die Reizbarkeit allgemein gesteigert, relativ aber sinkt sie gegen das Netzhautzentrum hin steil ab, wenn auch ohne Sprung. Bevorzugt erweist sich hingegen eine zirkumfoveale Ringzone, welche von den einen Beobachtern zwischen 10 und 18° Exzentrizität (D'ARREST bei 11 bis 13°, PERTZ und v. KRIES bei etwa 10 bis 15° mit 3 bis 4° Breite, I. SCHMIDT bei 18°) angegeben wird, während andere Untersucher erheblich höhere Exzentrizitätswerte finden (so KÖSTER und A. E. FICK 25 bis 30°, ebenso KÖBER; HEINSIUS an geübten Personen 30 bis 35°, und zwar mit rapider Verschlechterung nach der Peripherie hin). Unstetheit des Blickes wird die bezüglichen Werte scheinbar herabdrücken. Dabei ist auch zu berücksichtigen, daß das regionale Maximum an Schwellenerregbarkeit und das Optimum an Auflösungsvermögen oder Sehschärfe nicht notwendig zusammenfallen müssen. Diese größere Empfindlichkeit der Peripherie, die zum zentralen Verschwinden fixierter schwacher Lichtquellen führt — beispielsweise der fixierten Stelle eines Punktmusters von Leuchtfarbe — wurde zunächst bei Beobachtungen am Sternhimmel entdeckt (CASSINI, ARAGO, D'ARREST, RUETE, FECHNER).

platincyanür) entspricht gerade der auf das Dunkelauge bzw. den Sehpurpur wirksamsten Strahlung!

[1] Dämmerung bezeichnet die Zeit vom Sonnenuntergang bis etwa zu einer Depression von 8° unter dem Horizont.

Während bis zur Adaptation an 10^{-4} bis 10^{-5} sb die Fovea dem indirekten Sehen überlegen ist, tritt darunter das Gegenteil ein; ja auf tiefen Stufen von Beleuchtungsstärke oder Leuchtdichte (unterhalb $^1/_{30}$ lx bzw. 10^{-6} sb, d. h. schon bei relativ heller Nacht) scheidet das Netzhautzentrum völlig aus und gelangt eine parazentrale Region zur Einstellung und Verwendung, ohne daß darin eine bestimmte Stelle, ein bestimmter exzentrischer Ringsektor eine ständige Sonderstellung erhielte, gewissermaßen die Rolle einer „Ersatzfovea" spielen würde. Habituell am einfachsten und zuverlässigsten ist es beim Dämmerungssehen ein Zielobjekt mit etwas (etwa 7°) gehobenem Blick zu beobachten, also einen suprafovealen Sektor des zirkumfovealen Netzhautgürtels zu benützen, dabei aber das überholte Ziel selbst zu analysieren (HAMBURGER, TSCHERMAK-SEYSENEGG, HEINSIUS). Man bedient sich also zweckmäßigerweise des Kunstgriffes des Schulmeisters unter Drüberwegblicken nach einer hinteren Schulbank, das Verhalten der Schüler in einer vorderen Bank zu überprüfen. Ein solches Verfahren sichert am besten das (relative) Festhalten der Augenstellung, von dem die praktische Sehleistung wesentlich abhängt. Diese beim Dämmerungs- und Nachtsehen erforderte Trennung von Blickrichtung und Zielrichtung der Aufmerksamkeit, ebenso die Stabilisierung der Blicklage muß allerdings erst gelernt und geübt werden. Dementsprechend ist das Nachtsehen in beträchtlichem Grade übungsfähig!

Die Fovea des Dunkelauges erweist sich — im Gegensatz zum Verhalten im Hellauge — als deutlich minderwertig (auch an Sehschärfe), so daß man von einem „relativen" Zentralskotom beim Sehen in der Dämmerung, d. h. unter $^1/_{30}$ Lux bzw. 10^{-6} sb sprechen kann, welches sich bei wachsender Beleuchtung — von 5°, ja 11° ausgehend — mehr und mehr reduziert, und zwar zunächst auf etwa 1,5°, bis es schließlich ganz verschwindet. Dann erfolgt sofort wieder die beim Tagessehen übliche Einstellung des Foveazentrums. Auf mäßig hellem, gleichmäßigem Grund — beispielsweise auf einer größeren Leuchtfarbenfläche — ist das Zentralskotom im Dunkelauge bereits entoptisch als dunkler Fleck zu bemerken (ebenso wie der dem Sehnerveneintritt entsprechende MARIOTTEsche Fleck), und zwar umgeben von einem durch Isolation aufgehellten Hof, dem LÖWEschen Ring. Auf einem andeutungsweisen Hervortreten des zentralen Dämmerungsskotoms beruht wohl auch die Erscheinung, daß an einer ausgedehnten, ungleichmäßig beleuchteten Fläche — so an einer Schneelandschaft — bei abnehmender Leuchtdichte, noch ehe die foveale Schwelle erreicht ist, bereits eine charakteristische Unklarheit des fovealen Bildeindruckes eintritt. Es wird eben seitens der miterhellten parazentralen Region Kontrastschwarz in der Netzhautgrube induziert und gleichzeitig die Unterschiedsempfindlichkeit daselbst vermindert. Dementsprechend eignen sich die Leuchtfarben (mit 10^{-7} bis 10^{-8} sb) vorzüglich zur Herstellung von Proben zur Übung und Prüfung des Nachtsehens (TSCHERMAK-SEYSENEGG und HEINSIUS). Übung ist besonders durch Konzentrierung der Aufmerksamkeit (SCHLICHTING) und Festhalten des Blickes trotz Beachtens exzentrischer Eindrücke von großem Einfluß auf die Nachtsehleistung (VOELKEL). Nachdrücklich muß betont werden, daß gutes Nachtsehen nicht notwendig mit gutem Tagessehen verbunden sein muß — auch, daß Schwellenerregbarkeit und Sehleistung, auch die Güte des Dämmerungssehens der Fovea und der parafovealen Region nicht notwendig parallel gehen. Auch ist die Nachtsehleistung bei sehr niedrigen Leuchtdichten deutlich verschieden von der bei höheren solchen. Die individuellen Unterschiede im Dämmerungssehen sind sehr groß: sie treten bei heller Nacht (etwa 10^{-6} sb) deutlicher hervor als bei dunkler (unter 10^{-8} sb), sind also am COMBERG-Gerät deutlicher festzustellen als am NOWAK-WETTHAUER-Gerät (vgl. S. 38, Anm. 1).

Bei der praktischen Prüfung und Klassifizierung des Nachtsehens muß man Anpassungszeit, Schwellenerregbarkeit und Blendungsempfindlichkeit wohl voneinander trennen und wird nicht für einen „guten" Nachtseher Optimalleistungen nach all diesen Richtungen zugleich fordern.

Allerdings entbehrt die im Erregungsablauf deutlich nachhinkende Netzhautgrube nicht jeglicher Dunkeladaptation, d. h. der Zunahme der Schwellenerregbarkeit[1] unter Bevorzugung der kurzwelligen Strahlungen gegenüber den langwelligen, kurz gesagt des PURKINJEschen Phänomens, auch des achromatischen, des farblosen Intervalls und der besonderen farblosen Nachbildphase (vgl. S. 31, 46). Wenigstens gilt dies bei normalem Auge und geeigneter Untersuchungsmethode. Umgekehrt aber lassen sich entsprechend der temporären Minderwertigkeit der Fovea sehr wohl Bedingungen herstellen, unter denen der Anschein eines lokalen Ausfalles, eines „zentralen Tunnels", entsteht. Das Ausmaß des Dämmerungssehens ist allerdings im Netzhautzentrum erheblich geringer; der Adaptationsverlauf erfolgt anfangs steil, dann immer flacher, nach 10 bis 15' nimmt die Empfindlichkeit nur mehr wenig zu. Vielfach erreichen die Foveazapfen das Maximum ihrer Dunkeladaptation schon nach 2 bis 3 Minuten, während extrafoveal, d. h. für die Stäbchen 30 bis 50 Minuten dazu erforderlich sind. Prinzipiell aber kommt die charakteristische Duplizität des Lichtsinnes auch der Fovea zu.

Nur nebenbei sei noch erwähnt, daß bei Dunkeladaptation eine rasch zunehmende Erweiterung der Pupille (bis zu einem Maximum von 6 [älter], bis 8 mm Durchmesser [jugendlich] nach 30' Lichtabschluß) erfolgt. Dieselbe ist — wenn auch unter starker individueller Verschiedenheit — von einer gewissen Zunahme an Brechkraft ($- 1$ bis $- 2,5$ D) und konsekutiver Bevorzugung von Konkavgläsern begleitet. Für die *Nachtmyopie* (OTERO und DURAN) wird einerseits das Vorwiegen kurzwelliger, stärker brechbarer Strahlungen im nächtlichen Licht, speziell Himmelslicht und damit die relative Blaulichtmyopie verantwortlich gemacht, anderseits die elektiv erhöhte Empfindlichkeit für solche Strahlungen im Sinne des PURKINJEschen Phänomens (RONCHI — vgl. dazu SCHOBER, HAMBURGER).

Während sich die Pupille im Dunkelauge auf den geringsten Lichteinfall (10^{-9} sb) bereits um 0,5 mm verengt, bleibt sie im Bereich des reinen Dämmerungssehens (wenigstens zwischen 10^{-9} bis 10^{-8} sb) gleich weit: im Hellauge verengt sie sich hingegen mit zunehmendem Lichteinfall immer mehr. Besseres Nachtsehen ist nicht einfach auf weitere Pupille zurückzuführen, wie überhaupt die Pupillenweite keinen wesentlichen und positiven Einfluß auf die Nachtsehleistung

---

[1] Die Steigerung der Reizbarkeit beträgt für blaues Licht zentral etwa das 33-fache gegenüber dem 1330fachen außerhalb der Fovea. An den Zentralzapfen erfolgt rasche Sehschärfenzunahme während der ersten zwei Minuten nach Einsetzen der Dunkeladaptation — geprüft mittels des Nyktometers nach COMBERG mit Leuchtdichtenbereich von 10^{-5} (höchstens 10^{-3}) bis 10^{-6} sb. Der Anstieg erfolgt in einer charakteristischen parabolisch-logarithmischen Kurve, abhängig von der Beleuchtungsstärke bzw. Leuchtdichte (COMBERG), und zwar unter merklicher Verschmälerung des Schwankungsbereiches zu Anfang der Kurve (Korrektur nach HAMBURGER). Die Dunkelsehleistung außerhalb der Fovea, und zwar bei vorgeschrittener, ja vollendeter Dunkeladaption wird mit dem NOWAK-WETTHAUERschen Gerät in einem Leuchtdichtenbereich von 10^{-8} bis 10^{-10} geprüft, was dunkler Nacht entspricht. Die Leistung im direkten Sehen betrifft also die Anfangsadaptation der Zentralzapfen, jene im indirekten Sehen die vorgeschrittene, ja vollendete Adaptation, das reine „Stäbchensehen". Das Ausmaß der Dunkeladaptation bzw. die Schwellenerregbarkeit läßt sich auch objektiv auf Grund des optokinetischen Nystagmus (vgl. S. 178) prüfen.

besitzt (HAMBURGER). Auch erfolgt der Anstieg der Reizbarkeit nicht einfach entsprechend der rascher wachsenden Iriskontraktion (STILES und CRAWFORD).

Die Pupillenerweiterung bei Dunkeladaptation hat offenbar den Zweck, die Bildleuchtdichte zugunsten der Groborientierung zu erhöhen, selbst auf Kosten der der Feinorientierung dienenden Bildschärfe; letztere nimmt dabei infolge der nunmehr geringeren Abblendung der Randstrahlen (mit erhöhter sphärischer Aberration und Lichtzerstreuung durch Inhomogenität der optischen Medien) beträchtlich ab.

Auch sei kurz auf den Einfluß hingewiesen, den tiefe Atmung im Sinne von rasch einsetzender, vorübergehender Besserung auf das Nachtsehen nimmt (LEHMANN und GRAF) sowie auf die entsprechende Wirkung erhöhter Zufuhr von A-Vitamin in geeigneter Form (v. STUDNITZ), wobei allerdings nur bei bestehendem A-Vitaminmangel, so auch bei Ermüdung ein Erfolg zu erwarten ist.

Als Gegenstück zum Dämmerungs- und Nachtsehen sei auch das andere Extrem, das *Blendungssehen*, kurz charakterisiert, und zwar unter Scheidung von absoluter Blendung durch Leuchtdichten, an welche sich das Auge nicht mehr zu adaptieren vermag, und relativer durch überwindbare Leuchtdichten (SCHOBER). Überstarke Belichtung (oberhalb 10^6 lx $\perp$ auf Weiß bzw. 10^6 asb) bringt als Störungswirkung eine Minderung der Reizbarkeit und der Unterschiedsempfindlichkeit, ferner des Adaptationsvermögens (mit nachdauernder Nachtblindheit), wohl auch der Kontrasterregbarkeit mit sich, verbunden mit dem Gefühle von Blindheit, d. h. Unfähigkeit optischer Orientierung. Auch tritt — so besonders am dunkeladaptierten Auge nach überstarker Zwischenbelichtung — störendes Nachflimmern auf (HAMBURGER). Hingegen wurde die Plan- wie die Tiefensehschärfe — auch die Minimalempfindungszeit sowie die Empfindungsgeschwindigkeit für Helligkeitsunterschiede — bei Blendung unverändert befunden (SCHOBER und MONJÉ, vgl. S. 124). Blendung wirkt sich also an den einzelnen Sehfunktionen nicht gleichmäßig aus!

Auf höheren Stufen längerdauernder Blendung leidet der Farbensinn, und zwar der Rotgrünsinn eher als der Gelbblausinn. Die Nachreaktion nach blendenden Lichtreizen läßt rote und grüne Phasen in den Vordergrund treten — wohl als Nachwirkungen der Nebenbelichtung durch Sklera, Iris und die zeitweilig geschlossenen Lider. Die Haltung der Augen verliert bei Blendung an Stabilität, wohl infolge Beeinträchtigung des zentralen Sehens (Blendungsnystagmus nach VOELKEL, ein Gegenstück zum Dunkelheitsnystagmus bei zentralem Dämmerungsskotom). — Der Grad der Blendung wird durch den nunmehrigen Schwellenwert (KYRIELEIS und BEUNINGEN) oder besser noch durch die bis zum Wiederaufbringen einer bestimmten Sehleistung erforderlichen Erholungszeit charakterisiert (LOHMANN, HAMBURGER). Das Produkt aus Leuchtdichte $\times$ Blendungszeit gibt entsprechend der BUNSEN-ROSCOEschen Formel (vgl. S. 43) angenähert einen konstanten Wert (HAIG). Wesentlich ist bei der Blendungswirkung die Verlängerung der Nachdauer der Erregung und der Nachreaktion oder des Nachbildprozesses (HAMBURGER). Von besonderer Art ist die Blendung durch Nebenbelichtung, zumal bei dunkeladaptiertem Auge.

Die Blendungsschutzmittel an Absorptionsgläsern (speziell Umbral-Zeiß und Neophan-Auer) oder an Polarisationsfolien (Polafilt — Nitsche & Günther zur Schwächung des vorwiegend horizontal polarisierten Reflexionslichtes; Doppelpolarisationsbrille zur stetigen Abstufung entsprechend der jeweiligen Beleuchtung nach TSCHERMAK-SEYSENEGG) oder durch Vorschaltung eines episkleralen Blendschutzkonus näher zu schildern, ist hier nicht der Ort. Nur auf die Unerläßlichkeit einer gleichzeitigen Abschirmung des Seitenlichtes mag noch hingewiesen werden.

Abgrenzung der Sehweisen	Beleuchtungsstärke in lx	Leuchtdichte		Pupillenweite (nach HAMBURGER)	
		in sb	in asb	bei sb	Durchmesser in mm
Bereich des reinen Tagessehens mit optimaler Sehschärfe (sogenanntes Zapfensehen)	oberhalb 30 (100 bis 20 000) (abgerundet in Zehnerpotenzen 10^2 bis 10^6)	über 10^{-3}	über 30/100		3,5 bis 4,0 ohne Akk.
Mindestanspruch zum Lesen und Schreiben	20	$6,4 \cdot 10^{-4}$	20		
Bereich des Überganges von Tages- und Nachtsehen bzw. Zwielichtsehen oder „gemischtes Sehen zwischen unterer und oberer Stäbchenschwelle"	10 (30) bis 0,01 (1/30)	10^{-3} bis 10^{-6}	10 bis 0,01		
Bereich des Dämmerungssehens	unterhalb 10	unter 10^{-5}		10^{-6}	5,00 ohne Akk. 4,00 mit Akk. 7,00 nach Homatropinisierung
und des Nachtsehens	unter 10^{-2}	unter 10^{-6} bis 10^{-10} oder Dunkelheit			
Bereich des reinen Dämmerungssehens mit Zentralskotom und Unwirksamkeit von Lichtern über 680 mμ (sogenanntes reines Stäbchensehen)	unterhalb 0,03 (unterhalb 10^{-2})	10^{-6} bis 10^{-10} (10^{-9} untere Grenze der Orientierung) Mittel 10^{-8}	unter 0,01 bis 10^{-6}	10^{-8} bis 10^{-10} oder Dunkelheit	konstantweit, und zwar 6,00 (älter), 8,0 (jugendlich)
Absolute Reizschwelle für punktförmige Lichtquelle und weißes Licht, gemessen am Ort des Auges (HEINSIUS und HAMBURGER)	0,001 bis $0,002 \cdot 10^{-6}$ sonstige Angaben $0,2 \cdot 10^{-6}$ bei lichtloser Umgebung; bei Umfeldleuchtdichte von 1 asb $2 \cdot 10^{-7}$ am Ort der Augenpupille (nach LÖHLE $2 \cdot 10^{-9}$)	$6,7 \cdot 10^{-11}$	10^{-5} bis 10^{-6} Mittel: $2 \cdot 10^{-6}$ (entsprechend nach v. KRIES und REEVES für L_{507} im Mittel $2,0 \cdot 10^{-10}$ erg/sec bzw. $= 47$ Quanten pro Sekunde)		
Bereich des (absoluten) Blendungssehens	über $10^6 \perp$ auf Weiß	oberhalb 10^6			

Die verschiedenen Arten des Sehens gestatten — obzwar es sich im wesentlichen um verschiedene Lagen des Adaptationszustandes, nicht einfach um Funktionen der Beleuchtungsstärke bzw. Leuchtdichte handelt — vorstehende grobe Charakterisierung (S. 40).

Bezüglich der Vermittelung des Dämmerungssehens erscheint es gewiß naheliegend, bei Vertebraten mit einer von Zapfen und Stäbchen besetzten „Doppelnetzhaut" das Dämmerungssehen vorwiegend als eine Leistung des Stäbchenapparates zu betrachten, hingegen im Hellauge den Zapfen die maßgebende Rolle zuzuschreiben. Doch dürfen wir uns nicht verhehlen, daß eine solche Duplizitätstheorie, wie sie bereits M. SCHULTZE, dann KÜHNE, CHARPENTIER, PARINAUD vertraten und in neuerer Zeit v. KRIES und LUMMER wieder aufnahmen, so manchen Schwierigkeiten begegnet und jedenfalls nur mit Einschränkungen vertretbar ist. Muß doch den Zapfen — wenigstens jenen des Netzhautzentrums — auch eine gewisse, wenn auch bescheidene Dunkeladaptation mit Wellenlängenelektivität zuerkannt werden. Auch entspricht der regionalen Abstufung der Reizbarkeit im Dunkelauge nicht eine proportionale Häufung von Stäbchen. Endlich gibt es unter den im Dunkeln lebenden Tieren zwar solche, deren Netzhaut ausschließlich mit Stäbchen besetzt ist; doch fehlt es auch nicht (so unter den Reptilien) an solchen Arten, welche trotz spärlichen Lichtgenusses reine Zapfenseher sind.

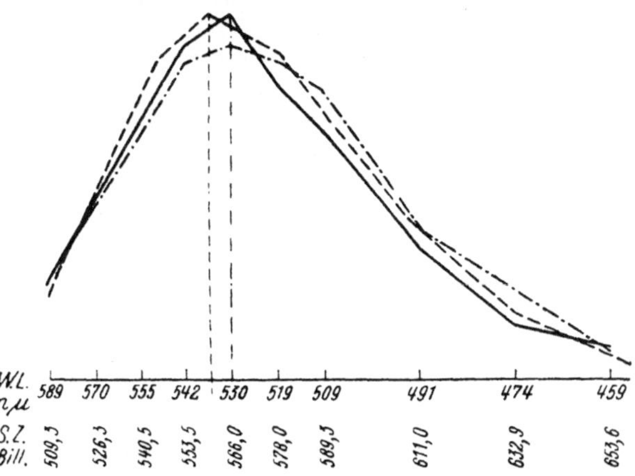

Abb. 24. Spektrale Dämmerungswerte (———) und Absorptionsgrößen (— — —) bzw. Bleichungswerte (—·—·—) des Sehpurpurs für das Dispersionsspektrum (nach TRENDELENBURG) mit Doppelindizierung der Abszissen nach Wellenlänge und Schwingungszahl.

Jedenfalls darf höchstens das Sehen in tiefer Dämmerung unter 10^{-6} sb, also ohne Beteiligung des stäbchenfreien Bezirkes beim Menschen als „Stäbchensehen" schlechtweg bezeichnet werden — ebenso wie es meines Erachtens unberechtigt ist, das Tagessehen einfach mit „Zapfensehen" gleichzusetzen. Auch muß die Zurückführung des Knickes in der Dunkeladaptationskurve auf ein nunmehriges Hervortreten der Stäbchenfunktion, ebenso die Deutung des Knickes in der Sehschärfen-Helligkeitskurve (bei etwa 0,1 lx) als des Beginnes von Zapfensehen noch problematisch genannt werden.

Anderseits spricht die weitgehende Übereinstimmung der photometrisch wie photoelektrisch festgestellten Absorptionskurve (mit Maximum bei etwa 505 mµ isenergetisch — nach KÖTTGEN und ABELSDORF, TRENDELENBURG, LYTHGOE, HOSOYA) sowie der Bleichungskurve (mit Maximum im Dispersionsspektrum bei 530; Geschwindigkeitsmaximum bei 506 Normal) des als Sehpurpur[1] bezeichneten lichtempfindlichen Stoffes mit der für das Dunkelauge

---

[1] Den beiden Arten des Sehpurpurs, nämlich dem gewöhnlichen mit Maximum um 505 und dem besonderen, bei Fischen (speziell bei Karpfen, Schleie, nicht aber bei dem vorwiegend im Dunkeln lebenden Aal) beigemengten mit Maximum um 540 im isenergetischen Spektrum dürfte auch eine typisch verschiedene spektrale Reizverteilung beim Dämmerungssehen entsprechen.

geltenden spektralen Helligkeitsverteilung bzw. den sogenannten Dämmerungswerten (TRENDELENBURG, vgl. Abb. 24) sehr dafür, ihn als photochemischen Reizvermittler beim Dämmerungssehen zu betrachten. Ergibt doch eine Umrechnung der Dämmerungswerte auf das isenergetische Spektrum die Absorptionskurve des Sehpurpurs, die sich mit einer Resonanzkurve im Sinne von PLANCK vergleichen läßt (RENQVIST, TRENDELENBURG). Umgekehrt liefert wiederum die Umrechnung der Absorptionskurve des Sehpurpurs auf absorbierte Energiemengen, welchen die Bleichungskurve parallel geht, die Kurve der Dämmerungswerte (TRENDELENBURG). Allerdings wird der Sehpurpur im allgemeinen als nur in den Außengliedern der Stäbchen vorkommend betrachtet, während er in jenen der Zapfen, auch der Fovea, von den meisten Untersuchern vermißt wurde — was jedoch an geringer Konzentration liegen könnte (vgl. unten S. 86). Das Vermögen der Dunkeladaptation erweist sich geknüpft an die ausreichende Zufuhr eines im fettlöslichen Vitamin A bzw. im A-Komplex gegebenen Wirkstoffes, bei dessen Mangel Nachtblindheit (Hemeralopie) auftritt (LINDQUIST). Der Sehpurpur mag einer lockeren, durch Lichteinwirkung alterablen Bindung einer prosthetischen Gruppe (= Retinen) an Protein entsprechen; diese Gruppe erscheint in den als Sehgelb, weiterhin Sehweiß (= Vitamin A, nach WALD nur bei höherer Temperatur gebildet) bezeichneten Bleichungsprodukten isoliert. Zwischen Sehpurpur und A-Vitamin wird geradezu eine chemische Verwandtschaft bzw. eine gemeinsame, in den Karotinoiden gelegene Wurzel vertreten (WALD — v. EULER contra, für bloß indirekte Förderung der Sehpurpurregeneration). Allerdings stellt der Sehpurpur keinesfalls den einzigen photochemischen Reizvermittler — auch nur für die Weißerregung — dar (vgl. unten S. 86, Anm. 1).

4. Der Erregungsablauf im Sehorgan.

Besonderes Interesse beansprucht endlich der Erregungsablauf im Sehorgan, speziell die *Äußerung der Reaktionsträgheit* und der Nachreaktion in Form der optischen Nachbilder. Unser Auge stellt nicht einfach — wie es die Bogengänge bezüglich der Rezeption von Beschleunigungsreizen sind — einen Apparat dar, welcher auf die Veränderungsgeschwindigkeit, auf das sogenannte Differential, antwortet. Das Sehorgan erweist sich vielmehr als ein Dauer- oder Zeitreagent, jedoch mit ausgesprochenem Adaptationsvermögen.

Was die zeitlichen Verhältnisse des Erregungsablaufes betrifft, muß der Lichtreiz nicht bloß eine je nach Zustand des Auges und nach Netzhautregion verschiedene Stärke besitzen, um wirksam zu sein, sondern er wird auch erst nach einer bestimmten Zeitspanne merklich, welche der Sinneslatenz oder *Empfindungszeit* (im Sinne von FRÖHLICH) entspricht. Allerdings ist deren Größe nicht konstant, sondern von einer Reihe von Faktoren abhängig. Bei minimaler Reizstärke besteht eine Maximal-EZ., darüber erfolgt eine umgekehrt logarithmische Abnahme; oberhalb eines gewissen Maximums an Reizstärke bleibt die Minimal-EZ. konstant, und zwar auch bei höchsten blendenden Leuchtdichten (SCHOBER und MONJÉ). Dabei bestehen ganz charakteristische individuelle Unterschiede an „persönlicher Gleichung" — allerdings mit Abhängigkeit vom Adaptationszustand, der sogar einen Typenwechsel bedingen kann. Beim Übergang zum Dämmerungssehen erfolgt zuerst eine Abnahme der EZ., dann wieder ein Ansteigen (entsprechend dem sogenannt kritischen Stadium oder dem Knick), endlich neuerlicher Abfall zu einem konstanten Niveau innerhalb von etwa $^3/_4$ Stunden. Die sogenannte *Reaktionszeit* setzt sich zusammen aus der individuell charakteristischen EZ. und der wenig differierenden Dauer des mo-

torischen Anteiles (beispielsweise Typus I 33 $\div$ 152, Typus II 72 $+$ 167 Milli-
sekunden nach FRÖHLICH und MONJÉ; VOGELSANG).

Die Dauer der primären Empfindung (ED.) erweist sich abhängig, und zwar
gegensinnig und logarithmisch von der Stärke, hingegen gleichsinnig von der
Dauer des Lichtreizes und vom Grad der Dunkeladaptation. Um volle Wirkung
zu erreichen, muß der Lichtreiz eine bestimmte *Nutzzeit* (GILDEMEISTER) an-
dauern, die um so länger ausfällt, je schwächer der Reiz ist (NZ$\times$J $= k$) — was
der Forderung eines bestimmten Lichtquantums entspricht. Weniger genau
erfaßbar ist die etwas längere Gipfelzeit, d. h. die Zeitdauer des Anstieges bis
zum Maximum der Wirkung. Vom Gipfel geschieht aber sehr bald ein Absinken,
das einer Exponentialkurve entspricht. Als sehr typisch erweist sich endlich
die *Kennzeit* oder Chronaxie (LAPICQUE), d. h. die Zeitdauer, in welcher ein Reiz
vom doppelten Wert der Schwellengröße (Rheobase, bei beliebig langer Einwirkungsdauer bestimmt) einen Effekt hat. Am Auge wurde eine doppelte
Chronaxie ermittelt, wobei der eine Wert (etwa 1,56 σ) auf die in der Netzhautperipherie überwiegenden Stäbchen, der andere (etwa 2,56 σ) auf die im Zentrum
allein vorhandenen Zapfen bezogen wurde (BOURGUIGNON, PIÉRON, VERRIJP).

Entsprechend der Trägheit des Sehorgans geschieht während der Nutz- und
Gipfelzeit ein charakteristischer Anstieg, das sogenannte *Anklingen der Erregung*. Dasselbe läßt einen wellenförmigen Verlauf erkennen, der im Netzhautzentrum deutlich langsamer erfolgt als außerhalb desselben. In analoger Weise
dauert aber die Erregung nach, und zwar fällt die *eigentliche, gleichsinnige Nachdauer* um so kürzer aus, je stärker der Reiz war; ein gegenteiliger Anschein ist
durch fehlerhaftes Einbeziehen der Nachreaktion hervorgerufen. Dunkeladaptation verlängert die Nachdauer erheblich. Durch die Trägheit, besonders
durch die Erregungsnachdauer kommt es dazu, daß rhythmische Einwirkung
desselben Lichtes jenseits einer gewissen kritischen Häufigkeit des Wechsels
(der sogenannten Verschmelzungsfrequenz) denselben Eindruck erweckt wie
stetige Darbietung desselben Lichtes auf einer geringeren Intensitätsstufe. Die
Grundlage für ein solches Verhalten ist in der Gleichheit der Produkte von
Reizstärke $\times$ Reizdauer,[1] also der sogenannten Antriebe, gegeben. In ähnlicher

---

[1] In demselben Ausdruck (Reizstärke $\times$ Reizdauer, $I \cdot T = K$) entspricht der
Grenzwert T der „Zeitschwelle", d. h. der minimalen wirksamen Dauer eines Lichtreizes. Die Konstanz (gemäß dem ROSCOE-BUNSEN-BLOCHschen Gesetz) gilt allerdings nur bei sehr geringer Reizdauer (1,2 bis 9,8 σ) und sehr kleinem Feld. Für ein
solches von 10' bzw. 24', höchstens 1,5 bis 2°, bzw. innerhalb der Fovea gilt angenähert der Satz, daß das Produkt von Schwellenwert und Flächengröße, genauer
gesagt: Schwellenleuchtdichte $\times$ scheinbarem Durchmesser bzw. Gesichtswinkel (φ)
zur Potenz 1,45 für das Hell-, 2,0 für das Dunkelauge, konstant ist ($S \cdot F$ oder $e_S \cdot \varphi^2 =$
$= k$; von FECHNER und FÖRSTER vorgeahnt, von RICCÒ, weiterhin LÖSER scharf
formuliert). Innerhalb gewisser Grenzen vermag also Flächenausdehnung und
ebenmerkliche Leuchtdichte einander zu vertreten (vgl. auch SCHÖNWALD und
ALLECOTE, SIEDENTOPF u. a.). Es werden also punktförmige Objekte überschwellig
nach Maßgabe des von ihnen ausgesandten Lichtstromes (LAZAREFF, LÖHLE). (Dabei
spielt offenbar die Lichtaberration und Astigmatik der Bilderzeugung, bzw. die
relativ diffuse, eine Mehrzahl von Netzhautelementen umfassende Anfangserregung,
nicht aber eine wechselseitige Unterstützung oder Vergesellschaftung der Netzhautelemente die entscheidende Rolle, vgl. S. 16ff. sowie das S. 12ff. über Irradiation
Ausgeführte.) Für größere Felder wird hingegen der Einfluß der Ausdehnung
immer geringer. Beim Dunkelauge wird für Öffnungswinkel zwischen 1° und 10° angenähert umgekehrte Proportionalität zwischen Schwellenwert und linearer Winkel-
größe angegeben ($S \cdot \sqrt{F}$ oder $e_S \cdot \varphi = k'$ nach PIPER). Bei flächenförmigen Lichtreizen nimmt der ebenmerkliche Lichtstrom zunächst proportional dem Gesichts-

Weise läßt sich eine schwere Kugel dank ihrer Trägheit durch rhythmisches Stoßen ebenso angenähert gleichmäßig fortbewegen wie durch einen ständigen schwächeren Druck. Das TALBOT-PLATEAUsche Gesetz von der gleichen Wirksamkeit antriebsgleicher Dauer- und Phasenreize ($w_1 = w_2$, wenn $i_1 \cdot t_1 = i_2 \cdot t_2$, also umgekehrte Proportionalität von Beleuchtungsstärke bzw. Leuchtdichte und Einwirkungsdauer besteht) sei durch das beistehende Schema veranschaulicht (Abb. 25). Auf der bekannten TALBOTschen Scheibe (Abb. 26) erreicht bei wachsender Geschwindigkeit der Drehung zuerst der äußerste Ring (mit je $32 \times 5{,}62°$ Weiß oder Schwarz), zuletzt der innerste Ring (mit je $1 \times 180°$ Weiß oder Schwarz) volle Verschmelzung. Alle Ringe hören bei schwacher Beleuchtung früher zu flimmern auf als bei starker. Aus der Verschmelzungsfrequenz ergibt sich die kritische Periodenlänge oder Intermittenzzeit. Wie die Einflußnahme des Kontrastes lehrt (vgl. das oben S. 16 Bemerkte), ist für die Grenze

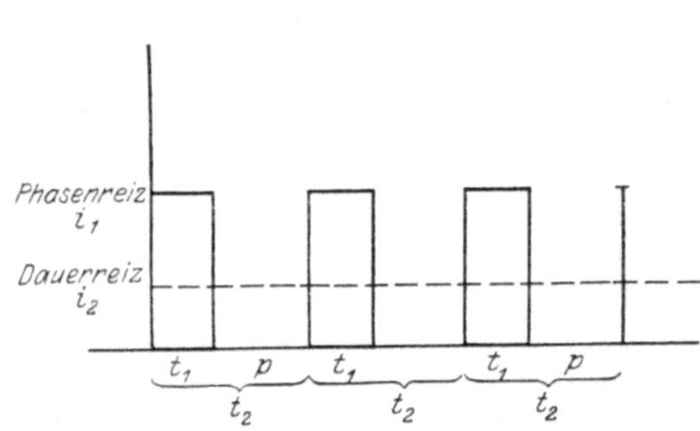

Abb. 25. Schema des TALBOT-PLATEAUschen Gesetzes.

Abb. 26. TALBOTsche Scheibe.

der Unstetigkeit des Eindruckes nicht eigentlich die objektive Lichtstärke des Reizes bzw. die Leuchtdichte, sondern die subjektive Helligkeit des optischen Eindruckes entscheidend. Es läßt sich demgemäß mit einer darauf begründeten Methode (Flimmerphotometrie) die Helligkeitsverteilung in einem Spektrum recht angenähert charakterisieren. Oberhalb der Flimmergrenze ist der Effekt rhythmischer Reizung völlig unabhängig von der Periodenlänge und dem Verhältnis von Reizdauer zu Pause.

Von besonderer Art ist die Bedeutung des Zustandes des Auges für das Ergebnis rhythmischer Reize. Die Steigerung der Lichtempfindlichkeit bzw. der Weißerregbarkeit durch Lichtabschluß hat zwar an sich die Tendenz wie eine Vergrößerung der Lichtstärke zu wirken, doch überwiegt der gegensinnige Einfluß des Vorganges der Dunkeladaptation selbst. Dementsprechend reichen für das Dunkelauge schon 10 bis 25 Wechsel in der Sekunde aus, während das Hellauge bei höherer Lichtstärke 160, bei mittlerer 35 bis 70 fordert, was für die Praxis einem Verhältnis der Minimaltourenzahlen von 1:2 bis 8 entspricht. Für eine und dieselbe Zustandslage ergibt sich eine angenähert logarithmische Beziehung von Verschmelzungsfrequenz und Beleuchtungsstärke bzw. Leuchtdichte allerdings mit einer verschiedenen Konstanten. In der Wahrnehmung des gröberen

winkel zu (LÖHLE). Dementsprechend werden RICCÒ-Bereich von 0 bis 10′ (nach GRAHAM höchstens 24′), PIPER-Bereich von 1 bis 7° (nach GRAHAM höchstens 10° — mit Konstantbleiben des Produktes aus Leuchtdichte und Gesichtswinkel) und WEBER-FECHNER-Bereich über 10° unterschieden, in welch letzterem die Flächengröße keine Rolle mehr spielt und allein die Leuchtdichte bzw. das Verhältnis der Leuchtdichte von Objekt und Umfeld für die Überschwelligkeit eines Reizes maßgebend ist.

Flackerns wie des feineren Flimmerns ist die Netzhautperipherie, wenigstens in der Nähe der extremen Zustandslagen, dem Zentrum überlegen.

Die Anwendung von Phasenreizen spielt in der messenden „Abstufung" eines Lichtes durch eine rotierende Doppelscheibe mit variablem Fensterausschnitt (sogenannten Episkotister — vgl. S. 21), in der sogenannten Farbenmischung auf dem Kreisel, endlich in der kinematographischen Darstellung eine große praktische Rolle (vgl. die Ausführungen über Kineoskopie, S. 145 ff.).

Die Trägheit unseres Auges äußert sich aber nicht bloß im An- und Abklingen sowie in der Verschmelzbarkeit der Eindrücke rhythmischer Lichtreize, sondern auch in einer charakteristischen *Nachreaktion*, d. h. in den auf das „Vorbild" folgenden „Nachbildern". Geschieht schon das Anklingen einer photogenen Erregung angedeutet rhythmisch (vgl. S. 43), so erweist sich der Ablauf des Nachgeschehens, das einem optischen Eindruck folgt, als ausgesprochen phasisch — wenn auch unter starker Dämpfung. Schon nach einem kurzdauernden Reiz kann in geeigneten Fällen ein sehr rasches Nachoszillieren (mit 20 bis 35 Phasen in der Sekunde) beobachtet werden (CHARPENTIER). Hingegen verläuft der eigentliche Nachbildvorgang relativ langsam und ist am reinsten nach einem kurzdauernden farblosen Reiz von mäßiger Stärke zu beobachten, wobei die einzelnen Phasen entweder in zeitlichem Hintereinander an einer und derselben Netzhautstelle oder in räumlichem Nebeneinander innerhalb einer bestimmten, von einem bewegten Vorbild überstrichenen Zone des Sehfeldes verfolgt werden. Zu letzterem Zweck wird ein weißer oder schwarzer Streifen vor einem stark abstechenden Grund am ruhenden Auge vorbeigeführt; doch liefern beide Verfahren wesentlich übereinstimmende Ergebnisse.

Für das Hellauge gilt auf einen kurzdauernden Weißreiz eine etwa achtgliedrige Phasik (vgl. Abb. 27). An das rasch abklingende Vorbild I) schließt sich nämlich:

1. ein sehr kurzes, angedeutet dunkles Intervall (II),
2. eine kurze positive Phase (III — HERINGsches Nachbild),
3. ein zweites kurzes, deutlich dunkles Intervall (IV),
4. ein zweite positive Phase (V — sekundäres Bild oder PURKINJEsches Nachbild),
5. ein drittes längeres, deutlich dunkles Intervall (VI),
6. eine dritte langdauernde positive Phase (VII — HESSsches Nachbild),
7. ein meist deutliches Intervall (VIII$_a$) und eine lang anhaltende Schlußphase negativen Charakters (VIII$_b$).

Unter Umständen treten noch weitere Phasen auf.

Dunkeladaptation wirkt auf den Verlauf der rhythmischen Nachreaktion anscheinend beschleunigend, jedenfalls Verschmelzung begünstigend, so daß das erste Intervall, eventuell auch das zweite schließlich verschwindet und die

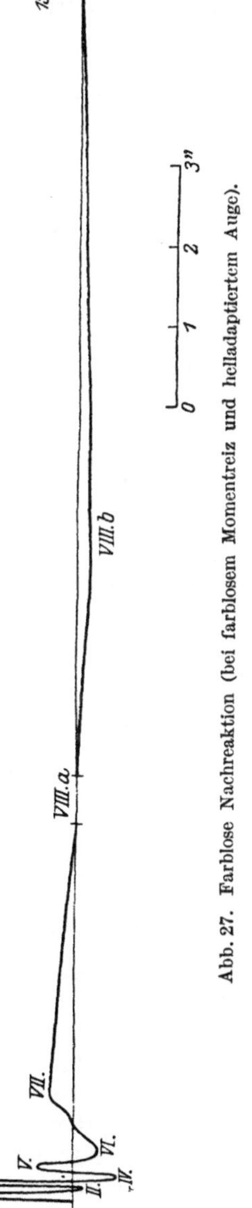

Abb. 27. Farblose Nachreaktion (bei farblosem Momentreiz und helladaptiertem Auge).

sehr hell gewordene erste, eventuell auch die zweite positive Phase (III und V) sich unmittelbar an die Nachdauer der Erregung (I) anschließen. Dadurch kann unter Umständen der Eindruck vom Fehlen der Phase III oder V in der Fovea des Dunkelauges erweckt werden. Mit der Reizstärke werden die Anfangsphasen beschleunigt, hingegen die dritte positive Phase (VII) verstärkt und verlängert. Wirkt der Lichtreiz länger ein — als sogenannter Zeitreiz —, so wird die Anfangsrhythmik mehr oder weniger zusammengedrängt und läuft noch während der Fortdauer des Reizes ab. Hingegen tritt eine langdauernde negative Phase — bekannt als negatives Nachbild oder Sukzessivkontrast schlechtweg — deutlich hervor, auf welche noch ein positives, eventuell auch noch ein zweites negatives Stadium folgen kann. Die lange dauernden Nachbilder zeigen eine deutliche kontrastive Abhängigkeit vom Hintergrund: so führt Öffnen und Schließen des Auges zu Phasenwechsel. Auch läßt sich noch das Auftreten einer ganz spät folgenden Phase beobachten, welche im Dunkeln negativ („negatives Dunkelbild"), im Hellen hingegen positiv erscheint „positives Hellbild" nach EBBECKE). Daß die Nachreaktion im Netzhautzentrum nachhinkt, ist ein Ausdruck von dessen größerer Trägheit; in der Phasik selbst aber besteht kein wesentlicher regionaler Unterschied — abgesehen von der Verkürzung der Entwicklung und Dauer des negativen Nachbildes bei wachsender Exzentrizität (WALTHER).

Die rhythmische Nachreaktion erscheint, wenigstens in erster Linie, nicht im photochemischen Reizvermittler des Auges begründet, über den später (S. 86) gehandelt werden wird, sondern ist auf den eigentlich nervösen Anteil zu beziehen. Vermutlich beschränkt sie sich nicht auf die Netzhaut, sondern umfaßt auch mehr zentrale Anteile des Sehorgans.

Rückblickend können wir die Sichtbarkeit eines Objekts, d. h. die Merklichkeit eines Lichteindruckes, als abhängig bezeichnen von physikalischen Faktoren: 1. von der Leuchtdichte, 2. vom Leuchtdichtenunterschied zwischen Objekt und Hintergrund, 3. vom Gesichtswinkel; anderseits aber kommen als physiologische Momente 4. der Adaptationszustand, 5. der Kontrast, 6. die Netzhautregion in Betracht.

Drittes Kapitel.

Einführung in die Lehre vom Farbensinn.

1. Allgemeine Charakteristik der farbigen Empfindungen.

Während das Dunkelauge innerhalb eines gewissen, nicht unbeträchtlichen Spielraumes an Lichtstärke — dem sogenannten Dämmerungssehen entsprechend (S. 29 ff.) — die Dinge nur grau in grau sieht, treten für das Hellauge neben Weiß, Schwarz und den verbindenden Graustufen auch alsbald Farben über die Schwelle. Allerdings setzen sich diese mehr oder weniger deutlich auf einen farblosen Untergrund, der schon durch das Eigengrau gegeben erscheint. Beginnen wir — dem Grundsatz des exakten Subjektivismus folgend — nicht mit der physikalischen Untersuchung der farbig erscheinenden Lichtreize, sondern mit der Empfindungsanalyse, so treten uns die Eindrücke Rot, Gelb, Grün, Blau als psychologisch ganz einfache, einheitliche oder einkomponentige Elementarqualitäten oder Urfarben entgegen. Hingegen läßt die Fülle andersfarbiger Eindrücke als Misch- oder Übergangsfarben eine abgestufte Ähnlichkeit oder Beziehungsqualität gegenüber den Urfarben erkennen. Dieser Zusammenhang beschränkt sich aber auf je zwei der Urfarben, welche dadurch als benachbart, verträglich oder disparat erscheinen, im Gegensatz zu den gleich später zu behandelnden fernstehenden, unverträglichen, gegenfarbigen oder kontradiktorischen Farben. Ähnlich fanden wir bereits die Graustufen durch ihre Beziehung zu den farblosen Extremen Weiß und Schwarz charakterisiert.

Durch eine derart gebundene Mannigfaltigkeit ordnen sich die vier Urfarben sowie ihre Zwischenglieder ganz von selbst in ein Kontinuum, das wir am einfachsten einem Kreis gleichsetzen — wie bereits Newton es tat und worin Goethe und Hering sowie andere ihm folgten. Im Farbenkreis (vgl. Abb. 28) treten die vier Urfarben schon empfindungsanalytisch (aber auch durch Fehlen einer Farbentonänderung bei Intensitätssteigerung oder bei längerdauernder Betrachtung sowie bei fortschreitend indirekter Beobachtung) als gegenüber den Nachbarn ausgezeichnete Punkte hervor. Hingegen bilden die Übergangsfarben die Reihen, welche die vier Quadranten zwischen den Kardinalpunkten erfüllen.

Die Urfarben lassen eine paarige Unvereinbarkeit im Vorkommen erkennen, indem es, wie bereits angedeutet, keine Mischempfindungen gibt, welche zu gleicher Zeit und am gleichen Erscheinungsort Rot und Grün, Gelb und Blau in sich schließen. Dieser Exklusion entsprechend stellen wir die beiden Glieder der beiden Urfarbenpaare Rot-Grün, Gelb-Blau im Farbenkreis als „Gegenfarben" (Hering) einander gegenüber, so daß sich eine strenge Verteilung ergibt und fortlaufend auch bestimmte Mischfarben einander paarweise gegenüberzustehen kommen. Diesen empfindungsanalytischen Prämissen entspricht der nach dem Gegenfarbenprinzip gegliederte Heringsche Farbenkreis mit einem urroten Pol, einem rotgelben Quadranten bis zum urgelben Pol, einem gelb

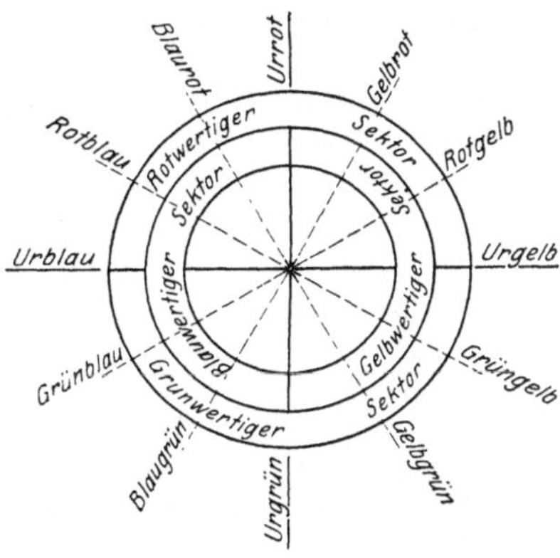

Abb. 28. Farbentonkreis (nach E. Hering).

grünen Viertel bis zum urgrünen Gegenpol, einem grünblauen Viertel bis zum urblauen Pol, endlich einem blauroten Quadranten, der zum urroten Ausgangspunkt zurückführt. Anderseits zerfällt dieser Farbenkreis in eine rot- und eine grünwertige, in eine gelb- und eine blauwertige Hälfte.

Die Analyse der bunten Empfindungen führt aber alsbald über den Farbcharakter an sich, der genauer als *Farbenton* bezeichnet wird, hinaus zur Erkenntnis, daß neben der Ähnlichkeit mit einer, höchstens zwei der Grundfarben auch eine Beziehung zur farblosen oder Weiß-Schwarz-Reihe besteht. Diese Beziehung äußert sich einmal darin, daß der Farbanteil im Gesamteindruck unabhängig vom Farbenton variieren kann, indem Weiß, Schwarz oder ein gewisses Grau in verschiedenem, wenn auch nicht direkt meßbarem Grad beigemischt erscheint. Ja, es gilt der Satz, daß „selbst die gesättigteste objektive Farbe subjektiv mit Weiß gemischt ist" (Helmholtz). Der farblose Anteil wirkt durch seine Menge wie durch seine Qualität auf die Gesamtempfindung. Der quantitative Einfluß, d. h. die Menge des beigemengten Grau, tritt uns als „*Verhüllung*" (Hering), im umgekehrten Sinn als *Sättigung*, Farbenintensität, Saftigkeit entgegen. Der qualitative Einfluß, d. h. die Art des beigemengten Grau, bestimmt hingegen die *Nüance* oder Schattierung. Ein und derselbe Farbenton kann uns in verschiedener Sättigung, derselbe Sättigungsgrad in abgestufter Nuance begegnen. Man kann demnach den Sättigungsgrad ausdrücken durch das Gewichtsverhältnis des farbigen Anteiles zum Gesamteindruck, d. h. zur Summe der farbigen und der

farblosen Komponenten $Sg = \dfrac{F}{F + W + S}$, die Schattierung durch das Ver hältnis von $W:S$ in diesem Komplex. Dunklere Nuancierung begünstigt den Eindruck größerer, hellere den Eindruck geringerer Sättigung.

Weiterhin sei daran erinnert, daß mit hoher Wahrscheinlichkeit ein dauerndes Fortbestehen des innerlich bedingten Eigengraus (EG. $= W_i + S_i$) als Untergrund der Licht- und Farbenempfindungswelt zu erschließen ist, und daß das Eigengrau durch äußere Reize nicht einfach verstärkt, sondern nur entweder auf direktem Wege verweißlicht ($W_i + W_a + S_i$) oder auf indirektem Wege verschwärzlicht ($W_i + S_i + S_a$) werden kann. Der dreifachen Variabilität der farbigen Empfindungen mit Einschluß ihres farblosen Anteiles und der alternativen Bindung des letzteren an das fortbestehende Eigengrau kann nur ein dreidimensionales, räumliches Schema gerecht werden. Ein solches[1] (nach A. v. TSCHERMAK-SEYSENEGG) charakterisiert die Lage einer Weiß-Schwarz-Strecke in einem dreiachsigen Koordinatensystem durch die entsprechenden Projektionen oder Parameter, welche sich auf den drei Achsen ergeben. Dabei sei der früher beschriebene Farbenkreis (vgl. Abb. 28), der an sich nur die erste Qualität der einzelnen bunten Gesamtempfindung, nämlich den Farbenton, veranschaulicht und daher besser „*Farbentonkreis*" heißen möge, in die Horizontalebene gelegt und im Kreiszentrum als Vertikale die Weiß-Schwarz-Achse errichtet. Dieser parallel wird also die symbolhafte Strecke verschoben, und zwar um so näher an den Koordinatenursprung, je verhüllter oder unsatter die entsprechende Empfindung ist. Kommt die Strecke in die Vertikalachse selbst zu liegen, so bedeutet dies überhaupt Farblosigkeit, während ein fortschreitendes Herausrücken längs eines Radianten in einen der vier Quadranten des Farbentonkreises zunehmender Sättigung entspricht. Jeder Radiant selbst bezeichnet ein bestimmtes Verhältnis von zwei verträglichen oder disparaten Urfarben, also eine Halbachse von bestimmtem Farbenton. Die Nuance endlich wird durch die jeweilige Höhenlage des Streckensymbols und damit durch ein bestimmtes Verhältnis von Weiß- und Schwarzparameter dargestellt, wobei allerdings der Weißanteil, ebenso umgekehrt der Schwarzanteil nicht unter einen durch das Eigengrau festgelegten Minimalwert (W_i oder S_i) sinken kann. Auf Grund dieser Daten darf das beigefügte Schema einer beliebigen Farbempfindung, beispielsweise eines mittleren Gelbgrün von deutlicher Verhüllung und relativ heller Nuance (Abb. 29) als ohne weiteres verständlich bezeichnet werden.

Unerfaßt bleibt dabei allerdings eine vierte Qualität, welche die farbigen Empfindungen mit den farblosen gemeinsam haben: *die Helligkeit.* Daß diese subjektiven Charakter besitzt und nicht einfach der objektiven Lichtstärke bzw. Leuchtdichte entspricht, lehrt schon die oben (S. 20 ff.) ausführlich behandelte Möglichkeit ihrer Verstärkung wie Verminderung durch Kontrast, ebenso der Tatbestand einer ganz verschiedenen spektralen Verteilung von objektiver Lichtenergie und subjektiver Helligkeit (vgl. S. 24). Kann man doch daraufhin unter rechnerischem Energieausgleich innerhalb des Spektrums je eine spezifische Empfindlichkeitskurve aufstellen für das farbigsehende Zentrum oder die Parazentralregion des Hellauges, ferner für die farblossehende Peripherie des-

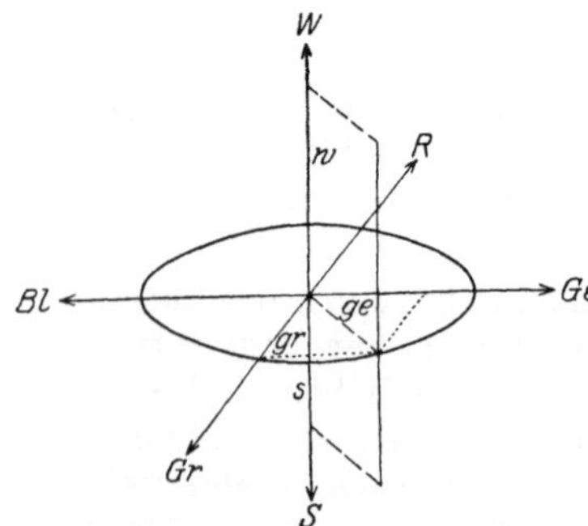
Abb. 29. Dreidimensionalschema einer Farbenempfindung (nach A. v. TSCHERMAK-SEYSENEGG).

---

[1] Auf andere der zahlreichen räumlichen Schemata bzw. die sogenannten Farbkörper einzugehen, fehlt hier der Raum.

selben, wie endlich für das Dämmerungssehen schlechtweg (vgl. Abb. 16 und 17). Gewiß wird die Empfindungsqualität Helligkeit in erster Linie bestimmt vom farblosen Anteil bzw. vom alternativ veränderten Eigengrau; für diesen Anteil hinwiederum ist vor allem die Zustandslage, etwas auch die Netzhautregion quantitativ wie qualitativ von maßgebender Bedeutung. Daneben aber ist wohl dem farbigen Anteil je nach Farbenton und Sättigung ein gewisser, wenn auch relativ bescheidener Miteinfluß auf die Helligkeit der Gesamtempfindung zuzubilligen, wobei Rot und Gelb an sich erhellend, Grün und Blau spezifisch verdunkelnd zu wirken scheinen (vgl. oben S. 29). Während die Helligkeit eines farblosen Eindruckes einfach von dem allerdings nicht direkt meßbaren Verhältnis des Weiß- und Schwarzanteiles bestimmt wird, ergibt sich die Helligkeit eines farbigen Eindruckes als Resultierende aus den farblosen Komponenten bzw. der Nuance und der Sättigung, aber auch aus dem Farbenton. Es besteht also eine ähnliche Komplexabhängigkeit im Sinne einer algebraischen Summierung, wie sie für die absolute chemische Reaktion oder die Wärmetönung eines mehrkomponentigen Umsatzes gilt. Eine Nötigung neben Farbenton, Sättigung und Helligkeit als eine Sonderqualität noch „Eindringlichkeit", d. h. Tendenz zum Hervortreten, zum Nähererscheinen — und zwar eine allgemeine, mit der Helligkeit verknüpfte Eindringlichkeit und eine spezifische, die vom Farbton abhänge — zu unterscheiden (JAENSCH), kann ich gerade vom physiologischen Gesichtspunkte aus nicht anerkennen (vgl. das über Farbenstereoskopie S. 2, Anm. 1, 107 Bemerkte).

Nach dem eben Ausgeführten ist es verständlich, daß der Intensitätsbegriff als Ausdruck einer neben der Qualität gesondert veränderlichen Quantität, wie er uns beispielsweise von den Tast- und Gehörsempfindungen her vertraut ist, auf den Licht- und Farbensinn nicht anwendbar erscheint. Wir müssen uns hier eben mit dem weiteren, schwerer faßbaren Gewichtsbegriff (vgl. oben S. 17) begnügen. Selbst bei Vernachlässigung der Schwarzkomponente, Absehen von den Farbkomponenten und ihrer Variabilität mit der Lichtstärke, sowie bei glatter Gleichsetzung von Empfindungsintensität mit Helligkeit, wird noch keine wahre Empfindungsmessung möglich. So hat sich auch bereits das WEBER-FECHNERsche Gesetz als prinzipiell unanwendbar auf den Lichtsinn erwiesen (vgl. S. 22). Auch bei Konstanthalten des Reizstärkenverhältnisses ist nämlich die absolute Lichtstärke durchaus nicht ohne Einfluß auf die Unterschiedsempfindlichkeit, bzw. das Verhältnis der erforderlichen Zuwüchse kein konstantes. Auch die sogenannte Normung der Farbe (speziell nach W. OSTWALD) hat nicht die Bedeutung einer wahren und erschöpfenden Empfindungsmessung, sondern beschränkt sich auf eine zahlenmäßige Charakterisierung durch Vergleich mit einer relativ kleinen Zahl von Stufen an Farbenton (beispielsweise nach OSTWALD 100 gegenüber etwa 500 tatsächlich möglichen), an Sättigung und Nuance. Wichtig ist es, sich dabei stets gegenwärtig zu halten, daß auf eine solche Klassifizierung einerseits die jeweilige Beleuchtung, von der unbedingt chromatische Neutralität zu fordern wäre, anderseits der Typencharakter und die Individualität des Beobachters sowie die Kontrastwirkung der Umgebung entscheidenden Miteinfluß besitzen. Dabei sei aber der Wert der bereits in reger Entwicklung begriffenen Farbmetrik (besonders RICHTER[1]) oder Standardkolorimetrie (mit C. J. E. — System JUDD, GUILD) keineswegs verkannt. Nur muß eine solche, wenn sie sich mit einer Dreikomponentencharakteristik begnügt, deren unvermeidlich gegebene Beschränktheit anerkennen und eine Methodik von hinlänglicher Empfindlich-

---

[1] Vgl. besonders dessen Grundriß der Farbenlehre der Gegenwart. Dresden-Leipzig, Steinkopff 1940; ferner E. HASCHEK und M. HAITINGER, Farbenmessungen, Grundlagen und Anwendungen. Wien, Haim & Co. 1936.

keit ausbilden. Schließlich sei nochmals vor dem Kardinalfehler gewarnt, Physik des Lichtreizes und Physiologie des Reizeffekts zu vermengen — also Farbenton und Wellenlänge, Verhüllung und Beimengung von unzerlegtem Licht, Helligkeit und Lichtstärke gleichzusetzen oder wenigstens als fest gekoppelt zu erachten.

2. Verhältnis von Wellenlänge, Stärke und Zusammensetzung der Lichtreize zu den Qualitäten der farbigen Empfindungen.

Schon die Erfahrung, daß alle spektral einfachen oder homogenen, wie alle gemischten Lichter dem Dunkelauge innerhalb gewisser Intensitätsgrenzen gleichmäßig farblos erscheinen, und daß anderseits solche Lichter, welche auf das Hellauge einen farblosen Eindruck machen, recht verschiedene physikalische Zusammensetzung haben können, muß uns zur Vorsicht mahnen, wenn wir versuchen, eine Beziehung zwischen Wellenlänge und Farbe aufzustellen. Entwerfen wir von einem Spalt, der von einer bestimmten Quelle komplexen Lichtes, wie es die Sonne, eine Glühlampe, ein Gasbrenner, eine Petroleumlampe abgibt, durch Vermittlung einer Linse ein Bild und ziehen dieses durch Einschaltung eines Dispersionsprismas oder eines ROWLANDschen Diffraktionsgitters in ein Spektrum aus, so fällt uns an dem von Feuerrot bis Violett spielenden Band alsbald das Fehlen von tonreinem, weder gelblichem noch bläulichem Rot und von mäßig bläulichem Rot, sogenanntem Purpur, auf. Die Eindrücke des Urrot und der Purpurtöne lassen sich eben unter gewöhnlichen Verhältnissen — also ohne weitgehende Gelbermüdung des Auges (vgl. S. 64) — nicht durch einfache Spektrallichter hervorrufen, wie dies bereits GOETHE bemerkte, HELMHOLTZ sowie AUBERT bestätigten und E. HERING genauer feststellen konnte. Gegenüber dem vollständigen Farbentonkreis (vgl. Abb. 28) weist demnach das Spektrum eine charakteristische Lücke[1] auf, so daß Urrot als vierter Kardinalpunkt gewissermaßen ultraspektral anzusetzen wäre (vgl. Abb. 30). Sonst aber finden wir in einem kontinuierlichen, nicht in Linien oder Banden zerklüfteten Spektrum alle überhaupt möglichen Farbentöne vor. Bei hinreichender technischer Isolierbarkeit der einzelnen Strahlungen lassen sich — genügende Begabung, Übung und Aufmerksamkeit des Beobachters vorausgesetzt — im Spektrum drei urfarbige Kardinalpunkte, nämlich das nicht mehr rötliche und noch nicht grünliche Gelb, das nicht mehr gelbliche und noch nicht bläuliche Grün, das nicht mehr grünliche und noch nicht rötliche Urblau — neben vier mischfarbigen vielstufigen Übergangsreihen schon durch bloße Empfindungsanalyse feststellen. Dazu kann jedes Spektroskop dienen, das durch einen Okularspalt und folgende Lichtdiffusion eine gleichmäßige Ausbreitung der einzelnen Strahlungen über eine Fläche geeigneter Größe gestattet. Am bequemsten ist die Benutzung des Neutrallichtprüfers (nach A. v. TSCHERMAK-SEYSENEGG, vgl. Abb. 38), welcher die vergleichende Bestimmung der drei Kardinalpunkte vor und nach ermüdender Einwirkung eines Prüflichtes, das zwischendurch mittels eines rasch vorgeschobenen reflektierenden Prismas zugespiegelt wird, und daraufhin die Entscheidung über dessen chromatische Neutralität gestattet (vgl. unten S. 64ff.).

Eine solche rein empfindungsanalytische Festlegung gelingt mit großer subjektiver Bestimmtheit und objektiver Sicherheit, d. h. geringer Schwankungsbreite oder kleinem mittlerem Fehler. Sie kann durch die Probe auf Konstant-

---

[1] Durch das Bestehen der Farbentonlücke im Spektrum wird die paradoxe Folge vermieden, daß ein extrem langwelliges und ein extrem kurzwelliges Licht nahezu denselben Eindruck machen würden, also die Spektrumenden gewissermaßen zusammenflössen.

bleiben des Farbentones bei Intensitätswechsel (E. v. BRÜCKE, v. BEZOLD) sowie bei Ermüdung durch längerdauernde Betrachtung und auf reine Gegenfarbigkeit des negativen Nachbildes noch gesichert werden.[1] Als Beispiele seien folgende Werte für ein farbentüchtiges Auge angeführt, das durch kurzdauernden Lichtabschluß in Neutralstimmung (vgl. unten S. 64) versetzt war. Urgelb: 568 $\pm$ 1,0, Urgrün: 504,5 $\pm$ 0,5, Urblau: 468 $\pm$ 1;2, gegenüber 570 $\pm$ 2,0, 529 $\pm$ 3, 474 mμ bei Tageslichtverstimmung (GOLDMANN). Ungeachtet ihrer subjektiven wie objektiven Bestimmtheit erweisen sich aber die spektralen Kardinalpunkte, ebenso das Mischungsverhältnis für Urrot durchaus nicht als allgemeingültig und nach Wellenlängen festliegend. Sie sind zwar unabhängig von der Art des Spektrums nach Lichtquelle und Erzeugungsweise, variieren aber nach Individualität — etwa zwei Typen entsprechend (speziell im Urgrün verschieden, und zwar sogenannt Blausichtige mit etwa 495, sogenannt Gelbsichtige mit etwa 505, vgl. unten S. 74) —, aber auch je nach Zustandslage bei einer und derselben Person. Die Wellenlänge des Lichtreizes bestimmt also keineswegs bereits eindeutig den Farbenton der Empfindung, sondern bezeichnet nur ein gewisses Wahrscheinlichkeitsgebiet an Erwartung. So läßt die Wellenlänge 570 mμ eine Gelbempfindung erwarten, die jedoch nicht einfach urgelb sein muß, sondern irgendwo zwischen mehr rötlichem und mehr grünlichem Gelb gelegen sein kann; auch an Sättigung, Nuance, Helligkeit ist bei einer bestimmten Wellenlänge und Lichtstärke noch ein Variieren innerhalb gewisser Grenzen möglich. (Analoges gilt für die Beziehung von objektiver Lichtstärke und subjektiver Helligkeit überhaupt.) Dementsprechend kann nur unter Vorbehalt und ganz roh folgender mittlerer, abgerundeter Ansatz (vgl. Abb. 31, S. 55) für die Kardinalpunkte eines normalen, neutralgestimmten Auges gemacht werden: 570, 500, 470 mμ bzw. 526, 600, 638·10^{12} S. Z. und für die vier mischfarbigen Strecken: rotgelbe Strecke von 700 bis 570, gelbgrüne von 570 bis 500, grünblaue von 500 bis 470, rotblaue von 470 bis 400 mμ. Die vielfach noch übliche fixe Gleichsetzung eines bestimmten Spektrallichtes oder einer mittleren Wellenlänge in einem Mischlicht mit einem bestimmten Farbenton oder umgekehrt muß demgemäß grundsätzlich unberechtigt und irreführend genannt werden. Selbst die Bezeichnung der Lichter der langwelligen Endstrecke als „rot", der Lichter der kurzwelligen Endstrecke des Spektrums als „blau" oder „violett" ist nur eine solche nach der gewöhnlichen physiologischen Wirkung für das normale menschliche Hellauge, entbehrt also des physikalischen Charakters.

Auch erscheinen die ausgezeichneten Wechselstellen in der spektralen Farbenfolge durchaus nicht gleichmäßig verteilt, so daß sich bei Darstellung nach dem Wellenlängenmaßstab nicht wie im vollständigen Farbentonkreis (vgl. Abb. 28) ein reguläres Viereck oder Kreuz, sondern ein hochgradig verzerrtes solches ergibt (vgl. Abb. 30). Alle Spekulationen, welche mit einer festen Beziehung von Wellenlänge und Farbe, ebenso mit einem charakteristischen Zahlenverhältnis der drei Kardinallichter wie der gegenfarbigen Strahlungen operieren, dürfen sonach als unberechtigt und müßig bezeichnet werden, da variable physiologische Faktoren dabei mitentscheiden. Es erscheint auch wichtig zu betonen, daß mit Ausnahme des Purpurs alle Farbentöne ebensogut durch physikalisch komplexe

---

[1] Bei geeigneter Einrichtung kämen als weitere Kontrollmethoden in Betracht: die Invarianz des Farbentones beim Übergang in das indirekte Sehen, wobei allerdings am urroten Lichtgemisch die elektive Absorption durch das Maculagelb zu berücksichtigen ist, ferner die strenge Gegenfarbigkeit des Simultankontrastes, endlich die restlose Kompensation antagonistischer Kardinallichter bei einem bestimmten Mischungsverhältnis.

wie durch physikalisch homogene Lichter produzierbar sind — allerdings nicht auch alle Sättigungsstufen. Es wäre durchaus unberechtigt, die eben erwähnte physikalische Klassifikation auf das physiologische Gebiet ausdehnen zu wollen und einfach darnach monochromatische und polychromatische Lichter, einfache und zusammengesetzte Farben unterscheiden zu wollen!

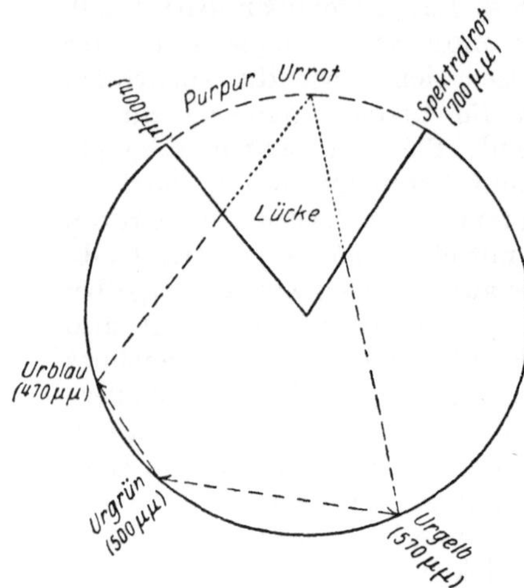

Abb. 30. Polare Darstellung der spektralen Farbentonfolge, u. zw. im Normalspektrum bei Wellenlängenmaßstab im Winkelmaß.

Anderseits erweisen sich die (primären) Kardinallichter nicht bloß als nach der Empfindungsanalyse, also „psychologisch" charakterisiert, sondern zeigen auch, wie gesagt, noch folgende Eigentümlichkeiten neben der Eintonigkeit oder Urfarbigkeit an sich: sie behalten 1. ihren Farbenton bei Wechsel der Leuchtdichte, 2. ebenso bei fortgesetzter Betrachtung oder Ermüdung, 3. bei Wechsel der Netzhautstelle (außerhalb der wahlweise absorbierenden Macula); auch zeigen sie 4. eine paarweise Zusammengehörigkeit bei der Mischungskompensation und 5. und 6. eine ebensolche im Nebenkontrast wie im Nachkontrast. Diese sechsfache Möglichkeit der Bestimmung und Sicherung der Kardinallichter sei hier nochmals mit allem Nachdruck betont!

Die Unterschiedsempfindlichkeit für Farbentöne erweist sich in den einzelnen Spektralgebieten als deutlich verschieden. Nahe den beiden Enden besteht ein Minimum, so daß herkömmlich, aber nicht ganz mit Recht von je einer farbentongleichen Strecke (speziell von 700 bis etwa 660 oder 655 mμ und unterhalb von 430 mμ) gesprochen wird; hingegen ergeben sich mit Bestimmtheit zwei Hauptmaxima an Unterschiedsempfindlichkeit im Gelb bei etwa 580 mit einer merklichen Differenz von $\pm$ 0,88, ja 0,6 sowie im Grün bei etwa 490 mit einer merklichen Differenz von $\pm$ 0,72 (UHTHOFF). Dazwischen liegt ein relatives Minimum bei 520 bis 540, im Mittel 530 mμ. Außerdem werden 3 bis 5 Nebenmaxima angegeben bei 630, 600, 550, 510, 430 (HAASE neben 580 und 480 statt 490, und zwar die Maxima 580, 480, 430 unabhängig von der Leuchtdichte; vgl. auch LAURENS und HAMILTON, JUDD). Jedenfalls ist die Farbentonabstufung in der Gegend des spektralen Urgelb und Urblau, wenn auch nicht notwendig damit zusammenfallend, besonders fein und reich.

Die *Farbentonverteilung im Spektrum* zeigt sich aber auch *abhängig von der Leuchtdichte*. Zwar erweisen sich die drei Kardinalstellen, ebenso ein Urrotgemisch als toninvariant, wenn die Ermittlung bei Neutralstimmung des Auges, also in sogenannter Primärlage vorgenommen war. Hingegen verschiebt sich die Tonrelation der Lichter der Zwischenstrecken mit der Intensität. Der mischfarbige Eindruck gewinnt in der gelbwertigen Spektrumhälfte (also oberhalb etwa 500 mμ, und zwar oberhalb wie unterhalb des Urgelb mit etwa 570 mμ), bei wachsender Leuchtdichte relativ an Gelblichkeit im Farbenton — wandert sozusagen beiderseits dem Urgelb zu; in der blauwertigen Hälfte hingegen, unterhalb etwa 500, und zwar oberhalb wie unterhalb des Urblau mit etwa 470 mμ, nimmt die Bläulichkeit im Farbenton relativ zu, der Eindruck wandert beiderseits nach dem Urblau hin (BRÜCKE-BEZOLDsches Phänomen). Mit der Wellenlänge eines mischfarbigen Lichtes ist somit nicht ein ganz bestimmter Farbenton gegeben, sondern je nach Leuchtdichte eine Reihe solcher, gekoppelt mit bestimmten Stufen an Sättigung und Nuance. Bei hohen, nicht höchsten Intensitätsgraden bleiben nur mehr zwei Farbentöne, nämlich Urgelb und Urblau, bestehen — allerdings in schwacher Sättigung und heller Nuance. Im Gegensatz dazu gewinnen die im Spektrum fehlenden, nur durch Lichtermischung produzierbaren Purpurtöne mit fallender Intensität an Bläulichkeit, mit wachsender Lichtstärke an Rötlichkeit; sie wandern im letzteren Falle also gewissermaßen auf das ultraspektrale Urrot zu, während zwischen diesem und dem Urblau im Purpur ein (5.) Indifferenzpunkt zu erwarten ist (A. v. Tschermak-Seysenegg).

Allgemein *variiert* ferner *mit der Stärke des Lichtreizes die Sättigung, Nuance und Helligkeit* farbiger Eindrücke. An Sättigung wird bei einer bestimmten Stärke des zunehmenden Lichtes ein Optimum erreicht, nachdem zunächst mindersatte, dunkler nuancierte Stufen durchlaufen wurden. Darüber hinaus resultieren immer unsattere, heller nuancierte Eindrücke, bis schließlich — wenigstens für blendendes Licht mittlerer und niedriger Wellenlänge — volle Farblosigkeit erreicht wird. Hingegen ist eine auffällige Veränderung der relativen Helligkeit verschiedenfarbiger Lichter bei reinem Intensitätswechsel nicht zu bemerken. Heterochromatische Gleichungen, obzwar nur unsicher herstellbar, bleiben dabei gültig, solange nicht der Zustand des Auges selbst geändert wird. In letzterem Fall tritt eben das schon früher (S. 24) geschilderte Purkinjesche Phänomen auf, d. h. die relative Begünstigung der kurzwelligen, die relative Benachteiligung, besser Minderbegünstigung der langwelligen Lichter, wobei im wesentlichen die Wellenlänge an sich, nicht der Verlust an Farbigkeit entscheidet.

Einer gesonderten Betrachtung bedarf die Frage, ob zwischen dem *physikalischen Charakter des einfallenden Lichtes* und *der Sättigung des farbigen Eindruckes* ein gesetzmäßiger Zusammenhang besteht. Dazu sei in Erinnerung gerufen, daß die Strahlung, welche von pflanzlichen wie tierischen Pigmenten oder von farbigen Papieren wie Textilien bei Beleuchtung durch Tageslicht oder künstliche Lichtquellen reflektiert wird, ebenso die Strahlung, welche von farbigen Gläsern oder Folien durchgelassen wird, stets eine komplexe oder zusammengesetzte ist. Sie entspricht eben einem mehr oder weniger breiten Ausschnitt aus der Gesamtheit der Lichter des Spektrums. Allerdings können solche Mischlichter durchaus denselben Farbenton aufweisen wie bestimmte homogene Einzelstrahlungen und mit diesen sogenannte Tongleichungen ergeben. Doch vermögen sie die tongleichen Spektrallichter niemals an Sättigung zu übertreffen; höchstens können sie diese erreichen, was aber, mit Ausnahme der roten, gewöhnlich nicht der Fall ist. Im allgemeinen aber läßt die homogene Seite ein deutliches Plus erkennen. Das wird besonders deutlich, wenn der Beobachter beide Lichter auf gehälftetem Feld oder bei Infeld-Umfeldanordnung (Bunsen, Lummer) genau vergleichen, ihre Lichtstärke fein abgestuft regulieren kann und außerdem noch die Möglichkeit hat, durch abgestufte Beimengung von weißem Licht zur spektralen Hälfte vollständige optische Gleichungen (d. h. nicht bloß an Farbenton, sondern auch an Sättigung, Nuance und Helligkeit) herzustellen (so bezüglich der sogenannten Rayleigh-Gleichung — vgl. S. 61, 74). Bei diesem Bestreben tritt allerdings oft auch noch eine Differenz im Farbenton hervor, die nachträglich einer gesonderten Korrektur bedarf. Nur zwischen den einzelnen tongleichen Lichtern des langwelligen Spektrumendes lassen sich schon durch passende Intensitätsänderung echte Gleichungen gewinnen, kaum aber zwischen solchen der violetten Endstrecke. Der hohe Sättigungswert der Spektrallichter gegenüber den Pigmentlichtern mag zunächst überraschen; doch müssen wir uns sagen, daß wir Pigmente im allgemeinen bei guter Tages- oder Zimmerbeleuchtung mit einem Hellauge, Spektrallichter hingegen im sonst unbelichteten Raum mit einem Dunkelauge zu betrachten pflegen. Damit sei allerdings nicht behauptet, daß alle Strahlungen des Spektrums Eindrücke gleicher Sättigung hervorrufen; vielmehr scheinen Rot und Violett dabei voranzustehen, das mittlere Gelbgrün hingegen deutlich abzufallen. Die Sättigungsschwelle oder spektrale Farbendichte, gemessen durch die Minimalquantität, welche genügt, um eine farblose Strahlung durch Beimengung ebenmerklich bunt erscheinen zu lassen, erreicht bei etwa 570 mμ ziemlich steil ein Maximum, um gegen das Rotende rascher, gegen das Blauende langsamer abzufallen (PURLY, WARBURTON, PRIEST u. a.). Drei bestimmte Stellen im Spektrum erweisen sich dadurch als bevorzugt, daß sie gegenüber einer Mischung aus zwei sie umschließenden Strahlungen einen maximalen Sättigungsunterschied erkennen lassen; für andere umschlossene Stellen ist hingegen die Differenz merklich geringer. Die drei Sättigungsdifferenzmaxima, welche im sogenannten Mischlinienzug des Spektrums (vgl. S. 54, 56, 58, 81 ff.) Knick- oder Umkehrpunkte bedeuten, entsprechen gerade den drei für den betreffenden Beobachter (bei Neutralstimmung) geltenden Kardinalpunkten, also seinem primären Urgelb, Urgrün, Urblau.

Trotz der geschilderten Vorzugsstellung der Spektrallichter, besonders der drei Kardinallichter, gegenüber den Pigmentlichtern wäre es aber verfehlt, die Verhüllung einer bestimmten Farbe ausschließlich darauf zurückzuführen, daß farbigem Licht in gewissem Betrag unzerlegtes weißes Licht beigemengt sei. Gegen eine solche schematische Auffassung spricht schon die Erfahrung, daß selbst die relativ sattesten Spektrallichter einerseits bei hoher Leuchtdichte, anderseits beim Dämmerungssehen deutlich an Sättigung verlieren, ja schließlich fast oder ganz farblos erscheinen, obzwar keinerlei physikalische Verunreinigung besteht. Dazu kommt, daß auch schon die Mischung zweier relativ weit voneinander stehender Spektrallichter, beispielsweise L 612 + L 501 oder L 579 + + L 485, zu einem starken Sättigungsdefizit, ja die Mischung gegenfarbiger Strahlungen (so L 570 + L 470) zu fortschreitendem Abblassen bis zu voller Farblosigkeit führt (zuerst von HELMHOLTZ beobachtet). Und doch ist hier das Gemisch bloß binärer Natur und umfaßt nicht — wie das fast oder ganz farblose Tageslicht oder wie die gewöhnlichen künstlichen Lichtquellen — *alle* Strahlungen des Spektrums. Dementsprechend haben wir wohl das Recht, den Spektrallichtern — wie wir das später (S. 56) tun werden — auch beim Farbigerscheinen einen gewissen Weißreizwert zuzuschreiben, der eben bei Intensitätssteigerung, beim Dämmerungssehen sowie im indirekten Sehen schon des Hellauges, endlich summativ bei der Mischung gegenfarbiger Lichter sinnfällig hervortritt. Nicht aber darf, wie gesagt, Verhüllung ausschließlich auf Beimengung von farblosem Licht bezogen werden.

3. Begriff und Verteilung der Valenzen farbiger Lichter.

Wie bereits oben dargelegt, sind für die Qualitäten einer farbigen Empfindung nicht bloß die physikalischen Eigenschaften des Reizes, nämlich Lichtstärke, Wellenlänge und Zusammensetzung, entscheidend, es kommt vielmehr auch den physiologischen Faktoren im reagierenden Sehorgan, nämlich der Individualität bzw. Typenzugehörigkeit, der jeweiligen Zustandslage des Auges, der Netzhautregion ein sehr gewichtiger Miteinfluß zu. Diese komplexe Beziehung findet ihren Ausdruck in dem Begriff der Reizwerte oder Valenzen, welche wir einem gegebenen Licht für eine bestimmte Netzhautstelle in einem gegebenen Auge bei einem bestimmten Zustand zuschreiben. Dabei handelt es sich eben nicht um eine physikalische Qualifizierung, sondern um eine reizphysiologische Charakteristik, jedoch ausgedrückt in physikalischen Größenwerten. Mit der Aufstellung von Valenzen (nach E. Hering) für ein Licht ist allerdings die hervorgerufene Empfindung selbst noch nicht voll erschöpft, da diese noch die Weißkomponente (W_i) und die Schwarzkomponente (S_i) in sich schließt, welche in dem als Dauerprozeß vorausgesetzten Eigengrau (EG = $= W_i + S_i$) enthalten sind. Mag auch die erstere bei helleren Lichteffekten kaum ins Gewicht fallen, so darf doch die letztere — speziell als mitbeteiligt an der Nuancierung (dem W:S-Charakter) des farbigen Eindruckes — nicht einfach vernachlässigt werden.

Valenz des Lichtes bedeutet, wie gesagt, eine Charakteristik nach den Komponenten physiologischer Wirkung unter den gegebenen Bedingungen, nichts dem Licht als physikalischem Vorgang Immanentes. Dementsprechend schreiben wir farbig wirksamen Strahlungen zunächst eine Farbvalenz zu, welche nach der Exklusivität der gegenfarbigen Paarlinge Rot-Grün, Gelb-Blau entweder nur *eine* Komponente (so bei Urfarben) oder höchstens *zwei* verträgliche oder disparate Komponenten aufweist (so bei Mischfarben). Kein Licht hat aber zwei (freie) gegenfarbige Valenzen zugleich; an den Kardinalpunkten grenzen die gegenfarbigen Valenzkurven scharf aneinander ohne übereinander zu greifen (vgl. das S. 87 Bemerkte). Wenigstens gilt diese Einschränkung für „*freie*“ Valenzen, während gegenfarbige nur als „*gebunden*“, d. h. aufeinander subtraktiv wirksam angesetzt werden könnten. Allerdings läßt sich die Verteilung der farbigen Reizwerte im Spektrum nur in einem groben Schema (vgl. Abb. 31) erfassen. Diesem zufolge greifen die drei Maxima aufweisende Rot-Grün-Rot-Kurve und die Gelb-Blau-Kurve mit zwei Gipfeln so übereinander, daß sich einerseits eine Dreizahl bloß einkomponentiger Wechselstellen, eben die drei Kardinalpunkte, anderseits eine Gliederung des Spektrums in eine gelbwertige und eine blauwertige Hälfte sowie in zwei rotwertige Endstrecken und eine grünwertige Mittelzone ergibt. Hingegen erscheinen im vollständigen Farbentonkreis beide Kurven farbiger Valenzen in gleicher Weise zweigipfelig und so gegeneinander verschoben, daß vier einkomponentige Wechselpunkte resultieren. Diese Differenz entspricht dem Fehlen des Urrotes und seiner nächsten Nachbarn, speziell auf der Purpurseite, im Spektrum (vgl. S. 50, 52). Die Rot-Grün-Valenzkurve erscheint dadurch im roten Teil sozusagen zerschnitten. Die Lage der Kardinalpunkte ist zwar bei Neutralstimmung, wie sie nach wenigen Minuten Lichtabschluß immer wieder erreicht wird (vgl. unten S. 65), eine individuell konstante, nicht aber eine allgemeingültige. Sie verschiebt sich auch nicht bei Änderung

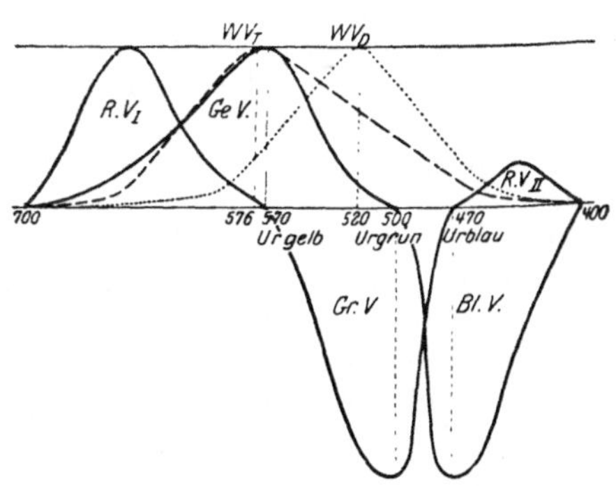

Abb. 31. Schema der Valenzkurven im Spektrum für den Farbentüchtigen (nach E. Hering).

der Lichtstärke, wohl aber bei farbiger Verstimmung (s. unten S. 63). Die Verteilung der Ordinaten und damit die spezielle Form der Valenzkurven ist nur dem Sinne nach erschließbar, nicht direkt meßbar. Nur bei partieller Farbenblindheit, also Reduktion des Farbensehens auf die gelb-blaue oder auf die rotgrüne Wertreihe, wird sie zahlenmäßig charakterisierbar. Selbst die Lage der Maxima ist nur für den letzteren Fall exakt angebbar. Es entspricht bloß der einfachsten Möglichkeit — nicht einer grundsätzlichen Notwendigkeit oder einem exakt erwiesenen Tatbestand —, wenn wir sie im obigen Schema (Abb. 31) mit den drei spektralen Kardinalpunkten zusammenfallen ließen. An sich sind die letzteren, wie bereits oben (S. 43, 54, vgl. 81) erwähnt, nur als Sättigungs-*differenzmaxima*, nicht als Sättigungs*optima* schlechtweg erwiesen.

Als wesentlich sei hingegen die Vorstellung bezeichnet, daß jeder farbig wirkenden Strahlung — also nicht bloß einer solchen, der unzerlegtes weißes Licht beigemischt ist, wie es für die von Farbpapieren remittierte Strahlung gilt, sondern ebensogut einem Spektrallicht — neben der farbigen Valenz ein Weiß-reizwert (W_a) zukommt. Dieser verstärkt das Weiß (W_i) im Eigengrau zu $W_i + W_a + S_i$, sofern nicht durch einen zweiten, stärker wirkenden Nachbar-reiz und damit durch Schwarzinduktion die Weißvalenz des ersteren Lichtes kompensiert, ja durch Kontrastschwarz übertroffen wird. Wir können diese von E. HERING begründete Auffassung bezeichnen als die *Lehre von der doppelten Wirkung farbigen Lichtes* auf das Auge. Als Argumente hierfür seien hier zu-sammenfassend angeführt:

1. Das Farbloserscheinen aller Lichter beim Dämmerungssehen — ent-sprechend dem farblosen Intervall bei ansteigender Lichtintensität — sowie bei sehr hoher Lichtstärke;

2. das Verhalten der als Sättigung und Nuance bezeichneten Qualitäten farbiger Empfindungen;

3. die Herstellbarkeit farbloser Mischungen aus geeigneten farbigen Lichtern;

4. die Trennbarkeit eines farbigen und eines farblosen Anteiles im Erregungs-ablauf, speziell an Nachbildern;

5. das Farbloserschein einfarbiger Lichter auf beschränktem, isoliertem Feld im stark indirekten Sehen des farbentüchtigen Auges — aber bei gewisser Intensität auch im Zentrum auf minimalem Feld sowie bei minimaler Darbietungszeit;

6. das Farbloserscheinen bestimmter Stellen im Farbentonkreis bzw. im Spektrum für den Partiellfarbenblinden, aller „farbigen" Lichter für den Total-farbenblinden.

Es ist wohl nicht zu leugnen, daß die Fülle dieser Beweisgründe voll ausreicht, um die Doppelwirkungstheorie heute als sicher erwiesen zu bezeichnen.

Wiederum ist mit der Zuerkennung einer Weißvalenz an jedwedes farbige Licht nicht gesagt, daß diese für die einzelne Strahlung konstant sei. Und zwar gilt diese Einschränkung nicht bloß für den absoluten Wert der Weißvalenz, der natürlich mit der jeweiligen allgemeinen Reizbarkeit des Auges variiert. Es ergibt sich vielmehr — entsprechend der Abhängigkeit farbloser optischer Gleichungen vom Adaptationszustand, nicht von der Lichtstärke bzw. Leucht-dichte an sich (A. v. TSCHERMAK-SEYSENEGG, vgl. S. 30) — auch eine charakte-ristische Beziehung der relativen Reizwerte zum jeweiligen Zustand des Seh-organs, wobei die Wellenlänge des Lichtes, aber nicht die farbigen Kompo-nenten der Wirkung entscheiden. Nur bei einer möglichst konstant gehaltenen Zustandslage (d. h. einem bestimmten Verhältnis an Zusammenwirken der beiden Weißvermittlungsapparate — vgl. S. 57, 86) gilt der Satz (GRASSMANN), daß optische Gleichungen ähnlich wie algebraische additiv und subtraktiv verknüpfbar sind, also Persistenz besteht (Formulierung nach v. KRIES).

Die mäßige, aber doch charakteristisch verschiedene Helligkeitsänderung, welche farbige Lichter beim Übergang zu stark exzentrischem Farblossehen im Hellauge erfahren, könnte man noch hauptsächlich auf das Zurücktreten der Farbe an sich beziehen, obwohl auch farblose Gleichungen zwischen verschieden-artigen Mischlichtern innerhalb des Hellauges eine angedeutete regionale Ab-hängigkeit zeigen (A. v. TSCHERMAK-SEYSENEGG, vgl. S. 30). Für das PURKINJE-sche Phänomen aber versagt eine analoge Erklärung. Schon oben (S. 29, 31, 49) haben wir dasselbe vielmehr im wesentlichen auf den Wechsel vom Hellzustand zum Dunkelzustand bezogen. Hier können wir einfach von einer adaptativen Veränderung der relativen Weißvalenzen im Spektrum sprechen — neben der absoluten Zunahme der Reizbarkeit. — Die Verteilung für das Hellauge mit relativ hohen Reizwerten für langwellige Lichter, einem Maximum um 570 mμ und relativ niedrigen Ordinaten in der kurzwelligen Hälfte ist allerdings nicht mit voller Sicherheit zu bestimmen, da die errechnete allgemeine Empfindlichkeitskurve des Hellauges (vgl. Abb. 15, 16, 17) durch das gleichzeitige Farbensehen kompliziert ist. Doch darf die Charakteristik der Helligkeitsverteilung bei peripherem Farblossehen, bzw. die Kurve der sogenannten *Peripheriewerte*[1] (vgl. S. 30, 72 sowie Abb. 18 und 19) angenähert als das Abbild der Weißvalenzkurve für das Hellauge angesetzt werden (wie dies oben in Abb. 31 geschehen ist). Hingegen gibt die Charakteristik der Helligkeitsverteilung im Spektrum bei Dämmerungssehen, bzw. die daraus errechnete Empfindlichkeitskurve des Dunkelauges (vgl. Abb. 16, 17) ein wandfrei die Verteilung der relativen Weißvalenzen im Zustande vollendeter Dunkeladaptation wieder. Zwischen den beiden Extremen steht natürlich eine kontinuierliche Reihe von Übergangsstufen. Diesem Verhalten ist durch Eintragung von zwei auf gleiche Maximalhöhe reduzierten Weißvalenzkurven — einer für das Hellauge bzw. Tagessehen (WV_T) und einer für das Dunkelauge bzw. Dämmerungssehen (WV_D) — im obigen Schema (vgl. Abb. 31) Rechnung getragen; an absoluten Ordinatenhöhen müßte allerdings die WV_D-Kurve die WV_T-Reihe durchwegs überragen. Die relativen Reizwerte erweisen sich zwar als intensitätsinvariant, wohl aber als abhängig vom Adaptationszustand wie von der Netzhautregion.

Nach dieser Auffassung verfügt unser Auge über zwei farblose Sehweisen, d. h. über eine *doppelte Apparatur für Weißerregung*, wobei jede mit einer charakteristisch verschiedenen Wellenlängenelektivität ausgestattet ist.

Die Vorstellung, daß in der Weißapparatur des Dunkelauges der Sehpurpur die entscheidende Rolle spielt, haben wir bereits oben (S. 42) als sehr annehmbar bezeichnet, wobei nur die Angabe über sein Fehlen im Netzhautzentrum Schwierigkeiten macht. Zeigt doch die Absorptions- und Bleichungskurve des Sehpurpurs eine weitgehende Übereinstimmung mit der Kurve der Weißvalenzen, bzw. der Empfindlichkeit für das Dunkelauge (vgl. S. 42, Abb. 24). Über die Weißapparatur des Hellauges können wir noch keine ganz gleichwertige Aussage machen (vgl. übrigens Anm. 1, S. 86). Hingegen vermag der Versuch, die Weißapparatur für das Tagessehen mit den Zapfen, jene für das Dämmerungssehen mit den Stäbchen zu identifizieren, nicht glatt zu befriedigen. Zumindest muß den Foveazapfen eine funktionelle Mittelstellung zugeschrieben werden (vgl. S. 28).

4. Lichtermischung und Gegenfarbigkeit bzw. Kompensation.

Schon durch die bloße Empfindungsanalyse am Effekt einzelner Lichter, noch mehr durch den Versuch, solche zu mischen, überzeugen wir uns davon, daß gewisse Farbqualitäten verträglich sind, andere hingegen einander vom gleichzeitigen und gleichörtlichen Vorkommen ausschließen. Dabei ist es im Prinzip gleichgültig, ob wir komplexe Lichter oder homogene Strahlungen durch wirkliche Koinzidenz (Diffusion, Zuspiegelung, Projektion oder Doppelbrechung) vereinigen oder ob wir durch bloße Wechseldarbietung — wie auf dem Farbenkreisel — den Anschein von Mischung erwecken. Als verträglich oder disparat

---

[1] Weitgehend damit übereinstimmende Wertreihen ergeben auch die anderen „farbenauslöschenden Verfahren", nämlich die Minimalfeldhelligkeiten (SIEBECK) und die Minimalzeithelligkeiten (ZAHN).

ergeben sich dabei die im Farbentonkreis oder Spektrum benachbarten Qualitäten
Rot + Gelb, Gelb + Grün, Grün + Blau, Blau + Rot, hingegen als unverträg-
lich die durch eine andere Urfarbe geschiedenen Qualitäten Rot/Grün, Gelb/Blau.
Dementsprechend ist eine algebraische, d. h. teils additive, teils subtraktive
Summierung der farbigen Anteile, eine additive der Weißvalenzen bei Lichtermischung zu erwarten und tatsächlich zu erreichen. Nachdrücklich muß gleich
hier betont werden, daß einer physikalischen Addition von Lichtern nicht allgemein und notwendig auch eine physiologische Addition von Erregungskomponenten entsprechen muß. Die physikalischen Mischungsformeln sagen eben nur
etwas aus über die Lichtreize, über die physikalischen Mittel zur Hervorrufung
physiologisch mitbestimmter Effekte oder Farbenempfindungen, nicht aber etwas
über die Beschaffenheit der letzteren selbst.

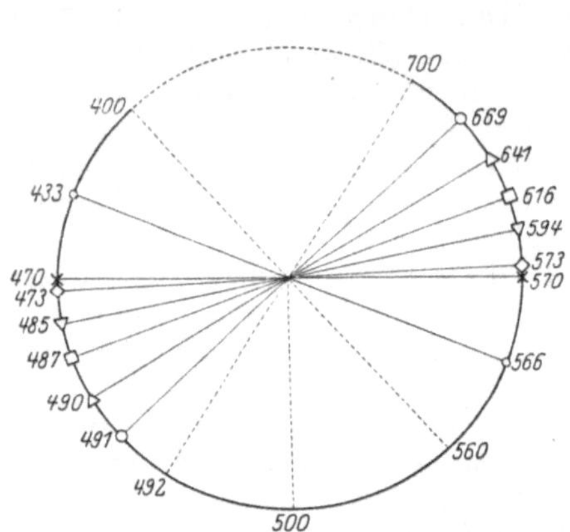

Abb. 32. Lage der Gegenfarben im Spektrum
(Diameterdarstellung).

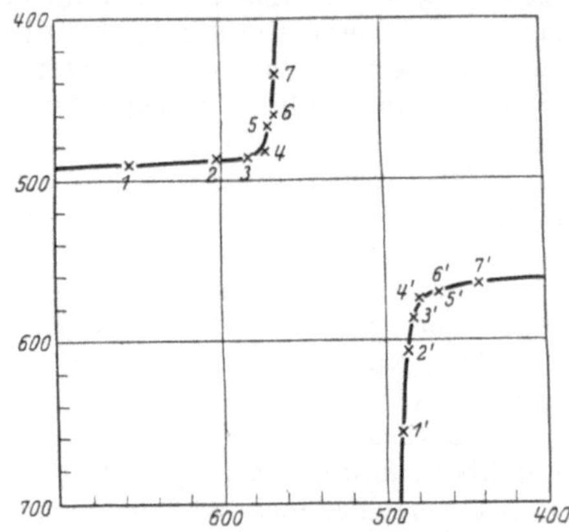

Abb. 33. Lage der Gegenfarben im Spektrum (Hyper-
beldarstellung) (nach HELMHOLTZ).

Eine primäre Mischung von zwei disparatfarbigen Spektrallichtern in wechselndem Verhältnis ergibt zwar Farbentongleichungen mit allen Zwischen-
lichtern, doch resultiert schon bei etwas größerem Abstand der beiden Komponenten ein gewisses Sättigungsdefizit gegenüber der umschlossenen Homogen-
strahlung. Noch stärker wird dasselbe, wenn die beiden Paarlinge nicht demselben Quadranten des Farbentonkreises, sondern zwei benachbarten solchen
angehören, also einen Kardinalpunkt umschließen. Zur Vervollständigung einer
solchen Tongleichung bedarf es einer Weißbeimengung zum homogenen Glied, die
gerade für den Kardinalpunkt ein Maximum ausmacht (vgl. S. 54, 56, 81). Nähert
sich der Abstand von je zwei zur Mischung gelangenden Lichtern der Kreishälfte,
so verbleibt als Farbenminimum noch ein Rest, welcher im wesentlichen der
umschlossenen Urfarbe entspricht. Erreicht endlich aber der Abstand der beiden
Lichter die Kreishälfte bzw. den Wert von zwei Grundstrecken im Spektrum,
so blaßt das Gemisch bei passender Relation bis zur Farblosigkeit ab. Da die
Pigmentlichter komplexer Zusammensetzung sind und einem relativ breiten Spek-
trumausschnitt entsprechen, ist es begreiflich, daß sich ein rotes und ein grünes,
ein orangefarbiges und ein blaugrünes, ein gelbes und ein blaues, ebenso ein gelb-
grünes und ein violettes Pigmentlicht zur Gesamtheit der im farblosen Tageslicht vorhandenen Strahlungen ergänzen, weshalb man sie als „komplementär"
bezeichnete. Doch ergeben auch an Wellenlänge und Stärke passend gewählte
homogene Lichter farblose Mischungen (zuerst HELMHOLTZ), erweisen sich also in

analytischer wie kombinatorischer Hinsicht als antagonistisch, gegenfarbig oder kompensativ. „Komplementär" im Sinne von Pigmentlichtern sind sie allerdings nicht, doch werden sie herkömmlicherweise auch so genannt. Wie dies schon für die Kardinalpunkte oben (S. 51) bemerkt wurde, ergibt sich auch allgemein für die Lage der gegenfarbigen Spektrallichter keine feste Beziehung nach Wellenlängen, sondern besteht eine gewisse Verschiedenheit nach Individualität bzw. Typenzugehörigkeit und Zustand bzw. chromatischer Stimmung. So ergibt sich bei Helladaptation an trübes Tageslicht gewöhnlich eine gewisse Verschiebung der kompensativen Lichterpaare im Sinne von Blaurot-„Ermüdung". Bei Neutralstimmung besteht hingegen eine vollkommene Übereinstimmung von Gegenfarbigkeit, speziell Urfarbigkeit und Gleichungskomplemenz (SCHUBERT); dabei handelt es sich nicht um eine theoretische Deutung, sondern um eine jederzeit überprüfbare Tatsache! Die gegenfarbige Kompensation ist eben ein physiologisches Problem, kein physikalisches!

Weißes Licht kann demgemäß von sehr verschiedener Zusammensetzung sein, sei sie binär, ternär oder komplex; Farblosigkeit ist eben, physikalisch genommen, durchaus kein eindeutiger Index.

Stellen wir in einem Kreis bzw. Kreisausschnitt die antagonistischen Lichterpaare einander gegenüber (vgl. Abb. 32), so ergibt sich ein Fehlen von Paarlingen für die Tonstufen des noch gelblichen Grün, des tonreinen Grün, aber auch des schon etwas bläulichen Grün, also zwischen 560 und 492 mμ. Erst einem bereits deutlich bläulichen Grün ($<$492) entspricht als Gegenspieler das spektrale Grenzrot. Dieses Verhalten stellt einfach das Ergänzungsbild zu dem bereits empfindungsanalytisch festgestellten Tatbestand dar, daß das Urrot und seine nächsten, noch schwach gelblichen Vorstufen sowie die Purpurtöne im Spektrum fehlen (vgl. Abb. 30; S. 50) und nur durch Mischung aus Spektralrot und Blau bzw. Violett zu erzeugen sind (vgl. S. 50, 52). Nebenbei bemerkt erscheinen die dabei resultierenden Purpurgemische um so unsatter, je weiter im Farbentonkreis, bzw. je näher an Wellenlänge die beiden Komponenten stehen — entsprechend der Formel: Spektralrot + Violett > Spektralrot oder gar Orange + Blau. Demgemäß ergibt die Gegenüberstellung gegenfarbiger Paarlinge für das Spektrum keine Kontinuität, sondern erscheint gewissermaßen auseinandergerissen in zwei hyperbelähnliche Stücke mit einem paarlinglosen Zwischenraum (etwa zwischen 560 und 492, vgl. Abb. 33). Daraufhin ist es aber auch verständlich, daß bei Mischung von zwei noch „unterkomplementären" Spektrallichtern innerhalb der gelbwertigen Strecke (beispielsweise Spektralrot + Gelblichgrün, selbst Urgrün) ein Gelbrest, innerhalb der grünwertigen Strecke (beispielsweise reines Gelb oder grünliches Gelb + grünliches Blau) ein Grünrest verbleibt, der nicht wegzubringen ist. Ebenso läßt die Mischung von zwei bereits „überkomplementären" Strahlungen einen Purpurrest hervortreten.

Die Erfahrung, daß man durch verschieden abgestufte Mischung zweier unterkomplementärer Lichter alle dazwischengelegenen Strahlungen im Farbenton, allerdings nicht in der Sättigung und Nuance ihres Eindruckes erreichen kann, führt alsbald zur Frage, aus wieviel „Grundlichtern" man alle Farbentöne des Spektrums, ja selbst des vollständigen Farbenkreises ermischen kann. Bei solchen Versuchen ergibt sich alsbald, daß drei Urfarben — mögen sie durch homogene oder durch komplexe Strahlungen vertreten sein — nicht ausreichen, um Stufen der vierten Urfarbe zu produzieren. Aus reinem Gelb, Grün, Blau resultiert eben kein Rot. Selbst bei Gegebensein von nur zwei antagonistischen Urfarben und freier Wahl eines dritten mischfarbigen Lichtes — beispielsweise Gelb + Blau + Spektralrot oder Gelbgrün bzw. Blaugrün — bleiben die Farbentöne der nichtvertretenen Farbenkreishälfte, d. h. der grünwertigen oder der rotwertigen, unerreichbar. Erst bei Gegebensein von zwei disparat-urfarbigen Lichtern und einem freigewählten mischfarbigen dritten lassen sich *alle* Farbentöne erzeugen, allerdings nur unter weitgehender Bindung bzw. Beschränkung des Sättigungsgrades. Bei Freigabe der Wahl auch der zweiten, noch besser auch der dritten Strahlung, also bei Wahl von drei „passenden" Lichtern — wie es die NEWTON*sche Mischungsregel* (von GRASSMANN näher formuliert) besagt, die eben nur eine Farbentonmischungsregel darstellt — werden *alle* Farbentöne in annehmbarer Sättigung erreichbar, allerdings keineswegs in jeder beliebigen Sättigungsstufe und Nuance. Der nicht selten zu hörende Satz, daß mit drei passend gewählten Grundlichtern das ganze System aller überhaupt möglichen farbigen Empfindungen erschöpfend charakterisiert werden könne, muß bei kritischer experimenteller Prüfung als durchaus unberechtigt und unrichtig bezeichnet werden. So bleibt auch bei Verwendung von Spektralrot, Gelbgrün und Violett das Gelb wie auch das Blau trotz Übereinstimmung im Ton doch an Sättigung auch für den normalen Farbentüchtigen unbefriedigend (zuerst festgestellt und betont von HELMHOLTZ, bestätigt von HERING, v. HESS u. a.).

Dementsprechend kann auch der traditionellen Führung des Linienzuges, der die Spektrallichter in einem Mischungsdreieck darstellt (vgl. unten Abb. 48 und 49), nicht zugestimmt werden. Erscheinen doch hier die Strahlungen zwischen 700 und 570, ja 550 mμ auf einer Geraden gelegen, was eine vollkommene Ermischbarkeit aller Zwischenlichter aus den angrenzenden Grundlichtern bedeuten würde. Doch wird unten (S. 81) noch näher auszuführen sein, daß von neueren Untersuchern (IVES, HOUSTOUN, PIERCE) bereits eine nicht zu übersehende Korrektur angebahnt wird, welche zu einem Mischungsviereck (vgl. Abb. 50) hinüberführt. Jedenfalls muß die „Erzeugung" des Gelb oder allgemeiner: der „fehlenden" vierten Farbe als eine nur *scheinbare* bezeichnet werden. Dreilichtermischung bedeutet tatsächlich eine Vierfarbenmischung, indem den drei physikalischen Variablen vier physiologische Variable entsprechen. In Wirklichkeit ist nämlich die vierte Farbe schon von vornherein in einer oder zwei der Komponenten mitgegeben und bleibt bei Mischung, d. h. gegenseitiger Kompensation der anderen Farben nur als Rest übrig. Eine solche „Synthese" erinnert bedenklich an die einstige Goldmacherei, welche dann wohl gelang, wenn in einer oder gar mehreren der zugebrachten Komponenten bereits Gold zufällig vorhanden oder kunstvoll beigemischt war!

Gerade diese tatsächliche Beschränktheit des Erfolges der NEWTONschen Regel wird oft übersehen, und es wird einfach von Mischbarkeit aller „Farben" aus drei passend gewählten Lichtern gesprochen. Volle Freiheit erhält man erst bei Verwendung von *vier* Lichtern, wozu man neben Urgelb, Urgrün, Urblau auch noch ein Urrot von guter Sättigung — beispielsweise durch Spektralrot + Violett, nicht Blau oder gar Grünblau — wähle. „Passende" Wahl gemäß den oft übertrieben bewerteten NEWTON-GRASSMANNschen Farbenmischungsregeln bedeutet sonach in Wirklichkeit ein Vertretensein aller vier Grundfarben in drei Lichtern, und zwar in genügenden Teilvalenzwerten. Es liegt also nur eine *Scheinökonomie* vor, welche allerdings ein einfaches mathematisch-physikalisches Operieren mit bloß drei variablen Lichtern gestattet (speziell gilt dies von den KÖNIG-DIETERICIschen Eichkurven und ihren Modifikationen, besonders von den IBK-Werten nach GUILD-WRIGHT). Hingegen ist eine wahre Eichung des Spektrums auf Grund vollständiger Gleichungen — nicht eine bloße Charakteristik durch unvollständige, auf den Farbenton beschränkte Scheingleichungen — für den Farbentüchtigen erst durch vier, noch besser durch fünf, für den Partiellfarbenblinden durch drei passend gewählte Lichter möglich (vgl. unten S. 77 ff.).

Nach der oben vertretenen Valenzlehre gestatten die Ergebnisse der Lichtermischung folgende vollbefriedigende Erklärung. Bei physikalischem Addieren von Lichtern erfahren gleichfarbige wie disparatfarbige Reizwerte eine einfache Addition. Dasselbe gilt von deren durch Adaptationszustand und Netzhautregion bestimmten Weißvalenzen. Im Gegensatze dazu erfolgt bei physikalischer Addition sogenannt komplementärer Lichter, besser gesagt gegenfarbiger Valenzen, eine Kompensation oder Subtraktion in der physiologischen, und zwar farbigen Wirksamkeit. Für die „Produktion" von Gelb, und zwar weißlichem, unsattem Gelb aus Gelbrot und Gelbgrün gilt dementsprechend das Valenzschema:

$$\begin{array}{lll}
\text{Physikalische Addition von } L_1 & \text{Valenzen:} & R + Ge_1 + W_1 \\
\qquad\qquad + & & \\
\qquad L_2 & \text{''} & \underline{Gr + Ge_2 + W_2} \\
& & R \rightleftarrows Gr + (Ge_1 + Ge_2) + (W_1 + W_2) \\
& & \text{physiol.}\quad\ \text{physiol.}\qquad \text{physiol.} \\
& & \text{Subtraktion}\ \ \text{Addition}\qquad \text{Addition} \\
\text{Rest:} & & (Ge_1 + Ge_2) + (W_1 + W_2)
\end{array}$$

Für diese Auffassung spricht mit Nachdruck die geringe Sättigung $(Ge : W)$ des Binärgemisches gegenüber dem homogenen Licht.

Bei sogenannter Komplemenz entspricht der physikalischen Addition der Lichter eine physiologische Subtraktion der gegenfarbigen Valenzen und eine physiologische Addition der Weißvalenzen. Die resultierende Farblosigkeit der Mischung ist eben ein Restphänomen gemäß dem Schema:

$$\begin{array}{llll}
\text{Physikalische} & L_1 \text{ Urrot }\ \ R + W_1 & & L_1 \text{ Gelbrot }\ \ R + Ge + W_1 \\
\text{Addition von} & + & \text{oder} + & \\
& L_2 \text{ Urgrün } \underline{Gr + W_2} & & L_2 \text{ Blaugrün } \underline{Gr + Bl + W_2} \\
& R \rightleftarrows Gr + (W_1 + W_2) & & R \rightleftarrows Gr \qquad Ge \rightleftarrows Bl\ (W_1 + W_2) \\
& \text{physiol.}\qquad \text{physiol.} & & \text{physiol.}\qquad \text{physiol.}\qquad \text{physiol.} \\
& \text{Subtraktion}\quad \text{Addition} & & \text{Subtraktion}\quad \text{Subtraktion}\quad \text{Addition} \\
\text{Rest:} & (W_1 + W_2) & & (W_1 + W_2)
\end{array}$$

Analoges ließe sich für die farblosen Binärgemische Urgelb + Urblau oder Gelbgrün + Violett ausführen. So wird es auch verständlich, daß sehr verschieden zusammengesetzte oder gemischte Lichter *denselben* Weißeindruck machen können, ohne daß die physikalische Additivität oder Heterogenität in der Empfindung zum Audruck käme. Zu diesem Behufe müssen eben nur alle farbigen Valenzen einander gerade binden, also die algebraische Summe Null ergeben, so daß die Weißvalenzen allein übrigbleiben und additiv zu der Weißkomponente des Eigengraus hinzutreten.

Beim Farbentüchtigen sind vollständige optische Gleichungen, und zwar sowohl farblose wie farbige, nur zwischen Lichtgemischen von wenigstens binärer Zusammensetzung zu erhalten — von den sogenannt tongleichen Endstrecken natürlich abgesehen. Mit einer einzelnen homogenen Strahlung ist nur eine unvollständige oder Tongleichung möglich, welcher bloß ein recht beschränkter Wert zukommt (so auch der S. 53 und 74 behandelten RAYLEIGH-Gleichung, in welcher Spektralgelb einer Mischung von Rot und Gelbgrün im Tone gleichgesetzt wird, jedoch die homogene Hälfte schon dem Normalen satter erscheint als die binäre Hälfte [was zuerst HELMHOLTZ, dann HERING erkannte, C. v. HESS, TSCHERMAK-SEYSENEGG, GOLDMANN, VIERLING bestätigten; nach KOHLRAUSCH auf sogenannte Protanomale beschränkt]). Vollständige Gleichungen erweisen sich als unbeeinflußt durch wechselnde Lichtstärke, sind hingegen abhängig vom Adaptationszustand (vgl. S. 30) — vorausgesetzt, daß beide Hälften physikalisch hinlänglich verschieden sind, was beispielsweise bei kompensativ-farblosen Mischungen von Pigmentlichtern auf dem Farbenkreisel nicht der Fall ist.

Es bleibt nur noch die scheinbare Schwierigkeit zu überwinden, daß *physikalische Mischung von Pigmenten*, erfolge sie nun durch Mengung farbiger Pulver oder durch Hintereinanderschaltung farbiger Filter, andere Ergebnisse liefert als die Mischung der von den Pigmenten reflektierten oder durchgelassenen Lichter. Tatsächlich handelt es sich aber im ersteren Fall um eine physikalische Subtraktion, d. h. um Hintereinanderschaltung von zwei Absorptionsakten an der einfallenden Komplexstrahlung, nicht um eine physikalische Addition von zwei nebeneinander unverändert fortbestehenden Komponenten, wie dies bei der Lichtermischung der Fall ist. Dieses Verhalten wird durch zwei Schemata

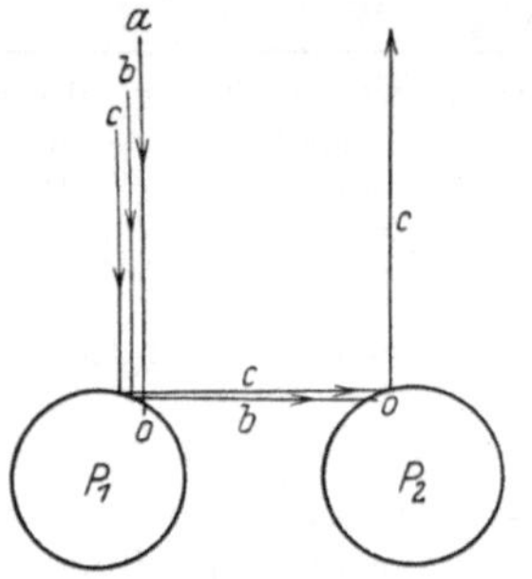

Abb. 34. Schema der Pigmentmischung (physikalische Lichtsubtraktion).

Anteil *a* und *b* absorbiert, *c* Rest.

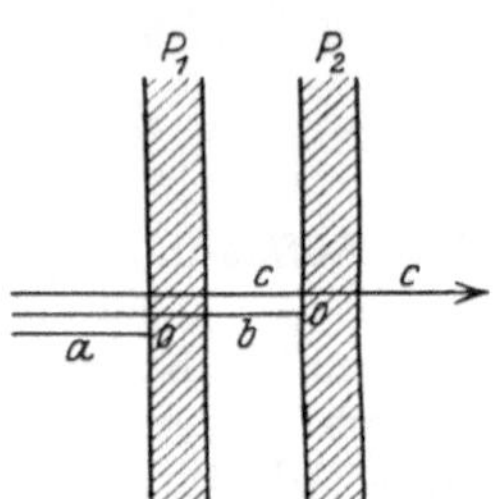

Abb. 35. Schema der Glaslichtersubtraktion.

Anteil *a* und *b* absorbiert,   *c* Rest.

(vgl. Abb. 34 und 35) noch klarer. Das scheinbare Paradoxon, daß zwar gelbes + blaues Licht in geeignetem Mischungsverhältnis Weiß ergibt, hingegen gelbes + blaues Pigment Grün liefert, ist folgendermaßen zu erklären:

Gelbpigment:	läßt durch:		absorbiert:
+ Rotlicht	+ Gelblicht	+ Grünlicht	— Blaulicht
Blaupigment: absorbiert:	absorbiert:	läßt durch:	läßt durch:
— Rotlicht	— Gelblicht	+ Grünlicht	+ Blaulicht
Rest: 0	·0	(Grünlicht 1	0
		+	
		Grünlicht 2)	

Es braucht uns also nicht — wie einst GOETHE — zu beunruhigen, daß Grün als Empfindung zwar eine selbständige, dem Gelb und Blau gleichwertige Stellung einnimmt, scheinbar aber durch Mischung von Gelb und Blau, allerdings nur von gelbem und blauem Pigment, hervorgeht. Niemals aber liefern urgelbes und urblaues Licht miteinander gemischt Grün (aus grünlichem Gelb [etwa L_{555}] und Blau [etwa L_{468}] bleibt das Grün recht unsatt). Im letzteren Fall handelt es sich um eine physikalische Addition und eine physiologische Subtraktion mit physiologischem Weißrest, im ersteren aber um eine physikalische Subtraktion mit physikalischem Grünrest (vgl. S. 82).

5. Chromatische Adaptation und Ablauf der farbigen Erregung.

Immer wieder haben wir auf den mitentscheidenden Einfluß hingewiesen, welchen der jeweilige Zustand unseres Sehorgans auf den Farbenton, die Sättigung, Nuance und Helligkeit unserer bunten Empfindungen ausübt. Demgemäß kann ein und derselbe Reiz, je nach der Stimmung des Reagenten, von weitgehend verschiedener Wirkung sein. Umgekehrt kann der Effekt ein gleicher bleiben, auch wenn die Stärke und Art der Beleuchtung sich erheblich ändert. Ein solches „Mitgehen" der Erregbarkeit konnten wir schon bezüglich des Lichtsinnes feststellen. So haben wir es auf die achromatische Adaptation zurückgeführt, daß die Helligkeitseindrücke, welche wir von den Außendingen erhalten, bei Beleuchtungswechsel doch weitgehend konstant bleiben (vgl. S. 32). Beim Farbensinn ergibt sich durch die Vierzahl und paarweise Gegensätzlichkeit der farbigen Komponenten neben der farblosen Erregbarkeit eine noch reichere adaptative Variabilität.

Das Auge erfährt nämlich durch länger dauernde farbige Belichtung — zunächst auf ausgedehnter Fläche angenommen — eine charakteristische Zustandsänderung, indem die Anspruchsfähigkeit für die gleiche Farbe abnimmt, jene für die Gegenfarbe wächst. Es tritt relativ rasch — und zwar für Rot rascher als für Weiß oder gar Blau — eine farbige Verstimmung ein, indem das sogenannt reagierende Prüflicht ebenso an gegenfarbiger Valenz gewinnt, als es an gleichfarbiger verliert, und zwar angenähert in direkter Proportionalität zu seiner eigenen Intensität wie zur Stärke des verstimmenden Lichtes. Es wird also die (gleichfarbige) Erregbarkeit nicht einfach um ein bestimmtes Ausmaß verringert, sondern entsprechend einem charakteristischen Koeffizienten auf einen bestimmten Bruchteil reduziert. Dieser Proportional- oder Koeffizientensatz (von FECHNER und HELMHOLTZ vermutet, für mittlere Reizstärken als angenähert zutreffend erwiesen durch v. KRIES und WIRTH, bestätigt von FRIESER und REUTHER) bezieht sich auch auf die Nachreaktion oder den Sukzessivkontrast, wobei das sogenannte Nachbildmaß speziell die Helligkeit betrifft.

Doch können durch chromatische Verstimmung Lichter auch solche farbige Valenzen gewinnen, welche sie vorher für das neutralgestimmte Auge überhaupt nicht besaßen bzw. manifestierten. So kann ein bisher urgrünes Licht durch Blauverstimmung gelbgrün, durch Gelbverstimmung blaugrün werden — beispielsweise das Urgrün im Spektrum von etwa 500 mμ das eine Mal nach 490, das andere Mal nach 520 wandern. Ebenso kann ein bisher farbloses Prüflicht nunmehr beliebig gegenfarbig zum verstimmenden Licht erscheinen. An sich aber werden weder farbige noch farblose optische Gleichungen durch chromatische Verstimmung alteriert: es werden nur *beide* Hälften in gleicher Weise gegenfarbig zum „ermüdenden" Licht, während Zustandsänderung im Sinne von Hell-Dunkel-Adaptation die Äquivalenz physikalisch differenter Lichter aufhebt (vgl. S. 30).

Die durch farbige Dauerbelichtung bewirkte Zustandsänderung verrät sich deutlich als eine Gegenreaktion. Ihr Anpassungscharakter soll aber erst später betrachtet werden. Hier sei gleich bemerkt, daß dieselbe nicht einfach zum Ausgangszustand zurückführt, sondern gewissermaßen eine neue Gleichgewichtslage herstellt. Diese Veränderung verrät sich weniger bei Prüfung mit gemischten oder unzerlegten Lichtern als mit homogenen Strahlungen. Die Spektrallichter stellen auch dafür das feinste Reagens dar.

Für die Beeinflussung, welche die Farbentonverteilung im Spektrum durch chromatische Verstimmung erfährt, haben sich folgende Regeln ergeben (vgl. Abb. 36):

1. Vorausgehende Einwirkung eines (primär) urfarbigen Lichtes verschiebt den gleichnamigen wie den gegensinnigen Kardinalpunkt nicht, wohl aber die beiden disparatfarbigen im Sinne von Anziehung. So ändert eine Urgrünverstimmung — beispielsweise durch 500 mμ — nichts an der Gültigkeit des binären Urrot

($R : Bl = m$), läßt nur dieses satter erscheinen, verschiebt hingegen das Urgelb nach der kurzwelligen Seite — beispielsweise von 570 mμ auf 560, das
Urblau hingegen nach der langwelligen Seite —, so von 470 mμ auf 480. Für
Urrotverstimmung gilt das Umgekehrte (vgl. Abb. 37 a).

2. Verstimmung durch ein mischfarbiges Licht verschiebt hingegen alle
Kardinalpunkte — im Farbentonkreis 4, im Spektrum 3 — auf sich selbst hin,
d. h. nach dem Ort des verstimmenden Lichtes im Farbentonkreis. So wird nach
Orangeverstimmung (vgl. Abb. 37 b) das Urrot reicher an Rotlicht, ärmer an Blaulicht eingestellt, ferner wandern Urgelb und Urgrün nach der langwelligen Seite,
etwa von 570 nach 580 und von 500 nach 510, hingegen Urblau nach der kurzwelligen Seite, etwa von 470 nach 460. Theoretisch (vgl. S. 49 ff.) könnte man
allgemein, also auch für mischfarbige Lichter,
eine Nichtverschiebung des verstimmenden

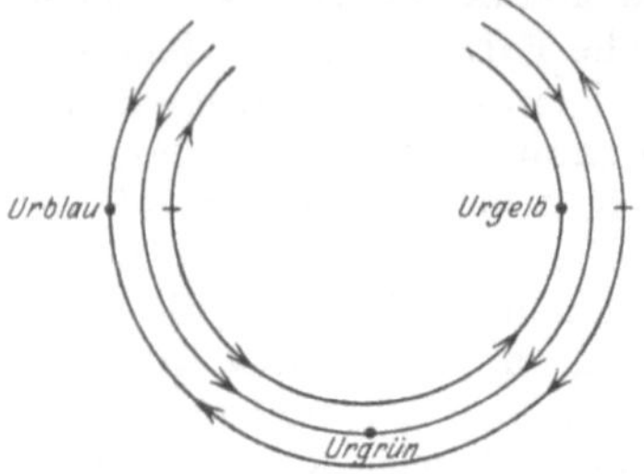

Abb. 36. Schema des Sinnes der Verschiebung der spektralen Kardinalpunkte
durch Verstimmung mit urfarbigen
Lichtern.

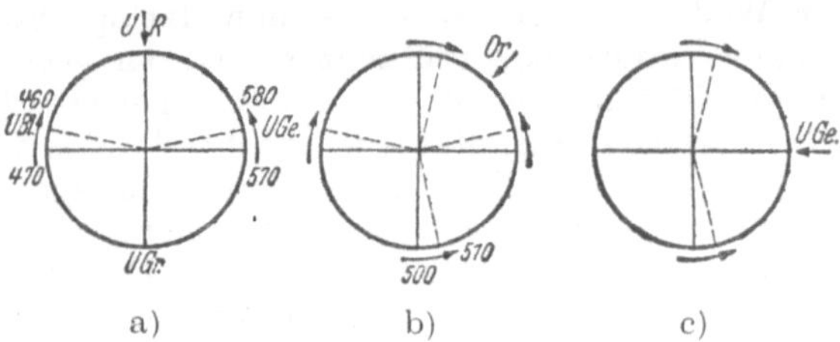

Abb. 37. Beispiele der Verschiebung der spektralen Kardinalpunkte bei farbiger Verstimmung
a) durch Rot, b) durch Orange, c) durch Gelb.

Lichtes wie seines Gegenlichtes vertreten (METZGER), indem diese beiden Lichter
an Sättigung verlieren — allerdings an Rötlichkeit oder Grünlichkeit rascher
als an Gelblichkeit oder Bläulichkeit — und die vier Kardinalpunkte beiderseits des entsprechenden Durchmessers im vollständigen Farbentonkreis symmetrisch auf das verstimmende Licht zu wandern. Allerdings wird zugleich
die bisher farblose Mischung der beiden Lichter nunmehr farbig getönt, und zwar
gegenfarbig zum verstimmenden Licht, doch reicht eine bloße Änderung des
Mischungsverhältnisses ohne Änderung der Wellenlänge aus, um die Mischung
für das verstimmte Auge wieder farblos erscheinen zu lassen.

3. Hochgradige Verstimmung durch ein gelbwertiges Licht, speziell durch
urgelbes (vgl. Abb. 37 c), kann das Urrot aus seiner ultraspektralen Lage in die
langwellige Endstrecke hereinbringen — beispielsweise eine 5 Minuten dauernde
Einwirkung von L 570 nach dem Ort L 640, während das Grenzrot (700 bis 640)
geradezu bläulichrot erscheint. Das Urgrün rückt dabei von etwa 500 gegen
510 zu.

Es wäre aber ein Fehler, solche Ergebnisse nur als theoretisch ganz interessante Produkte künstlicher Versuchsbedingungen zu betrachten! Sie gewinnen
vielmehr dadurch praktische Bedeutung, daß schon das natürliche Tageslicht,
ebenso die künstlichen Lichtquellen in der Regel eine chromatische Verstimmung
unseres Auges mit sich bringen und unser Urteil über Farben mehr oder weniger
trüben. Dieser oft nicht genug gewürdigte Tatbestand ergibt sich durch einen planmäßigen Vergleich der Kardinalpunkteinstellung (Sekundärlage) bei einer solchen
Stimmung mit der Primärlage, welche für ein kurzfristig ausgeruhtes Auge gilt.
Während die erstere Reihe je nach Verstimmungsart recht verschieden, allerdings
charakteristisch verschieden ausfällt, erweist sich die letztere als individuell
konstant und gibt damit eine vollgeeignete Charakteristik für *Neutralstimmung*.

Eine solche wird schon durch einen kurz — etwa $2^1/_2$ oder 5, höchstens 10 Minuten — dauernden Lichtabschluß erreicht; weiter vorgeschrittene Dunkeladaptation zu benutzen ist weder notwendig noch zweckmäßig, da hierbei die Weißerregbarkeit wächst (und zwar mit Wellenlängenelektivität), die Farben daher unsatter werden und die chromatische Unterschiedsempfindlichkeit abnimmt. Andererseits ist es auch möglich, durch eine entsprechende Belichtung des Auges einen Zustand von Helladaptation unter Aufrechtbleiben der Neutralstimmung, bzw. ohne Verschiebung der Farbentonverteilung, also der Lage der Kardinalpunkte im Spektrum zu erzeugen und zu erhalten.

Auf Grund der eben entwickelten Grundsätze sind wir in der Lage, mit einer geeigneten Vorrichtung, wie sie der bereits oben (S. 50) erwähnte Neutrallichtprüfer (nach A. v. TSCHERMAK-SEYSENEGG, vgl. Abb. 38) darstellt, Sinn und Ausmaß der chromatischen Abweichung einer gegebenen Beleuchtung von der optischen Neutralität festzustellen und die notwendige Korrektur vorzunehmen.

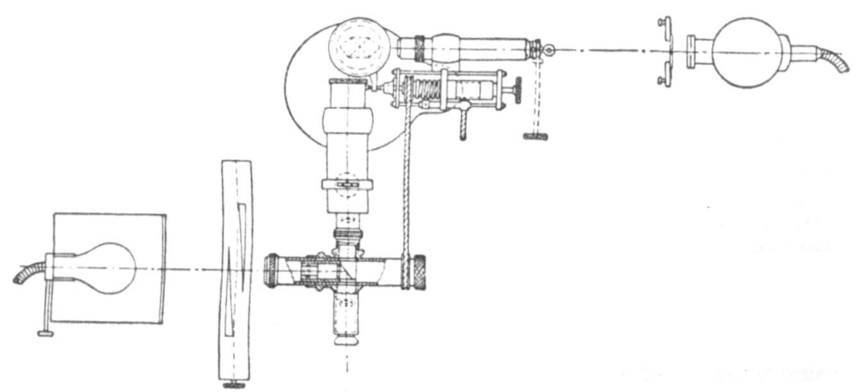

Abb. 38. Schema des Neutrallichtprüfers nach A. v. TSCHERMAK-SEYSENEGG.

Die Herstellung von neutralem gemischtem Licht, unter dem farbige Objekte ihre sogenannte Eigenfarbe voll bewahren, ist durch geeignete Lampen-Filter-Kombination bereits im Laboratorium gelungen (A. v. TSCHERMAK-SEYSENEGG). Es fehlt nur noch die praktische Auswertung seitens der Beleuchtungstechnik,[1] und zwar in Zusammenarbeit von Glühlampenindustrie und Farbglasproduktion. Im Neutrallichtprüfer ist dazu ein bequemes Kontrollinstrument geboten. Dabei muß jedoch dem Phantom entsagt werden, eine „Tageslichtlampe" zu schaffen, da gerade das Tageslicht hochgradig variiert und im allgemeinen von der optischen Neutralität nach verschiedener Richtung und in wechselndem Ausmaß abweicht. Gerade das Tageslicht ist daher als Standard durchaus ungeeignet und nur das Auge selbst kann über physiologische Neutralität entscheiden. Um eine solche zu erreichen, genügt jedoch eine rein empirische Kombination von Glühlampen verschiedener Art mit blauen (und zwar grünlichblauen bis rötlichblauen!) Filtern durchaus nicht, wie die Überprüfung der sogenannten Tageslichtlampen des Handels am Neutrallichtprüfer gelehrt hat! Die hohe Bedeutung, welche eine gesicherte neutrale Beleuchtung für alle Berufe hätte, die

---

[1] Das Normblatt DIN 5033, 2. A. 1943, setzt als Normalweiß oder Einheitslichtquelle E eine gasgefüllte Wolframglühlampe der Farbtemperatur $T_f = 5270$ bis 5670° Kelvin (auf 2850° geeicht) mit vorgeschaltetem zweigliedrigem Lösungsfilter E (nach DAVIS und GIBSON) fest.

mit Farben zu tun haben — also auch für den Augenarzt —, braucht hier nicht näher auseinandergesetzt zu werden. Hoffen wir, daß das klargezeichnete Ziel auch praktisch bald erreicht sein wird, zumal da auch bezüglich der technischen Mittel bereits weitgehende Vorarbeit geleistet ist!

Die *Tagesbeleuchtung* selbst erweist sich, wie bereits angedeutet, in der Regel als chromatisch nicht neutral. Morgens und abends besteht meist ein Überschuß an Rotblau, mittags ein solcher an meist schwach rötlichem, seltener schwach grünlichem Gelb — doch ohne feste Regel; volle Neutralität bildet eine Seltenheit! Noch weiter von solcher sind die künstlichen Lichtquellen entfernt, die meist einen beträchtlichen Überschuß an Gelb oder Rötlichgelb besitzen. Dies zeigt sich schon beim photometrischen Vergleich der beiden Flächen eines mit weißem Papier bespannten BOUGUERschen Keils, dessen eine Seite von Tageslicht, dessen andere von Lampenlicht beleuchtet ist. Solange das Auge für Tageslicht adaptiert ist, erscheint die Lampenlichthälfte auffallend orange, die Tageslichthälfte weiß, im Kontrast sogar bläulich überlaufen (vgl. Abb. 39). Bei Lampenadaptation hingegen wird die erstere Hälfte weiß, die letztere blau. (Einem tageslichtgestimmten Auge erscheint umgekehrt ein vom Lampenlicht geeigneter Stärke beleuchtetes Blaupapier geradezu braungrau.)

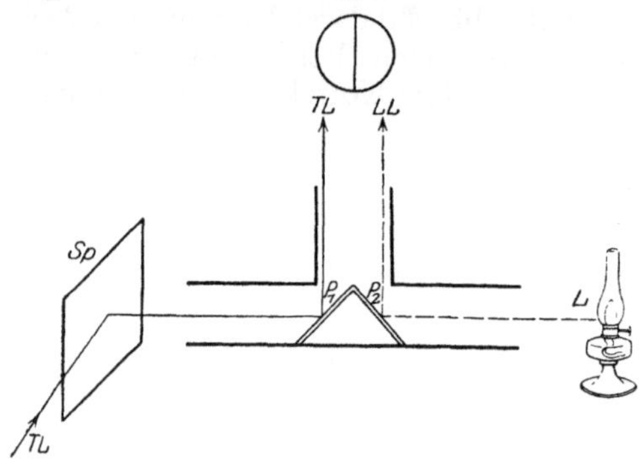

Abb. 39. Vergleich von zugespiegeltem Tageslicht (*TL*) und Lampenlicht (*LL*).

Dem Gesagten zufolge erweist sich das an Tageslicht oder künstliches Licht helladaptierte Auge meist als gleichzeitig chromatisch verstimmt. Allerdings ist Sinn und Grad der Tageslichtverstimmung keineswegs konstant. Dabei braucht die Abweichung der Beleuchtung von der Neutralität gar nicht auffällig gewesen zu sein! Zumal bei allmählicher Steigerung der Verfärbung ist man nachträglich erstaunt zu erfahren, welche Farbgrade unbemerkt zum „Einschleichen" gebracht werden konnten. Aber auch eine unmerklich erfolgte farbige Verstimmung verrät sich einerseits in einer Veränderung der Farbentonverteilung im Spektrum, speziell an einer Sekundärlage der drei Kardinalpunkte und in einer Verschiebung der kompensativen Lichterpaare, anderseits aber auch in einer charakteristischen Abweichung der Farbe des Simultankontrastes wie der negativen Nachbildphase von der strengen Gegenfarbigkeit. Darüber wird noch später zu handeln sein (vgl. S. 70 ff.). Nebenbei sei daran erinnert, daß bei gemischtem Licht, speziell bei Tagesbeleuchtung, im zentralen Sehen schon durch das Maculapigment eine *lokale farbige Verstimmung*, und zwar eine charakteristische „Gelbermüdung" besteht. Die Maculafärbung wird zwar nach Öffnen der Augen rasch subjektiv unmerklich (vgl. S. 35), bleibt aber durch ihre Absorption auf einer von blauem oder violettem Licht gleichmäßig bestrahlten Fläche als dunkler Zentralfleck sowie durch ihren entsprechenden Einfluß auf spektrale Farbengleichungen deutlich nachweisbar. Auch die elektive Lichtdurchlässigkeit der Augenhäute (diasklerales Seitenlicht!) und der brechenden Medien, speziell der in der Jugend grünlichgelben, im Alter rötlichgelben Linse, ändert den chromatischen Charakter des die Netzhaut erreichenden Terminallichtes und damit die farbige Stimmung des Auges. Verstimmung des einen Auges läßt das andere, wenn auch in bescheidenem Maße, mitgehen (WRIGHT, TSCHERMAK-SEYSENEGG, FRIESER und REUTHER).

Die farbige Erregbarkeit selbst erweist sich grundsätzlich als unabhängig von der farblosen Reizbarkeit, bzw. von der Weißermüdung. Doch kann ein Zusammenhang beider dadurch vorgetäuscht werden, daß alle Lichter, farbige wie farblose, bei höherer Intensität eine *allgemeine chromatische Lichtwirkung* hervorrufen, durch welche das Fortschreiten einer farbigen Verstimmung gebremst wird. Bei farbiger Beleuchtung tritt demnach zwar eine gewisse charakteristische Veränderung der chromatischen Erregbarkeit ein, doch bleibt dieselbe im Ausmaß beschränkt. Anderseits aber führt gerade sie dazu, daß das Auge dem natürlichen Lichtwechsel gewissermaßen zu folgen vermag, indem eine Begünstigung gewisser Strahlungen im Spektrum durch Empfindlichkeitsminderung für deren Farbe, die Schwächung anderer durch die Empfindlichkeitssteigerung für die Gegenfarbe ausgeglichen wird. Das Ergebnis dieser Regulation ist es, daß wir von den uns umgebenden Körpern auch bei wechselnder Beleuchtung — solange diese überhaupt noch alle Lichtarten des Spektrums, wenn auch in veränderten Verhältnissen, enthält — beiläufig denselben Eindruck oder wenigstens einen ähnlichen solchen erhalten. So vermögen wir eine vorgesetzte, mäßig gefärbte Brille weitgehend zu überwinden. Die dadurch erreichte angenäherte „*Konstanz der Farben der Sehdinge*" hat für unsere Orientierung in der Umwelt ebenso große Bedeutung wie das Wiedererkennen der Gegenstände nach ihrer charakteristischen Helligkeit, das uns bereits als Leistung der Hell-Dunkel-Adaptation beschäftigt hat (vgl. oben S. 32).

Erst durch den Besitz einer achromatischen wie chromatischen Anpassung sind wir überhaupt instandgesetzt, den Dingen eine Eigenhelligkeit und Eigenfarbe zuzuschreiben, welche ihrem spezifischen Reflexions- und Absorptionsvermögen entspricht. Wir können zwar dabei den physikalischen Vorgang selbst nicht direkt erkennen, wohl aber ergibt sich eine gewisse Harmonie zwischen der Konstanz an physikalischer und chemischer Beschaffenheit und der Konstanz im subjektiven Eindruck. Insofern sind die Körperfarben zugleich ein wichtiges Anzeichen in physikalischer Beziehung. Speziell weist der Farbenton des optischen Eindruckes darauf hin, daß für die damit übereinstimmenden Wellenlängen im gemischten Licht optimale Remission oder Durchlässigkeit, hingegen für die dazu gegenfarbige Spektralregion maximale Absorption besteht. So können wir aus dem Gelblichroterscheinen des arteriellen Blutes bereits auf eine Absorption im Grün schließen, ohne allerdings die genauere Lage und gar die Doppelgipfeligkeit der Beschattung im Gelb bis Gelbgrün voraussagen zu können. Zugleich weist der Farbenton, gar das Gelberscheinen des Blutfarbstoffes bei hochgradiger Verdünnung auf eine beträchtliche Beschattung der blauvioletten Endstrecke hin, während das Bläulichrot des reduzierten Hämoglobins auf ein Zurücktreten dieser Beschattung (bis unter die F-Linie) neben dem Fortbestand einer gewissen Absorption im Gelbgrün schließen läßt. Es ist sehr reizvoll, solche Voraussagen nachträglich mit dem Spektroskop zu überprüfen und zu verfeinern, was man am besten unter Vergleich der Aureole (nulltes Spektrum) und des primären Spektrums macht, die man bei Einschaltung eines ROWLANDschen Beugungsgitters nebeneinander erhält.

Auch auf den *Ablauf der Erregung im Sehorgan* nimmt die Farbqualität in mehrfacher Beziehung maßgebenden Einfluß. Dies gilt zunächst von der *Latenz oder Empfindungszeit* (vgl. oben S. 42). Der mit dem Wachsen der Reizstärke logarithmisch erfolgende Abfall von der Maximal-EZ. zum konstantbleibenden Niveau der Minimal-EZ. vollzieht sich nämlich in verschiedener Neigung. Für langwelliges Licht geschieht der Abfall am steilsten, für kurzwelliges sanfter, für weißes Licht am sanftesten, ohne daß die Grenzwerte selbst untereinander abweichen. Im Dunkelauge geht der spezifischen, farbigen Schwelle eine allgemeine, farblose voraus, so daß sich dementsprechend ein Knickpunkt im Abfall ergibt.

Eine analoge Abhängigkeit von Reizstärke und Farbe zeigt die Empfindungsdauer, welche übrigens durch Dunkeladaptation — besonders außerhalb der Fovea — beträchtlich verlängert wird. Interessant ist, daß beim Anklingen der Erregung, das überhaupt oszillierend zu erfolgen scheint (vgl. S. 43), ein vorübergehender Umschlag der Farbe in die Gegenfarbe zu beobachten ist (EBBECKE). Auch erfolgt im Dunkelauge bei Reizung mit farbigem Licht der Anstieg der Weißerregung rascher als jener der farbigen Reaktionskomponente, so daß ein farbiges Licht im ersten Augenblick farblos erscheint (A. v. TSCHERMAK-SEYSENEGG).

Anderseits scheint auch das Abklingen je nach Farbe verschieden zu sein, wobei zu berücksichtigen ist, daß Dunkeladaptation die Nachdauer der Erregung erheblich verlängert (vgl. S. 43). Das Hervortreten von subjektiven Farben während des Flimmerstadiums rotierender Weiß-Schwarz-Scheiben (spezielle solche von BENHAM angegeben) ist noch nicht genügend erklärbar; jedenfalls muß dabei die chromatische Stimmung berücksichtigt werden.

Besonders interessant ist *der Einfluß der Farbigkeit auf die Nachreaktion* (vgl. Abb. 40). Im Hellauge stimmt nämlich die Phasik des farbigen Nachbildverlaufes weitgehend mit der farblosen Phasik überein, wie sie oben (S. 45) nach einem farblosen Momentreiz geschildert wurde (vgl. Abb. 27). Es folgt nämlich nach Abklingen des Vorbildes (I) ein sehr kurzes dunkles Intervall (II), sodann ein kurzes, sattes, farbig positives Nachbild (III), ein zweites kurzes dunkles Intervall (IV), hierauf ein farbig negatives Nachbild (V — PURKINJE), welches das zweite farblos positive Nachbild einschließt, weiters ein drittes dunkles Intervall (VI), ein langdauerndes zweites, farbig positives, bzw. unsatt gleichfarbiges Nachbild (VII), das die dritte farblos positive Phase einschließt, endlich nach einem vierten

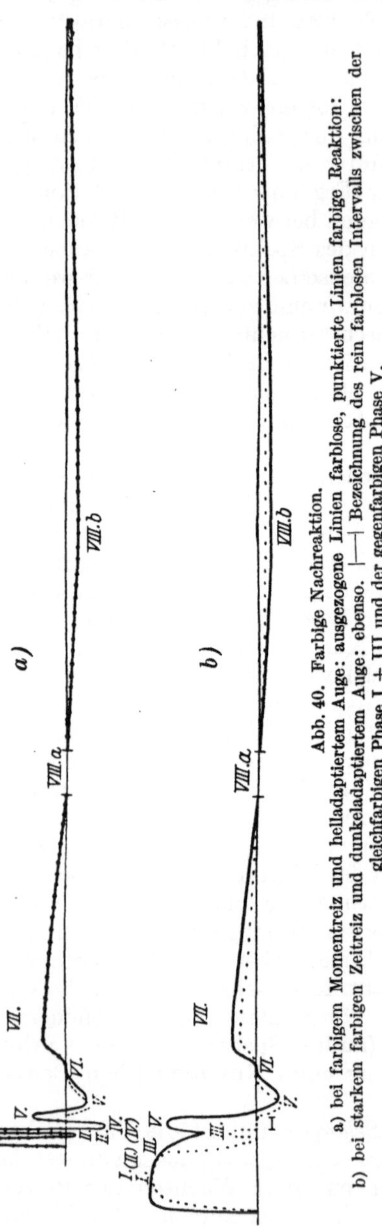

Abb. 40. Farbige Nachreaktion.
a) bei farbigem Momentreiz und helladaptiertem Auge: ausgezogene Linien farblose, punktierte Linien farbige Reaktion; b) bei starkem farbigen Zeitreiz und dunkeladaptiertem Auge: ebenso. ⊢——⊣ Bezeichnung des rein farblosen Intervalls zwischen der gleichfarbigen Phase I + III und der gegenfarbigen Phase V.

Intervall (VIIIa) ein langdauerndes, farblos negatives Nachbild, das unter Umständen eine farbig negative Phase einschließt (VIIIb). Im Dunkeladaptationszustand aber tritt einerseits die Farbigkeit der Nachreaktion zurück gegenüber der Farblosigkeit, anderseits trennt sich nunmehr die Periodik deutlich in zwei selbständige Komponenten, eine farblose und eine farbige, von denen die erstere rascher abläuft als die andere. Es kann dadurch das erste wie das zweite Intervall entfallen und das erste und zweite farblos positive Nachbild sich gemeinsam unmittelbar an das nachdauernde Vorbild anschließen, und zwar an Helligkeit den Dämmerungswerten entsprechend, während ein erstes farbig positives, also gleichfarbiges Nachbild (nahezu) fehlt. Das durch Verschmelzung der Phasen I, III, V entstandene farblose Nachbild (von McDougall als „ghost" bezeichnet) dauert relativ lange und geht schließlich in eine gegenfarbige Phase (V) über. Es kommt darin eine auffallende Besonderheit des Dunkelauges zum Ausdruck, welche auch in dem nur etwas träger reagierenden fovealen Bezirk keineswegs fehlt. Ein gleichzeitig mit rotem Grund hin und her bewegtes grünes oder blaues Scheibchen scheint dementsprechend, seinem hohen Dämmerungswert gemäß, ein farbloses Anhängsel nachzuschleppen und entsprechend dem Einfluß der Farbe auf die Empfindungszeit (vgl. S. 67, 68) voranzueilen oder zurückzubleiben (von Wheatstone als *Phänomen der flatternden Herzen* bezeichnet — Schapringer, Szili). Auch das sogenannte *Blitzen der Blüten*, speziell der spanischen Kresse oder des roten Mohns in der Dämmerung, das die Tochter Linnés Elisabeth Christine in einer Gewitternacht (1762) entdeckte, beruht im wesentlichen auf dem Hervortreten einer weißen bzw. grünlichweißen Nachbildphase. Der Bewegungseindruck ist dabei wohl durch die zeitliche Verschiedenheit des An- und Abklingens für den Lichteindruck verschiedener Wellenlängen bedingt. Auch für das Dunkelauge können schließlich noch — ohne wesentlichen Unterschied gegenüber dem Hellauge — eine farbig positive Phase (VII) und eine zweite farbig negative (VIIIb) folgen. Die Gesamtdauer der Nachreaktion erscheint hier, ungeachtet der Beschleunigung der farblosen Anfangsglieder, deutlich verlängert. Bei rein rotem Licht können, wie nebenbei bemerkt sei, entsprechend seiner geringen Reizwirkung, sowohl eine erste farbig positive (III) als die erste farbig negative (V) Phase fehlen. Bemerkt sei auch noch, daß die subjektive Helligkeit, nicht aber die Leuchtdichte an sich entscheidend ist für die Deutlichkeit der Nachreaktion. Interessant ist es ferner, daß die einzelnen Phasen der Nachreaktion in ihrer Nachbarschaft — beispielsweise entsprechend der Unterbrechungsstelle eines am Auge vorbeigeführten streifenförmigen Vorbildes — die Gegenfarbe zu induzieren vermögen, und zwar mit einer charakteristischen Verspätung (vgl. S. 8).

Bei längerdauernder Reizung drängen sich die Anfangsphasen zusammen und laufen zum Teil schon während des Fortwirkens des Lichtreizes ab, so daß bei einer Einwirkung von mehreren Sekunden kaum mehr eine Anfangsperiodik merklich ist und nur mehr eine langdauernde, an Helligkeit und Farbe negative Phase hervortritt, welche der Phase VIIIb bei Momentreizung entspricht. Es handelt sich dann um das *sogenannte typische negative Nachbild oder den sogenannten Sukzessivkontrast.* Ja, auch diese farbig negative Phase kann schon während einer relativ lange dauernden Beobachtung hervortreten und wie ein das Reizobjekt verdeckender Schleier erscheinen. An Nachbildern, speziell an mischfarbigen solchen, zeigt ferner die Rot-Grün-Komponente einen rascheren Ablauf als die gelb-blaue; schließlich verbleiben nur farblose Reste. Die langanhaltenden Nachbilder nach starker Reizung zeigen in ihrer Helligkeit und Farbe auch eine deutliche kontrastive Abhängigkeit vom Hintergrund. Speziell führt Öffnen und Schließen des Auges zum Farbenwechsel. Doch kommt ein solcher, auch ein zeitweiliges Verschwinden und Wiederkehren auch spontan vor; immer wieder zeigt eben die Nachreaktion eine deutliche Neigung zur Rhythmik. Die Nachbilder sind aber noch dadurch für die physiologische Optik von besonderer Bedeutung, daß sie ein ausgezeichnetes Mittel darstellen, zur Kennzeichnung gewisser Stellen der Netzhaut und zum Aufsuchen der zugehörigen Punkte im Außenraum, wie dies bei der Einführung in die Lehre vom optischen Raumsinn und von den Augenbewegungen zu erwähnen sein wird (vgl. S. 103, 158, 162 ff.).

Der Farbenton negativer Nachbilder zeigt eine deutliche Abhängigkeit von der jeweiligen chromatischen Stimmung; der Nachreaktion erscheint ein gewisses Ausmaß jener Farbe beigemengt, für welche das Auge verstimmt oder „ermüdet" wurde. Für das an trübes Tageslicht, so besonders am Morgen, oder an Abendbeleuchtung gewöhnte Auge weicht die Nachbildfarbe im Sinne einer gewissen Blau-Rot-Addition ab. So folgt auf Gelb nicht Blau, sondern deutlich rötliches Blau, auf Rot nicht Grün, sondern deutlich bläuliches Grün usw. Auf Grund solcher durchaus zutreffender Beobachtungen gelangte GOETHE zur Aufstellung seines *Farbentonkreises* (vgl. Abb. 41). Derselbe weicht sozusagen durch Schwellung des blauroten Quadranten, bzw. Schrumpfung des gelbgrünen Quadranten deutlich vom HERINGschen Farbentonkreis (vgl. Abb. 28, S. 47) ab. Diese *Diskrepanz von Nachbildfarbe*

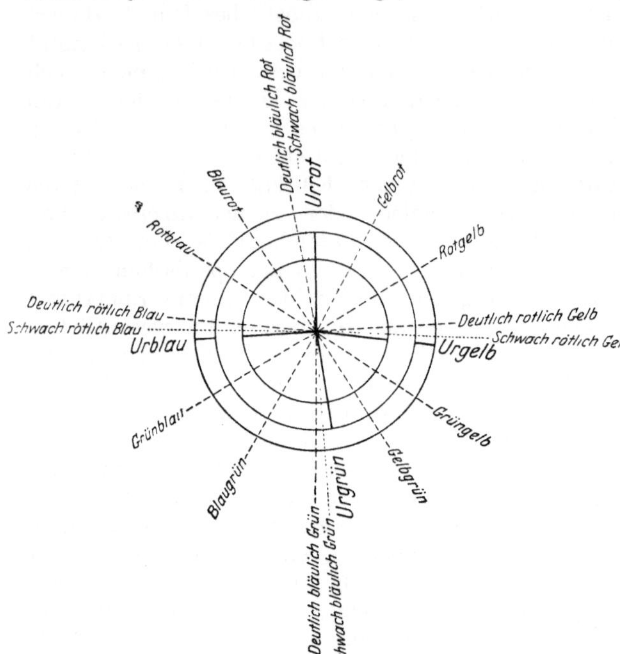

Abb. 41. Kreis der (einander fordernden) Nachbildfarben nach GOETHE.

und Gegenfarbe weist auf eine farbige Verstimmung hin. Für eine solche kommt, wie gesagt, besonders die Blau-Rot-Farbe des trüben Tageslichtes in Betracht. Dieselbe gelangt bei Herstellung von Neutralstimmung, wie sie durch kurz dauernden Lichtabschluß, aber auch durch Herstellen von neutraler Beleuchtung erreicht wird, in Wegfall. Es bleibt wahrhaft eine Tragik zu nennen, daß GOETHE durch eine zu gute Beobachtung von der Erkenntnis der zwei Paare wahrer Gegenfarben Rot-Grün, Gelb-Blau abgehalten wurde. Er ließ sich dadurch zur Aufstellung von drei Paaren „einander fordernder" Farben (d. h. im Simultan- wie im Sukzessivkontrakt gekoppelter Farben: nämlich Rot(Purpur)-Blaugrün, Gelb-Violett, Blau-Orange) bestimmen und erblickte in diesen die gleichberechtigten Elemente des Farbensinns. Die vorangestellten Paarlinge leitete er aus einer Vorlagerung von Weiß („Tag") vor Schwarz („Nacht"), die nachgestellten aus einer Verschiebung von Schwarz vor Weiß ab.[1] Den Beweis für den Verstimmungsursprung der GOETHEschen Nach-

---

[1] Die schönste Darstellung von GOETHES Farbenlehre hat SCHILLER gegeben mit den nur zu wenig bekannten Versen:

„Wir stammen unser sechs Geschwister
Von einem wundersamen Paar:

bildabweichung läßt sich übrigens auch durch Umkehrung erbringen. So führt „Ermüdung" durch ein vorgeschaltetes Gelb-Grün-Filter zu einer gegensinnigen Verzerrung des Farbentonkreises — also Schwellung des gelb-grünen Sektors, Schrumpfung des blau-roten (A. v. TSCHERMAK-SEYSENEGG).

Auch das Auftreten von farbigen Nachbildphasen, speziell von roten und grünen, nach einem blendenden weißen Eindruck — beispielsweise nach Blick in die Sonne — ist wohl auf eine farbige Verstimmung zurückzuführen. Dafür kommt besonders das Seitenlicht in Betracht, indem von starken Lichtquellen aus langwellige Strahlungen Sklera und Iris durchdringen.

Anhang: Farbiger Simultankontrast.

Endlich sei an die Würdigung des farbigen Nachkontrastes auch noch eine Bemerkung bezüglich des farbigen Nebenkontrastes angeschlossen. Ein solcher kann in auffallender Stärke und Zwangsmäßigkeit schon als sogenannter Flor-kontrast, noch mehr als Spiegelkontrast (RAGONA SCINA) oder an den farbigen Schatten bei doppelter Lichtquelle (BUFFON, GOETHE, CHEVREUL, HERING) hervortreten. Ein Unkundiger könnte geradezu an eine tatsächliche Hinzufügung von gegenfarbigem Licht glauben, während die physikalische Untersuchung der kontrastiv verfärbten Stellen natürlich das unveränderte Spektrum der jeweils verwendeten Beleuchtungsquelle, sei sie Tages- oder Lampenlicht, ergibt. Merk-lich gestört wird die Beeinflussung eines farbig umschlossenen, an sich farblosen Feldes durch kleine Ungleichmäßigkeiten des Papiers, das sogenannte Korn; dieser Störung wird entweder durch Auflegen einer Florfolie oder durch Ro-tierenlassen auf dem Kreisel entgegengewirkt. Ebenso beeinträchtigend wirkt starke Helligkeitsdifferenz zwischen kontrasterregendem und kontrastleidendem Feld: es ruft eben dann die stärkere Weißvalenz auf der einen Seite starke Schwarzinduktion auf der anderen Seite hervor, während die mindergewichtige Farbigkeit zurücktritt. Umgekehrt kann bei Übereinstimmung an Helligkeit oder besser an Weißvalenz hüben und drüben schon eine direkt noch unmerklich bleibende Farbe sich durch gegensinnige Kontrastwirkung verraten. Ebenso ist der Nachbareffekt im negativen Nachbild öfters sogar auffälliger als im Vorbild.

Endlich kann bei hoher Intensität und Sättigung des kontrasterregenden Lichtes — etwa als Umgebung einer selbst lichtlosen „schwarzen" Scheibe — eine beträchtliche Verstreuung oder Aberration in den inhomogenen Augen-medien eintreten (vgl. oben S. 6, 11) und den trügerischen Eindruck „*gleich-farbiger Induktion*" (KUHNT, A. PRANDTL) hervorrufen. Dementsprechend erscheint im Gegensatz zu den gegenfarbigen Randsäumen das Innere eines solchen Feldes von *gleicher* Farbe erfüllt wie die fernere Umgebung, und zwar entweder von allem Anfang an oder wenigstens nach Ablauf einer gewissen Einwirkungsdauer. An sich aber hat auch der farbige Simultankontrast, ähnlich wie die Schwarzinduk-tion, die biologische Bedeutung im Sinne einer Verschärfung oder Schaffung von Konturen im Anschauungsbild zu wirken. Gleich der Nachwirkung erweist sich auch die farbige Nebenwirkung als deutlich abhängig von der jeweiligen farbigen Stimmung, indem nach chromatischer Adaptation die Kontrastfarbe

---

Die Mutter ewig ernst und düster,
Der Vater fröhlich immerdar.
Von beiden erbten wir die Tugend,
Von ihr die Milde, von ihm den Glanz;
So dreh'n wir uns in ewiger Jugend
Um Dich herum im Zirkeltanz."

von der strengen Gegenfarbe abweicht, und zwar im Sinne von Addition eines gewissen proportionalen Betrages an Verstimmungsfarbe. Bei trübem Wetter bedeutet das beispielsweise ein Hinzutreten von Blaurot, wie dies oben (S. 70) bereits für die Nachbildfarbe ausgeführt wurde. Auch daran sei erinnert, daß Kontrastfarben auch an solchen Stellen hervorgerufen werden können, die einer entsprechenden direkten Erregbarkeit ermangeln — so auf Rot-Grün-Skotomen — oder wo überhaupt eine Lichterregbarkeit fehlt, wie am blinden Fleck (vgl. oben S. 7).

6. Verschiedenheiten des Farbensinnes, Farbenblindheit.

Der subjektivistische Standpunkt, demzufolge die Wellenlänge des Lichtreizes durchaus nicht allein maßgebend erscheint für den Farbenton der Empfindungsreaktion, bewährt sich besonders bei der Feststellung der weitgehenden Verschiedenheiten, welchen der Farbensinn unterliegt. Unsere bezüglichen Betrachtungen nehmen am zweckmäßigsten ihren Ausgangspunkt von der Tatsache, daß schon innerhalb des normalen farbentüchtigen Auges eine regionale Abstufung des Farbensinnes besteht (PURKINJE, AUBERT). Derselbe zeigt nämlich eine mit der Exzentrizität fortschreitende Abnahme, und zwar ein rascheres Sinken der Rot-Grün- als der Gelb-Blauerregbarkeit (vgl. Abb. 42). Dementsprechend verlieren alle farbigen Eindrücke bei zunehmend indirekter Betrachtung an Sättigung. Zugleich ändern alle mischfarbigen Eindrücke ihren Farbenton, indem sie an Rot-Grün-Komponente mehr verlieren als an Gelb-Blau-Anteil, also neben Verblassen noch ein relatives Vergilben oder Verblauen erfahren. Im Gegensatz dazu bewahren urfarbige Lichter — aber nur *primäre* solche, d. h. bei Neutralstimmung geltende — ihren Farbenton und verlieren nur mehr und mehr an Farbe bzw. Sättigung. (Bei Prüfung mit komplexen Lichtern ist allerdings dabei der Einfluß der ungleichmäßigen Absorption seitens des Maculapigments zu beachten, vgl. S. 66.) Infolge dieser bis an die Grenze der lichtempfindlichen Region (retinotemporal bis etwa 55°, retinonasal bis etwa 90, ja 100°) fortschreitenden Reduktion verliert sich auf einem be

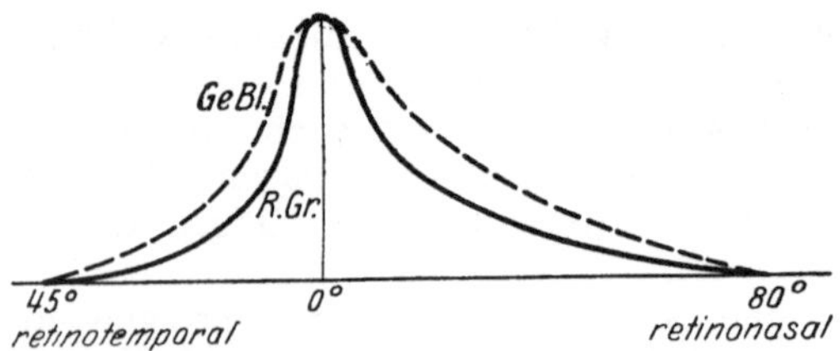

Abb. 42. Abnahme der Farbenempfindlichkeit im indirekten Sehen: — Rotgrünkurve, — — — Gelbblaukurve.

schränkten Feld selbst für satte Lichter zunächst die Rötlichkeit und Grünlichkeit, schließlich aber die Farbigkeit überhaupt, bis nur mehr der Eindruck farbloser Helligkeit — als sogenannter Peripheriewert (vgl. S. 30, 57) — restiert. Ganz Ähnliches erfolgt in der Umgebung des Sehnerveneintrittes, also vor Erreichen des blinden Fleckes. Doch bleibt die periphere wie die zirkumpapillare Farbenblindheit stets eine *relative*; die jeweils am Perimeter[1] erhaltenen Grenzwerte entbehren jeg

---

[1] Nebenbei sei bemerkt, daß die messende Aufnahme des Gesichtsfeldes für farbige wie für farblose Objekte bereits hoch entwickelt ist. Als Untergrund wird dabei entweder ein ebener Schirm (BJERRUM) oder ein Kreisbogen (AUBERT und FÖRSTER) oder eine Hohlkugelschale (MAGGIORE) von verschiedener Helligkeit benützt, das Prüfobjekt entweder entlanggeführt oder projiziert. Die Exkursion des letzteren und damit die relative Umgrenzung der Farbengesichtsfelder kann gleichzeitig graphisch verzeichnet werden. Durch Campimetrie unter Verwendung des Pupillenreflexes auf Lichteinfall lassen sich sowohl das physiologische Skotom des blinden Fleckes als auch pathologische Defekte exakt nachweisen (HARMS).

licher Allgemeingültigkeit, sind vielmehr in hohem Grade abhängig von den gewählten Prüfobjekten und Beobachtungsbedingungen, auch vom Adaptationszustand und der Lokaladaptation bzw. Expositionszeit. Nicht bloß die Leuchtdichte, sondern auch der Kontrast zwischen Grund und Prüffeld, besonders aber die Feldgröße nimmt Einfluß (TSCHERMAK-SEYSENEGG, GROSS). Dabei ergibt sich das Paradoxon, daß Vergrößerung der Reizfläche innerhalb derselben Exzentrizität oder gar nach der Peripherie hin (!) die Farbe wieder hervortreten lassen kann. Anderseits erscheinen sonst farbige Felder farblos, wenn sie unterhalb eines sehr kleinen Gesichtswinkels oder unterhalb einer gewissen, sehr kurzen Zeitdauer dargeboten werden (Farbenfeldschwelle bzw. Minimalfeldhelligkeit und Farbenzeitschwelle bzw. Minimalzeithelligkeit, vgl. oben S. 57, Anm. 1). Es gibt sonach weder eine *absolut* rot-grün-blinde noch eine *absolut* totalfarbenblinde (etwa zugleich zapfenfreie und nur stäbchenführende) Zone auf unserer Netzhaut, wie das oft dargestellt wird. Bei Angleichung der Feldgröße, der Sättigung und der Weißvalenz — natürlich für das Hellauge als Peripheriewert ermittelt! — stimmen die Merklichkeitsgrenzen für Rot und Grün, Gelb und Blau genau überein — ein sinnfälliger Beweis für die paarweise Zusammengehörigkeit. Der Unterschied zwischen Zentrum und Peripherie betrifft aber nicht bloß die farbigen Reizwerte, sondern zugleich auch die Weißvalenzen, wobei sich die Peripherie gewissermaßen wie schwächer helladaptiert verhält gegenüber dem Zentrum, was aus der regionalen Variation farbloser optischer Gleichungen im Hellauge zu erschließen ist (A. v. TSCHERMAK-SEYSENEGG). Jedenfalls bedeutet die physiologische periphere Farbenblindheit eine sehr schätzbare Analogie für die pathologischen Farbensinnmängel, deren theoretische Erklärung unbedingt auch dem erstgenannten Fall gerecht werden muß (E. HERING).

Weitere *Unterschiede im Farbensinn* betreffen die einzelnen *Individuen unter den Farbentüchtigen*, und zwar sowohl im absorptiven Verhalten (d. h. in der Lichtauswertung nach Wellenlänge, also in einer durch bloße Intensitätsänderung ausgleichbaren Abstufung) als im sensitiven Verhalten (d. h. im Grad der Farbenempfindlichkeit). Dabei lassen sich, allerdings ohne scharfe Grenze, *zwei Haupttypen* unterscheiden, die man als Blausichtige (Typus I) und Gelbsichtige (Typus II), nach dem absorptiven Verhalten besser als *Blaulicht- und Gelblichtsichtige* bezeichnet. Die ersteren werten nämlich langwellige Lichter relativ schlecht, hingegen kurzwellige relativ gut aus; man könnte sie scherzhaft als „Gelblichtfresser" bezeichnen. Bei Typus II gilt das Umgekehrte; seine Vertreter könnte man „Blaulichtfresser" nennen. Diese Unterschiede im absorptiven Verhalten zeigen sich einerseits am Komponentenverhältnis, das für Lichtermischungen von charakteristischem Aussehen gefordert wird — beispielsweise für die Herstellung von Urrot aus Spektralrot: Blau = 7 (für Farbpapierlichter bis 26,7) : 1 bei Typus I gegenüber 1,15 (bis 2,6) : 1 bei Typus II oder von Urgrün aus Gelbgrün: Blau = 16 : 1 gegenüber 5 : 1 (am Kreisel) oder in der zuerst von RAYLEIGH verwendeten Tongleichung[1] Natriumlicht (589) + Lithium (671) = Thallium (536) im Verhältnis 1,5 bis 2,6 : 1 gegenüber 0,4 (bis 0,8) : 1. Im Spek-

---

[1] In deren Einstellung kommen sehr erhebliche typenmäßige und individuelle Unterschiede (mit v. KRIESschem Quotienten Tl:Li = 0,7 bis 1,3) vor, ebenso im Grade der dabei restierenden Sättigungsdifferenz, die bei sogenannten Protanomalen besonders groß zu sein scheint. Diese kann erst durch abgestufte Beimischung von Weiß zur homogenen Gleichungshälfte beseitigt werden, wie sie am NAGELschen Anomaloskop durch die Zusatzeinrichtung nach VIERLING möglich gemacht ist. Geringer ist das Sättigungsdefizit der binären Hälfte, wenn, wie an den neueren Typen, die näher zusammenliegenden Lichter L 605 und L 537 oder gar L 545 (so KOHLRAUSCH) verwendet werden.

trum selbst stellen die sogenannt Blausichtigen als „Urgrün" eine relativ kurzwellige Stelle (um 495 mμ) ein gegenüber den sogenannt Gelbsichtigen (um
505); auch erscheint ihnen die langwellige Hälfte minder hell, das Helligkeitsmaximum etwas nach der kurzwelligen Seite hin verschoben. In gleichem Sinn
spricht der Helligkeitsvergleich der einzelnen Spektrallichter, auch die geringere
Ausdehnung des langwelligen Spektrumteiles für eine geringere Empfindlichkeit gegenüber rotem oder gelbem Licht, für eine größere gegenüber grünem
oder blauem. Anderseits aber erweist sich — wenigstens in der Regel —
die Empfindlichkeit für Farbenzumischung zu Weiß und die Farbenmerklichkeit im indirekten Sehen, also die Tüchtigkeit des Farbensinnes sowie die
Kontrastempfindlichkeit bei Typus I als geringer wie bei Typus II. Vielleicht kommen, wenigstens bei der Mehrzahl der Fälle, auch die beiden Typen,
welche sich im Lichtsinn, d. h. im Verlauf und in der Breite der Dunkeladaptation,
unterscheiden lassen (vgl. oben S. 33), mit den beiden Typen an Farbensinn
überein. Auch mag bei Blausichtigkeit ein geringerer Grad von Verschiedenheit
an relativer Weißvalenz zwischen Hell- und Dunkelauge bestehen als bei Gelbsichtigkeit, so daß man im Durchschnitt das Sehen von Typus I mit dem mehr
peripheren Sehen, das Sehen von Typus II mit dem mehr zentralen Sehen vergleichen könnte.

Jedenfalls kommen aber auch selbständige Variationen des Rot-Grün-Sinnes
ohne entsprechende Differenz im absorptiven Verhalten vor; auch darf aus einer
abweichenden Einstellung der RAYLEIGH-Gleichung nicht einfach auf Schwäche
des Farbensinnes geschlossen werden. — Extreme Fälle von Blausichtigkeit (sogenannt anomale Trichromaten) werden herkömmlich als Protanomale — mit
Abschwächung des Farbentonunterscheidungsvermögens speziell im Rot und
Gelb, bei erhöhter Kontrastempfindlichkeit —, Grenzfälle von Gelbsichtigkeit
als Deuteranomale (mit Minderung des Farbentonunterscheidungsvermögens im
Gelbgrün) bezeichnet. Für die Einstellung der RAYLEIGH-Gleichung (am Anomaloskop) gelten etwa folgende Werte:

$$\text{Normal } 40 \text{ Li} + 33 \text{ Tl} = 15 \text{ Na,}$$
$$\text{Protanomal } 61 \text{ Li} + 12 \text{ Tl} = 9 \text{ Na,}$$
$$\text{Deuteranomal } 19 \text{ Li} + 54 \text{ Tl} = 15 \text{ Na,}$$

woraus sich als v. KRIESscher Quotient durchschnittlich Normal 1,

$$\text{Protanomal } 0{,}23 \ (0{,}6 \text{ bis } 0{,}13),$$
$$\text{Deuteranomal } 3{,}6 \ (5{,}0 \text{ bis } 2{,}0)$$

ergibt (TRENDELENBURG). Endlich stellen sogenannt Tritanomale Personen dar
mit Schwäche, speziell hochgradiger Ermüdbarkeit der Gelbempfindlichkeit, eventuell auch Verkürzung des Spektrums am kurzwelligen Ende. — Daß der Unterschied der beiden früher behandelten Haupttypen im „absorptiven Verhalten"
nicht auf einer stabilen Verschiedenheit an Färbung, d. h. Lichtabsorption in
der Macula oder in der Linse beruhen kann, ergibt sich aus der beim Dämmerungssehen eintretenden Angleichung!

Jedenfalls erscheint es geboten, bei der Analyse und Beurteilung der *pathologischen Farbenblindheit* die zunächst charakterisierten physiologischen Eigentümlichkeiten des Farbentüchtigen, nämlich seine relative Farbenblindheit im
indirekten Sehen und seine Typendifferenzierung zur Unterlage zu nehmen.
Gestattet doch die erstere, sich ein Bild vom Sehen des Rotgrünblinden, speziell
des sogenannt Grünblinden, zu verschaffen — ähnlich wie das Dämmerungssehen auch den Farbentüchtigen in die Empfindungswelt des Totalfarbenblinden
versetzt. Dabei tritt vor allem die paarweise Koppelung der Rot-Grün- und der

Gelb-Blau-Komponenten im sensitiven Verhalten klar hervor — daneben allerdings auch die Eigenschaft einer ungleichmäßigen absorptiven Verwertung farbiger Lichter gemäß ihrer Wellenlänge bei den verschiedenen Typen. Wir werden gleich später die erstgenannte Äußerung auf den nervösen Anteil des Sehorgans, die letztere auf den wahrscheinlich photochemischen Reizvermittler — zunächst auf quantitative Differenzen bezüglich der Empfangsstoffe — beziehen lernen. Allerdings muß sich unsere Darstellung dieses klinisch so bedeutsamen Gebietes — ihrem Charakter als bloßer Einführung gemäß — überhaupt auf Heraushebung der allgemeinen Gesichtspunkte beschränken. So mag es hier genügen zu betonen, daß heute über den Umfang und Inhalt der optischen Empfindungswelt der Farbenblinden — von der theoretischen Deutung ganz abgesehen — wesentliche Übereinstimmung erreicht ist. Dazu haben speziell die Analogie mit der relativen Farbenblindheit im indirekten und zirkumpapillaren Sehen des Normalen, sodann die Aussagen einseitig Farbenblinder (erster Fall einseitiger Rot-Grün-Blindheit von A. v. HIPPEL beobachtet, weitere von HOLMGREN wie DIETER), wie farbenblind gewordener Personen, endlich die empfindungsanalytische Ermittlung der Zahl der Variablen seitens mathematisch geschulter Farbenblinder geführt. Auf „sensitivem" Gebiete kommen nur drei Grundformen mit paarweisem Ausfall in Betracht: die Rotgrünblinden mit Gelb-Blau-Sehen des Spektrums und einer Neutralstelle in Grün (vgl. Abb. 43A), die Gelbblaublinden mit Rot-Grün-Rot-Sehen und zwei Neutralstellen und die Totalfarbenblinden. Hingegen hatten die Anhänger der Dreifaserlehre (vgl. S. 80) zunächst einen Ausfall je einer Faserart (Protanopie, Deuteranopie, Tritanopie) oder zweier Faserarten (Monochromatopsie in drei Spezialformen) vertreten. Später wurde aber (nach A. FICK) der Annahme einer Angleichung zweier oder gar dreier solcher der Vorzug gegeben.

Die Unterteilung der Rotgrünblinden muß als ein sekundäres Problem bewertet werden. Sie darf uns weder zur Verkennung des gemeinsamen Grundcharakters ihrer optischen Empfindungswelt, nämlich der Beschränkung auf den Gelb-Blau-Sinn, verführen, noch gibt sie uns das Recht, die Theorie der Gegenfarben als zur Typenerklärung unzureichend zu bezeichnen und für diese wieder zu einer Dreikomponentenhypothese zu greifen! Vielmehr eröffnet uns gerade die Beiziehung der Typengliederung unter den Farbentüchtigen, speziell ihres absorptiven Verhaltens, den Zugang zur Lösung des oben bezeichneten Problems der Gruppenscheidung unter den Rotgrünblinden. Allerdings ist damit natürlich nicht bereits eine volle Klärung aller Einzelfälle erreicht. Jedenfalls aber läßt sich die eine Hauptgruppe unter den Rotgrünblinden, welche gemäß der Dreikomponentenlehre als die der Rotblinden oder Protanopen bezeichnet wird, in wohlberechtigte Analogie bringen mit dem Typus I der Farbentüchtigen und als blaulichtsichtige Rotgrünblinde (mit relativ schwachem Gelb-Blau-Sinn) betrachten. Ebenso darf man die sogenannt Grünblinden oder Deuteranopen dem Typus II der Farbentüchtigen an die Seite stellen und sie als gelblichtsichtige Rotgrünblinde (mit relativ gutem Gelb-Blau-Sinn) klassifizieren. Nicht aber besteht meines Erachtens eine Berechtigung oder gar Nötigung, in den beiden Typen zwei verschiedene Reduktionsformen des trichromatisch gedachten Farbensinnapparats zu erblicken; ist doch nicht zu zweifeln an dem beiderseitigen Mangel von Rot-Grünerregbarkeit überhaupt! — Allerdings mag die Typenverschiedenheit unter den Rotgrünblinden, von denen die sogenannt Protanopen selbst wieder in zwei Untergruppen[1] zerfallen, im allgemeinen stärker ausgeprägt sein als unter

---

[1] Dieselben unterscheiden sich besonders bezüglich der Sättigungsverteilung, bzw. des Verhältnisses von Gelb- oder Blauvalenz zu Weißvalenz im Spektrum, wie eine geeignete Dreilichtereichung desselben dartut (vgl. unten S. 78, 79).

den Farbentüchtigen. Für die oben vertretene Analogie spricht vor allem das absorptive Verhalten im Sinne schlechterer Ausnutzung der langwelligen Lichter seitens der Protanopen mit Verkürzung des sogenannt roten Spektrumendes und mit Verschiebung des Helligkeitsmaximums (T. E. Max. um 540 mμ nach PITT und WRIGHT gegenüber 555 beim Normalen — analog verhalten sich die Peripheriewerte) nach der kurzwelligen Seite (bei sogenannt Deuteranopen nach der langwelligen Seite — mit T. E. Max. von 565 nach PITT und WRIGHT!), ferner mit niedrigerem Bedarf an Blaulicht für beide farblose Mischungen (vgl. oben S. 74), und zwar sowohl die sogenannt warme (dem Urrot analoge) und die sogenannt kalte (dem Urgrün analoge), und mit relativ kurzwelliger Lage der neutralen Stelle im Spektrum (um 490) gegenüber etwa 510 bei den sogenannt Deuteranopen. An Helligkeit setzt der sogenannte Protanop etwa gleich: 1 Teil Na = 18 Teile Li = 2 Teile Tl, hingegen der sogenannte Deuteranop 1 Teil Na = 5 Teile Li = 5 Teile Tl (TRENDELENBURG). Der Hauptunterschied der beiden Typen der Rot-Grün-Blindheit scheint jedoch in der Form der spektralen Weißvalenzkurve bei Hellzustand gelegen zu sein, wobei jene der Protanopen eine Mittelstellung zwischen der Hell- und der Dunkelkurve des normalen farbentüchtigen Auges einnimmt, hingegen die Deuteranopen den helladaptierten, gar gelblichtsichtigen Farbentüchtigen etwa gleichkommen. Für die Begründung der Typendifferenz unter den Farbentüchtigen wurde übrigens bereits oben (S. 74) Ähnliches, wenigstens vermutungsweise, angedeutet. Im Zustand vollendeter Dunkeladaptation stimmen hingegen beide Typen der Rotgrünblinden untereinander wie mit den Typen der Farbentüchtigen weitgehend überein. Dieser Umstand schließt die früher vertretene Annahme einer verschieden starken Pigmentierung der optischen Medien, speziell der Macula lutea, mit Sicherheit aus, wofür schon — wie bereits S. 74 erwähnt — das, wenn auch abgeschwächte, Fortbestehen der Typendifferenz im extramacularen Sehen spricht, und läßt eine Verschiedenheit in der Apparatur für Tagessehen erschließen.

Bezüglich der Fälle von *totaler Farbenblindheit* genüge es hier, daran zu erinnern, daß bei der typischen angeborenen Anomalie (Typus I) die spektrale Helligkeitsverteilung, bzw. die Weißvalenzkurve dauernd jener gleicht, welche für das Dämmerungssehen bzw. sogenannte Stäbchensehen allgemein gilt — also mit relativ niedrigen Werten in der langwelligen, relativ höheren Werten in der kurzwelligen Hälfte und Maximum um 535 mμ Disp. bzw. Norm. und 507 isenergetisch. Doch fehlt hier ungeachtet der Konstanz der relativen Weißvalenzen ein Dunkeladaptationsvermögen durchaus nicht; nur ist die Steigerung der Weißerregbarkeit bei Lichtabschluß eine gleichmäßige, ohne Elektivität nach Wellenlängen. Auch fehlt im Dunkelauge von Totalfarbenblinden nicht die charakteristische regionale Abstufung der Reizbarkeit mit Bevorzugung der parazentralen Zone, jedoch ohne Ausfall in der Fovea, welche in dem einzigen, bisher mikroskopisch untersuchten Fall als mit nicht vollentwickelten Zapfen besetzt befunden wurde (LARSEN). Ebenso zeigt der Verlauf der farblosen Nachreaktion und seine adaptative Beeinflussung im Zentrum wie in der Peripherie keine wesentliche Abweichung vom Verhalten des Farbentüchtigen (E. HERING und C. v. HESS, ENGELKING). An einer Beteiligung der Netzhautgrube bzw. des stäbchenfreien Bezirkes am Sehen der genügend helladaptierten Totalfarbenblinden ist nicht zu zweifeln. Mag es unter diesen auch Fälle von Lichtscheu, verminderter Sehschärfe, unvollkommenem Fixationsvermögen, ja zentralem Skotom und konsekutivem Nystagmus geben, so darf doch kongenitale Achromatopsie nicht einem bloßen „Stäbchensehen" gleichgesetzt werden! — In bedeutsamer Abweichung von dem geschilderten Verhalten stimmt eine andere Gruppe von Totalfarbenblinden (Typus II oder sogenannte totale Zapfenfarbenblindheit), darunter besonders Fälle von erworbener Totalfarbenblindheit in der spektralen Helligkeitsverteilung, bzw. in der Weißvalenzkurve für das Hellauge mit Maximum bei etwa 550 mμ isenergetisch (ARTHUR KÖNIG, PIPER, F. EXNER) und in deren charakteristischer Veränderung für das Dunkelauge grundsätzlich mit dem Normalen überein, speziell mit der Sehweise der normalen Netzhautperipherie. Dieses Verhalten ist ein bedeutsamer Ausdruck der auch beim Tagessehen bestehenden Selbständigkeit der Weißerregung gegenüber der farbigen Erregbarkeit (vgl. Abb. 31). Für optische Gleichungen ist dementsprechend hier starke Abhängigkeit vom Adaptationszustand zu erwarten, zumal da auf beiden Seiten homogene Lichter verwendet werden können.

Über die *tatsächliche Erscheinungsweise des Spektrums für Partiellfarbenblinde* (vgl. Abb. 43) gibt eine Eichung nur dann einen klaren Aufschluß, wenn sie die Tatsache berücksichtigt, daß hier das Spektrum nur aus eintonigen, d. h. durchwegs urfarbigen Strecken besteht, und die einzelnen Stufen sich nur an Sättigung und Nuance unterscheiden. Auch muß dabei die adaptativ wechselnde Verteilung der Weißreizwerte berücksichtigt werden. Beim Rotgrünblinden kommt eben allen Spektrallichtern, mit Ausnahme der neutralen Stelle, nur eine einzige farbige, entweder gelbe oder blaue Valenz und eine je nach der Zustandslage wechselnde Weißvalenz zu. Das Gelb-Blau-Erscheinen des Spektrums in charakteristischer Abstufung der Sättigung für einen Rotgrünblinden (und zwar sogenannt Protanopen vom Typus I) sei auf Grund von Dreilichtereichung noch besonders illustriert (vgl. Abb. 44). Analoges gilt — unter Bestehen von zwei neutralen Stellen — für Gelbblaublinde; bei solchen kann eine gleichzeitige Schwäche des Rotgrünsinnes — als Übergang zu totaler Farbenblindheit — zum Farbloserscheinen des ganzen kurzwelligen Anteiles des Spektrums (Typus II) und damit zum Anschein von gleichzeitiger Blau- und Violettblindheit im Gegensatz zu reiner (Gelb-) Blaublindheit (Typus I) führen (HERING, GÖTHLIN).

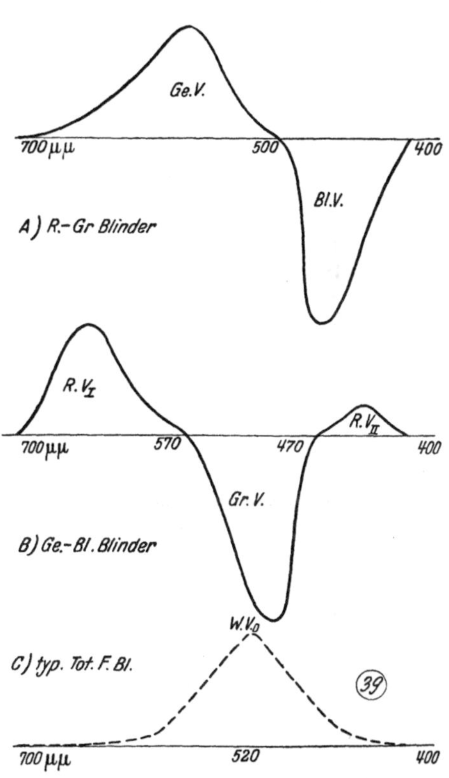

Abb. 43. Schema der Valenzkurven im Spektrum für Farbenblinde, und zwar *A)* für Rotgrünblinde, *B)* für Gelbblaublinde, *C)* für typische Totalfarbenblinde.

Die seit DONDERS üblich gewordene und vielfach verwendete rein physikalische *Zwielichtereichung* des Spektrums für Rotgrünblinde mit je einem Licht aus beiden Endstrecken, also mit Spektralrot und Blau oder Violett, vermag jedoch den oben bezeichneten Anforderungen nicht zu genügen; ja sie kann (bei Verwertung zu der theoretischen Ausdeutung eines „reduzierten" Farbensystems) leicht Verwirrung stiften und zu Fehlschlüssen verleiten! Kommen doch hierbei die unbestreitbaren Sättigungsunterschiede im Spektrum, welche nicht einfach durch Zugabe der zweiten Komponente zu beseitigen sind und daher die Gleichung unbefriedigend lassen, nur unvollkommen und unklar zum Ausdruck (vgl. Abb. 45 und 46). Erst eine individualisierte *Dreilichtereichung* (nach A. v. TSCHERMAK-SEYSENEGG), zu welcher abwechselnd eine für den einzelnen Rotgrünblinden maximal satte Strahlung aus der gelben oder der blauen Spektrumhälfte verwendet und abgestuft Licht seiner (primären!) Neutral- oder Einlichtstelle zugegeben wird, erweist sich als ausreichend zur Herstellung vollwertiger Gleichungen. Hingegen wäre eine *Festlegung* von Eichlichtern *ohne* Rücksicht auf die Individualität zwar physikalisch verlockend, physiologisch aber durchaus unberechtigt und fehlervoll! Für einen Gelbblau-

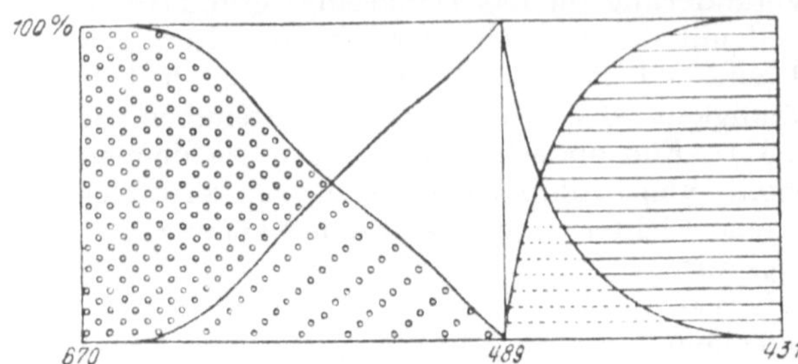

Abb. 44. Spektrale Verteilung der Farbe und Sättigung für einen Protanopen (I. Typus) — auf Grund von Dreilichtereichung nach TSCHERMAK-SEYSENEGG.

blinden oder sogenannt Tritanopen bedürfte es einer Dreilichtereichung mittels eines der beiden Spektrallichter, welche dem Betreffenden farblos erscheinen (noch besser abwechselnd des einen und des anderen) und einer gerade für ihn maximalsatt roten bzw. grünen Strahlung.

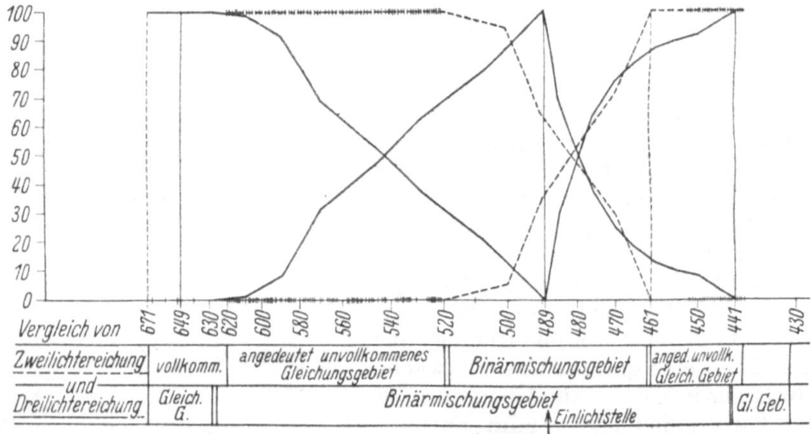

Abb. 45. Vergleich von Zweilichtereichung und Dreilichtereichung des Spektrums für einen Protanopen (I. Typus) (nach A. V. TSCHERMAK-SEYSENEGG).

Mit der kurzen Wiedergabe dieser grundsätzlich wichtigsten Daten über Farbenblindheit, welche natürlich die tatsächlichen Gegebenheiten durchaus nicht erschöpfen, ihnen aber möglichst gerecht zu werden suchen, sei jedoch keineswegs gesagt, daß auf diesem Gebiete bereits alles geklärt sei; vielmehr muß ein weiterer Ausbau offen als notwendig bezeichnet werden. Nur sollen dabei die klar herausgearbeiteten Grundsätze und Untersuchungsmethoden beachtet werden, und es darf nicht immer wieder auf bereits überwundene Anschauungen und Verfahren — so speziell auf die Zweilichtereichung — zurückgegriffen werden! Bezüglich der Prüfung des Farbensinns mit farbigen („pseudoisochromatischen") Lesetafeln darf hier zum Schluß ausgesprochen werden, daß bei aller Würdigung ihrer technischen Vollendung und praktischen Bewährung (so speziell der STILLING-HERTELschen Tafeln) die Mithereinziehung der Prüfung von Auflösungsvermögen, Kombinationsfähigkeit und Gedächtnis eine nicht unbedenkliche Komplikation schafft. Wenigstens

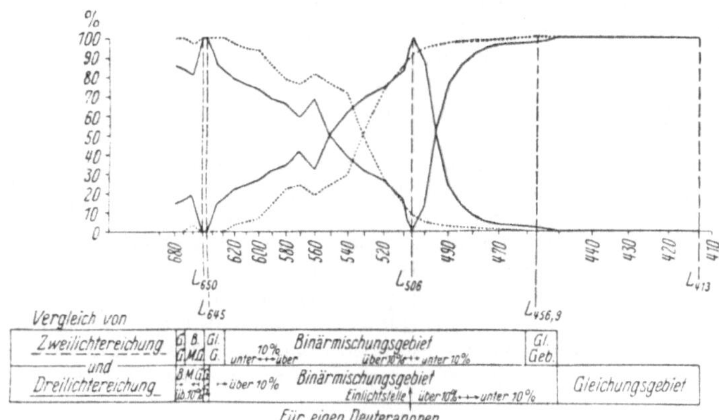

Abb. 46. Vergleich von Zweilichtereichung und Dreilichtereichung des Spektrums für einen Deuteranopen (nach A. v. TSCHERMAK-SEYSENEGG).

als Ergänzung und Verfeinerung wäre eine Untersuchung mit geeigneten einfachen Gleichungen, welche keinerlei kombinatorische Leistungen verlangen, zu empfehlen (vgl. bereits gewisse Punktmuster bei ISHIHARA, ferner die von A. v. TSCHERMAK-SEYSENEGG vorgeschlagenen Loch-Ring-Tafeln).

7. Theorien des Farbensinnes.

a) Grundforderungen.

Wichtiger als ein vorschneller Ausbau einer Theorie des Farbensinnes erscheint zunächst eine klare Umreißung jener Forderungen, denen eine solche — soll sie brauchbar und fruchtbar sein — unbedingt Genüge leisten muß. Als solche seien hier zusammenfassend dreizehn Punkte bezeichnet:

1. Der elementare, positive Charakter der Empfindungsqualitäten Weiß und Schwarz.

2. Die ausgezeichnete Stellung von *vier* eintonigen oder urfarbigen Lichtern neben vier zweitonigen oder mischfarbigen Strecken im Kontinuum des Farbentonkreises, gegenüber welchem das Spektrum des Urrot und der Purpurtöne entbehrt und dementsprechend nur drei Kardinalpunkte, bzw. eine Lücke an Stelle des vierten aufweist.

3. Das Bestehen der Empfindungsqualitäten: Sättigung bzw. Verhüllung oder Graugehalt und Nuance oder Graucharakter neben dem Farbenton in allen farbigen Eindrücken, auch in den durch homogene Lichter produzierten.

4. Die nicht einfache, sondern komplexe Beziehung zwischen Wellenlänge und Lichtstärke einerseits, Farbenton und Helligkeit anderseits, wobei die jeweilige Zustandslage des Sehorgans entscheidend mitwirkt.

5. Die paarweise Alternanz oder Gegenfarbigkeit von Rot-Grün, Gelb-Blau, die Möglichkeit der Kompensation oder Farblosmischung der beiden Paarlinge, sowie deren gegenseitige Koppelung im Simultan- und Sukzessivkontrast.

6. Die doppelte Wirkung jedes farbigen Lichtes auf das Auge entsprechend einer ein- oder zweikomponentigen farbigen und einer Weißvalenz.

7. Die Änderung der spektralen Helligkeitsverteilung, und zwar sowohl bei zentralem Farbigerscheinen wie bei peripherem Farbloserscheinen, als beim Übergang von Farbigsehen zum Dämmerungssehen, bzw. bei Dunkeladaptation. Die Steigerung

der Weißerregbarkeit mit Wellenlängenelektivität kommt dabei nicht bloß der extrafovealen Region, sondern — wenn auch in erheblich geringerem Ausmaß — ebenfalls dem Netzhautzentrum zu.

8. Durch Mischung von drei passend gewählten, d. h. alle vier Urfarben enthaltenden Lichtern, lassen sich zwar alle Farbentöne, aber nicht zugleich alle Sättigungsstufen und Nuancen oder Schattierungen erzeugen.

9. Die Produktion von Grün aus Gelb und Blau betrifft nur die Mischung von Pigmenten; sie beruht nicht auf einer physiologischen Addition, sondern auf einer physikalischen Subtraktion unter Restieren von grünem Licht.

10. Die Verschieblichkeit der Farbentonverteilung, speziell die Verschieblichkeit der drei urfarbigen Spektralstellen durch farbige Ermüdung oder Adaptation, der eine allgemeine chromatische Lichtwirkung entgegenarbeitet.

11. Die Analogie der relativen peripheren Farbenblindheit, d. h. der Abnahme der beiden Paare farbiger Erregbarkeit im indirekten wie zirkumpapillaren Sehen des Normalen mit der pathologischen Farbenblindheit.

12. Die Reduktion der farbigen Empfindungswelt beim Partiellfarbenblinden auf Gelb-Blau bzw. Rot-Grün, beim Totalfarbenblinden auf die Weiß-Schwarz-Reihe.

13. Die Analogie der beiden Haupttypen (Blau- und Gelblichtsichtige) unter den Farbentüchtigen und der beiden Haupttypen unter den Rotgrünblinden.

b) Übersicht und Kritik der Theorien.

Begreiflicherweise hat die NEWTONsche Regel von der Mischbarkeit aller „Farben" aus drei passend gewählten Grundlichtern — wie Spektralrot, Grün oder besser Gelbgrün, Violett — dazu geführt, daß zuerst WÜNSCH (1792), dann YOUNG (1802), MAXWELL (1857), endlich HELMHOLTZ (1866 — nach anfänglicher Gegnerschaft, noch 1852, und mit einer stets aufrechterhaltenen

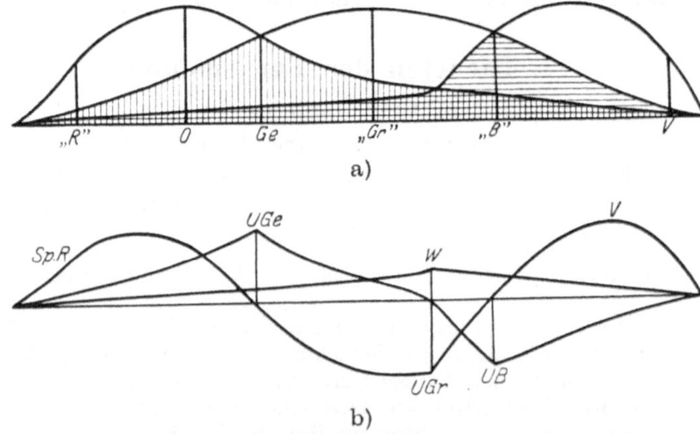

Abb. 47. a) Spektrale Erregbarkeitskurven der drei Komponenten (nach YOUNG-MAXWELL-HELMHOLTZ).
b) Entsprechendes Valenzenschema.

Reserve) eine *Dreifaserlehre* des Farbensinnes formulierten. Dies geschah zunächst durch die Annahme von drei Faser- oder Zellarten, und zwar speziell Zapfenarten, die zwar auf alle Lichtarten, jedoch in spezifisch verschiedener Empfänglichkeit entweder mit Rot- oder mit Grün- oder mit Violett- bzw. Blauerregung (letzteres ursprünglich YOUNG; wieder aufgenommen von A. KÖNIG und DIETERICI, v. KRIES; speziell GÖTHLIN mit der These einer zentralen Hemmung der Rezeption der Komplementärfarbe durch Beanspruchung eines bestimmten Farbrezeptors) in entsprechend verschiedener Stärke antworten sollen. Dabei soll gleichstarke Beanspruchung der ersten zwei Faserarten die binäre Gelbempfindung, gleichstarke Beanspruchung aller Dreifaserarten die ternäre Weißempfindung hervorrufen. Das Gesagte sei gleich durch ein Diagramm und dessen Transponierung in ein Valenzschema nach Art des HERINGschen (oben Abb. 31) veranschaulicht (vgl. Abb. 47).

Auch die übliche Wellenlängencharakteristik des Farbentons der Spektrallichter durch einen „*Mischlinienzug*" (vgl. auch die „Farbtafel mit Spektralfarbenzug" mit rechtwinkeligen Eichmomentaxen nach LUTHER) innerhalb eines Dreieckes, an dessen Ecken, mit einem bestimmten Gewicht versehen, drei sogenannte Grundfarben oder Elementarlichter — seien sie im Spektrum vertreten (nach MAXWELL entsprechend 630, 516, 457 — nach ABNEY 672, 514, 454 — nach v. KRIES 660, 495, 471 mμ) oder ultraspektral liegend gedacht — zu

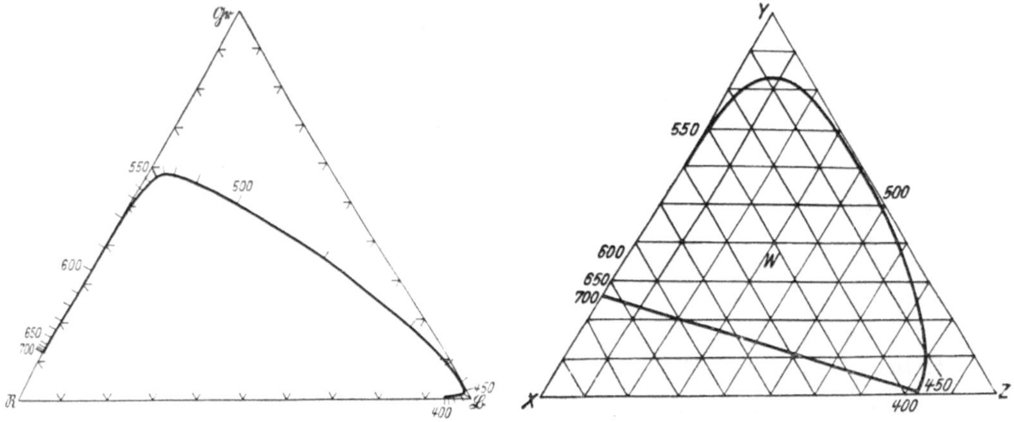

Abb. 48. Mischliniendreieck nach der Schwerpunktregel (nach IVES).

Abb. 49. IBK.-Farbtafel in gleichseitiger Form mit den virtuellen Normalreizen (nach M. RICHTER).

stehen kommen, und dessen Mittel- oder Schwerpunkt dem Unbuntpunkt bzw. dem Weiß entspricht (NEWTON, HELMHOLTZ, ARTHUR KÖNIG, v. KRIES, F. EXNER, KOHLRAUSCH, IVES u. a., vgl. Abb. 48, 49), bleibt unbefriedigend. Analoges gilt auch von den daraus abgeleiteten sogenannten Grundempfindungs- oder besser Grundreizkurven (ARTHUR KÖNIG und DIETERICI, und zwar unter Einsetzen der drei sogenannten Dichromatenfehlfarben als Grundreize 700, 508, 475, nach IVES 760 bis 680, 500, 441 mμ, F. EXNER). Treten doch in diesen Darstellungen der spektralen Mischlinie, deren Einzelpunkte durch projektive Koordinaten (nach PFLÜCKER) in bezug auf die Dreieckseiten charakterisiert erscheinen und dementsprechend je näher dem Rande zu um so sattere Farben bezeichnen — so auch in der IBK.-Farbtafel, welche Werte eines rein reizmetrischen Maßsystems abzulesen gestattet (vgl. Abb. 49), mit geradliniger Führung bis 570 mμ oder gar 550, Umkehr bei 520 und leichter Ausbiegung zwischen 500 und 400 — weder Urgelb (um 570), noch Urgrün (um 500), noch Urblau (um 470) als Sättigungsdifferenzmaxima, bzw. als Umkehrpunkte oder Ecken hervor, wie dies nach den oben (S. 43, 54, 56, 61) erwähnten Beobachtungen zu verlangen wäre! Immerhin ist im Gegensatz zu früher in den neueren Berechnungen und besseren Diagrammen dieser Art (so von IVES, HOUSTOUN, noch mehr bei PIERCE) — durch gekrümmte, nicht mehr geradlinige Führung des Linienzuges im Gelb, durch Verschiebung des Gipfels gegen das Grün und durch deutliche Knickung im Blau — bereits eine erfreuliche Annäherung an das Schema eines viereckigen Linienzuges der Spektrallichter mit mehr oder weniger scharfen Ecken oder Umkehrstellen, entsprechend Urgelb, Urgrün und Urblau, und fehlender, bzw. ultraspektral ergänzter Urrotecke (nach A. v. Tschermak-Seysenegg, vgl. die natürlich nur grob schematisch zu nehmende Abb. 50), zu verzeichnen. Bei fortgesetzter einwandfreier Nachprüfung wird hoffentlich eine völlige Harmonie erreicht werden. Nebenbei sei noch bemerkt, daß der von einem bestimmten Spektralort durch den Unbuntpunkt W gelegte Radiant gerade das „komplementäre" Spektrallicht trifft (so in Abb. 48 und 49 zu L 400 das Licht 570, zu L 700 das Licht 492) und zu den zwischen 492 und 570 gelegenen Lichtarten komplementäre Lichter überhaupt (entsprechend der Urrotlücke) fehlen. Im Farbendreieck von Schrödinger und Rieke erscheinen zwei Eckpunkte mit den Enden des Spektrums, Rot und Violett, und der dritte mit Weiß besetzt.

Das IBK-Dreieck der internationalen Beleuchtungskommission (vgl. Abb. 49) vermeidet jede farbentheoretische Bindung und macht vom Prinzip der Dreilichterökonomie (mit den Lichtern 700, 546 und 430 mμ als „künstlichen Grundreizen" neben dem Weiß der Normallichtquelle (S. 65, Anm. 1) zwar zur Charakteristik des Farbentones Gebrauch. Hingegen wird auf die anschauliche Darstellung der Sättigung der einzelnen Spektrallichter durch den Abstand von den zugehörigen Dreiecksseiten verzichtet und tritt die relativ unsatte Grünregion nahe an den Dreiecksrand heran, während allein die Grünkomponente für die Helligkeit bestimmend sei. Seine Koordinaten geben nicht die direkten Anteile an, sondern bedeuten nur Relativwerte, gewonnen durch Umrechnung auf die Summe 1. — Eine Wiederaufnahme (Franz unter der Annahme, daß die drei Grundfarben durch Erregungsmangel je einer der drei vorausgesetzten Komponenten gegenüber ihrer gleichmäßigen Beanspruchung im Weiß hervorgehen) der Dreifarbenlehre Goethes mit Purpur, Gelb, Blau (vgl. S. 70) widerspricht dem oben (S. 62) nachdrücklich betonten Grundsatz, daß das dabei fehlende Grün aus diesen Komponenten überhaupt nicht *physiologisch* produzierbar ist, sondern nur scheinbar, nämlich durch physikalische Subtraktion aus gelbem und blauem Pigment hervorgeht (vgl. S. 62, 80).

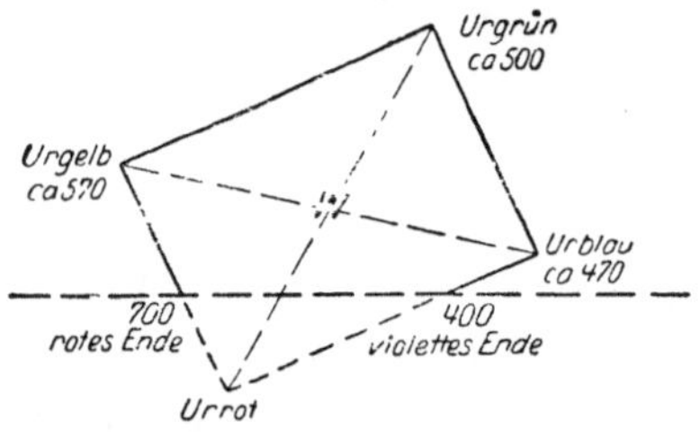

Abb. 50. Viereckiger Linienzug der Spektrallichter um den Schwerpunkt (W — entsprechend Weiß) mit fehlender bzw. ergänzter Urrotecke.

Angesichts der Feinheit des optischen Raumsinnes in der Fovea, für welche ein einzelner Zapfen (scheinbar, aber auch nur scheinbar sogar ein Anteil eines solchen) als physiologische Einheit für alle Erregungsarten anzusehen ist (vgl. S. 16), mußte die Dreizapfenhypothese — mit ihrer Annahme eines dreifachen Rasters — bereits in eine *Dreikomponentenlehre* umgewandelt werden, nach welcher jedes einzelne funktionelle Element, speziell jeder einzelne Foveazapfen, zu dreierlei verschiedenen, selbständigen Erregungsarten befähigt sei. Ein solcher Parallelschluß von gewissen Ergebnissen der Lichtermischung auf die Gliederung des Rezeptionsapparates bedeutet zwar eine für die mathematische Behandlung der Mischungslehre sehr bequeme und unleugbar brauchbare Ökonomie, die allerdings leicht zu irreführenden Schlüssen verleitet. Doch handelt es sich dabei nicht um eine wahre Produktion der vierten Grundqualität Gelb aus Rot + Grün oder des Weiß aus drei gleich großen Komponenten, sondern um einen Effekt physiologischer Subtraktion, die zum Restieren bereits vorhanden gewesener Empfindungsqualitäten führt. Wie schon oben (S. 60) gesagt, bedeutet Dreilichtermischung in Wahrheit Vierfarbenmischung.

Der dreifachen Mannigfaltigkeit der Lichter entspricht eine vierfache solche an Farben oder farbigen Valenzen, und zwar noch kompliziert durch eine daneben gegebene selbständige Weißvalenz. Gelb und Weiß sind eben keine Additionsprodukte, sondern ebenso einfache Grundqualitäten der Gesichtsempfindung wie Rot, Grün, Blau. Die polyvalente Leistung der Lichtermischung nach NEWTON beschränkt sich eben auf die Farben*töne*, ohne daß es möglich wäre, durch noch so glückliche Kombination von drei noch so passend gewählten Lichtern auch alle beliebigen Sättigungsstufen und Nuancen an Farbe zu produzieren! Vom physiologischen Standpunkt aus muß der Versuch einer Reduktion des Farbensystems auf drei Komponenten als unzulänglich und unberechtigt, als eine physikalische Scheinökonomie bezeichnet werden. Die physiologischen Valenzen lassen sich eben in ihrer Gesamtheit nicht durch Angabe von drei Variablen erschöpfend darstellen. So läßt sich der relativ satte Eindruck von Spektralgelb oder Spektralblau nicht durch Mischung von Spektralrot, Spektralgrün und Violett hervorrufen. Auch bedeutet die einfache Gleichsetzung Wellenlänge = Farbenton, Leuchtdichte = Helligkeit, Unreinheit, d. h. Beimengung von unzerlegtem weißem Licht = Verhüllung oder 1: Sättigung, ebenso die Voraussetzung von Konstanz des Sehorgans eine unzulässige Fiktion. Ferner bleibt bei der oben vorgenommenen Transponierung der drei hypothetischen Erregbarkeitskurven in ein Valenzkurvenschema (vgl. Abb. 47 b) insofern ein sehr wesentlicher Widerspruch bestehen, als der Gipfel der binären Gelbvalenzkurve und jener der ternären Weißvalenzkurve nicht, wie es beim Tagessehen zu erwarten steht, zusammenfallen, sondern der letztere dauernd in Grün — so wie beim Dämmerungssehen — zu liegen kommt. Auch stehen einer dreikomponentigen Natur des Weißprozesses gewichtige Gründe entgegen, besonders die prinzipielle Unabhängigkeit der Weißerregbarkeit von der farbigen Erregbarkeit. Vielmehr spricht alles dafür, an Stelle des Dreikomponentenweiß einen selbständigen, einfachen Weißprozeß auch beim Tagessehen anzunehmen. Daß eine Dreikomponententheorie auch dem Schwarz als einer positiven Empfindungsqualität sowie der Vorzugsstellung (und paarweisen Koppelung) der vier Kardinallichter, bzw. der drei urfarbigen Stellen im Spektrum *nicht* gerecht wird, braucht kaum näher ausgeführt zu werden. Auch die Beobachtungen über relative Reduktion des Farbensinnes im indirekten Sehen sowie über partielle wie totale Farbenblindheit, speziell die Auffassung der beiden Typen Rotgrünblinder als verschiedenartiger Produkte von Ausfall im peripheren Apparat, erweisen sich bei kritischer Prüfung nicht als geeignet, die Dreikomponententheorie zu stützen. Daß weder Dreilichtermischung noch Dreifarbendruck oder Dreifarbenphotographie irgendeine Beweiskraft zugunsten einer Dreikomponententheorie besitzen, ist wohl überflüssig zu betonen. Gerade die Unzulänglichkeit der „Produktion" der vierten Farbe, für welche die erregende Strahlung erst durch Lichtsubtraktion bei geeigneter Pigmentmischung als Rest hervortritt, spricht vielmehr deutlich für die Forderung von vier Grundfarben!

Auch der Versuch, zwar für die zentralen Stationen den Vierfarbengrundsatz anzuerkennen, für den peripheren Aufnahmeapparat jedoch das Dreikomponentenprinzip aufrechtzuerhalten (*Zonentheorie* nach v. KRIES u. a.), kann nicht befriedigen. Der Tatsachenbestand zwingt durchaus nicht zu einer so komplizierten Annahme, und der Vorteil der einfachen mathematischen Charakterisierbarkeit des Farbentons nach dem Dreilichterprinzip bedeutet in Wirklichkeit doch nur eine Scheinökonomie.

Der Selbständigkeit und Einfachheit des Weiß wie des Gelb neben den anderen Grundfarben wird erst eine *Vierfarbentheorie* gerecht, wie sie zuerst LIONARDO DA VINCI, dann AUBERT und MACH vertreten haben. Die bedeutsamste Formulierung aber stellt die *Theorie der Gegenfarben* von E. HERING dar, welche die Erkenntnis der sechs Grundqualitäten des Licht-Farbensinns und der paarweisen Koppelung der vier bunten Glieder wie des Weiß und Schwarz beinhaltet. Um wiederholt aufgetauchte Mißverständnisse zu vermeiden, sei dazu bemerkt, daß HERING mit der Aufstellung von drei biologischen „Substanzen", einer Weiß-Schwarz-, einer Rot-Grün- und einer Gelb-Blau-Substanz, nur die Selbständigkeit von drei doppelsinnigen Erregungsweisen oder Anteilen am nervösen Apparat des Sehorgans bezeichnet, nicht aber Substanzen im Sinne des Chemikers, auch nicht Seh- oder Empfangsstoffe (s. unten S. 86) meint. Diese Theorie wird den eingangs formulierten Tatsachenforderungen in weitgehendem Maße gerecht; besonders spricht die Analogie der peripheren und der pathologischen Farbenblindheit sehr zu ihren Gunsten. Allerdings ist die ursprünglich damit verbundene Annahme einer Konstanz der Weißvalenzverteilung im Spektrum nicht aufrechtzuerhalten und durch die These einer adaptativen wie regionalen Abhängigkeit zu ersetzen (A. v. TSCHERMAK-SEYSENEGG). Bezüglich der Erscheinungen des Simultankontrastes stellt die Theorie einer gegensinnigen physiologischen Wechselwirkung der Netzhautteile (von MACH begründet) eine wesentliche Ergänzung dar.

Eine besondere Weiterentwicklung hat in den letzten Dezennien — besonders durch ARTHUR KÖNIG, v. KRIES, CHARPENTIER, PARINAUD, LUMMER — die *Duplizitätstheorie* gefunden, welche zunächst — so bei M. SCHULTZE (1866) — die morphologische Doppelnatur der Netzhaut, d. h. die Zusammensetzung des retinalen Neuroepithels aus Stäbchen und Zapfen, betraf. Dabei werden die ersteren als totalfarbenblind, bloß einer farblosen Erregung fähig, die letzteren als farbentüchtig betrachtet. Unverkennbar ist, daß der sehpurpurhaltige Stäbchenapparat bei ausgesprochenen Dämmerungs- und Nachttieren (so Katze, Ratte, Eule) weit stärker ausgebildet erscheint als bei ausgesprochenen Tagtieren (so Bussard, Huhn, Taube — vgl. speziell ROCHON-DUVIGNEAUD). Doch entbehren die ersteren der Zapfen meist nicht vollständig, ja die Netzhäute gewisser nächtlich lebender Schildkröten werden geradezu als stäbchenfrei bezeichnet. Gerade an solchen wären Studien über Dunkeladaptation sehr interessant! Umgekehrt lassen die Augen von im Hellen lebenden Säugern und Vögeln Stäbchen nicht völlig vermissen. Jedenfalls muß jenen Zapfen, welche den stäbchenfreien Bezirk beim Menschen (im Ausmaße von 0,5 bis 0,8 mm [KOSTER] oder 0,44 mm bzw. 1,7° (WOLFRUM] oder 0,37 mm horizontal, 0,42 mm vertikal [DIETER] oder gar 0,2 mm [FRITSCH] bzw. 2 bis 3° oder 1° 40′ Durchmesser gegenüber 0,24 bis 0,3 mm bzw. 55 bis 69′ für die Fovea, inmitten der ausgedehnteren Macula lutea gelegen) einnehmen, eine gewisse Verwandtschaft mit den Stäbchen zuerkannt werden. Das Netzhautzentrum nimmt eben keine funktionelle Sonderstellung ein, sondern erweist sich als nur graduell von der parazentralen Region, ja der übrigen Netzhaut überhaupt verschieden. Der Anschein einer Sonderstellung und damit ein wahrscheinliches Stäbchensehen ergibt sich eben nur bei tiefer Dämmerung, bzw. bei Herabsetzung der Beleuchtungsstärke unter die foveale Schwelle (etwa unterhalb $1/_{30}$ Lux bzw. 10^{-6} sb). Hingegen sind — wie bereits oben (S. 41) betont — bei etwas stärkerer Beleuchtung im dunkeladaptierten Auge die Zentralzapfen sicher mitbeteiligt; nur erreicht die nachweisbare foveale Steigerung der Weißerregbarkeit, für welche aber auch das PURKINJEsche Phänomen, also deutliche Wellenlängenelektivität, sowie die charakteristische Beeinflussung der Nachreaktion besteht, eine geringere Endhöhe als parazentral, und zwar unter deutlicher Zunahme schon innerhalb des stäbchenfreien Bezirkes. Ebenso erweisen sich die Totalfarbenblinden durchaus nicht als reine Stäbchenseher mit zentralem Skotom (vgl. S. 76, 77). Ebenso entbehrt die relativ, nicht absolut totalfarbenblinde Netzhautperipherie keineswegs der Zapfen; diese stehen von etwa 8° Exzentrizität ab in einem annähernd konstanten Zahlenverhältnis zu den Stäbchen, so daß die fortschreitende Abnahme des Farbensinnes keine Parallele in einer fortschreitenden Zunahme der Stäbchen findet.

Gewisse Erfahrungen über gegenseitige Abhängigkeit von Hell- und Dunkel-apparat im Sinne von Hemmung (speziell der Stäbchenfunktion durch gleich-zeitige Beanspruchung der Zapfen — G. E. MÜLLER) können für die Duplizitäts-theorie angeführt werden. Eine, wenn auch beschränkte Bindung oder Speicherung von Sehpurpur in den Zentralzapfen konnte allerdings bisher nicht einwandfrei nachgewiesen werden, wenn auch einerseits die Möglichkeit hochgradiger Ver-dünnung, anderseits die Eventualität einer Verdeckung durch Mitvorkommen gegensinnig gefärbter bzw. absorbierender Sehstoffe nicht auszuschließen ist. Nachdrücklichst sei betont, daß keinerlei Berechtigung dafür besteht, den Weiß-prozeß in den Stäbchen als einen einfachen, jenen in den Zapfen als einen drei-komponentigen im Sinne der WÜNSCH-YOUNG-MAXWELL-HELMHOLTZschen Theorie aufzufassen, also ein Doppelweiß anzunehmen (ARTHUR KÖNIG, v. KRIES), zumal in der Empfindung nicht kenntlich ist, was Zapfen- und was Stäbchenleistung ist.

Demnach erscheint nur die Vorstellung einer *funktionellen Duplizität der Netz-haut im weiteren Sinne* annehmbar. Als durchaus einwandfrei kann folgende Formulierung bezeichnet werden: Das normale menschliche Auge besitzt zweierlei Einrichtungen, von denen die eine vorwiegend, aber nicht ausschließlich, extra-foveal vertreten ist und dem Dämmerungssehen mit elektiv gesteigerter Weiß-erregbarkeit und geänderter Helligkeitsverteilung dient, während die andere in den Zapfen vertretene Einrichtung die Vermittlung von farblosen wie farbigen Empfindungen im Hellauge besorgt. Der wechselnden Zustandslage des Seh-organs entspricht ein wechselndes Ausmaß in der Zusammenarbeit von Hell- und Dämmerungsapparat. Dasselbe kann man sich schematisch durch ein wechselndes Mischungsverhältnis eines Zapfen-Weiß-Sehstoffes und eines — allerdings auch in die Fovea vordringenden — Stäbchen-Weiß-Sehstoffes dar-gestellt denken. Im Zwielicht und im Mondschein sind noch beide Apparate in Tätigkeit, unter 10^{-6} sb aber nur der an zweiter Stelle genannte. Allerdings darf die Leuchtdichtenstufe nur dann einfach als Charakteristikum angesetzt werden, wenn bereits Anpassung an diese erreicht ist. Im allgemeinen vollzieht sich der Übergang von der Helladaptationslage bzw. Hell-Weiß-Valenzkurve zur extremen Dunkeladaptationslage bzw. Dunkel-Weiß-Valenzkurve relativ langsam, umgekehrt erheblich rascher. Nur in beschränktem Ausmaß ist durch sprunghafte Beleuchtungsänderung gewissermaßen ein augenblicklicher Schicht-wechsel, eine Momentandunkeladaptation möglich. Nicht bloß der Apparat für Tagessehen (bzw. die Zapfen), sondern auch der für Dämmerungssehen (bzw. die Stäbchen) besitzt einen Einfluß auf die Pupillenweite; allerdings nimmt der letztere nicht erheblich mit der Reizstärke oder Leuchtdichte zu, während die Lichtreizung des Tagesapparates die Pupille fortschreitend enger werden läßt (HAMBURGER).

Dabei muß jedenfalls unterschieden werden zwischen dem Reizvermittler oder Photorezeptor und dem erst durch diesen erregten nervösen Anteil oder Reagenten des Sehorgans (*Rezeptor-Reagenten-Theorie* nach A. v. TSCHERMAK-SEYSENEGG). Der Photorezeptor besteht zweifellos aus elektiv Licht aufnehmenden und ver-wertenden Einrichtungen, welche durch ihre wie immer gearteten Umsatz-produkte den Reiz für den nervösen Sehapparat abgeben. Letzterer antwortet je nach der Beschaffenheit dieses Reizes und nach den speziellen Bedingungen mit direkter Verstärkung der Weißkomponente im Eigengrau und mit alternativer Hinzufügung von Rot- oder Grün-, Gelb- oder Blauerregung. Sowohl bezüglich der Photorezeption als bezüglich der photogenen Reizvermittlung sind vorläufig recht verschiedene Vorstellungen möglich. Am plausibelsten erscheint wohl die Annahme eines photochemischen Prozesses, bestehend aus elektiver Lichtabsorption und Lieferung von photogenen Umsatzprodukten seitens bestimmter Sehstoffe — mit der Möglichkeit einer Autoregeneration aus den Abbaustufen. Als Beispiel eines solchen Empfangsstoffes darf — angesichts der weitgehenden Übereinstimmung der spektralen Helligkeitskurve im Dunkelauge und der Absorptions- bzw. Bleichungskurve — der bereits (S. 41) gewürdigte Sehpurpur betrachtet werden. Nur muß meines Erachtens als dessen Gegenstück[1] im Hellauge ein selbständiger Reizvermittler mit einem Maximum in der Gelbregion (WST_T in Abb. 51) angenommen werden. Derselbe würde demgemäß im isolierten Zustand nicht rot, sondern grünlichblau erscheinen, jedoch, mit dem Sehpurpur gemischt,

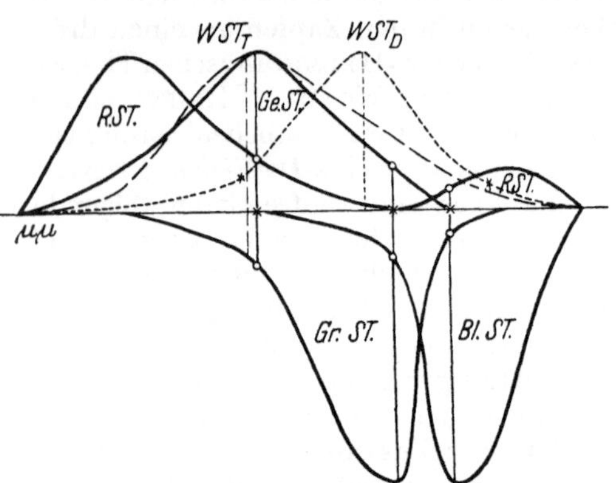

Abb. 51. Absorptionskurven der angenommenen sechs Sehstoffe (nach A. v. Tschermak-Seysenegg).

dessen Farbeneindruck zunächst zum Abblassen bringen. Weiterhin aber ergibt sich meines Erachtens die Annahme von (mindestens) vier photochemischen Reizvermittlern für die vier urfarbigen Erregungskomponenten. Die Absorption oder Bleichungsmaxima derselben wären bei etwa 650 mμ mit Nebenmaximum bei 450 (bisher nicht berücksichtigt!), ferner bei etwa 570, 500 und 470 zu erwarten, so daß sie im isolierten Zustand je ein grün, blau, rot, gelb erscheinendes Restlicht bzw. gemischt einen beiläufig farblosen Gesamteindruck ergeben würden — von der eventuellen Unmerklichkeit durch geringe Konzentration ganz abgesehen.

Irgendwelche Beziehung dieser vier chromatischen Sehstoffe untereinander wie mit den beiden Weißsehstoffen ist — angesichts der prinzipiellen Selbständigkeit der farbigen und der Weißermüdung — m. E. nicht anzunehmen, während die dadurch ausgelösten Erregungskomponenten im nervösen Anteil sich als streng paarig gekoppelt erweisen. Die Veränderlichkeit der spektralen Farbenverteilung durch

---

[1] Die Vorstellung (Weigert), daß der Sehpurpur zugleich als Weißsehstoff des Hellauges fungiere, und zwar unter Verlagerung seines Absorptionsmaximums von 505 bis 555 mμ (im isenergetischen Spektrum), und zwar im Sinne einer Veränderung der Absorptionskurve mit der Belichtungswellenlänge, erscheint unannehmbar. Dagegen spricht nicht bloß sein Ausbleichen im Hellauge, sondern auch der für eine „photodichroitische Farbanpassung", wie sie gewisse lichtempfindliche Kolloidgemische, speziell in sehr dünner Schicht, und zwar in Abhängigkeit vom Brechungsvermögen des Lösungsmittels, zeigen, übergroße Unterschied der Maxima; müßte doch das auf den Sehpurpur im Dunkelauge unwirksame langwellige Licht im Hellauge deutliche Wirksamkeit gewinnen! Ein interessantes Gegenstück zu den unter Lichteinwirkung zerfallenden, unter Lichtabschluß sich regenerierenden Sehstoffen bilden die Fulgide, welche bei Lichtabschluß zerfallen und unter Lichteinwirkung sich regenerieren. Analog verhält sich der Farbstoff der grüngelben Zapfenölkugeln im Hühnerauge, das dreikomponentige Chlorophan (ein Carotinoidkomplex, der teilweise mit dem siebenkomponentigen Xanthophan der ockergelben Ölkugeln, nicht aber mit dem dreikomponentigen Rodophan der roten Ölkugeln übereinstimmt, und anscheinend eine Sehstoffvorstufe darstellt), indem es sich bei Belichtung vermehrt, bei Lichtabschluß hingegen vermindert (Capranica, v. Studnitz).

chromatische Adaptation — speziell die Verschieblichkeit der drei Kardinalpunkte und die Möglichkeit, selbst den ultraspektral gelegenen vierten durch
extreme Gelbermüdung in das Spektrum hereinzubringen — gestattet den bedeutsamen Schluß, daß die Absorptionskurven der vier Farbsehstoffe nicht streng
aneinandergrenzen (wie dies die Kurven der „freien" Farbvalenz selbstverständlich tun müssen — vgl. S. 55, Abb. 31, 43), sondern erheblich übereinandergreifen, vielleicht sogar über das ganze Spektrum reichen (vgl. Abb. 51).

Diese deduktiven Vermutungen bedürfen natürlich erst der experimentellen
Überprüfung durch Spektrometrie an Netzhautextraktstoffen (v. STUDNITZ)
sowie durch bioelektrische Untersuchung der Empfindlichkeitsbanden an
möglichst isolierten Netzhautelementen (GRANIT). So ist es gelungen, aus den
Zapfen, zunächst von Reptilien (Tagesnattern), dann auch vom Frosch eine
ätherische Extraktlösung zu gewinnen, welche durch alle Lichtarten, auch
durch rote, maximal aber durch Licht etwa 555 mμ, an Absorptionsvermögen
verliert bzw. zersetzt wird, dasselbe jedoch bei Lichtabschluß sehr weitgehend
(und zwar rascher als der Sehpurpur), bei fortdauernder Belichtung einigermaßen,
wenn auch nur vorübergehend wiedergewinnt, also ausgesprochene Selbst-
regeneration besitzt (v. STUDNITZ). Es liegt nahe, darin den Weißsehstoff des
Hellauges zu erblicken und dessen Vorkommen auf die Zapfen zu beschränken
(vgl. den Befund von WALD mit Absorptionsmaximum von 575 am Huhn).
Bezüglich der Vermittler für farbige Erregungen sei zunächst folgende Vergleichs-
aufstellung geboten:

Drei Absorptionsmaxima nach v. STUDNITZ:

I	II	III	IV	V	VI
Rot I	Gelb	Grün	Blau	Violett bzw. Rot II	Weiß
655 (bzw. 650)	555 (bzw. 560)	—	468 (bzw. 470)	—	555 mμ WST$_T$ zusammengesetzt, 520—500 WST$_D$ einheitlich, selbständig

Vier Empfindlichkeitsbanden nach GRANIT:

600—580	560	540—520 (früher 530—500)	470—450 (früher 480—450)

Vermutungsweiser ungefährer Ansatz von A. v. TSCHERMAK-SEYSENEGG:

um 650	um 570	um 500	um 470	um 450	um 570 bzw. 555 WST$_T$, WST$_D$ um 520—500 (beide einheitlich und selbständig)

Das an Absorption, nicht so an bioelektrischer Reaktion vermißte Maximum
im Grün könnte durch Übereinandergreifen der Weiß- bzw. Gelbkurve und der
Blaukurve (mit Schnittpunkt 515) verdeckt sein. Ähnliches gilt von dem Rot-
maximum bei etwa 450 mμ. Meines Erachtens könnte der Kunstgriff, eine Ermüdung für rotes Licht und damit eine Erschöpfung des Rotvermittlers bzw.
eine Steigerung der Grünerregbarkeit und Anhäufung des Grünvermittlers der
Extraktion voranzuschicken, über diese Schwierigkeit hinweghelfen. — Jedenfalls
darf man sagen, daß eine Nötigung, aus dem Befund von bloß drei Empfangs-
stoffen bei v. STUDNITZ einen Schluß zugunsten einer Dreikomponentenlehre
des Farbensinnes abzuleiten, bei dieser Sachlage nicht besteht. Auch erscheint

mir die später gezogene Deduktion einer zusammengesetzten, nicht einheitlichen Natur der Weißrezeption im Hellauge nicht berechtigt, vielmehr ein Nebeneinandergegebensein von Weißrezeptor und von Farbenrezeptoren, speziell Gelbrezeptor, viel wahrscheinlicher. Auch sei daran erinnert, daß die Mischung $L_{555} + L_{468}$ nur ein sehr unsattes Grün, die Kombination $L_{655} + L_{555}$ kein vollsattes Gelb, $L_{655} + L_{468}$ kein vollsattes Violett liefert.

Aus dem Dargelegten ergibt sich die Möglichkeit gesonderter individueller oder typenmäßiger wie pathologischer Variationen im Rezeptionsapparat neben jenen am nervösen Reaktionsapparat, wie sie in Form der typischen partiellen oder totalen Farbenblindheit geschildert wurden. Vermutlich sind die absorptiven Differenzen, welche die individuellen Typenunterschiede zum Teil bedingen (allerdings neben sensitiv-nervösen Faktoren), gerade im photochemischen Aufnahmeapparat begründet. Ebensolches läßt sich für manche Sonderfälle von partieller Farbenblindheit — speziell von Grün- und Blauverwechslung (I. SCHMIDT) — vermuten. Es sei offen zugegeben, daß unser Stand an exaktem Beobachtungsmaterial gerade auf diesem Gebiete noch vielfach Lücken aufweist und einer vorurteilsfreien Bereicherung bedarf. Eine solche will mir wichtiger erscheinen als ein vorschneller Aufbau allzu spezialisierter Hypothesen. Als besonders unfruchtbar muß es aber bezeichnet werden, wenn immer wieder mit einer Dreikomponententheorie als ehrwürdigem Erbstück operiert wird, ohne sich um die tatsächlichen Ergebnisse der Mischung von drei entsprechenden Grundlichtern, speziell die sinnfällige Unzulänglichkeit des Gemisches an Sättigung (vgl. S. 61) zu kümmern! Unfruchtbare Theorien verfallen eben leicht der Unsterblichkeit, während fruchtbare schließlich zerfallen, und das, was an ihnen unsterblich war, ihren Kindern überlassen (E. HERING)!

Viertes Kapitel.

Einführung in die Lehre vom Raumsinn des Einzelauges.

1. Allgemeine Vorbemerkungen.

Wie bereits auf dem Gebiete des Licht- und Farbensinnes, muß auch auf jenem des optischen Raumsinnes der exakte 'Subjektivismus den Leitstern abgeben, der uns den Weg weist, und klar und folgerichtig Reiz und Reaktion, Physik und Physiologie zu scheiden gestattet, ohne das Anrecht der einen wie der anderen irgendwie zu verletzen. Ebensowenig wie unsere farblosen und farbigen Eindrücke eine direkte Erkenntnis des Lichtvorganges, seiner Energie wie seiner Wellenlänge zu bieten vermögen, bedeuten unsere räumlichen Gesichtsempfindungen eine Wahrnehmung des physikalisch-geometrischen Nebeneinanders der Außendinge. Konnten wir dort nur von einem farblosen und farbigen Reagieren auf photische Einwirkungen sprechen, so haben wir es auch hier mit einem subjektiv räumlichen Reagieren auf nebeneinandergeordnete Gegenstände zu tun, die sich im Außenraum befinden. Ihre Lage zueinander fassen wir in ein geometrisches Beschreibungsbild, im allgemeinen in ein dreidimensionales Schema.

Allerdings besteht zwischen der objektiven, physikalischen und der subjektiven oder physiologischen Welt insofern schon ein gewisser Parallelismus, als wir gerade dank dem Adaptationsvermögen unserer Sinnesorgane in der subjektiven Helligkeit und Farbe ein Anzeichen für ein ständiges spezifisches Remissions- und Absorptionsvermögen der Außendinge besitzen — einen Index, der für uns von ganz anderem praktischen Wert ist, als es ein Erkennen der quantitativen wie qualitativen Schwankungen wäre, welche die Beleuchtung tatsächlich erfährt. Aber auch dem Nebeneinander im objektiven Raum entspricht — dank der Bilderzeugung oder Reizverteilung und einer entsprechenden Abstufung der Sinnesfunktion der einzelnen Empfangselemente — ein Nebeneinander im subjektiven Raum, das dem ersteren ausreichend parallel geht. Alle optischen Eindrücke erscheinen ja diesem zugehörig: sie werden nicht im Auge selbst, sondern außerhalb unseres Körpers lokalisiert und auf äußere Objekte und Vorgänge bezogen (Prinzip der sogenannten Exteriorisation). So sind wir befähigt, uns sowohl über das Remissions- und Absorptionsvermögen als über die räumliche Verteilung der Außendinge in einer für die Bedürfnisse des praktischen Lebens ausreichenden Weise zu orientieren. Von besonderer Bedeutung ist dabei die Möglichkeit des Wiedererkennens und begrifflichen wie gedächtnismäßigen Festhaltens der Eindrücke. Hingegen bedarf es weder einer Einsicht in die Dinge „an sich" noch einer übergroßen Genauigkeit. Machen wir doch von unseren, immerhin recht feinen Sinneseindrücken im praktischen Leben meist einen ziemlich flüchtig zu nennenden Gebrauch. Auch verfügen wir über so manche Einrichtung, um die Eindrücke selbst zu kontrollieren und zu ergänzen. Dazu dient gerade beim räumlichen Sehen besonders die Beweglichkeit der Augen, des Kopfes wie des Gesamtkörpers.

Disharmonien oder Diskrepanzen zwischen der objektiven Anordnung und der subjektiv-räumlichen Lokalisation beobachten wir im allgemeinen nur unter besonderen, künstlich geschaffenen Bedingungen — wie längerdauernde Fesselung des Blickes, Beschränkung des Sehens auf ein Einzelauge, Feststellen des Kopfes, Ausschaltung aller erfahrungsmäßigen Anhaltspunkte. Im gewöhnlichen Leben aber werden diese Differenzen klein genug sein, um nicht als störend bemerkt zu werden. Es ergibt sich daher leicht der Anschein, als ob wir den Außenraum direkt erkennen, die Außendinge tatsächlich wahrnehmen. Um so mehr ist es notwendig, die begriffliche Verschiedenheit von objektivem und subjektivem Raum auch in der sprachlichen Bezeichnung zum Ausdruck zu bringen, wie das etwa in der folgenden Gegenüberstellung geschieht:

Objektiv, physikalisch	Subjektiv, physiologisch und psychologisch
Gesichtsraum	Sehraum
Gesichtsfeld	Sehfeld
Gesichtsobjekt	Sehding
Netzhautbild	Anschauungsbild, Eindruck
Blicklinie bzw. Gesichtslinie	Hauptsehrichtung
Richtungslinien (Lichtrichtungen)	Sehrichtungen
Lotrecht	Vertikal
Waagrecht	Horizontal
Fixationspunkt	Kernstelle
Längshoropter	Kernfläche
Geometrische Lagewerte	Subjektive Raumwerte

Nachdrücklich sei hier schon betont, daß bei jeder Theorie über Grundlagen und Herkunft der optischen Lokalisation, mag sie auch naturgemäß vom Menschen ausgehen, niemals die notwendige Analogie der Tiere vergessen werden darf; allerdings ist diese nur indirekt aus deren reaktivem Verhalten zu erschließen.

Die Frage, welche sich als erste dem Untersucher des optischen Raumsinnes aufdrängt, geht wohl dahin, wie es nur zum Aufrechtsehen komme, wo doch das Bild aus der Netzhaut ein umgekehrtes ist. Die Antwort darauf haben wir schon eingangs (S. 1) gegeben, und zwar dahin lautend, daß nicht individuelle Erfahrung uns zu einem Erlernen der Umkehrung und damit zum Aufrechtsehen führe, sondern daß schon von Geburt aus, also von vornherein das subjektiv-räumliche Reaktionsvermögen gewissermaßen invers zur Reizverteilung abgestuft sei. Gerade diese Auffassung führt uns dazu, den *Begriff der funktionellen Lokal-zeichen* näher zu bestimmen und zu begründen. Gewiß mochte deren Aufstellung (zuerst durch LOTZE, dann durch E. HERING) — gar angesichts der Annahme einer gewissen unleugbaren „prästabilierten Harmonie" (LEIBNIZ) und einer förmlichen „Einrechnung" der Bildumkehr — manchem etwas gezwungen er-scheinen gegenüber dem früher hochbewerteten und beliebten Empirismus! Doch führt uns eine unvoreingenommene kritische Betrachtung zweifellos dazu, das Bestehen einer für die tatsächlichen Verhältnisse und Bedürfnisse des prak-tischen Lebens ausreichenden Harmonie zu erschließen. Diese betrifft einerseits die Verteilung der Reizquellen im Außenraum und die Anordnung der Reizstellen im Netzhautbild, anderseits die Abstufung der funktionellen Raumwerte an den Sehelementen nach Sinn und Grad. Diese Harmonie findet eine volle Analogie in der Beziehung der einzelnen Teile, wie sie im Organismus überhaupt gegeben erscheint. Man denke nur an das Verhältnis zwischen den einzelnen Bewegungs-mechanismen, so der Furchung und Felderung unseres Hautkleides, der ge-lenkigen Gliederung unseres Skeletts und der Anordnung der einzelnen Muskeln.

2. Lehre von den Diskrepanzen und dem subjektiven Maßstab.

Eine gewichtige Stütze findet die kurz charakterisierte Lokalzeichentheorie in der Lehre von den Diskrepanzen und der Variabilität des subjektiven Maß-stabes. Unter Diskrepanzen seien anscheinende Abweichungen des physiologischen Raumwertes oder Lokalzeichens vom geometrischen Lagewert der gereizten Netz-hautelemente verstanden. Solche lassen sich innerhalb des ganzen unokularen Gesichtsfeldes (vgl. Abb. 52) feststellen, das der Ausdehnung der lichtempfind-lichen Netzhautregion entspricht, jedoch praktisch durch das Vorspringen der Lider, des Augenbrauenbogens sowie der Nase, Wange und Oberlippe (um etwa je 2 bis 4°) eingeengt ist, so daß sich eine nutzbare Erstreckung nach oben von etwa 45 bis 50°, nach unten etwa 70°, nach innen von etwa 55 bis 60°, nach außen von 90 bis 100° ergibt. Auch an die innere Einschränkung des Gesichtsfeldes durch den blinden Fleck, entsprechend dem Sehnerveintritt von 14 bis 18° horizontal, von 3 bis 7° vertikal in einer mittleren Exzentrizität (Winkel ξ) von 16,5°, sei hier erinnert. Die betreffende Stelle erweist sich sozu-sagen eingerechnet bei der Verteilung der Lokalzeichen. Beweis dafür ist die anfängliche entoptische Sichtbarkeit des blinden Fleckes als dunkle Scheibe — eventuell sogar mit anschließenden Teilen der Gefäßschattenfigur, auch in Kontrastfärbung —, wenn wir ein Auge nach längerem Lichtabschluß öffnen. Entsprechend seinem geringen „Gewicht" schwindet dieses reizvolle Bild aller-dings ziemlich bald (vgl. S. 35). Beim Öffnen des zweiten Auges wird der Ein-druck überhaupt durch den Eindruck der ortsgleichen, sogenannt korrespon-dierenden Stelle in diesem alsbald verdrängt.

Die relative Lokalisation läßt in den einzelnen Radien eines ebenen Gesichts-feldes eine stetige Änderung der Sehrichtung in Form gleichsinnig fortschreitender Abweichung von der Hauptsehrichtung erkennen. Doch erfolgt dieses Fortschreiten nicht in allen Meridianen gleichmäßig. Vielmehr ergeben sich zahlenmäßig nachweisbare *Streckendiskrepanzen*. Dieselben werden für das Einzelauge durch Teilungsversuche an Strecken bei ständiger Fixation der halbierenden Spitze oder durch sonstige Einstellung von Strecken auf scheinbare Gleichheit festgestellt. Während die Hälftung oder Gleicheinstellung mit *beiden* Augen im allgemeinen durchaus richtig erfolgt, ergibt sich für das Einzelauge als Regel ein Zugroßnehmen der temporal gelegenen, retinonasal abgebildeten Strecke gegenüber der nasal gelegenen, retinotemporal abgebildeten, was als KUNDTsche *Teilungsweise* bezeichnet wird. Seltener ist der umgekehrte MÜNSTERBERGsche Typus. In analoger Weise wird eine größere, nach unten gelegene, retinofrontal abgebildete Strecke einer nach oben gelegenen, retinooral abgebildeten subjektiv gleichgesetzt. Demnach erscheinen durchaus nicht alle jene Elemente, welche objektiv in gleicher Exzentrizität gelegen sind, funktionell gleichwertig. Ein wirklicher Kreis macht nämlich bei zentraler einäugiger Fixation und Prüfung der einzelnen Punkte den Eindruck einer etwas unregelmäßigen Rundfigur, deren kleinster Radius im allgemeinen nach außen gerichtet ist. Hingegen wird als subjektiver Kreis in der Regel eine Kurve eingestellt, deren Radius nach außen (retinonasal) am größten, nach unten (retinofrontal) etwas kleiner, nach oben (retinooral) und nach innen (retinotemporal) noch kleiner ist, wie dies das beistehende

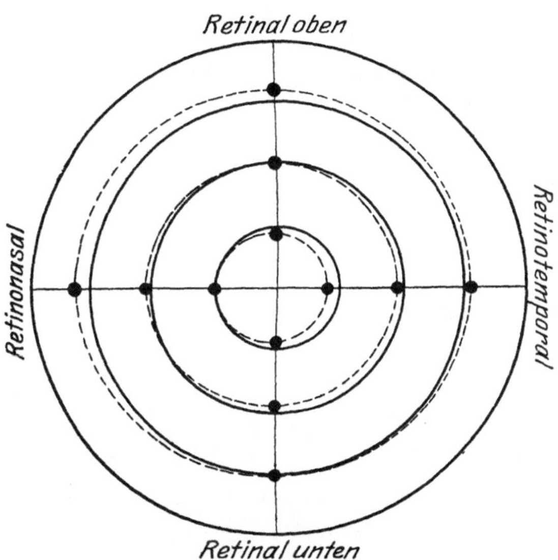

Abb. 52. Schema der Streckendiskrepanzen im rechten Auge — bei Ansicht von hinten.

Schema der Netzhaut des rechten Auges, als Ebene von hinten gesehen, darstellt (Abb. 52). Diese Unterschiede verhalten sich im allgemeinen an beiden Augen symmetrisch, kompensieren also einander bei binokularer Beobachtung; selten findet sich Teilung nach KUNDT in dem einen, nach MÜNSTERBERG in dem anderen Auge vereint. Es erscheint also das Lokalisationsgefälle auf der nasalen (bzw. oberen) Netzhauthälfte in der Regel weniger steil, die Abstufung als eine feinere, was — bei Vergleich gleichwertiger Stellen oder „Empfindungseinheiten" innen und außen — eine höhere funktionelle Differenzierung der für das Sehen wichtigeren nasalen (bzw. oberen) Netzhauthälfte bedeutet.

Die Lokalzeichenverteilung verhält sich so, als ob auf der inneren und der äußeren, der oberen und der unteren Netzhauthälfte ein örtlich verschiedener Maßstab gelte, und zwar ein kleinerer (mit konsekutivem Größersehen, sog. Makropie) temporal und oral, ebenso ein von der Netzhautperipherie nach der Mitte hin abnehmender. Ein solches Verhalten findet ein morphologisches Gegenstück in der nicht selten asymmetrisch, in den einzelnen Radien ungleichmäßig fortschreitenden Differenzierung der Einzelblütchen an einer Kompositenkorbblüte — etwa einer Aster, wo dann geometrisch richtige Kreise nicht gleichwertige Elemente treffen, hingegen die „Isomorphen" deutlich von Kreisen abweichen (vgl. Abb. 53).

Auch innerhalb eines und desselben Halbmeridians (von der Foveamitte aus gerechnet) ergeben sich anscheinende Streckendiskrepanzen, indem einem und demselben objektiven Gesichtswinkel ein fortschreitend kleinerer Sehrichtungsunterschied entspricht. Demgemäß müssen konzentrische Kreise, um äquidistant zu erscheinen, weiter und weiter voneinander abstehen. Die Netzhaut wird also peripherwärts zunehmend mikropisch. Dieses Verflachen des Gefälles der funktionellen Abstufung innerhalb des einzelnen Halbmeridians bedeutet aber keine höhere funktionelle Differenzierung, sondern entspricht nur der fortschreitenden Vergrößerung der „Empfindungseinheit", also einer Vergröberung des Aufnahmeapparats. Von dem geschilderten Verhalten kann man sich leicht überzeugen, wenn man die Größe des stark abstechenden Eindruckes der Vollmondscheibe einmal direkt, das andere Mal mit etwas abgewandtem Blick, endlich mit stark gehobenem oder gesenktem Auge vergleichend beurteilt. Besser noch ist der gleichzeitige Vergleich unter willkürlichem Schielen, bzw. passivem Verschieben des zweiten Auges: das Kleinererscheinen der Scheibe im indirekten Sehen ist dabei geradezu zwingend.

Gewiß könnte man zunächst versucht sein, eine volle Harmonie, ja Identität von Bildlage oder Reizverteilung und subjektiver Lokalisation vorauszusetzen und die beobachteten Diskrepanzen als bloß scheinbare zu erklären, sie also einfach auf Ungleichmäßigkeiten im bilderzeugenden Apparat zu beziehen (vgl. oben S. 4 ff.). Als erster Abbildungsfehler kommt, wie bereits früher (S. 5) ausgeführt wurde, für Objekte in einer zur Blicklinie senkrechten Ebene zunächst der sogenannte *Tangentenfehler* in Betracht, d. h. die Verkleinerung des Öffnungswinkels einer Strecke mit wachsen-

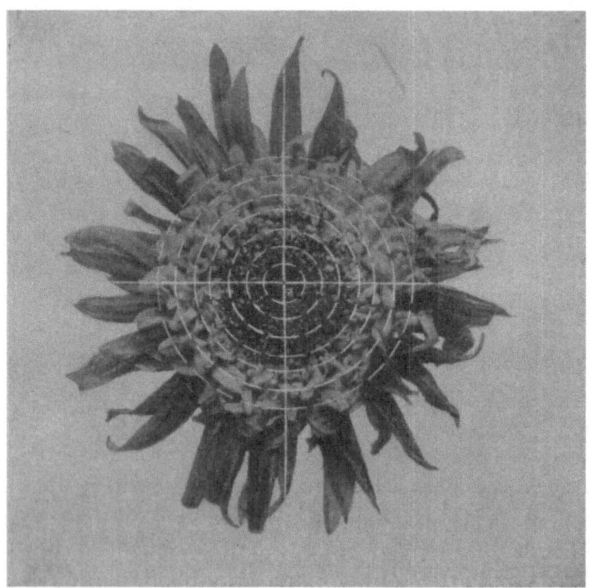

Abb. 53. Asymmetrisches Asternblütenkörbchen mit Zentralkreisen (nicht identisch mit „Isomorphen"!).

der Exzentrizität. Dies führt zu einer konzentrischen Schrumpfung der Abbildung, welche durch die Krümmung der retinalen Auffangfläche gesteigert, hingegen durch die positive Lageverschiedenheit ($d = 4{,}74$ mm) von Perspektivitätszentrum und Krümmungsmittelpunkt vermindert wird. Weiterhin lassen die nachweisbaren Asymmetrien an optischer Lokalisation natürlich zunächst an das Bestehen von *Asymmetrien der Bilderzeugung* denken. So wurde bereits oben (S. 5) auf die Asymmetrie der Hornhaut hingewiesen, welche im Winkel α, d. h. im Richtungsunterschied zwischen Hauptvisierlinie und zugehöriger Hornhautnormale, ihren Ausdruck findet. Doch ist es nicht möglich, aus der Größe und dem Sinn dieses Winkels allein bindende Schlüsse bezüglich der Orientierung der Asymmetriewerte des gebrochenen

Bündels zu ziehen (GULLSTRAND). Dementsprechend kann man daraus auch nicht einen festen Zusammenhang mit der KUNDTschen oder MÜNSTERBERGschen Teilungsweise ableiten. Ähnliches gilt von der Einflußnahme des komplexen Astigmatismus, der als ein weiterer Abbildungsfehler zu nennen ist (vgl. S. 5).

Nach dem Gesagten unterliegt zwar die Bilderzeugung oder Reizverteilung im Auge unbestreitbar eine Reihe von Mängeln, auch von asymmetrisch verteilten solchen, welche bei Teilungsversuchen komplizierend mitwirken. Allerdings ist die Feststellung des Sinnes und des Grades der verschiedenen möglichen Asymmetrien im dioptrischen Reizverteiler noch nicht erschöpfend durchgeführt, auch im Einzelfalle gewiß oft keine leichte Sache. Doch muß schon der Umstand zur Vorsicht mahnen, daß mit geeigneten Methoden Diskrepanzen auf allen Gebieten der subjektiven Lokalisation nachweisbar sind, darunter auch auf solchen, wo eine Zurückführung auf dioptrische Asymmetrien nicht oder kaum möglich erscheint. Demnach darf der Schluß auf tatsächliches Bestehen von Diskrepanzen zwischen geometrischem Lagewert und Lokalzeichen als in hohem Maße berechtigt bezeichnet werden. Keinesfalls dürfen wir dieselben einfach als dioptrisch vorgetäuscht betrachten.

In dieser Auffassung bestärken uns aber auch die *Richtungsdiskrepanzen*, welche die Abweichung der subjektiven Vertikalen vom Lot oder der subjektiven Horizontalen von der Waagrechten betreffen. Die Einstellung eines drehbaren Kontures auf Vertikalerscheinen ergibt nämlich für das Einzelauge bei Fixation des Drehpunktes — im allgemeinen — eine deutliche Abweichung mit dem oberen Ende nach außen, also eine sogenannte *Disklination* jenes Netzhautmeridians, welcher bei Primärstellung des Auges (vgl. unten S. 158) und aufrechter

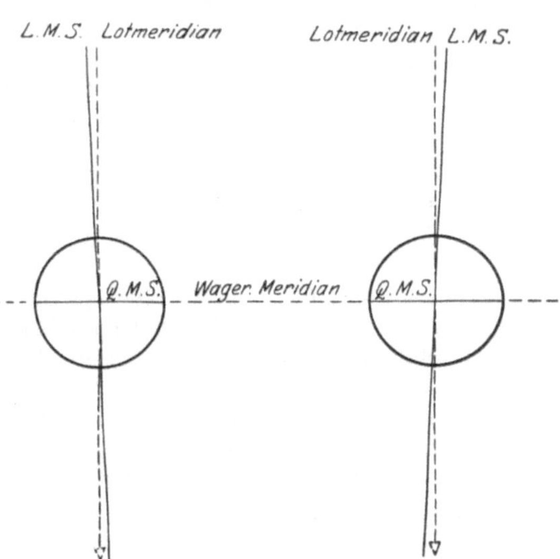

Abb. 54. Typische Disklination der Längsmittelschnitte.

Körperhaltung die Empfindung vertikal für ein fixiertes Objekt vermittelt, des sogenannten primären *Längsmittelschnittes* (HERING — sogenannte Netzhautinkongruenz nach HELMHOLTZ). Hingegen stimmt die horizontalempfindende Elementenreihe, der (primäre) *Quermittelschnitt*, beim Fernsehen weitgehend mit der objektiven Waagrechten überein. Der Schnittpunkt der subjektiven Mittelvertikalen und Mittelhorizontalen entspricht der sogenannten Kernstelle im Sehraum. Doch sind subjektives Rechtwinkeligerscheinen und geometrische Rektangularität nicht einfach gleichzusetzen. Die Abweichung des Längsmittelschnittes vom Lot ist in der Regel an beiden Augen angenähert symmetrisch; der binokulare Richtungsunterschied wird als Disklinationswinkel (V, nach DUANE 0 bis 4,85°, ja bis 14°) bezeichnet (vgl. Abb. 54). Beim Nahesehen nimmt derselbe in der Regel fortschreitend zu; es erfolgt also eine Näherungsrollung um die Blicklinie (vgl. unten S. 173). Analoges wie vom Längs- und Quermittelschnitt gilt für die Längs- und Quernebenschnitte, d. h. für solche Meridiane, welche die Empfindung von Vertikalen oder Horizontalen im indirekten Sehen vermitteln.

Für die Richtungsdiskrepanzen läßt sich, wie gesagt, eine dioptrische Begründung nicht geben, vielmehr weisen sie unverkennbar auf eine tatsächliche Abweichung zwischen Lagewert und Funktionswert hin. Die gesamten Diskrepanzen bieten ja eine wertvolle Begründung für die oben vertretene Auffassung, daß den einzelnen Mosaikelementen des Sehorgans von Geburt aus eine funktionelle Verschiedenheit in Form von Lokalzeichen, speziell von Reihungs- oder Ordnungswerten, zukomme.

Vom (primären) Längs- und Quermittelschnitt aus gerechnet, lassen die Lokalzeichen eine Verschiedenheit nach Breite und Höhe erkennen; wir schreiben also den einzelnen Netzhautelementen einen bestimmten funktionellen Breiten- und Höhenwert zu. Die Berechtigung gerade dazu wird sich noch besonders daraus ergeben, daß wir die Differenz an Breitenwert in beiden Augen mit der Tiefenqualität verknüpft finden werden (vgl. S. 117).

Doch sei mit dem Ausdruck „bestimmter Breiten- und Höhenwert" nicht einfach ein konstanter solcher, also eine dauernd gleichbleibende Direktion des subjektiven Lokalisierens, eine absolut fixe Sehrichtung gemeint. Vielmehr stellen die Lokalzeichen nach Breite und Höhe nur *Ordnungswerte* dar, d. h. Glieder einer stetigen Abstufung oder Reihung in bestimmtem Sinn, nicht konstante Größenwerte (A. v. Tschermak-Seysenegg). Trotz Festliegens der Reihung oder Ordnung kann nämlich der subjektive Maßstab variieren so wie ein auf eine Gummiplatte aufgedrucktes Muster ohne Störung oder Verwerfung der Gruppierung einmal gezerrt, das andere Mal gepreßt sein kann, ja sogar nach den einzelnen Radien ungleichmäßig gezerrt oder gepreßt. Ebenso kann ein Büschel divergenter Sehrichtungen — eine später oft zu verwendende Darstellungsform (vgl. A 66, 102) — bei gleichbleibender Anordnung das eine Mal sperriger, das andere Mal geschlossener divergieren. Erst durch den zeitlich und örtlich in Geltung stehenden subjektiven Maßstab gewinnt der Ordnungswert noch den Charakter eines bestimmten Größenwertes.

Ist es doch notwendig, neben dem Raumsinn im engeren Sinne einen besonderen *optischen Größensinn* zu unterscheiden. Dem geometrischen Öffnungs- oder Gesichtswinkel entspricht nämlich nicht ein konstanter Sehwinkel, vielmehr unterliegt der subjektive Maßstab beträchtlichen Variationen. Die Sehgröße hängt von verschiedenen Momenten ab. Die Hauptrolle spielt dabei — allerdings nicht in einfacher Beziehung (Jaensch, Holtz, A. Müller) — die vorgestellte Entfernung (Sehferne, Sehtiefe), in welche der Beobachter den fixierten Gegenstand als das Hauptobjekt seiner Aufmerksamkeit verlegt. Aber auch der Vergleich mit bekannten Objekten, beispielsweise mit den gleichzeitig sichtbaren Teilen des eigenen Körpers, speziell den Händen, oder mit menschlichen Gestalten oder sonstigen häufig sich darbietenden Außendingen einer und derselben Größenklasse wirkt mitbestimmend. Solche behalten nämlich in verschiedenem Abstand bei nicht allzu raschem Annähern oder Entfernen ihre Sehgröße und lassen daher andere gleichzeitig sichtbare Objekte scheinbar schrumpfen oder schwellen. Das beste Beispiel für die bezügliche Abhängigkeit des subjektiven Maßstabes ist vielleicht die Änderung, welche die scheinbare Größe eines Schrankes oder Fensters trotz gleichbleibenden Abstandes erfährt, wenn man diese Dinge das eine Mal für sich betrachtet, das andere Mal den davorgehaltenen eigenen Finger beachtet und gewissermaßen als Vergleichsunterlage nimmt. Von zwei Körpern, welche sich in ungleicher Entfernung befinden, erscheint der fernere zwar relativ größer, aber nicht einfach proportional dem wirklichen Abstand, sondern in geringerem Verhältnis. (Über die Sehgröße am Himmelsgewölbe vgl. S. 141.)

Mit dem Impuls zur Einstellung des Auges für die Nähe geht eben eine Vergrößerung des subjektiven Maßstabes einher, und zwar auch dann, wenn etwa der Erfolg selbst durch Lähmung der Akkommodation aufgehoben ist. Wie besonders die geometrisch-optischen Täuschungen zeigen, sind aber auch partielle oder regionale Änderungen des Maßstabes möglich. Unter den Verhältnissen des gewöhnlichen Sehens erfolgt, je nach der Entfernungsvorstellung, gewissermaßen ein Anpassungsvorgang, welcher auf ein Konstantbleiben der Größe des subjektiven Eindruckes, der sogenannten Sehgröße, gerichtet ist und an die scheinbare Konstanz der Sehdinge an Helligkeit und Farbe erinnert (vgl. S. 32, 67). Daß dadurch wieder die praktische Orientierung wesentlich gefördert wird, braucht kaum näher ausgeführt zu werden. Allerdings findet die Korrektur der Größenänderung des Netzhautbildes durch Maßstabsänderung sowohl bei größerer Entfernung als bei sehr rascher Näherung oder Fernerung ihre Grenzen: So tritt bei großem Abstand eine merkliche Unterschätzung der wahren Dimensionen ein. Wenn unter künstlichen Bedingungen wahre Entfernung und Konvergenzentfernung (dem Konvergenzgrad der Blicklinien entsprechend) nicht mehr miteinander übereinstimmen, kommt die subjektive Sehferne zwischen beiden Werten zu liegen (TRENDELENBURG, GÜNTHER).

3. Funktionelle Gliederung und Einteilung der Netzhaut.

Durch die Bezugnahme auf die subjektive Vertikale oder Horizontale als Auszeichnung für bestimmte Meridiane des Auges, nämlich den (primären) Längsmittelschnitt und Quermittelschnitt, hat die zunächst einfach radiär fortschreitend gedachte Verteilung der Lokalzeichen eine bestimmte Einstellung im subjektiven Raumbild gewonnen. Mit dieser Feststellung schreiten wir über die rein *relative Lokalisation*, welche die optischen Eindrücke zueinander zeigen, hinaus zur *absoluten* Lokalisation, d. h. zur Anordnung der Eindrücke im subjektiven Raum, speziell in Bezug auf zwei subjektiv ausgezeichnete Grundrichtungen, die scheinbare Vertikale und die scheinbare Horizontale.

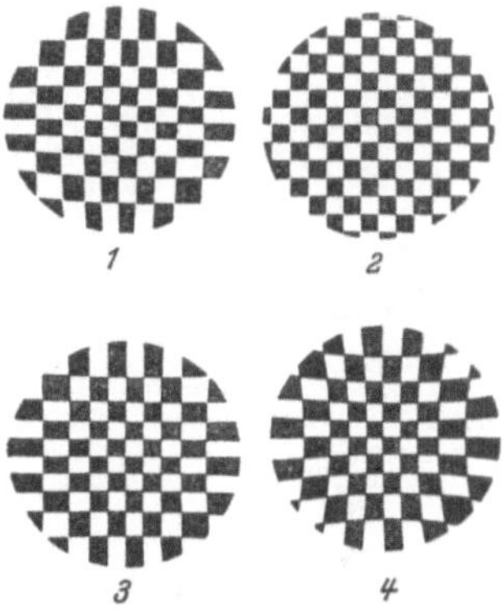

Dazu gesellt sich aber weiterhin noch die Bezugnahme auf den eigenen Körper bzw. auf das Fühloder Vorstellungsbild, das wir uns von diesem machen: die *egozentrische Lokalisation*. Dieselbe betrifft speziell die auf das eigene Ich bezogenen Hauptrichtungen oder Hauptebenen, nämlich das scheinbare Geradevorne (SGV) oder die subjektive Mediane (SM), das scheinbare Gleichhoch (SGH) und das subjektive Stirngleich (SStG). Erst dadurch gewinnt die uns so geläufige Scheidung von Rechts-Links, Oben-Unten, Näher-Ferner tieferen Sinn. Hat doch das übliche dreidimensionale Beschreibungsbild des Außenraumes nach EUKLID unverkennbar eine egozentrisch-funktionelle Wurzel!

Mit der funktionellen Kennzeichnung bestimmter retinaler Elementenreihen als Längs- und Querschnitte ergibt sich alsbald die Frage nach der Achsenlage oder Zentrierung dieser Schnitte im Augapfel. Zur Charakteristik des optischen Lokalisierens kann uns aber nicht eine einzige Achse genügen, auch nicht die waagrecht gestellte sogenannte „Augenachse" oder die primär gestellte

Abb. 55. Schachbrettmuster (geltend für Betrachtung aus einer dem Scheibenhalbmesser entsprechenden Entfernung): *1* gewonnen durch nodozentrische Projektion von bulbozentrisch, d. h. durch den Krümmungsmittelpunkt der Netzhaut gelegten Schnittkreisen, *2* mit objektivgeraden Grenzlinien ohne Korrektur des Tangentenfehlers, *3* gewonnen durch nodozentrische Projektion pupillozentropolarer Schnittkreise des Augapfels, *4* nach HELMHOLTZ, gewonnen durch bulbozentrische Projektion von Direktionskreisen des sphärischen Blickfeldes.

Blicklinie. Durch eine corneo-fovealeAchse legt nämlich die alte *„einachsige oder geographische" Einteilung der Netzhaut* (nach AUBERT, vgl. Abb. 57) ein System von Meridianen, die grundsätzlich untereinander gleichwertig wären. Für den Bedarf der klinischen Untersuchung des Licht- und Farbensinnes mittels eines Perimeters bleibt natürlich dieses Prinzip durchaus verwendbar nicht aber reicht es zu einer Charakteristik der Raumsinnesfunktion aus. Dazu benötigen wir vielmehr eines *zweiachsigen Einteilungsprinzips* mit je einer zur Blicklinie senkrechten Achse, wobei die eine der Lotrichtung nahesteht, allerdings in der Regel mit charakteristischer Disklination (vgl. S. 93), die andere der Waagbalkenrichtung entspricht (E. HERING). Es bleibt nur die Frage, wohin wir die gemeinsame Achsenebene, bzw. den Schnittpunkt der beiden Achsen mit der Blicklinie zu legen haben. Nehmen wir dafür den Krümmungsmittelpunkt des Bulbus — etwa 10,87 mm vor der Netzhautfläche, 4,28 bis 4,74 mm hinter dem Knotenpunkt als dem Perspektivitätszentrum gelegen —, so wäre zu erwarten, daß der Eindruck eines korrekten Schachbrettmusters nicht durch ein geometrisch-rectanguläres (Abb. 55$_2$) solches hervorgerufen würde, sondern durch eine tonnenförmig verzerrte Vorlage, wie sie die Projektion bulbozentrischer Schnittkreise durch den Knotenpunkt ergeben würde (Abb. 55$_1$). Dem entspricht jedoch keineswegs die tatsächliche Forderung. Setzt man aber den Knotenpunkt selbst zugleich als Zentrum der funktionellen Einteilung an, so müßte ein geometrisch korrektes Schachbrettmuster auch als solches erscheinen, was aber wieder nicht zutrifft — auch wenn man nach der Vertikalen wie nach der Horizontalen die Vierecke der sogenannten Tangentenforderung entsprechend auf Gleichheit des Öffnungswinkels korrigiert. Es bleibt also nichts anderes übrig, als das Einteilungszentrum *vor* das Perspektivitätszentrum zu verlegen. Man erhält daraufhin bei der Konstruktion je ein charakteristisches Hyperbelmuster. Von solchen Bildern aber macht — bei Einhaltung des konstruktiv geforderten Beobachtungsabstandes (= Scheibenhalbmesser in Abb. 55; bei Erprobung entsprechend zu vergrößern, am einfachsten durch Projektion!) — jenes den besten Schachbretteindruck, welches einem nach dem Mittelpunkt der optischen Eintrittspupille zentrierten Schnittsystem entspricht (vgl. Abb. 55$_3$ und 56, Schnitt P_u, Kurve P_u'). Hingegen verrät die durch nodozentrische Projektion von Parallelkreisschnitten (vgl. Schnitt P_a, Kurve P_a' in Abb. 56) gewonnene Figur, wie auch das bekannte Schachbrettmuster nach HELMHOLTZ (vgl. Abb. 55$_4$) — gewonnen durch bulbozentrische Projektion der Schnitt- oder Direktionskreise, welche vom Occipitalpol des sphärisch um das Auge herum gedachten Blickfeldes gelegt werden — bereits konvexhyperbolische Krümmung.

Trotz der grundsätzlichen Mängel, welche einer nodozentrischen Projektion überhaupt anhaften (GULLSTRAND), kann man daraus doch den Schluß ziehen, daß die funktionelle Einteilung der Netzhaut recht angenähert einem pränodalen,

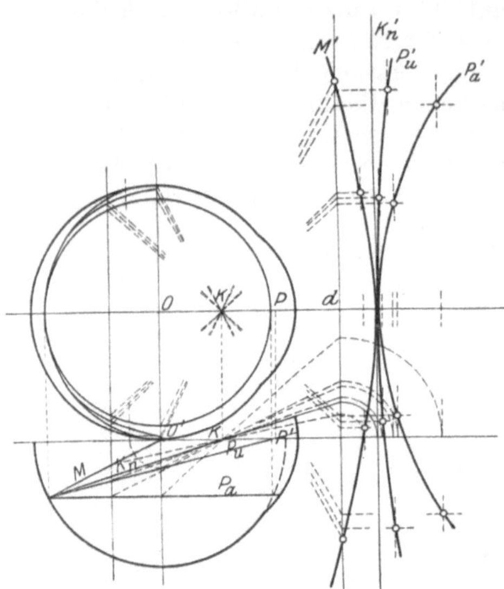

Abb. 56. Schema der nodozentrischen Abbildungsweise für verschiedene mögliche Schnittsysteme des Augapfels auf der zur Achse rechtwinklig senkrechten Ebene in der Entfernung d.

und zwar pupillozentrischen System ebenflächiger Schnitte entspricht. Da die Eintrittspupille etwa 0,56 mm vor der Irisebene und 3,04 mm vor dem mittleren Knotenpunkt, in 7,4 mm Abstand vom Hornhautscheitel gelegen ist, ergibt sich sonach eine positive Differenz von Einteilungs- und Projektionszentrum des Augapfels mit etwa 4,4 mm. Dem beistehenden Schema (Abb. 56) gemäß liefert die nodozentrische Projektion eines durch die Eintrittspupille gelegten Einteilungsschnittes (MP_u) eine gerade „passende", gegen den Fixationspunkt hin schwach konvexe Hyperbel (P_u'). Hingegen ergibt nodozentrische Projektion eines bulbo-

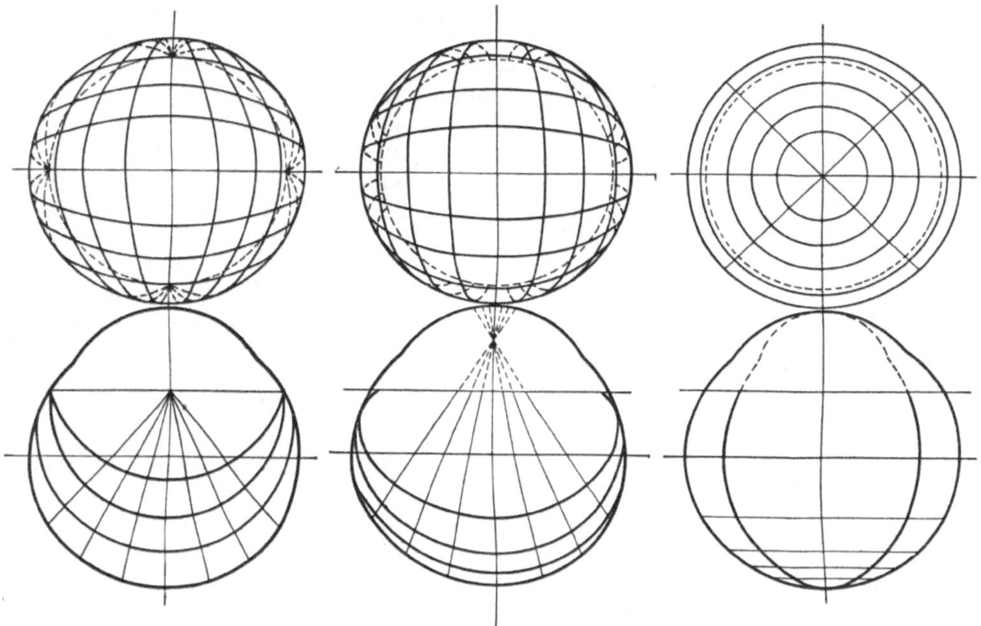

Abb. 57. Einteilung der Netzhaut bei Ansicht von hinten her und von oben her. a) Zweiachsige: 1. nodozentrische nach E. HERING, 2. pupillozentrische nach A. v. TSCHERMAK-SEYSENEGG; b) einachsige, sog. geographische nach AUBERT.

zentrischen Einteilungsschnittes (MO') eine mäßig gegen den Fixationspunkt konkave Hyperbel (M'), die Projektion eines nodozentrischen Einteilungsschnittes (MK) die Gerade K_n', endlich die Projektion eines Parallelkreisschnittes (P_a), eine überstark konvexe Hyperbel (P_a'). Die bulbozentrische Projektion eines Direktionskreises ergäbe eine zwischen P_u' und P_a' gelegene Hyperbel. Es ist somit eine charakteristische Heterozentrik oder Diskrepanz zwischen der dioptrischen Projektionsweise und der Verteilung der Lokalzeichen gemäß einem pupillozentrischen Schnittschema abzuleiten. Dementsprechend darf eine funktionelle Einteilung der Netzhaut nach dem Doppelachsenprinzip, jedoch unter Ansetzen der Eintrittspupille (A. v. TSCHERMAK-SEYSENEGG; von v. ROHR als Zentrum der Perspektive bei ruhendem Auge angesetzt), nicht aber des Knotenpunktes selbst (E. HERING), als berechtigt und zweckmäßig bezeichnet werden (vgl. Abb. 57). Ob etwa die angegebene Stelle des Augapfels irgendwie sonst — speziell bei der Entwicklung — betont erscheint, muß vorläufig dahingestellt bleiben.

Fünftes Kapitel.

Einführung in die Lehre vom Raumsinn des Doppelauges.

1. Einfach- und Doppeltsehen.

Beim Normalen beschränkt sich die alleinige Verwendung eines einzelnen Auges auf besondere Umstände — so auf Visieren, unokulares Mikroskopieren und Beobachten durchs Fernrohr u. dgl. (wozu man übrigens fortschreitend auch binokulare Instrumente verwendet, vgl. S. 114); sonst aber werden ständig beide Augen gleichzeitig und gleichmäßig benutzt. Allerdings schließt sich dabei an das binokulare Gesichtsfeld, das — in gegensinniger Abhängigkeit vom Grade des Vorspringens der Nase — in der Maximalbreite 90 bis 114° umfaßt, beiderseits eine unokulare Flanke von etwa 30 bis 34° Breite an. Ebenso erscheinen die dem MARIOTTEschen Blindfleck des rechten und des linken Auges entsprechenden Stellen bloß einäugig ausgefüllt (vgl. Abb. 58). In diesen Regionen fehlt dementsprechend die wichtigste Binokularfunktion, die Stereoskopie.

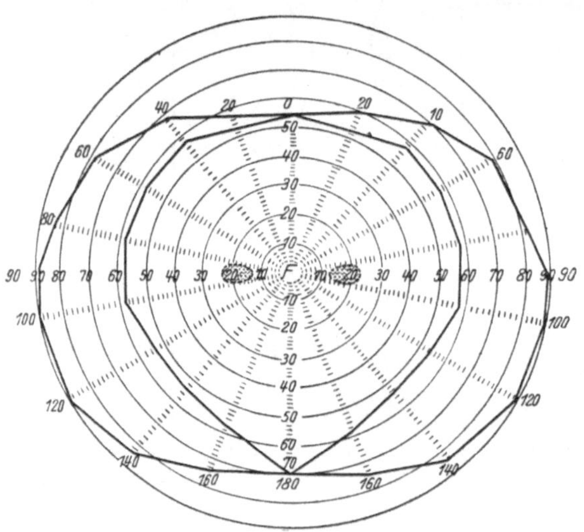

Abb. 58. Binokulares Gesichtsfeld mit Parallelkreiseinteilung, projiziert auf eine frontoparallele Ebene.

Innerhalb des gemeinsamen Gesichtsraumes (BGR in Abb. 59) zeigen bestimmte Stellen oder Kreise beider Augen die Fähigkeit einfach zu sehen, indem ihre Eindrücke miteinander verschmelzen. Ein solches Verhalten gilt beim Fernesehen von weiter (über 50 oder 100 m) abliegenden Objekten überhaupt, während nahe gelegene doppelt erscheinen — solange nicht die Augen ihre (angenäherte) Parallelstellung aufgeben. Bei symmetrischem Nahesehen hingegen beschränkt sich das Einfacherscheinen auf den Hauptgegenstand der Aufmerksamkeit und auf solche Nebenobjekte, welche der dadurch bezeichneten stirnparallelen Ebene nahe gelegen sind. Genauer genommen, ergibt sich Einfacherscheinen nach der Breite für den Inhalt eines vom Fixationspunkt nach beiden Seiten ausstrahlenden Doppelkeilraumes (vgl. Abb. 59). Näher oder ferner gelegene Begleitobjekte erscheinen hingegen in breitendistanten Doppelbildern.

Nach der Höhe gilt Einfachsehen für die Nachbarschaft der Medianebene und der gemeinsamen Ebene der beiden Blicklinien, während bei wachsender Entfernung von diesen beiden Ebenen und bei Annäherung an den Beobachter immer stärker höhenverschiedene Doppelbilder auftreten.

Allerdings erfordert die Beobachtung von Doppelbildern ohne Kunstmittel (wie zeitweiliges Abblenden oder sogenannte Differenzierung durch farbige Gläser oder durch rechtwinklig-zusätzliche Ablenkung bei Vorsetzen eines Prismas) einige Übung — vor allem das Erlernen des Festhaltens der Augenstellung, bzw. des Fixierens des Hauptgegenstandes und der Erstreckung der Aufmerksamkeit auf das doppelt erscheinende Nebenobjekt. Dieses wird gewissermaßen unter

„falscher" Konvergenz betrachtet: die bekannte Kunst des unauffällig inspizierenden Schulmeisters (vgl. S. 37)!

Während das Halbbild, welches das eine Auge von einem nahe der Blicklinie gelegenen Nebenobjekt empfängt, sich deutlich vordrängt, entgeht das mehr exzentrische und daher minder deutliche Halbbild des anderen Auges leicht der Beobachtung. Man bemerkt dies am eigenen Finger, wenn man ihn beim Blick in die Ferne unterhalb des Fixationspunktes, d. h. unterhalb der einen Blicklinie, vorschiebt. Daß unter den Bedingungen des gewöhnlichen Sehens relativ selten Doppelbilder zu Bewußtsein gelangen, hat bei ruhendem Blick seinen Grund in der Konzentrierung der Aufmerksamkeit auf den Eindruck des fixierten Objekts,

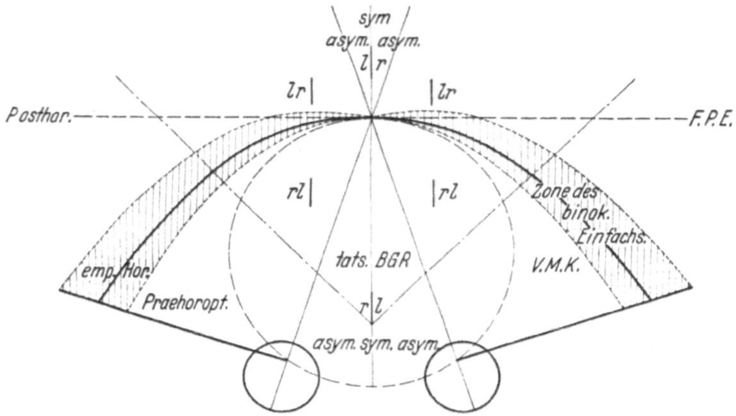

Abb. 59. Schema der Lage der Doppelbilder.

während das minder scharfe, exzentrische Halbbild einer inneren Hemmung — nicht erst einer psychologischen Exklusion — anheimfällt (vgl. das unten über das Sehen der Schielenden Ausgeführte S. 128). Nach der Zugehörigkeit zu den beiden Einzelaugen werden die Doppelbilder der ferneren, d. h. hinter dem Keilraum des Einfachsehens gelegenen Objekte als ungekreuzt oder gleichnamig, die der näheren Gegenstände als gekreuzt oder ungleichnamig bezeichnet. Zudem werden noch die Doppelbilder der zwischen den beiden Blicklinien gelegenen Objekte, also die von symmetrischen Netzhauthälften gelieferten Eindrücke als doppelseitige, die Doppelbilder von außerhalb gelegenen Dingen als einseitige klassifiziert (vgl. das Schema in Abb. 59).

2. Korrespondenz oder Sehrichtungsgemeinschaft der Netzhäute.

Schon aus der geschilderten Abgrenzung der Region des binokularen Einfach- oder Doppeltsehens ist zu erschließen, daß die Lage der beim zweiäugigen Sehen zusammenwirkenden Stellen auf beiden Netzhäuten nach der Höhe angenähert übereinstimmt, nach der Breite eine angenähert gleichläufige oder antimetrische ist. Jedenfalls sind somit die Lokalzeichen in beiden Augen derart verteilt, daß die gleichnamigen Quadranten (so die beiden rechten oberen, die beiden rechten unteren usw.) funktionell übereinstimmen und demgemäß zusammenarbeiten (vgl. Abb. 60). Zur Blicklinie der einzelnen Augen liegen also die korrespondierenden Stellen der Quere nach gleichnamig, zur Medianebene oder binokularen Blicklinie antimetrisch oder gleichläufig, nicht symmetrisch oder gegenläufig. Dieser Schluß wird noch dadurch erhärtet, daß auf örtliches

Drücken beider Augäpfel rechts unten prompt zwei hellumrandete dunkle Flecke (sogenannte Druckphosphene, vgl. oben S. 18) links oben erscheinen, welche zusammenfallen, sobald der Reiz weitgehend höhengleiche und breiten-antimetrische Stellen trifft (Nachweis der sogenannten Identität der Netzhäute nach JOH. MÜLLER).

Die Anordnung und Leistung der zusammenwirkenden Netzhautstellen bedarf aber noch einer genaueren Analyse und feineren Feststellung. Eine solche erreicht man zunächst dadurch, daß man die Gesichtsfelder beider Augen völlig trennt[1] und in einem sogenannten Haplo- oder Stereoskop entweder durch Spiegelung

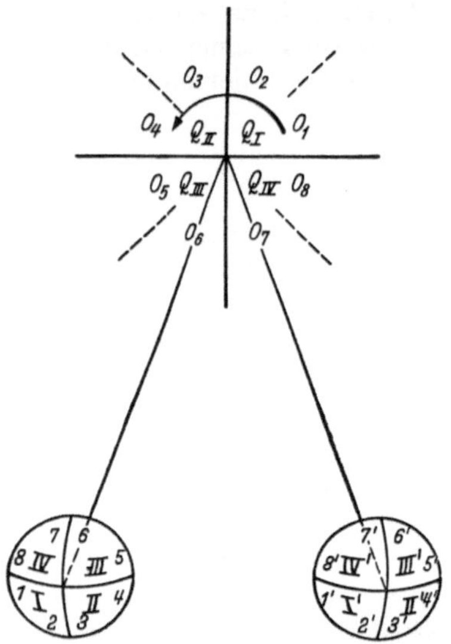

Abb. 60. Schema der gegensinnigen Abbildung der Quadranten (Q_I bis Q_{IV}) wie der Oktanten (O_1 bis O_8) des Gesichtsfeldes auf den korrespondierenden Quadranten wie Oktanten der beiden Netzhäute.

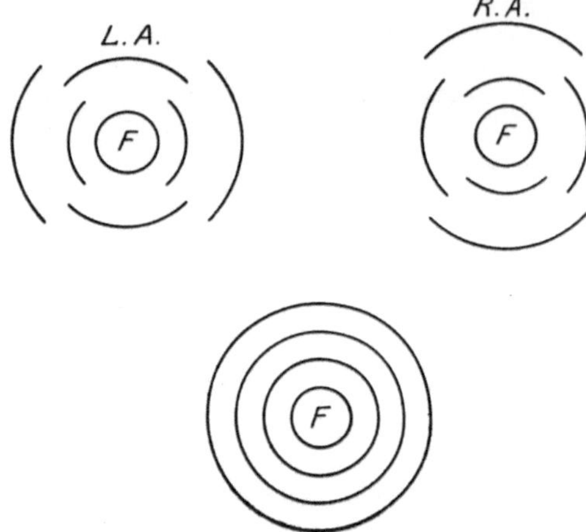

Abb. 61. Halbbilder für beide Augen. Haploskopisches Sammelbild.

(WHEATSTONE, HERING), bzw. Triederreflexion (A. v. TSCHERMAK-SEYSENEGG) oder durch Meniskenwirkung (BREWSTER) oder durch Farbfiltereinschaltung (Anaglyphverfahren nach ROLLMANN, DUCOS DUHAURON, DE ALMEIDA, Farbhaploskopie nach E. HERING) oder endlich durch Verwendung von Polarisatoren (Polarisationshaploskopie) zwei Bilder zur Deckung oder zur wechselseitigen Ergänzung (Substitution) bringt. So kann man um das beiderseits gebotene Fixationszeichen aus unokular sichtbaren Bogenstücken ein binokulares System konzentrischer Kreise aufbauen (vgl. Abb. 61). Allerdings ergibt sich eine reine, vollständige und ebenflächige Deckung und Ergänzung zwischen geometrisch einander entsprechenden Figuren nur innerhalb eines beschränkten, zentralen Bezirkes, während im indirekten Sehen — wie wir das gleich näher schildern werden (vgl. S. 109) — gewisse Diskrepanzen an objektiver und subjektiver „Richtigkeit" in dem Zusammenwirken beider Augen hervortreten — ähnlich wie sich solche bereits am Einzelauge feststellen ließen.

---

[1] Die vollständige Trennung der Gesichtsfelder bringt gegenüber der Verwendung eines Horopterapparats (vgl. S. 107) oder des Metroskops (vgl. S. 111) mit binokular sichtbaren Anteilen den Mangel mit sich, daß auch der Fixationspunkt erst durch Deckung zweier unokularer Marken gewonnen wird und damit eine erst zu bestimmende, vom gewöhnlichen Sehen eventuell stark abweichende Stellung der beiden Blicklinien erzwungen wird.

Die zweiäugige Lokalisation beruht unverkennbar auf einer Übereinstimmung im Lokalzeichen, nämlich im funktionellen Höhen- und Breitenwert. Doch geht sie über einen bloßen Parallelismus hinaus und stellt eine wahre Gemeinschaft dar, wie dies insbesondere in den Erscheinungen des Wettstreites und der Mischung sowie im stereoskopischen Sehen zum Ausdruck kommt. Diese sensorische Beziehung der beiden Netzhäute läßt sich durch das „Als-Ob"-Schema nervöser Verbindungen zwischen bestimmten Stellen der beiden Augen — als den Hälften eines einheitlichen Sehorgans — darstellen (vgl. Abb. 62 und 63). Doch darf man natürlich dieses Sinnbild nicht einfach in Nervenfasern umdeuten, welche im Chiasma oder an höheren Stationen die beiden Netzhäute verknüpfen sollten.

Die Lokalisation der optischen Eindrücke erfolgt also nicht von jedem einzelnen Auge aus — etwa im Sinne eines bizentrischen Hinausverlegens der Einzelempfindungen längs der Blick- oder Gesichtslinien, bzw. entlang bestimmter Richtungs- oder Visierlinien in deren Schnittpunkte (so nach Panum u. a.; vgl. das unten S. 150 über die Projektionstheorie Bemerkte). Vielmehr erscheinen die Eindrücke von vornherein gemeinsam bezogen auf das Ich, bzw. den Körper des Beobachters, und zwar auf das sogenannte Fühlbild des Körpers: sie gruppieren sich, wie man sagt, egozentrisch nach dem Geradevorne bzw. Rechts-Links, Gleichhoch bzw. Oben-Unten. Dementsprechend kommt jedem gemeinsamen „Sehding" je eine be-

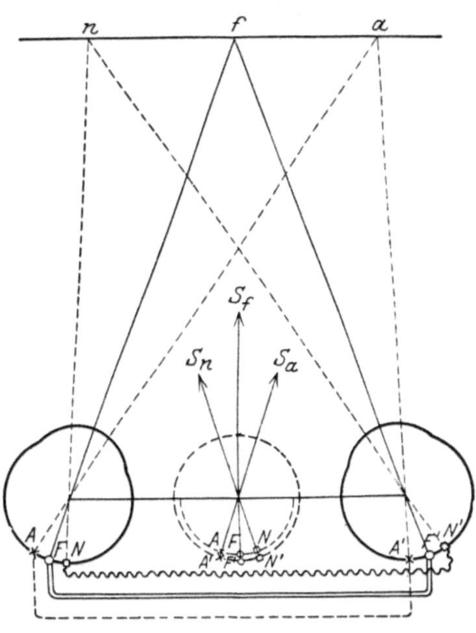

Abb. 62. Schema des Deck- oder Zyklopenauges.

stimmte subjektive Richtung des Erscheinens, eine gemeinsame „Sehrichtung" zu. Die Eindrücke erscheinen um ein bestimmtes Zentrum geordnet: das Büschel der Sehrichtungen konvergiert nach einem Punkt, den wir schematisch halbwegs zwischen beiden Augen, entsprechend der Nasenwurzel ansetzen können (E. Hering — vgl. Abb. 63). Bei vorwiegender Benutzung und Auswertung eines Auges — so bei Schielenden — rückt er diesem zu; auch kann er tiefer in den Kopf hinein, ja in die Nackengegend wandern. Die Sehrichtungen gehören an sich dem subjektiven Raum an und sind objektiv nur durch geometrische Äquivalente im Außenraum charakterisierbar, nicht aber einfach als solche bestimmbar oder meßbar.

Es lokalisiert eben nicht jedes einzelne Auge für sich, sondern beide Augen lokalisieren gemeinsam von einem im allgemeinen außerhalb beider und zwischen beiden gelegenen Punkt aus oder besser in Sehrichtungen, welche diesem Punkte zugehören (Hering, Wells, Towne, Le Conte). Es gilt das „*Gesetz der identischen Sehrichtungen beider Netzhäute*". Zwischen beiden Augen besteht eine Sehrichtungsgemeinschaft (A. v. Tschermak-Seysenegg), eine wahre „Synchyse" (v. Kries), deren Charakter allerdings noch genauer Analyse bedarf (vgl. S. 113). Wenn man schematisierend zunächst von den unleugbaren Diskrepanzen absieht, also geometrische und funktionelle Identität einander gleichsetzt, so kann man sich gewissermaßen beide Netzhäute in der Nasenwurzel so aufeinandergelegt denken, daß die funktionell gleichwertigen oder „identischen" Stellen zusammenfallen. Wir erhalten so das „*Zyklopenauge*" (HELMHOLTZ) oder „*imaginäre Deckauge*" (HERING, vgl. Abb. 62). Nur dürfen wir mit diesem Schema nicht gleich den Begriff einer Projektion der Eindrücke nach den Richtungslinien des Sammelauges verbinden. Sonst aber stellt es ein brauchbares Sinnbild für den wichtigen Begriff des *sensorischen Doppelauges* (HERING) dar, der bereits dem einfachen Bild eines von der Nasenwurzel ausstrahlenden Büschels von Sehrichtungen zugrunde liegt (vgl. Abb. 63). Doch dürfen wir die Sehrichtungen selbst, d. h. ihren Divergenzgrad, nicht als festliegend betrachten. Sie stellen vielmehr als Ausdruck der funktionellen Lokalzeichen der Netzhautelemente nur

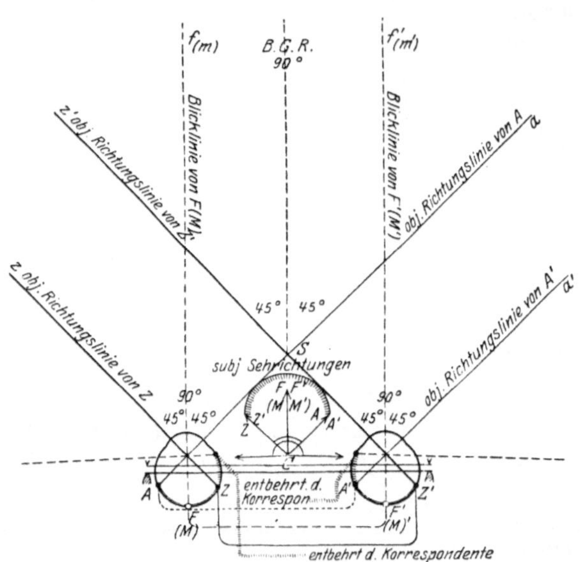

Abb. 63. Schema des Gesichtsraumes und der Sehrichtungsgemeinschaft oder Korrespondenz beim Menschen (nach A. v. TSCHERMAK-SEYSENEGG).

Reihungs- oder Ordnungswerte dar; ihr Größencharakter kann stark wechseln und wird erst durch den jeweils geltenden subjektiven Maßstab bestimmt (vgl. S. 94).

Das kurz dargelegte *Gesetz der binokularen Lokalisation* läßt sich besonders schön und eindringlich dadurch demonstrieren, daß die Eindrücke, welche das Einzelauge von fern oder nah in seiner Blicklinie gelegenen Objekten (P_1 und P_2) empfängt, zusammen mit dem Eindruck des zweiäugig fixierten Punktes (O) ein Sammelbild aufbauen, welches gerade vor dem Beobachter erscheint (*Plattenhaploskopie* nach E. HERING, vgl. Abb. 64).

Das Bestehen einer wahren Sehrichtungsgemeinschaft zwischen beiden Augen äußert sich am exaktesten aber darin, daß geeignete Testobjekte, beispielsweise Lotfäden, in einer ganz bestimmten Aufstellung nicht bloß einfach, sondern auch in *einer* Sehrichtung erscheinen, welche für den binokular sichtbaren Anteil und für den durch passende Abblendung bloß unokular sichtbar gemachten Anteil der Fäden übereinstimmt.[1] Die Aufstellung der Lote, die sich nach diesem Kriterium ergibt, bezeichnet eine ganz bestimmte, durch äußere Umstände nicht beeinflußbare, durchaus konstante Kurve oder Fläche, die schon hier als „Sehrichtungs-

---

[1] Ein solcher Vergleich der unokularen mit der binokularen Sehrichtung kann entweder gleichzeitig vorgenommen werden, indem durch einen waagrechten Blendstreifen (aus Karton oder besser aus weißbestrichenem Deckglas, dessen Eindruck völlig mit dem weißen Hintergrund verfließt, oder durch ein Quergitter nach OGLE) eine bestimmte Zone des Seitenlotes für das eine Auge unsichtbar gemacht wird. Man vergleicht also simultan über- oder untereinander ein- und zweiäugig (wie in Abb. 65 für das R. A.) dargebotene Strecken auf Verlaufen in einer Flucht. Andernfalls wird rasch hintereinander zwischen rechts-, beid- und linksäugiger Darbietung des Seitenlotes zur Gänze gewechselt — bei dauernder beidäugiger Sichtbarkeit des Mittellotes, indem man eine passend gefensterte Scheibe vor beiden Augen des Beobachters rotieren läßt oder eine sonstige Wechselvorrichtung verwendet. Auf

konstanzhoropter" oder speziell als *„Noniushoropter"* (SRK-H. nach A. v. TSCHERMAK-SEYSENEGG, vgl. Abb. 65) bezeichnet sei, auf die aber erst später (S.106ff.) eingehender zurückzukommen sein wird. Diese durch binokular-unokulare Sehrichtungskonstanz ausgezeichnete Anordnung liegt etwa in der Mitte des oben beschriebenen Keilraumes, innerhalb dessen noch einfach gesehen wird.

Es zeigt sich, daß nicht bloß mit binokular-unokular sehrichtungsgleichen Stellen, sondern auch mit solchen, welche diesbezüglich bis zu einem gewissen Grad ungleichwertig sind, zeitweilig einfach gesehen, also in gemeinsamer Sehrichtung lokalisiert werden kann. Diese Ungleichwertigkeit wird als *funktionelle Disparation* bezeichnet und nach Breiten- oder Querdisparation wie nach

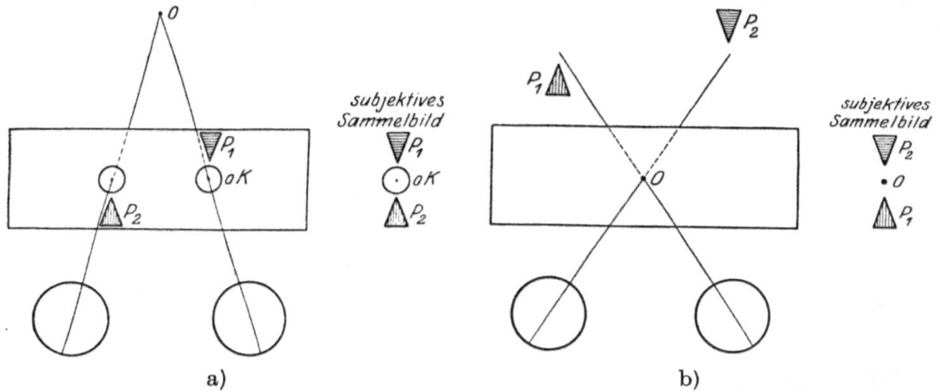

Abb. 64. Plattenhaploskopie (nach E. HERING). a) Bei Fernsehen, b) bei Nahesehen.

graden meßbaren Lageunterschied der Netzhautbilder gleichzusetzen, den man als *geometrische* Disparation (speziell binokulare oder Stereoparallaxe) bezeichnen mag. Im ersteren Falle handelt es sich ebenso wie bei der später (S. 118) behandelten Unterscheidung von Nasal- und Temporaldisparation nicht um eine *geometrische*, sondern um eine *funktionelle* Verschiedenheit! Das fakultativ-temporäre Zusammenarbeiten von disparaten Netzhautstellen sei als Einfachsehen innerhalb des Empfindungs- oder besser Verschmelzungskreises nach PANUM oder kurz als *„PANUM-Sehen"* bezeichnet (vgl. S. 117). Daß starkes Abstechen vom Grund, längerdauernde Beobachtung, vor allem aber fortschreitende Übung diesen Bereich einengt, daß also Eindrücke solcher Objekte, die sich auf ungleichwertigen Stellen abbilden, dann immer leichter in Doppelbilder zerfallen, kann hier nur nebenbei Erwähnung finden.

Die binokular-unokular sehrichtungsgleichen Stellenpaare der beiden Netzhäute erweisen sich, wie gesagt, als festliegend, mag auch ihre Sehrichtung an sich mit dem jeweiligen Maßstab variieren. Ihre Übereinstimmung ist eine stabile und durch sonstige Momente nicht aufhebbare. Beweis dafür ist, daß es nach Kennzeichnung dieser Stellen durch Einprägen von Nachbildern einer starken Lichtquelle — etwa eines vertikalen und eines horizontalen Kreuzarmes — durch keinerlei Mittel gelingt, den Deck- oder Kombinationseindruck zu zerfällen (*Nachbildhaploskopie*). So bleibt die Einheitlichkeit bestehen, unabhängig von

---

Grund des Sukzessivvergleiches wird das Seitenlot so lange der Tiefe nach verschoben, bis es keine Scheinbewegung abwechselnd nach rechts oder links mehr ausführt, sondern ohne Oszillation in Ruhe verharrt.

der Augenstellung, wie bei willkürlichem Schielen oder bei scheinbarer Spaltung von Außendingen durch ein einseitig vorgesetztes Prisma. Ein gelegentliches Doppeltsehen mit solchen einander zugehörigen Netzhautstellen erscheint völlig ausgeschlossen, höchstens mag es vorkommen, daß — wie bei recht verschiedenartiger Reizung beider Paarglieder — die Eindrücke *hintereinander* in derselben Sehrichtung erscheinen. (Hingegen beweist ein Nebeneinandererscheinen — also eine Verschiebung des einen Kreuzarmes nach der Seite, Höhe oder im Sinne von Drehung gegen den anderen — das Bestehen von Störung der Korrespondenz, bzw. einer anomalen Sehrichtungsgemeinschaft, wie sie bei gewissen Schielenden vorkommt; vgl. unten S. 129 ff.)

Die ausgezeichneten Stellenpaare lassen sich beim Normalen sonach als stabil miteinander verbunden betrachten. Ihre Beziehung wird als *Korrespondenz* (nach E. HERING) oder als *Identität* (nach JOH. MÜLLER) bezeichnet. Der letztere Ausdruck könnte allerdings leicht zu der Annahme voller Funktionsgleichheit und glatter Übereinstimmung von geometrischem Lagewert und funktionellem Lokalzeichen verleiten (vgl. dagegen den Wettstreit, die Diskrepanzen, auch die Unterscheidbarkeit von rechts- und linksäugigen Eindrücken auf Grund des sogenannten Abblendungsgefühls [E. TH. v. BRÜCKE und BRÜCKNER]). Da sich auch sonst kein stichhaltiger Grund für eine zeitweilige Lösung der Korrespondenz bestimmter Stellen beider Netzhäute anführen läßt, müssen wir

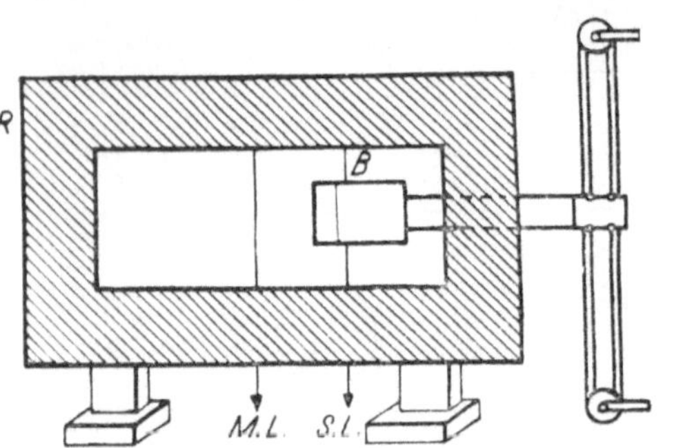

Abb. 65. Noniusmethode zur Bestimmung des empirischen Horopters (nach A. v. TSCHERMAK-SEYSENEGG).

die zweifellose Möglichkeit eines zeitweiligen Einfachsehens mit nichtkorrespondierenden, höhen- wie breiten-disparaten Stellen auf eine bloße Zurückdrängung des wahrhaft korrespondenten Partners beziehen. Das „PANUM-*Sehen*" beruht also nicht auf einem gewissen Schwanken der Korrespondenz selbst, sondern auf einer gewissen Flexibilität des Zusammenwirkens, einer fakultativen Sehrichtungsgemeinschaft zwischen der einen Stelle hüben und einer innerhalb gewisser Grenzen wechselnden Stelle drüben, und zwar unter *„innerer Hemmung"* des primär zugehörigen Partners. Es sei der scherzhafte Vergleich gestattet, daß die eheliche Zusammengehörigkeit nicht ein gelegentliches Tänzchen des Gatten mit einer anderen Partnerin als seiner Frau ausschließt, und daß dies noch keine Lösung des Ehebandes bedeutet; natürlich gilt auch das Umgekehrte!

Mit Rücksicht auf die Feinheit der Sehrichtungskonstanz-Horopterprobe und des stereoskopischen Sehens dürfen wir als Träger der Korrespondenz in der Fovea geradezu Paare von Einzelzapfen annehmen; im indirekten Sehen kommen hingegen Komplexe von wachsender Zellenzahl in Betracht — ähnlich wie wir dies bei der Erörterung der Sehschärfe für das Einzelauge ausgeführt haben (vgl. S. 13 ff.). Im Netzhautzentrum entspricht sonach einem Einzelzapfen der einen Netzhaut ein solcher der anderen Seite als stabil korrespondent, während andere, nach Breite oder Höhe mäßig disparate Zapfen einzeln hintereinander in temporäre Sehrichtungsgemeinschaft mit dem erstgenannten Zapfen treten können — allerdings nur so lange, als eben der mittlere funktionell zurücktritt. Dieser Wahlkomplex bildet den Inhalt des PANUMschen Empfindungs- oder Verschmelzungskreises. Dieser Terminus bezeichnet also die zu einem Einzelelement des einen

Auges gehörige Schar von Elementen des anderen Auges, welche zu paarweisem Einfachsehen, d. h. zu fakultativer, bedingter Sehrichtungsgemeinschaft mit dem erstgenannten befähigt sind. Als Ausdehnung des PANUMschen Areals ergeben sich je nach der Bestimmungsmethode (Farbhaploskopie oder Betrachtung unter asymmetrischer Konvergenz und Berechnung des Grenzwinkels bei Doppelbildzerfall) im absoluten Bogenmaß 7° (6°), im relativen Größenunterschied der beiderseitigen Netzhautbilder 6 bis 7% (4 bis 5% — BRECHER), und zwar zugleich in der horizontalen wie in der vertikalen Richtung: also die Gestalt eines Kreises (PANUM, BRECHER), nicht eines Querovals (VOLKMANN, LYDING). Dabei begünstigen allerdings — wie bereits S. 98 erwähnt — gewisse Momente, besonders Übung, das Zerfallen des Eindruckes: es erfolgt dadurch eine Einengung des PANUMschen Kreises bis auf eine gewisse absolute Erstreckung. Nach dem Gesagten dürfen wir sonach die Korrespondenz als eine fixe, elementare Sehrichtungsgemeinschaft — mit Übereinstimmung der binokularen und unokularen Lokalisationsrichtung — bezeichnen. Schon angesichts dieses Charakters, ebenso aus vergleichend-physiologischen Gründen dürfen wir für diese sensorische Funktionsbeziehung eine angeborene oder bildungsgesetzliche Grundlage erschließen; doch soll diese Auffassung erst später näher ausgeführt werden (vgl. S. 151).

3. Horopterproblem und Diskrepanzen des Doppelauges.

a) Geometrischer Horopter.

Die Festlegung der Korrespondenz als einer stabilen, elementaren Funktionsbeziehung beider Augen führt alsbald zur Frage, wie die Korrespondenten angeordnet sind, und von welcher Stelle des Außenraumes her beide Paarlinge unter Bilderzeugung erreicht und gereizt werden können.

In Entsprechung zur Nebeneinanderordnung beider Augen und zur Bildumkehr sind beiderseits die Höhenwerte gleichsinnig-gegenläufig, die Breitenwerte antimetrisch-gegenläufig verteilt. Würden die Abstufung der funktionellen Lokalzeichen und die geometrische Anordnung einander völlig entsprechen, so würde sich das Problem des Horopters als des geometrischen Ortes der korrespondent abgebildeten Außenpunkte einfach auf die Aufgabe beschränken: nodale Projektion der zweiachsigen Einteilung beider sphärischen Bulbi bei einer bestimmten Stellung der Blicklinien, so besonders bei Parallelität oder bei symmetrischer Konvergenz. Unter Vernachlässigung des geringen Lagenunterschiedes von Knotenpunkt und Krümmungsmittelpunkt des Augapfels (im Mittel 4,5 mm) ergibt sich als geometrischer Horopter im ersteren Fall eine unendlich ferne Fläche, etwa dem Himmelsgewölbe entsprechend. Für den Fall des Nahesehens ist als Horopter ein durch den Fixationspunkt und die beiden Krümmungsmittelpunkte[1] laufender Kreis —

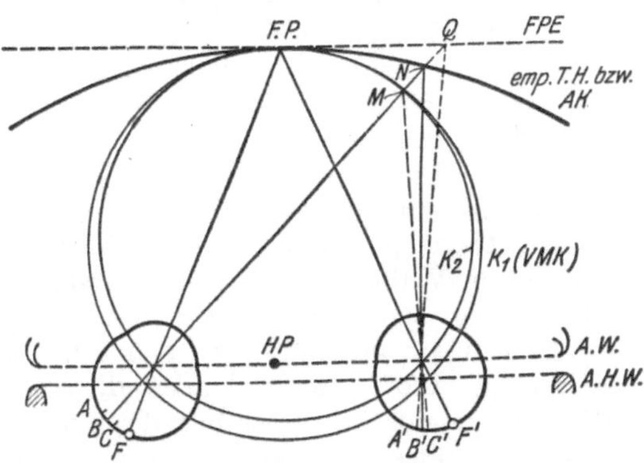

Abb. 66. Geometrischer Horopter. $K_1(VMK)$ = VIETH-MÜLLERscher Kreis durch die Krümmungsmittelpunkte, K_2 = Kreis durch die mittleren Knotenpunkte, AK = Abstandskreis, von HP aus geschlagen.

---

[1] Dioptrisch richtiger ist es allerdings, den Kreis durch die mittleren Knotenpunkte zu schlagen (K_2 statt K_1, vgl. Abb. 66).

nach VIETH-MÜLLER benannt — abzuleiten, dessen Bogenstücken in beiden Augen geometrisch gleiche Öffnungswinkel entsprechen (vgl. Abb. 66). Anderseits aber gehört zum geometrischen Horopter das im Fixationspunkt errichtete Lot (PREVOST-BURKHARDT). Die unter obigen Voraussetzungen abgeleiteten Konstruktionslinien bezeichnen den geometrischen Ort aller vollkorrespondent, d. h. sowohl nach Breiten- wie nach Höhenwert korrespondent abgebildeten Außenpunkte, den sogenannten *Voll-* oder *Totalhoropter*. Hingegen entspricht dem sogenannten *Längshoropter* als dem Ort für bloße Breitenkorrespondenz der Abbildung bei Übereinstimmung oder Verschiedenheit an Höhenwert eine durch Kreis und Lot gelegte Zylinderfläche. Für das plastische Sehen, das sich von der Höhendisparation unabhängig erweist, erscheint gerade dieser von besonderer Bedeutung.

b) Empirischer Horopter.

Bei empirischer Überprüfung entspricht allerdings der Tatbestand nicht glatt und notwendig der mathematisch formulierten Erwartung. Von den Punkten des oben bezeichneten Kreises aus werden nämlich außerhalb des Fixationspunktes — zunehmend mit dem Seitenabstand — tatsächlich nicht solche Stellen getroffen, welche, paarweise wie einzeln beansprucht, *dieselbe* Sehrichtung aufweisen, also wahrhaft korrespondieren: die einäugige Sehrichtung für eine Stelle der rechten Kreishälfte weicht beispielsweise bei Abblendung des linken Auges schwächer von der Medianen ab als die binokulare. Ja, stark exzentrisch im VIETH-MÜLLERschen Kreis stehende Objekte können sogar doppelt, und zwar in gekreuzten gleichseitigen Doppelbildern erscheinen. Auch die im Fixationspunkt errichtete Längslinie erfordert, da etwas dem Beobachter zugeneigt und an den Enden gespalten erscheinend, eine gewisse Schrägstellung der Tiefe nach, also eine Wegneigung mit dem oberen Ende, um raumvertikal zu erscheinen. Dieses in der Regel geltende Verhalten entspricht offensichtlich der bereits an den beiden Einzelaugen festgestellten Divergenz oder Disklination der beiden Längsmittelschnitte (vgl. S. 93) — ja der beiden Systeme funktioneller Längsschnitte überhaupt.

Eine bloß deduktive Konstruktion des Horopters erweist sich schon daraufhin als prinzipiell unzulässig und höchstens zur groben Vororientierung brauchbar. Es bedarf vielmehr einer empirischen Bestimmung für das Einzelindividuum.

Als Kriterium zu einer solchen Feststellung ist das Aufsuchen der Zone des binokularen Einfachsehens gegenüber dem Doppeltsehen und die Ableitung ihres Mittels ein relativ rohes Verfahren. Die Sehrichtungskonstanz-, speziell Noniusmethode (vgl. oben S. 104) hinwiederum ist zwar weitaus die feinste und beste, ja in Wahrheit die einzige völlig und ständig zuverlässige, aber recht mühevoll und zeitraubend; gestattet sie ja doch jedesmal nur ein einzelnes Lot bzw. Stellenpaar im indirekten Sehen bei tadellosem Festhalten der Fixation zu bestimmen. Trotz dieser Umständlichkeit wird man bei genaueren Untersuchungen immer auf dieses Verfahren zurückgreifen, wenigstens die auf anderen Wegen erhaltenen Ergebnisse jedesmal — etwa stichprobenweise — darnach zu überprüfen haben.

Zu einer einfacheren und rascheren, wenn auch nicht so exakten und einwandfreien Methode führt uns folgende, zunächst wenigstens recht plausible Voraussetzung: die Eindrücke (breiten-) korrespondierender Netzhautstellen erscheinen in einer charakteristisch geformten subjektiven Anschauungsfläche relativ zum Beobachter geordnet, der „Kernfläche" nach E. HERING. Als solche kommt in erster Linie eine subjektiv-stirnparallele Ebene (Kernebene nach HERING) in Betracht, wenigstens in einer gewissen Nähe vom Fixations- bzw. Kernpunkt. Allerdings könnte auch an einen subjektiven Abstandskreis oder besser Zylinder, also an ein Erscheinen der Eindrücke in gleicher Entfernung vom Zentrum der Sehrichtungen, bzw. von der Nasenwurzel gedacht werden oder gar an eine subjektive Ellipse, wobei die stark seitlichen Eindrücke etwa ebensoweit entfernt vom gleichnamigen Auge erscheinen wie der Fixationspunkt. Bleiben wir zunächst bei dem einfachsten subjektiven Kriterium der stirnparallelen Scheinebene (*Epipedoskopie*), so zeigt die Einstellung von Lotfäden, Nadeln oder Drähten an einer geeigneten Apparatur — etwa an dem Nadelstereoskop (Abb. 67) nach A. v. TSCHERMAK-SEYSENEGG, welches auf dem Prinzip des HERINGschen Stäbeversuches beruht, oder an einem Horopterapparat (HERING, A. v. TSCHERMAK-SEYSENEGG, AMES, CORDS, MÜNSTER-Zeißwerk) — bei Erfülltsein gewisser Voraussetzungen eine weitgehende Übereinstimmung mit dem wahren oder Sehrichtungs-

Abb. 67. Nadelstereoskop (nach A. v. TSCHERMAK-SEYSENEGG). (Modifikation des HERINGschen Stäbeversuches.)

konstanz- bzw. Noniushoropter. Der sogenannte *Plan*- oder *Scheinebenenhoropter*[1] kann daher — wenn auch nur bedingt — als bequemer, praktischer Ersatz benutzt werden, zumal da er noch in stärkerer Exzentrizität bestimmt werden kann. Es wäre nicht berechtigt, ihn wegen seines bedingten Charakters als minderwertig zu behandeln! Wenigstens ist es als sehr wahrscheinlich zu bezeichnen, daß charakteristische Differenzen, die man bei der Planeinstellung für Weiß und Schwarz, Rot und Blau (Krümmung der sogenannten Farbhoropteren $W < S$ — also S „kurz“, W „weit“ eingestellt, $R < B$ — also B „kurz“, R „weit“ eingestellt, vgl. Abb. 68 a und 69 b) findet, auch für das Kriterium der Sehrichtungskonstanz zutreffen, sich also auf Differenz der wirksamen Knotenpunkte beziehen. Allerdings wird dies erst im Einzelfall zu erhärten sein.

Als Voraussetzungen für die praktische Ersatzverwendbarkeit des sogenannten Planhoropters seien angeführt:

1. Zuverlässige bifoveale Fixation in symmetrischer Konvergenz.

2. Aufrechte mediane Kopfhaltung — zweckmäßig gesichert durch einen Stirn-, Kinn- oder Gebißhalter.

---

[1] Bei den obigen Verfahren wird, genau genommen, der Längshoropter aufgesucht, doch kommt dieser praktisch dem Horopter schlechtweg gleich, da sich die wenn auch höhenverschiedenen Strecken der Bilder eines gleichmäßigen Lotes sozusagen ineinander verschieben und Höhendisparation überhaupt ohne Einfluß auf die Tiefenlokalisation bleibt.

3. Genügend langdauernde Darbietung (mindestens 0,8 Sekunden), da Momentexposition — beispielsweise am sogenannten Fallhoropter — zu einer stärkeren Krümmung führt als Zeit- oder Dauerexposition. (Dieses Verhalten ist wahrscheinlich auf eine Anfangsprävalenz der den kreuzenden Opticusfasern zugehörigen, nasalen Korrespondente gegenüber der temporalen zu beziehen — vgl. S. 114, 179.)

4. Ausschluß aller empirischen Lokalisationsmotive durch Verdecken der oberen wie unteren Enden der lotrechten, eventuell in verschiedenen Stärken

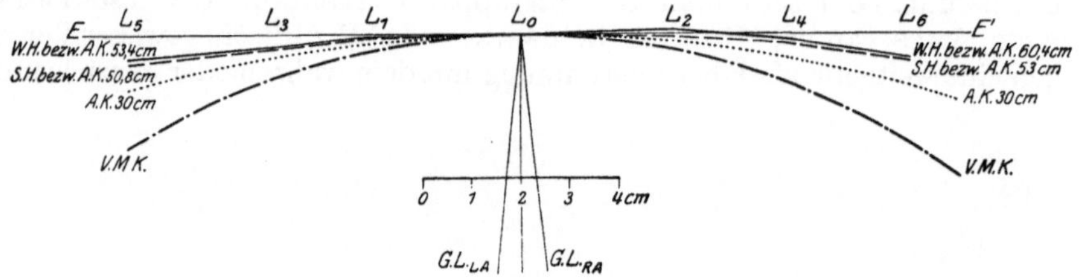

Abb. 68 a. Sog. Planhoropter. *W.H.* für Weiß, *S.H.* für Schwarz, *V.M.K.* = Vieth-Müllerscher Kreis.

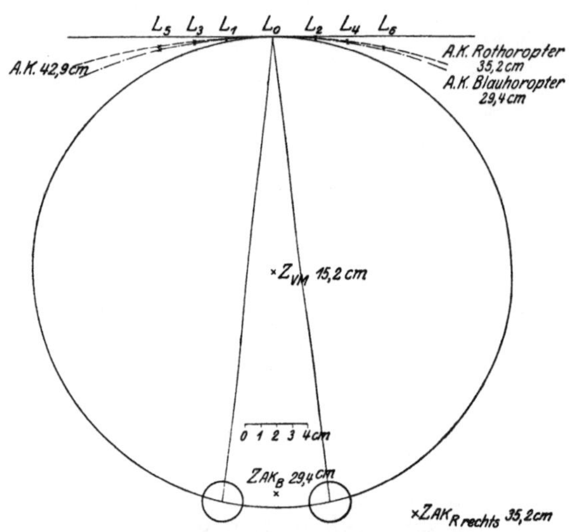

Abb. 68 b. Sog. Planhoropter für Rot und Blau.

verwendeten Testobjekte sowie aller möglichen perspektivischen Einflüsse[1]: somit Verwendung eines objektiv stirnparallel gestellten Blendrahmens mit rechtwinkeligem Ausschnitt, sowie eines gleichmäßigen, gleichfalls objektiv stirnparallelen Hintergrundes.

5. Auch scheint die Beobachtungsentfernung von Einfluß zu sein, und zwar in dem Sinne, daß mit fortschreitender Annäherung der Planhoropter immer

---

[1] Die Bedeutung solcher dürfte individuell recht verschieden sein. Gibt es doch solche Personen, welche glatt, ohne das Beobachtungsmittel (Fernrohr, Mikroskop) oder die umgebenden Deckblenden zu beachten, gleich das Ziel selbst ins Auge zu fassen, also einfach durch das Instrument oder den Blendrahmen hindurch Objekte suchen und sehen, und solche Personen, die zunächst dem Instrument oder dem Rahmen ihre Aufmerksamkeit zuwenden und nur nebenbei dahinter auch gewisse Objekte bemerken! In ähnlicher Weise neigen manche Personen dazu, bei Vorsetzen eines Glases oder Instrumentes sofort zu akkommodieren.

stärker vom Noniushoropter abweicht (nach AMES, GLIDDON, OGLE — allerdings unter Zurückführung auf Fehlkonvergenz[1]) (vgl. S. 109, 168, 175).

Mit bezüglichen Einschränkungen kann man den Planhoropter definieren als den geometrischen Ort jener Außendinge, die in subjektiver „Nullage" erscheinen.

Im allgemeinen entspricht unter den angegebenen Bedingungen die Einstellung des Planhoropters wie des SRK- bzw. Noniushoropters in mäßiger Entfernung einer relativ flachen, meist angenähert symmetrischen Kurve bzw. Zylinderfläche, die gegen den Beobachter hin konkav ist und etwa in der Mitte zwischen dem VIETH-MÜLLERschen Kreis und der objektiv frontoparallelen Ebene liegt. Für mäßige Beobachtungsabstände — speziell für eine Distanz von 30 cm — ergibt sich angenäherte Übereinstimmung mit dem sogenannten Abstandskreis[2] (A. v. TSCHERMAK-SEYSENEGG), welcher von der Nasenwurzel, d. h. dem Halbierungspunkt der Basalstrecke aus, durch den Fixationspunkt geschlagen sei. Jedenfalls werden beim Nahesehen sowohl nach der SRK- bzw. Noniusmethode als nach dem Plankriterium weder die objektive Frontalebene noch der VIETH-MÜLLERsche Kreis als empirischer Horopter anerkannt, vielmehr eine zwischen beiden gelegene Kurve. Eine objektiv stirnparallele Ebene erscheint gegen den Beobachter zu konvex gekrümmt, umgekehrt der VIETH-MÜLLERsche Kreis als bereits konkav; allgemein gesprochen erscheint gegenüber dem objektiven Krümmungsgrad der subjektive weniger stark. Dem Prinzip des Planhoropters entspricht auch die Methode der Herstellung von ebenflächigen Kombinations- oder Substitutionsbildern in einem Haplostereoskop. Die Benutzbarkeit geometrisch identischer Vorlagen erweist sich dabei — angesichts der funktionellen Breitenasymmetrie der Netzhäute — allerdings auf einen relativ engen Bezirk beschränkt (vgl. oben S. 100). Darüber hinaus erscheint die Figurenfläche gegen den Beobachter hin konvex gekrümmt.

Neben den Kriterien des mittleren Einfachsehens, der Scheinebene und besonders der Sehrichtungskonstanz erweist sich der Horopter noch ausgezeichnet durch maximale stereoskopische Unterschiedsempfindlichkeit. Unter Einhaltung der oben kurz formulierten Bedingungen erhält man übrigens nach allen vier Methoden recht angenähert übereinstimmende Ergebnisse, so daß an dem Tatbestand charakteristischer Abweichungen des empirischen Horopters von der geometrisch-konstruktiven Erwartung nicht zu zweifeln ist.

c) Korrespondenzdiskrepanzen.

α) Horopterabweichungen.

Die regelmäßige Hauptabweichung des empirischen Horopters beim Nahesehen besteht in der flacheren Krümmung gegenüber dem VIETH-MÜLLERSCHEN Kreis, bzw. in der weitgehenden Angleichung an den Abstandskreis in Form der *Horizontalabweichung oder Korrespondenzparallaxe* nach HERING-HILLEBRAND.

---

[1] Bei einer solchen bezeichnet der tatsächliche Schnittpunkt der beiden Blicklinien den Scheitel des wahren Horopters. Hingegen entspricht die Einstellung von Testobjekten in eine Scheinebene bloß solchen Punkten maximaler Aufmerksamkeit, welche mit Stellen von bestimmter Querdisparation unter PANUMscher Verschmelzung einfach gesehen werden, also einem Scheinhoropter (vgl. die Beobachtung am Doppelhoropterapparat nach A. v. TSCHERMAK-SEYSENEGG).

[2] JOH. EV. PURKINJE hatte (bereits 1825) interessanterweise die Form einer Querellipse mit den Zentren beider Augen als Brennpunkte prinzipiell vorausgesetzt. Dabei ergibt sich übrigens eine nur geringe Abweichung von dem etwas stärker gekrümmten Abstandskreis.

Es liegen also die korrespondierenden Stellen nicht in genau gleicher Exzentrizität auf der inneren, nasalen Hälfte der einen und auf der äußeren, temporalen Hälfte der anderen Netzhaut, sondern es erscheinen für das zweiäugige Einfachsehen oder die Haploskopie gleichwertig je ein temporal näherer und ein nasal weiter abliegender Paarling. So entspricht in Abb. 66 (S.105) dem Punkt N des empirischen Horopters im linken Auge die Netzhautstelle B, im rechten Auge aber nicht die gleichexzentrische Stelle C', sondern die weniger weit entfernte Stelle B'. Vom Vieth-Müllerschen Kreis (M) aus würde C', von der frontoparallelen Ebene (Q) aus würde A' beansprucht werden. Damit erscheint die erste und wichtigste Diskrepanz in der Verteilung des sensorischen Zusammenschlusses beider Augen aufgezeigt. Dieselbe läßt offensichtlich einen Parallelismus zu jener Streckendiskrepanz des Einzelauges erkennen, welche dem Kundtschen Teilungsfehler zugrunde liegt (vgl. S. 91); ja im Idealfall stimmen beiderlei Diskrepanzen völlig überein. Die naso-temporale Diskrepanz der Breitenwerte in beiden Augen wird bei spiegelbildlicher Gleichheit geradezu wirkungslos, d. h. eine binokular gebotene Strecke wird trotzdem vollkommen richtig geteilt. Andererseits läuft die peripherwärts fortschreitende Diskrepanz an Exzentrizität im allgemeinen hüben und drüben parallel. Diesbezüglich verhalten sich somit beide Augen vereint gleich wie jedes einzelne für sich. Wie schon bezüglich der Teilungsfehler für das Einzelauge ausgeführt wurde (vgl. S. 93), muß ein tatsächliches Bestehen von Diskrepanzen als weit wahrscheinlicher bezeichnet werden als eine bloße Vortäuschung derselben durch Asymmetrien der Abbildung, wenn auch solche eine unleugbare Komplikation darstellen.

Nach der Vertikalen tritt eine Abweichung des empirischen Horopters vom Prevost-Burkhardtschen Lot hervor. Dieselbe entspricht der Deviation des Längsmittelschnittes am Einzelauge, bzw. dem individuell charakteristischen Disklinationswinkel beider Längsmittelschnitte am Doppelauge (vgl. oben S. 93). Dadurch erscheint die empirische Horopterfläche aus einem relativ flachen Zylinder zu einem relativ flachen Kegelmantel deformiert (*vertikale Horopterabweichung*).

<h3 style="text-align:center">β) Funktionelle Aniseikonie.</h3>

Von der horizontalen und der vertikalen Horopterabweichung abgesehen, ist noch sehr wohl mit der Möglichkeit zu rechnen, daß die Abstufung der Lokalzeichen, ihr radiäres Gefälle und damit auch die Verteilung der korrespondierenden Stellen in beiden Augen eine allgemein ungleiche sein kann. Diesfalls gilt also für die funktionelle Differenzierung im rechten Auge ein anderer, beispielsweise größerer Maßstab als im linken — ähnlich wie dies in der Regel für die nasale Netzhauthälfte gegenüber der temporalen im Einzelauge zutrifft (vgl. S. 91). Das Auge mit dem größeren Maßstab verhält sich im ganzen „nasoid", also relativ mikropisch, jenes mit dem kleineren Maßstab „temporoid", also relativ makropisch. Daneben wird durch die allgemeine Differenz die regionale Temporalität im mikropischen Auge geschwächt, die regionale Nasalität daselbst noch gesteigert, während sich das andere, makropische Auge umgekehrt verhält. Ein solcher Zustand bringt — anatomische und dioptrische Übereinstimmung beider Augen und mediane Objektlage vorausgesetzt — trotz objektiver Gleichheit der Netzhautbilder eine Ungleichheit der Anschauungsbilder mit sich: eine *rein funktionelle Aniseikonie* (Ames, Gliddon und Ogle, Herzau). Dieselbe ist von der Aniseikonia dioptrica, wie sie sich bei Refraktionsungleichheit beider Augen (Anisometropie), ebenso bei seitlicher Lage des Objekts bzw. asymmetrischer Konvergenz ergibt (Desaguliers, Wheatstone), grundsätzlich zu unterscheiden, wenn sich auch beide Anomalien in gleicher Weise durch einseitige Vergrößerung oder Verkleinerung des Netzhautbildes mittels sogenannter Size-Lenses (nach AMES und OGLE) korrigierbar erweisen. Ganz ähnlich lassen sich ja Achsen- und Linsenmyopie in gleicher Weise durch Konkavlinsen kompensieren. Grundsätzlich aber bleibt (dioptrische) Bildgröße und (subjektive) Sehgröße wohl voneinander zu scheiden!

Eine funktionelle Aniseikonie ist am reinlichsten durch Herstellung und Vergleich von Streckengleichungen oder Teilungen mit beiden Augen und mit je einem Einzelauge nachzuweisen. Dazu dient entweder ein geeignetes Spiegel- oder Triederhaploskop (so das Ophthalmoeikonometer nach AMES zugleich mit Polarisationseinrichtung), allerdings ohne Festhaltung der Augen durch ein gemeinsames Fixationsobjekt (vgl. S. 100, Anm. 1), oder ein Teilungsapparat (Metroskop nach A. v. TSCHERMAK-SEYSENEGG, Abb. 69, oder Halbfeld- bzw. Maddoxeikonometer nach BRECHER). Im Metroskop ist — durch passende Abblendung zwar der Fixationspunkt, eventuell auch noch besondere Streckenmarken — beidäugig sichtbar gemacht, hingegen sind zwei anschließende Strecken nur unokular abgegrenzt und auf gleich einzustellen. Natürlich hat man zuvor schon für jedes Einzelauge (wie auch für beide Augen zugleich) den Teilungsversuch ausgeführt, welcher im regulären Fall beiderseits eine unokulare Hälftung nach KUNDT (d. h. nasal abgebildete Strecke größer als temporal abgebildete), und zwar angenähert in spiegelbildlicher Gleichheit ergibt. Wird nun aber bei der folgenden Beobachtung mit beiden Augen die objektiv links gelegene (FPS_1) durch Scheuklappenblende (vgl. Abb. 70 a)

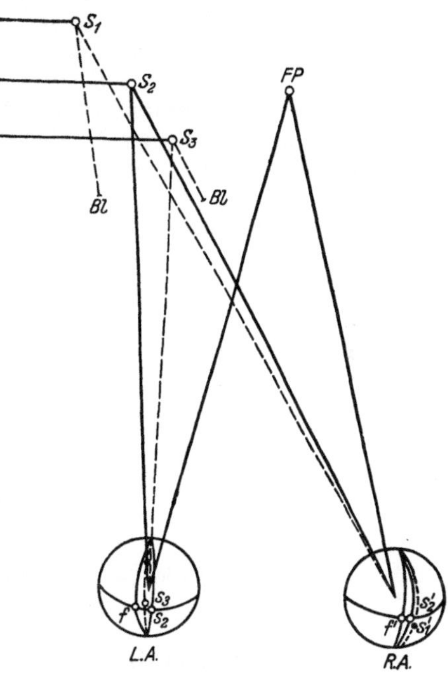

Abb. 69. Schema der Streckengleich- bzw. Scheinvertikaleinstellung im Metroskop (nach A. v. TSCHERMAK-SEYSENEGG).

linksäugig, also gleichnamig abgeblendet und nur rechtsäugig, also ungleichnamig, und zwar temporal abgebildete Strecke (FPO_1) größer eingestellt als die nur linksäugig sichtbare Strecke (FPO_2), so beweist dies einen allgemein „nasoiden", mikropischen Charakter des rechten Auges, einen allgemein „temporoiden", makropischen, des linken Auges. Das Umgekehrte gilt bei Vorschalten einer medianen Blende, welche die Nasenscheidewand verlängert und die beiden Einzelstrecken für das ungleichnamige Auge abblendet, für das gleichnamige hingegen freigibt (vgl. Abb. 70 b). In weiteren Versuchen läßt man (wie in Abb. 69) von drei seitlich gebotenen Scheibchen das rechtsäugige obere (S_1) und das linksäugige untere (S_3) in eine scheinbare Vertikale einstellen, welche durch das beidäugige mittlere Scheibchen (S_2) läuft. In ähnlicher Weise erfolgen die Einstellungen am Ophthalmoeikonometer (AMES). — Natürlich kann man solche Teilungsversuche mit geeigneten Vorlagen (so mit den Testplatten nach AMES) auch an einem Haploskop vornehmen, das aber dem praktischen Augenarzt, wenigstens in passender Form, oft fehlt; auch ergeben sich dabei die oben (S. 100, Anm. 1) angedeuteten Bedenken, indem eventuell gewisse

Teile der Haploskopvorlagen zu Fusionsbewegungen verleiten (SCHUBERT, BRECHER).

Das Sehen in einem Fall von funktioneller Aniseikonie ist mit Ausnahme der ganz zentralen Region — sobald eben die allgemeine Maßstabdifferenz beider Augen, die Anisometroskopie im Sinne von nasoidem und temporoidem, bzw. mikropischem und makropischem Verhalten deutlich zu werden beginnt — für solche Objekte, die völlig oder nahezu im Horopter des Normalen oder Iseikonikers gelegen sind, ein bloßes „PANUM-Sehen" (vgl. S. 103). Das gilt schon für geometrisch identische Vorlagen von mäßiger Flächenausdehnung (vgl. S. 100, 109). Solche Verschmelzungsprodukte zerfallen aber leicht in Doppelbilder, sobald die besonderen Beobachtungsbedingungen eine Veränderung erfahren — so speziell bei stärker asymmetrischer Konvergenz. So wird es leicht begreiflich, daß dann beispielsweise am Kombinationsbild eines Kreises und eines Quadrats von geometrisch genau gleicher Maximalbreite (AMES) eine Konturentrennung entweder nach der Breite oder nach der Höhe oder gar nach beiden Dimensionen

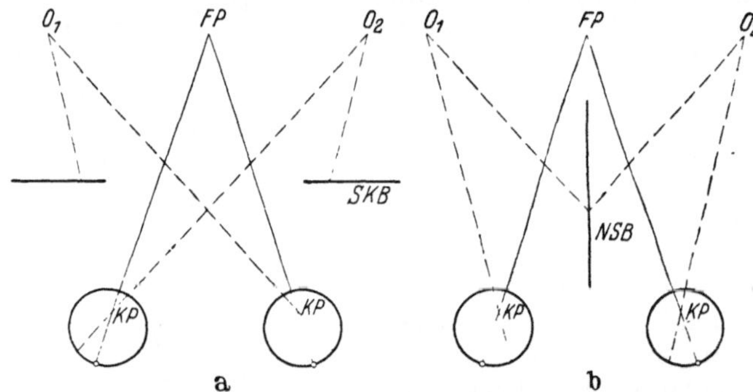

Abb. 70. Blendvorrichtung zur Trennung der Gesichtsfelder. a) Scheuklappenblenden, b) Nasenscheidewandblende.

eintreten kann (HERZAU-OGLEsches *Phänomen*). Allerdings sei bei dieser Grundauffassung keineswegs geleugnet, daß bei asymmetrischer Konvergenz auch dioptrische Komplikationen (gewisse Asymmetrien der Pupillenweite und der Akkommodation — vgl. S. 174) wie perspektivische Auslegung Einfluß nehmen können. Die unter Umständen — nämlich bei Bestehen von Anisometropie — schwierige Scheidung von dioptrischer und funktioneller Aniseikonie, bzw. ihrer Anteile an den einzelnen Beobachtungsergebnissen kann uns hier nicht weiter beschäftigen, so reizvoll diese Detailfrage auch wäre!

γ) Horopterasymmetrie.

Auch am empirischen Horopter muß Aniseikonie zu einer Abweichung von der Symmetrie führen. In diesem Sinne wirkt überhaupt jede asymmetrische Verteilung der Lokalzeichen in beiden Augen, beispielsweise schon eine solche bezüglich der Breitenwerte. So führt Bestehen des KUNDTschen Teilungsfehlers im rechten Auge und Minderausbildung oder Entfall desselben oder gar Bestehen des gegensinnigen MÜNSTERBERGschen Fehlers im linken Auge zu einem Vorrücken der linken Horopterhälfte, das im letztgenannten Fall sogar bis über den VIETH-MÜLLERschen Kreis hereinführen würde. Analogerweise bedingt eine Aniseikonie von allgemein temporoid-makropischem Verhalten oder Maßstabverkleinerung im rechten Auge, bzw. nasoid-mikropischem Verhalten im linken Auge — symmetrische KUNDTsche Teilung beiderseits vorausgesetzt — ein Vortreten (Kurzeinstellen) der rechten und ein Zurücktreten (Weiteinstellen) der linken Horopterhälfte, wie wenn dieser (bzw. der Kopf) — von oben gesehen — im Sinne des Uhrzeigers gedreht worden wäre. Durch ein solches Verhalten wird die Aniseikoniediagnose, die aus Asymmetrie der Teilung oder Einstellung auf Streckengleichheit mit beiden Einzelaugen, beispielsweise am Metroskop oder einem Eikonometer (vgl. S. 111), erschlossen war, in überzeugender Weise erhärtet. Von einer Bestimmung der Lage der Mittelpunkte der PANUM-Kreise (vgl. S. 104) ist Analoges zu erwarten; doch wäre dazu eine besonders feine Apparatur und große Ausdauer an Beobachtung erforderlich.

Nachdrücklich sei betont, daß die Erscheinungen der Aniseikonie, die noch des weiteren gründlichen Studiums bedürfen, durchaus nicht dazu berechtigen oder gar nötigen, ein zeitweiliges Aufhören oder eine Labilität der Korrespondenz zu erschließen. Rückblickend auf die Befunde, aus denen Diskrepanzen für das sensorische Doppelauge erschlossen werden können, sei noch folgendes bemerkt: Ebenso wie bezüglich des Raumsinnes des Einzelauges ist auch für das Doppelauge mit der Möglichkeit zu rechnen, daß solche Abweichungen zwischen Funktion und Lagewert vorgetäuscht werden durch dioptrische Asymmetrien des einzelnen Auges wie beider (vgl. S. 92). Ebenso wie dort, darf aber meines Erachtens schon heute die Vorstellung als wahrscheinlicher bezeichnet werden, daß den Teilungsfehlern im wesentlichen tatsächliche Diskrepanzen zugrunde liegen.

4. Art des Zusammenwirkens der beiden Netzhäute.

Als Ergebnis des Zusammenwirkens der korrespondierenden Netzhautstellen haben wir die Vermittlung des Eindruckes von Sehrichtungsgleichheit und Sehrichtungskonstanz bei ein- wie zweiäugiger Betrachtung und — allgemein gesprochen — des Eindruckes einer subjektiven Frontoparallelebene schon eingehend kennengelernt. Doch bleibt noch die Frage nach der *Art* dieses Zusammenarbeitens offen: ob einfach additiv oder kombinativ-mosaikbildend oder endlich komplementär mit einer gewissen Gegensätzlichkeit und Stellvertretung. Diese drei Möglichkeiten sollen alsbald eine nähere Begriffsbestimmung und kritische Analyse finden!

Eine glatte reguläre Addition der Eindrücke korrespondierender Netzhautstellen erscheint schon durch die Erfahrung ausgeschlossen, daß wir unter Tags mit beiden Augen zusammen die Objekte nicht heller sehen als unokular. Unter gewissen Umständen ergibt sich sogar — infolge Mitspielens des Schwarz der einen Seite — das Umgekehrte (paradoxer Versuch nach FECHNER). Bei Dunkeladaptation hat sich aber doch eine binokulare Helligkeitsaddition nachweisen lassen, welche innerhalb des Leuchtdichtenintervalls von $6,5 \cdot 10^{-10}$ bis $2,6 \cdot 10^{-6}$ sb von der Leuchtdichte an sich unabhängig ist (zuerst von PIPER angegeben, von GRAHAM für Schwellenerregbarkeit bestritten; von ROELOFS und ZEEMAN, sowie BARTLEY und Mitarbeitern, ebenso LYTHGOE und PHILIPPS oberhalb des Schwellenbereiches vertreten; von MÜNSTER bei gleicher Empfindlichkeit beider Augen erwiesen — sonst aber Wert kleiner als der des empfindlicheren Auges!). Jedenfalls muß die einst (so von DU TOUR, RUDOLPHI gegenüber PANUM, WHEATSTONE) vertretene Auffassung, das Sehfeld sei normalerweise schon in seinem mittleren, binokularen Anteil aus unokularen Stücken nach Art einer Mosaik zusammengesetzt, abgelehnt werden. Ist doch aus den Leistungen des plastischen Sehens (mit Aneinanderrücken und schließlichem Verschmelzen der Eindrücke beider Einzelaugen), aus der Möglichkeit einer binokularen Farbenmischung, auch aus der Verlagerung des scheinbaren Geradevorne bei zweiäugigem Sehen gegenüber bloß einäugigem (S. 141) mit

Sicherheit auf ein gleichzeitiges binokulares Zusammenwirken, eine wahre Synchyse (v. KRIES) zu schließen.

In demselben Sinne spricht noch der *feste* Charakter der Lokalisation der Kernebene als der Ausgangs- oder Bezugsfläche für die Tiefengliederung des Sehraumes. Auch erscheint der einheitliche plastische Eindruck weder in der rechts- noch in der linksäugigen Sehrichtung, sondern in einer *mittleren*! Bei der haplostereoskopischen Fusion der Eindrücke beider Augen handelt es sich demgemäß nicht etwa bloß um eine Vereinheitlichung *abwechselnd* — etwa unter gegenseitiger Hemmung — perzipierter unokularer Eindrücke, sondern um eine wahre Verschmelzung *simultaner* Eindrücke.

Eine Berechtigung oder gar Nötigung zur Annahme, daß der Wettstreit regulär und für längere Zeit bis zu dem Extrem einer rein einäugigen Sehleistung, bzw. zu einer Zusammensetzung des gemeinsamen Sehfeldes aus rein unokularen Stücken, also zu Mosaiksehen führe, liegt meines Erachtens nicht vor.

Verschiedenartige Beanspruchung beider Einzelaugen führt zu einem deutlichen *Wettstreit*, wobei der Eindruck von größerem „Gewicht" allgemein, aber nicht ausnahmslos prävaliert. Der Wettstreit zwischen Weiß und Schwarz, Lichtreflex und entsprechender Grundpartie führt zu der Sondererscheinung des binokularen Glanzes, der für die Plastizität des optischen Eindruckes von Bedeutung ist. Bei längerdauerndem Offenstehen des einen Auges ist sogar eine gewisse zeitweilige Konkurrenz durch das relativ minderwertige Eigengrau des geschlossenen anderen Auges zu beobachten; auch kann durch eine gewisse Beimengung von dieser Seite — besonders nach langdauerndem Abschluß und vorgeschrittener Dunkeladaptation — die Deutlichkeit des Sehens des anderen Auges beeinträchtigt werden (vgl. S. 34). Verdecken des einen Auges bedeutet also nicht einfach völligen Ausschluß desselben vom Sehakt des anderen. Schon dadurch verrät sich der gleichzeitige Gebrauch beider Augen als naturgemäße Norm, welche zugleich das Optimum an Leistung (Sehschärfe, Unterschiedsempfindlichkeit, Eindringlichkeit, Ausdauer) garantiert. So ist auf die Dauer auch das binokulare Beobachten am Mikroskop wie am Fernrohr dem bloß einäugigen vorzuziehen (vgl. S. 98).

Zu Anfang einer verschiedenartigen Beanspruchung korrespondierender Stellen hüben und drüben besteht aber eine *deutliche Prävalenz der Konturen*, d. h. der durch Simultankontrast und „Isolation" gehobenen, gewichtiger gewordenen Regionen gegenüber der mindergewichtigen „Füllung" oder dem Grund (PANUM, FLEISCHER). Auf Prävalenz des gewichtigeren, konturierten Eindruckes des einen Auges gegenüber dem minder gewichtigen, nicht herausgehobenen Eindruck der korrespondierenden Netzhautstelle im anderen Auge beruht überhaupt die Möglichkeit eines zeitweiligen Zusammenwirkens disparater Stellen. Die konturgehobenen Eindrücke solcher verschmelzen eben zu einfachem, ja plastischem Sehen, während die mindergewichtigen Eindrücke der Korrespondenten sowie der Zwischenglieder einer inneren Hemmung anheimfallen (vgl. unten S. 118).

Endlich kann der Wettstreit bei verschiedenartigen Eindrücken beider Augen doch — wenigstens zeitweilig, wenn auch nach Individuen verschieden! — zu einem Ausgleich, einer wahren binokularen Mischung führen (FECHNER, HERING, W. TRENDELENBURG, ROCHAT). Dieselbe geht über die bloße Andeutung einer beiderseitigen Beteiligung merklich hinaus, erfordert allerdings gewisse Kunstgriffe und zeigt ein unbeständiges und wechselndes Ergebnis. Die Gesetze der binokularen Farbmischung stimmen mit jenen der unokularen nur qualitativ, nicht quantitativ überein (ALLEN, TRENDELENBURG). Ein analoges Verhältnis, wie es zwischen den Korrespondenten bei ungleichartiger Beanspruchung besteht, läßt sich aber auch für den

Fall gleichartiger Reizung hüben und drüben annehmen. Demnach dürfte hier hinter dem gleichmäßigen, ständigen Eindruck an Helligkeit und Farbe ein weitgehender, eventuell regelmäßiger Wechsel im Anteil jedes Einzelauges verborgen sein und nur die Summe der beiden Komponenten durch eine besondere Einrichtung konstant gehalten werden. Diese Vorstellung vom *komplementären Anteil* oder der Stellvertretung *beider Einzelaugen im gemeinsamen Sehfeld* (HERING) hat dadurch sehr gewonnen, daß sich ein analoges Verhalten für eine ganze Anzahl von Fällen paariger Innervation hat nachweisen lassen (A. v. TSCHERMAK-SEYSENEGG). Ein solches Vikariieren besteht beispielsweise zwischen den beiden efferenten Vagusleitungen zum Herzen, aber auch zwischen den afferenten Nn. depressores aortae und den afferenten Atmungsbeschleunigern im N. vagus. Somit kann das eine Auge förmlich ruhen, während das andere mehr oder weniger die „ganze Arbeit" leistet und umgekehrt. Daß zwei paarige Leitungen *nicht mehr*, sondern nur dasselbe leisten wie die eine allein — die allerdings diesfalls ständig gleichstark arbeiten müßte, was einen bedenklichen Nachteil bedeuten würde! —, ist darauf zurückzuführen, daß neben der gleichsinnigen Wirksamkeit auch eine Wechselbeeinträchtigung besteht. Es ist eben eine kunstvolle Kombination von Gleichwertigkeit und Gegensätzlichkeit verwirklicht! Entsprechend der Rohformel $(E_1 - H_2) + (E_2 -$

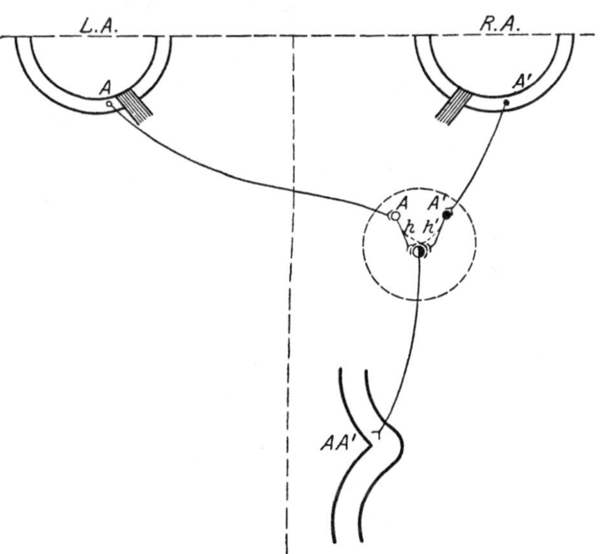

Abb. 71. Schema der binokularen Wechselhemmung
(nach A. v. TSCHERMAK-SEYSENEGG).

$- H_1) = E_1$ oder E_2 wird sonach die eine Leitung in demselben Grad seitens der anderen gehemmt, als diese selbst zum gemeinsamen Effekt beiträgt. Diese binokulare Wechselhemmung sei durch ein Schema veranschaulicht (vgl. Abb. 71). Ein ähnliches Verhältnis mag in gewissen Fällen zwischen zwei nebeneinander geordneten Behörden bestehen, welche gleichsinnig, aber doch nicht ohne bremsende Wechselbeziehung zusammenwirken. Ich denke nur an die Konsularverfassung im alten Rom.

Nebenbei sei bemerkt, daß das habituelle Durchschnittsausmaß des Anteiles der beiden Augen, die relative Wertigkeit der beiden Einzelsehfelder oder sogenannte Äugigkeit von Individuum zu Individuum stark verschieden ist. Speziell erweist es sich abhängig von der Verteilung der Aufmerksamkeit, auf welche wieder eventuelle Verschiedenheit der Sehschärfe, berufsmäßige Nutzung u. a. Einfluß haben.

Bei der überwiegenden Mehrzahl der Beobachter ergibt sich allerdings für die Dauer Gleichwertigkeit beider Augen, nur in einer Minderzahl Dominanz des rechten, ganz selten des linken Auges — unter Abhängigkeit von der geprüften Netzhautregion und unter weitgehender Selbständigkeit von Netzhautzentrum und Peripherie, indem sich die letztere als wettstreitempfindlicher erweist gegenüber starker Mischungstendenz der Fovea (HAMBURGER).

Der Wettstreit der Sehfelder scheint aber auch von Bedeutung zu sein für die Tiefensehschärfe — ohne daß er für die Stereoskopie ganz wesentlich wäre (so nach WASHBURN). Dabei ist wohl nicht so sehr an einen einfachen Wechsel zwischen den primär unplastischen Eindrücken beider Einzelaugen, als an den Grenzfall zu denken. Gerade eine Alternanz zwischen dem nichtsterischen Eindruck je eines Einzelauges und dem tiefenbestimmten Gemeinschaftseindruck beider Augen erscheint als bedeutsam. Ein Wettstreit solcher Art mag durch das Empfindungsgewicht des Wegfalles und Wiederhinzutretens von Plastik die Tiefensehschärfe verbessern. Ein solches Verhalten erinnert an die beträchtliche Erleichterung, welche eine sterische Einzelaufgabe (beispielsweise die Einstellung der Scheinebene am Horopterapparat — vgl. S. 107) erfährt durch zeitweiliges Abblenden des einen Bildeindruckes (etwa durch einen schmalen „Winker“), nicht aber des einen Auges überhaupt, und durch Wiederfreigeben beider Augen. Auch darf hierbei nochmals hingewiesen werden auf die Ermittlung des Horopters nach dem Alternanz- oder Oszillationsverfahren, also nach dem Grundsatz der Konstanz der Sehrichtungen bzw. der Querabstände der Prüflote (vgl. Anm.1, S.102). Personen mit einer solchen Eigentümlichkeit an Wettstreit wären wohl bevorzugt — beispielsweise zur stereoskopischen Entfernungsmessung prädisponiert; für die Eignung dazu scheint schon die Wettstreitfrequenz, welche gewissermaßen den Kehrwert der Mischgüte darstellt, an sich geradezu ein direktes Maß abzugeben (HAMBURGER), zumal wenn — bei bewegtem Blick — eine entsprechende Periodik im haplostereoskopischen Zusammenarbeiten beider Augen parallel geht (vgl. S. 123). Der Wettstreit erleichtert den Vergleich der beiden Netzhautbilder auf Querverschiedenheit, indem er ihn — wenigstens innerhalb einer gewissen Frequenzbreite — eindrucksvoller macht und der Verflachung des Reliefs entgegenwirkt. Der Wettstreit ist sozusagen ein Mittel gegen Ermüdung der räumlichen Unterschiedsempfindlichkeit, indem er die letztere immer wieder weckt. — Das Verhalten des automatischen Wettstreites läßt sich allerdings durch künstliche einseitige Abblendung nur unvollkommen nachahmen; speziell tritt bei einem auch nur kurz dauernden Totalabschluß des einen Auges die Gefahr einer Änderung der Augenstellung speziell des Konvergenzgrades und damit der Entfernungsvorstellung ein.

Eine gewisse Beziehung, jedoch von reiner Gegensätzlichkeit, besteht endlich zwischen disparaten, speziell „korrespondent-benachbarten“ Netzhautstellen beider Augen, wie aus den Erscheinungen des *binokularen Kontrastes* zu erschließen ist. Die gegensinnige Beziehung zwischen den beiden Hälften des Sehorgans erweist sich zwar als erheblich schwächer als der Kontrast, den wir zwischen benachbarten Elementen *desselben* Auges kennengelernt haben. Auch zeigt sich der unokulare Effekt als überwiegend, das Einzelauge als diesbezüglich weitgehend selbständig. Doch lassen sich Versuchsbedingungen herstellen, unter denen eine einseitig gebotene, konturierte, beschränkte Fläche — beispielsweise ein grauer Papierstreifen — trotz Prävalenz, doch durch die diffuse, dem anderen Auge gebotene, grundierende Farbe (etwa Blau) gegensinnig, also gelb tingiert erscheint. Besonders deutlich ist die kontrastive Verfärbung, welche bei künstlicher Spaltung des Eindruckes eines grauen Scheibchens in Doppelbilder (durch disharmonische Konvergenz) und farbiger (beispielsweise diaskleraler) Beleuchtung des einen Auges die beiden Eindrücke erfahren (seitlicher Fensterversuch nach SMITH VON FORCHABERS, FECHNER).

Um reinliche Effekte solcher Art hervorzurufen, bedarf es bei diesen Versuchen der sorgfältigen Erfüllung bestimmter Anforderungen an Sättigung und

Helligkeit. Daß der binokulare Kontrast den unokularen unterstützt in seiner wichtigen Funktion der Konturenschaffung trotz der dioptrischen Abbildungsfehler, braucht kaum ausgeführt zu werden.

5. Stereoskopische Zusammenarbeit disparater Stellen beider Netzhäute.

a) Grundlagen der Stereoskopie.

Während die kontrastive Wechselbeziehung disparater Netzhautstellen einen relativ weiten, flächenhaften Umfang aufweist, vollzieht sich die stereoskopische Zusammenarbeit zwischen einzelnen, distinkten Stellen von bestimmtem Disparationssinn und bestimmtem Verschiedenheitsgrad. Dem Sinne nach kommt funktionelle Höhen- und Breitendisparation in Betracht, die aber nicht einfach dem geometrischen Höhen- und Breitenunterschied gleichzusetzen ist. Vielmehr bestehen nach beiden Dimensionen charakteristische Diskrepanzen (vgl. die obige Darstellung S. 109 und 110). Was den Verschiedenheitsgrad anbelangt, so ergibt ein mäßiger solcher — solange die korrespondierende Paarstelle nicht irgendwie betont beansprucht ist, also einer inneren Hemmung unterliegt — noch Einfacherscheinen. Wir haben dieses bereits (S. 103, 112) kurz als „Panum-Sehen" bezeichnet. Über die Grenzen des Empfindungs- oder Verschmelzungskreises hinaus (bei etwa 5 bis 26′) tritt aber bereits Doppeltsehen ein. Diese Grenze wird, wie bereits oben (S. 105) bemerkt, bei Verschiedenheit im funktionellen Höhenwert nicht früher, aber auch nicht später erreicht als bei Breitendifferenz. Auch erfährt mit bloßer Höhendisparation der Gesichtseindruck keinerlei wesentliche Veränderung. Hingegen tritt bei Querdisparation gleichzeitig beanspruchter Netzhautzellen eine *neue* Empfindungsqualität hinzu: die sterische oder Tiefenqualität (Bathoskopie nach AALL). Diese äußert sich in einem zwangsmäßigen Vor- oder Zurücktreten des Eindruckes gegenüber der Kernfläche, speziell der frontoparallelen Scheinebene, welche — unter gewissen Einschränkungen (vgl. oben S. 107) — das subjektive Äquivalent des Horopters, speziell des Längshoropters darstellt. Die Eindrücke der korrespondierenden Netzhautstellen unterliegen also der absoluten und der egozentrischen Tiefenlokalisation als „nahe oder fern" vom Beobachter, die Eindrücke querdisparater Stellen hingegen erfahren eine relative Tiefenlokalisation zur Kernfläche, als „vor oder hinter" dieser Bezugsfläche gelegen — zugleich aber doch auch eine unmittelbare Zuordnung zum eigenen Körper als „weniger ferne" oder „weiter abliegend".

Von der Einflußlosigkeit der Höhendisparation auf die Tiefenlokalisation an sich überzeugen wir uns am einfachsten dadurch, daß in eine Scheinebene gebrachte Fäden oder Stäbe ihre Anordnung durchaus behalten dürfen, auch wenn man Perlen oder sonstige Marken auf ihnen aufreiht (E. HERING); solche bilden sich ja, wenn seitlich oberhalb oder unterhalb des Horopterbogens gelegen, beiderseits unter ungleicher Elevation ab, ändern jedoch nichts an der Aufstellung. In analoger Weise gestatten Fäden, welche in verschiedener Entfernung quer durch eine weite Röhre horizontal ausgespannt sind, ebenso ein Bündel von Telegraphendrähten bei Betrachtung unter aufrechter Kopfhaltung keine stereoskopische Unterscheidung. Hingegen tritt sofort plastische Wirkung hervor, sobald man die Röhre bzw. die Fadengruppe bis zu einem charakteristischen Neigungswinkel dreht (so am Stereoeidometer nach MONJÉ mittels Stufenverfahrens oder gleitender Methode) oder den Kopf neigt oder wenigstens das Bild mittels eines geeigneten Prismensatzes (sogenanntes Turmonglas) in Rotation versetzt (HERING, GARTEN, MONJÉ).

Entsprechend dieser Rolle, welche die Querdisparation im Gegensatz zur

Höhenverschiedenheit spielt, kommt dem Längshoropter als dem geometrischen Ort breitenkorrespondent, doch eventuell höhendisparat abgebildeter Außendinge entscheidende Bedeutung zu. Gibt doch die ihm zugehörige subjektive Kernfläche die Unterlage ab für unsere räumliche Orientierung! — Nicht aber gilt solches vom Totalhoropter oder gar vom Querhoropter.

Beim Nahesehen ist die Abbildungsverschiedenheit ferner Objekte eine gleichnamige, jene naher Objekte eine ungleichnamige oder gekreuzte: es wird also durch ein ferneres Objekt je eine Netzhautstelle gereizt, welche von dem korrespondenten, aber nicht beanspruchten Paarling der anderen Reizstelle nach einwärts oder nasalwärts abliegt. Mit Nasaldisparation aber ist der subjektive Eindruck „ferner, hinter der Kernebene" verbunden, und zwar zunehmend „ferner" mit dem Wachsen der Nasaldisparation. Andererseits werden durch einen näheren Gegenstand nicht korrespondierende, sondern temporaldisparate Netzhautstellen gereizt, d. h. solche, von denen jede einzelne nach auswärts, temporalwärts von dem korrespondenten, aber nicht beanspruchten Paarling der anderen Reizstelle gelegen ist. Mit Temporaldisparation aber ist der subjektive Eindruck „näher, vor der Kernebene" verknüpft, und zwar zunehmend „näher" mit dem Wachsen der Temporaldisparation.

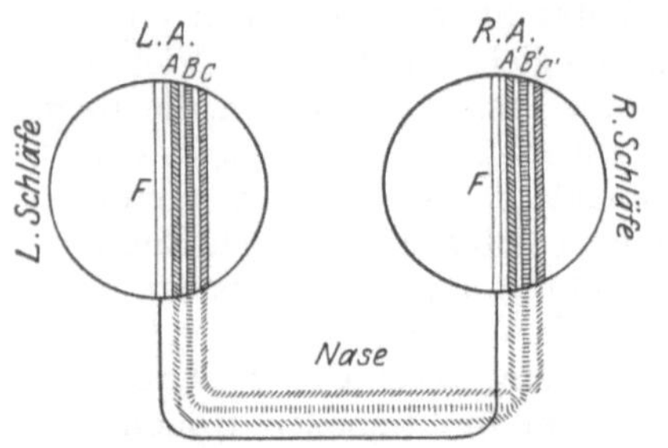

Abb. 72. Längstastenschema des haplostereoskopischen Zusammenarbeitens beider Augen. 1. Bei Zusammenwirken von korrespondierenden Paaren *(FF', AA', BB', CC')*: Eindrücke in einer frontoparallelen Scheinebene; 2. bei Zusammenwirken von *temporal* disparaten Paaren *(AC')*: Eindruck „näher" oder „vor", und zwar, soweit verschmolzen, in der Sehrichtung des Paares *BB'*; 3. bei Zusammenwirken von *nasal*disparaten Paaren *(CA')*: Eindruck „ferner" oder „hinten", und zwar, soweit verschmolzen, in der Sehrichtung des Paares *BB'*.

Auch hier muß — ebenso wie dies bereits oben (S. 103) betreffs „Disparation" im allgemeinen geschehen — mit Nachdruck bemerkt werden, daß es sich dabei *nicht* um eine geometrische, sondern um eine funktionell-physiologische Betrachtungsweise handelt; der Nasal- und der Temporaldisparation entspricht eben eine *physiologische* Verschiedenheit, die nicht einfach durch die reguläre Anordnung oder Lage der Elemente in der Netzhaut, also durch den geometrischen Seitencharakter an sich schon gegeben ist (besonders anschaulich wird dies durch die Bezeichnung allgemeine „Nasoidie" als Grundlage der Mikropie, „Temporoidie" als Grundlage der Makropie des einen Auges, vgl. S. 110ff.).

Natürlich ist in beiden Fällen der Effekt davon abhängig, daß die beiden korrespondierenden Paarlinge ungereizt, d. h. wenigstens nicht *betont* gereizt bleiben, also höchstens durch diffuse Grundierung beansprucht werden und daher der inneren Hemmung — nicht etwa bloß einer psychologischen „Exklusion" — unterliegen (vgl. S. 128). Sobald sie jedoch — etwa durch künstliche Nebenreizung — zum Hervortreten gebracht werden, verschwindet die Plastik und zerfällt der bisher einheitliche Eindruck in Doppelbilder. Dieselben sind (vgl. Abb. 59 oben S. 99) für einen ferneren Gegenstand gleichnamige, für einen näheren hingegen gekreuzte. Der Eindruck nasaldisparater Netzhautstellen hat also die Tendenz, in gleichnamige, temporaldisparater Stellen hingegen die Tendenz, in ungleichnamige Doppelbilder zu zerfallen.

Da Höhendisparation keinen Unterschied für die Tiefenlokalisation abgibt, kommen für die stereoskopische Leistung einfach Längsreihen von Netzhauteinheiten in Betracht, wie sie im beistehenden *Tastenschema* (nach A. v. Tschermak-Seysenegg, Abb. 72) angedeutet sind. Ein Anschlagen korrespondenter

Tastenpaare (beispielsweise AA', BB', CC') ergibt Eindrücke in der Kernebene selbst, hingegen eine Reizung querdisparater Tastenpaare einen plastischen Effekt, und zwar der nasaldisparaten Tasten $A'C$ einen Ferneindruck, der temporaldisparaten Tasten AC' einen Naheeindruck. Um diese Wirkung zu erreichen, müssen die querdisparaten Tasten nicht etwa in ihrer ganzen Länge oder in höhengleichen Abschnitten gereizt werden; es genügt vielmehr schon ein örtliches Anschlagen selbst in verschiedener Höhe, also eine Kombination rein unokularer Strecken (DONDERS und VAN DER MEULEN, H. BURIAN). Die Längstasten stellen also bezüglich der Stereoskopie geradezu funktionelle Einheiten dar. Um sie, bzw. um den primären Längsmittelschnitt herum erweist sich das Querdisparationssystem ständig orientiert und bleibt es auch bei seitlicher Kopfneigung (LINKSZ).

b) Sehrichtungsangleichung oder sensorische Fusion (Allelotropie).

Der gemeinsame sterische Eindruck, den wir bei gleichzeitiger und gleichartiger Reizung querdisparater Netzhautstellen erhalten, erscheint weder in der Sehrichtung der rechtsäugigen noch in jener der linksäugigen Netzhauteinheit,

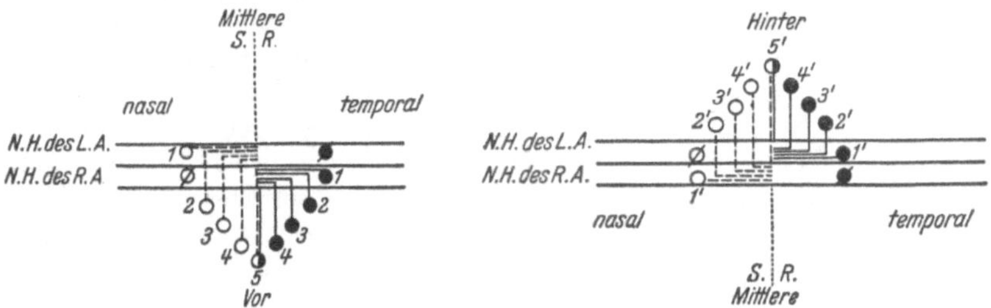

Abb. 73. Schema der sensorischen Fusion oder Allelotropie querdisparater Netzhautstellen (nach A. V. TSCHERMAK-SEYSENEGG).

sondern in einer etwa mittleren Sehrichtung, welche dem gerade zwischen beiden Tastenpaaren gelegenen Korrespondentenpaar (beispielsweise zu AA' und CC', sonach BB' in Abb. 72) bei dem gerade geltenden Maßstab zukommt. Natürlich ist auch hierbei vorausgesetzt, daß ebenso wie die korrespondenten Paarlinge C und A' auch das Paar BB' ungereizt oder wenigstens nicht betont gereizt bleibt, so daß diese vier Stellen einer inneren Hemmung unterliegen und die Tasten A und C' als Stellvertreter von BB' sich auszuwirken vermögen.

Bei dieser Herstellung einer fakultativen temporären Sehrichtungsgemeinschaft zwischen querdisparaten Seheinheiten findet gewissermaßen eine örtliche Schrumpfung im gemeinsamen Sehfelde statt, indem die Eindrücke von A und C' gegeneinanderrücken, bis sie zusammenfallen und dabei in entsprechendem Maß nach vorn oder hinten aus der Kernebene heraustreten. Man kann sagen, daß bei dieser Angleichung funktionelle Querverschiedenheit in relative Tiefenverschiedenheit gegen die Kernebene, also Breitenwert in Tiefenwert, umgesetzt wird. Je größer die Breitenschrumpfung, um so stärker der positive oder negative Entfernungszuwachs. Das abgestufte Zusammenarbeiten querdisparater Netzhautstellen sei noch durch ein Vergleichsbild illustriert (vgl. Abb. 73). Denken wir uns, unter Absehen von Diskrepanzen, die beiden Netzhäute ausgebreitet und so aufeinandergelegt, daß die korrespondierenden Stellen übereinanderfallen, so zeigen in Schema I die zusammenwirkenden querdisparaten Eindrücke $1_{L. A.}$ und $1_{R. A.}$ die Tendenz, schrittweise gegen die Mittellinie (als mittlere Sehrichtung bezeichnet) zusammenzurücken und zugleich schrittweise in die Lagen 2, 3, 4 vorzutreten, bis sie schließlich in der Lage 5 keinen Querabstand mehr voneinander besitzen, also verschmelzen, hingegen maximal, d. h. um den vollen Betrag vorstehen. Umgekehrt setzt sich in Schema II der Querabstand von $1'_{L.A.}$ und $1'_{R.A.}$ gemäß den Schritten $2'$, $3'$, $4'$ schließlich in die gemeinsame Tiefenlage $5'$ um. Natürlich darf man von dem groben Sinnbild eines Tiefengewinnes auf Kosten der Breite kein mathematisches Zutreffen erwarten, da der Maßstab für die Tiefe ein anderer sein kann als für die Breite. Haben doch die mit der Querdisparation der kooperierenden Stellenpaare gekoppelten Tiefenwerte ebenso nur den Charakter von Ordnungswerten, nicht (primär) von Maßwerten, ebenso wie die Breiten- und Höhenwerte selbst. Nur in einem bestimmten Entfernungsintervall, das als „*orthoskopische Zone*" (im Durchschnitt zwischen 25 und 50, seltener 100 cm gelegen) bezeichnet wird, entsprechen Breiten- und Tiefenmaßstab einander streng, so daß ein durch drei Stäbe bezeichnetes gleichseitiges Prisma auch als solches, also weder versteilt noch verflacht, erscheint. Der subjektive Tiefenmaßstab erweist sich übrigens wesentlich von der jeweiligen Entfernungsvorstellung abhängig: die Tiefendimension wird um so mehr unterschätzt, je näher das Objekt gelegen ist oder besser gesagt, lokalisiert wird. Umgekehrt verfeinert sich mit dem Abstand der subjektive Tiefenmaßstab. Der subjektive Tiefenwert ist also nicht einfach schon mit der Größe der geometrischen Stellungsparallaxe festgelegt!

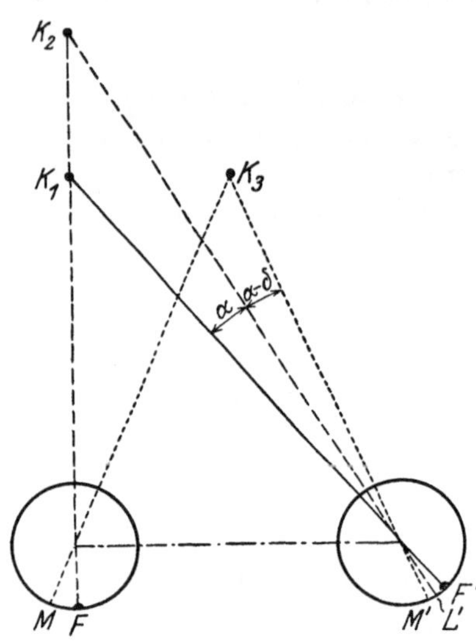

Abb. 74. WHEATSTONE-PANUMscher Grenzfall: mit F (Eindruck von K_1 und K_2) arbeitet zusammen in Planifunktion F', hingegen in Stereofunktion L', so daß K_3 in scheinbar gleichen Breitenabstand eingestellt werden kann.

Die oben geschilderte Abstufung kann man vielfach nicht im Fortschreiten, sondern nur im Rückgang beobachten, d. h. den Zerfall eines bisher einheitlichen Eindruckes, das Auseinanderrücken der Doppelbilder und die gleichzeitig fortschreitende Verflachung des Tiefeneindruckes bei abklingendem Interesse an dem Gegenstand. Die Breitennäherung (Allelotropie) disparater Eindrücke unter Tiefengewinn ist sichtlich auf das Ziel voller Verschmelzung unter Zurückdrängung aller Zwischeneindrücke und damit auf sterisches Einfachsehen gerichtet. Doch ist ein Ansatz dazu bereits beim Doppelterscheinen eines beachteten Gegenstandes in Form einer gegenseitigen Näherung oder Angleichung der Doppelbilder und einer gewissen Plastizität des Gesamteindruckes zu bemerken. — Von besonderem Interesse ist es, die Schrumpfung unter gleichzeitigem sterischen Zurücktreten an der Seitenfläche eines Würfels zu beobachten, an welchem das eine Auge gerade nur die Vorderfläche sieht und seine Blicklinie die eine Kante nur streift, während das andere Auge auch die Seitenfläche unter Schrägsicht erfaßt. In diesem *Grenzfall* (nach WHEATSTONE-PANUM) arbeiten zwar die beiden Foveazentren korrespondent-ebenflächig (epipedoskopisch) zusammen, zugleich aber auch das Foveazentrum des erstgenannten Auges stereoskopisch mit einer bestimmten exzentrischen Stelle des anderen (nach der Auffassung von A. v. TSCHERMAK-SEYSENEGG, vgl. FL' in Abb. 74).

Der geschilderte, in Stufen an- wie abklingende Vorgang örtlicher Querschrumpfung oder „Sterifizierung" ist reinlich bei gesichertem Festhalten der Augenlage zu beobachten und stellt eine *Sehrichtungsangleichung oder sensorische Fusion* dar (A. v. Tschermak-Seysenegg). Unter gewöhnlichen Verhältnissen wird dieser Prozeß allerdings durch das gleichzeitige, förmlich zwangsmäßige Eintreten einer *motorischen Fusion* mehr oder weniger verdeckt, welche zur Einstellung der Augen auf korrespondente, und zwar zentrale Abbildung des beachteten Objekts führt (vgl. unten S. 175). Nur künstlich kann dieser Zwang zur Einstellbewegung — wenigstens für eine gewisse Zeit — überwunden und die sensorische Fusion isoliert beobachtet werden.

Reizt man künstlich (am Allelotrop nach A. v. Tschermak-Seysenegg) während des Bestehens von stereoskopischer Zusammenarbeit querdisparater Netzhautstellen — so AC' oder CA' in Abb. 72 — das mittlere Paar von Korrespondenten, dessen Sehrichtung der verschmolzene plastische Eindruck einnimmt (BB' in Abb. 72), so zerfällt dieser nach einer bestimmten Zeit in (gekreuzte oder gleichnamige) Doppelbilder: die Dauer des Fortbestandes trotz „Belastung" gibt ein Maß ab für die Energie der sensorischen Fusion. Das plastische Sehen beruht sonach meines Erachtens auf einem sensorisch dynamischen Vorgang, nicht aber — wenigstens nicht notwendig — auf einem motorisch-dynamischen Prozeß (Sodhi, Gemelli mit Trabbatoni und Micale).

c) Bedingungen der Stereoskopie.

Nachdrücklichst sei nochmals betont, daß Stereoskopie nicht *nur* mit Einfachsehen verbunden ist, wenn auch die plastische Haploskopie das Ziel und den Höhepunkt der Leistung darstellt. Doch bedeutet keineswegs jedes Hervortreten von Doppelbildern — bei 5 bis 26' Disparation beginnend — ein Aufhören der Stereoskopie. Vielmehr erhalten wir auch, wenn wir mit parallelen Blicklinien im Finstern nach der Ferne spähen, von einem plötzlich — etwa durch Blitzlicht — sichtbar werdenden Hindernis trotz Doppelterscheinens einen zwangsläufigen Tiefeneindruck. Ebenso vermögen wir bei festgehaltener Fixation geeignete, in Doppelbildern erscheinende Objekte, etwa Stäbe verschiedener Farbe, recht wohl auf gleiche Entfernung von uns einzustellen. Allerdings ist dabei Vorbedingung, daß solche außerhalb des Horopters gelegene Objekte mit einer gewissen Aufmerksamkeit beachtet und ihre beiden Halbbilder deutlich aufeinander, d. h. auf ein *gemeinsames* Objekt, bezogen werden, wobei sie etwas zusammenrücken. Allerdings verliert der doppelbildbegleitende Tiefeneindruck oder ihr Erscheinen „am richtigen Ort" rasch an Eindringlichkeit: die Doppelbilder rücken auseinander und kommen schließlich in die Kernebene zu liegen. Daß kurzdauernde Darbietung sowohl das Einfacherscheinen als die Plastizität begünstigt, sagt uns demgemäß nichts Neues.

Die Verknüpfung von Temporaldisparation mit dem Naheindruck einerseits, von Nasaldisparation mit dem Ferneindruck andererseits läßt sich bekanntlich nicht bloß an räumlich gruppierten Außendingen — so bei der Bestimmung des empirischen Horopters —, sondern auch an geeigneten Zeichnungen oder Photogrammen feststellen, welche in Haplo-Stereoskopen dargeboten werden (zuerst Wheatstone). Dabei tritt die grundlegende Bedeutung der meßbaren beidäugigen Bildverschiedenheit für die Tiefenwahrnehmung klar zutage. Allerdings müssen hier die Bedenken, welche eine vollständige Trennung der Gesichtsfelder beider Augen mit sich bringt (vgl. S. 100, Anm. 1), in Kauf genommen werden — auch darf nicht die notwendige Scheinablösung der Konturen vom Grund erschwert sein (erleichtert an Glaslichtbildern!) oder deren Verlauf zu einer gegenteiligen perspektivischen Auslegung schon für ein Einzelauge verleiten (vgl. S. 126). Immerhin ist der „Zwang" zum plastischen Sehen ein so starker, daß er schließlich auch solche Hindernisse zu überwinden vermag! Um den richtigen Dimensionseindruck zu erwecken, also ein tauto- oder orthomorphes Raumbild zu erzeugen, müssen speziell die Stereophotogramme unter sorgfältiger Beachtung bestimmter Regeln (nach GREENOUGH, VIERLING u. a.) hergestellt und betrachtet werden. Die Mitaufnahme einer sorgfältig konstruierten Tiefenskala oder Zaunmarke (als „schwebendes Meßband" nach ROLLETT; MACH, DE GROU-SILLIERS, PULFRICH) gestattet dann eine zahlenmäßige Auswertung der Tiefen-ordnung, speziell mittels des Stereokomparators (PULFRICH).[1] In vollkommenem Maße leisten die stereogrammetrischen Apparate (von WILD [s. speziell BAESCHLIN und ZELLER], ZEISS, HEYDE, HUGERSHOFF) nach den von SCHEIN-PFLUG, GASSER, MEYDENBAUER und besonders S. FINSTERWALDER aufgestellten

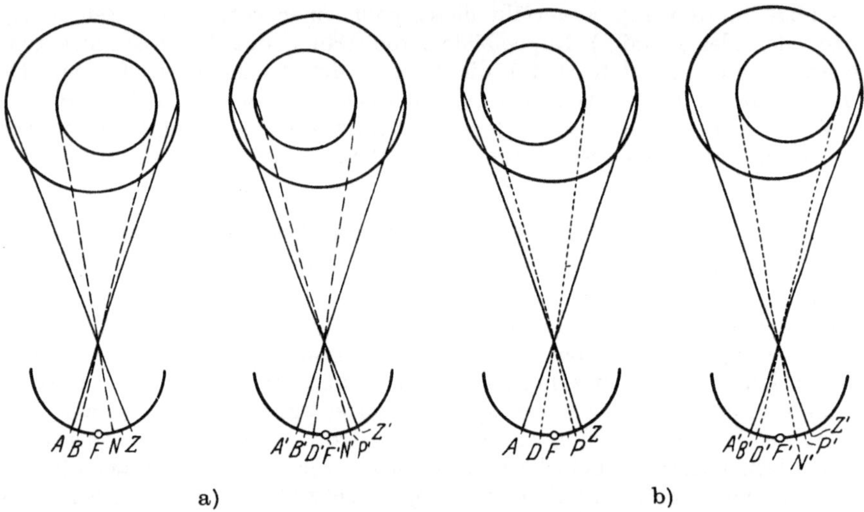

Abb. 75. Stereoskopbilder: Doppelkreise. Binokulare Abbildungsweise:
a) korrespondent: AA', ZZ'; *temporal*disparat: BD', NP'. Der Innenkreis erscheint *näher*.
b) korrespondent: AA', ZZ'; *nasal*disparat: DB', PN'. Der Innenkreis erscheint *ferner*.

Grundsätzen eine automatische Rekonstruktion oder Stereoautographie des aufgenommenen Geländes. Auf diese wie auf die hochentwickelte telestereo-skopische Entfernungsmessung näher einzugehen, ist hier nicht der Ort.

Zur Illustration der Ausführungen, wie sie hier nur ganz kurz über stereo-skopische Kombination von teilweise querverschiedenen Bildern gegeben werden konnten, seien schließlich noch einige Figuren geboten. Unter jede derselben sei gleich das Schema der inversen Abbildung auf den beiden Netzhäuten gestellt, so daß Sinn und Grad der Disparation der beanspruchten Stellenpaare gleich abzulesen ist. Bei geringer Größe der Figuren darf geometrische Symmetrie der Vorlagen mit Symmetrie der Netzhautbilder und diese wieder mit funktioneller Symmetrie der betroffenen Netzhautelemente gleichgesetzt — also von Diskrepanzen zu-nächst abgesehen werden. Für die nichtidentischen Anteile von Stereo-

[1] MACH hat vorgeschlagen, den Seitenabstand der zu einem Raumbild verschmolze-nen Marken für beide Augen zu verändern, bis die räumlich gesehene Wandermarke in derselben Entfernung erscheint wie das zu messende Ziel. ABBE und PULFRICH verwenden hingegen eine einzige im Gesichtsfeld feste Marke und verschieben die beiden Zielbilder durch ein optisches Ablenkungssystem (mit GOULIERschen Penta-prismen), bis das Ziel in der scheinbaren Entfernung der Marke erscheint.

vorlagen ergibt sich die praktische Regel, daß die einander zustrebenden und daher temporaldisparat abgebildeten Elemente im Sammeleindruck näher, die auseinanderstrebenden und daher nasaldisparat abgebildeten Elemente ferner erscheinen (vgl. Abb. 75 und 76).

Vor allem für die Theorie der stereoskopischen Erscheinungen ist es wichtig zu betonen, daß für das Zustandekommen plastischer Eindrücke eine *Mitwirkung von Augenbewegungen* — sozusagen ein Abtasten eines Körpers mit den an Seitenwendung und Konvergenzgrad wechselnden Blicklinien — durchaus keine absolute Notwendigkeit darstellt. Allerdings wird durch eine solche Unstetheit des Blickes, wie sie bei vielen Menschen die Regel bildet, die Plastizität der optischen Eindrücke wesentlich unterstützt und gefördert. Beweisend für das eben Angeführte ist erstens der Fortbestand des stereoskopischen Sehens auch bei sehr kurzer Darbietungszeit der Objekte — so bei Blitzlicht oder Benutzung eines Momentverschlusses. Ebenso haben wir die Möglichkeit, plastische Eindrücke aufzubauen durch Kombination von andauernden Nachbildern, welche gesondert mit je einem Einzelauge gewonnen wurden (WHEATSTONE). Drittens sei erinnert an die stereoskopischen Leistungen bei solchen Tieren, welche so gut wie keine Augenbewegungen, speziell keine Konvergenzbewegungen zeigen (beispielsweise Fische), oder bei denen die Bulbi überhaupt aus anatomischen Gründen immobil sind, wie bei den Eulen. — Anderseits bedarf noch die Frage der Beantwortung, wie trotz erheblicher Schwankungen der Augenstellung doch plastische Eindrücke hoher Präzision zustande kommen. Dieses Ergebnis ist wohl darauf zu beziehen, daß während der Be-

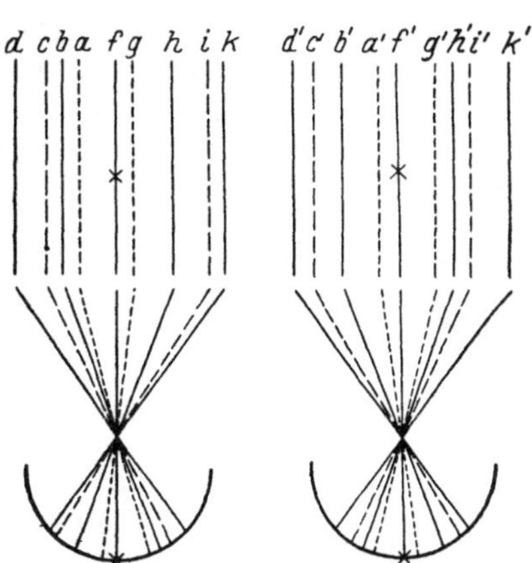

Abb. 76.   Stereoskopbilder: Systeme von Vertikallinien. Die Sammeleindrücke *cc'* und *ii'* erscheinen auf Grund von *temporal*disparater Abbildung *vor*, *aa'* und *gg'* auf Grund von *nasal*disparater Abbildung *hinter* der durch die Sammeleindrücke *dd'*, *bb'*, *ff'*, *hh'*, *kk'* bezeichneten frontoparallelen Scheinebene.

wegungen selbst die Rezeption sehr abgeschwächt ist, vielleicht geradezu einer besonderen Hemmung unterliegt (vgl. S. 146). Infolgedessen findet bei wanderndem Blick anscheinend nur in bestimmten Momenten eine zeitweilige, wenn auch etwas nachdauernde Reizverwertung statt. Dadurch wird angenähert ein Verhalten erreicht, als ob ein ständiges sensorisches Zusammenwirken beider Augen im Sinne der oben dargestellten Korrespondenz-Disparationslehre erfolgte. Die erschlossene Periodik in der haplostereoskopischen Zusammenarbeit bildet eine Parallele zu der Periodik des Wettstreites beider Sehfelder (vgl. S. 116). So wird es verständlich, daß sich aus der Frequenz des Wettstreites ein Schluß auf die Veranlagung zu haplostereoskopischer Leistung ziehen läßt (HAMBURGER). Allerdings stellt das oben gegebene Bild der haplostereoskopischen Leistung ebenso nur ein Als-ob-Schema dar wie das später zu entwerfende Bild der Okulomotorik (vgl. S. 169ff.) — ein Schema, das nur in erster Annäherung verwirklicht ist, mehr die Zielsetzung als den tatsächlichen Weg bezeichnend!

d) Tiefensehschärfe.

Die Stereoskopie findet unter gewöhnlichen Verhältnissen ihre *Begrenzung* durch das Absinken der Differenz des Visierwinkels beider Augen, der sogenannten *binokularen oder Stereoparallaxe*, unter einen Wert von optimal etwa 5″ (BOURDON, HOFMANN, FRUBÖSE und JAENSCH — im allgemeinen; 10 bis 14″ nach MAURER, LANGLANDS, MÜNSTER), reicht also bei einer Pupillardistanz oder Basalstrecke von 63,5 ♂, 61,5 ♀ (Grenzen 55 und 70) nur bis etwa 1300 m in maximo, bis 240 m im Mittel, bis 90 m unter ungünstigen Bedingungen. Günstigenfalls erweist sich die binokulare Tiefensehschärfe als ebenso fein wie die Höhen- und Breitensehschärfe des Einzelauges, mit etwa 5 bis 13″, so daß die optische Meßgenauigkeit schematisch mit 10″ angesetzt werden kann. (Über die mit der Pupillenverengerung parallel gehende Tiefenschärfe der Abbildung vgl. oben S. 4.) Im letzteren Fall wird ja die Unterschiedsempfindlichkeit für Breitenwerte direkt geprüft, im ersteren indirekt durch Vermittlung der damit gekoppelten Tiefenwerte. Dementsprechend geht die Grenze in der Netzhautgrube beide Male herunter bis zum Querschnitt eines einzelnen Zapfens mit etwa drei Bogensekunden an Öffnungswinkel, scheinbar sogar noch etwas weiter (vgl. die Ausführungen oben S. 17). Bei großen Feldleuchtdichten, selbst bei Blendung, wurde — wenigstens seitens bestimmter Beobachter (SCHOBER und MONJÉ) — keine Verschlechterung der Tiefenschärfe ebenso wie der Plansehschärfe gefunden (vgl. S. 39). Im Dunkelauge ist die Tiefenschärfe auch bei optimaler Beleuchtung geringer als im Hellauge: bei niedriger Leuchtdichte ist sie ja hier eine extrafoveale Leistung! (Vgl. S. 36 ff.)

Im indirekten Sehen nimmt die stereoskopische Sehschärfe parallel mit der Höhen-Breiten-Sehschärfe anfangs rasch, dann langsam ab, doch besteht im stark indirekten Sehen — selbst für solche Partien, welche unter den Verhältnissen des gewöhnlichen Sehens nur einäugig beansprucht werden — noch relativ gute Stereoskopie (F. P. FISCHER). Die stereoskopische Reaktionszeit gibt einen Indikator ab für die Feinheit der stereoskopischen Auffassung (PAULI).

Durch die optische Vergrößerung des Abstandes der beiden sogenannten Augenpunkte von zirka 60 mm auf 500 bis 1000 mm im Telestereos kop (HELM holtz) oder Scherenfernrohr (ABBE) oder in einem Stereo-E-Meßgerät (PULFRICH) vermag man die Grenze der Stereoskopie weit hinauszuschieben. — Es ist auch möglich, in großen räumlichen oder zeitlichen Abständen gewonnene Bilder, beispielsweise des Mondes oder einer Sterngruppe, zu einem plastischen Eindruck zu kombinieren. Allerdings erscheinen dabei die Objekte wie aus großer Nähe aufgenommen und daher unnatürlich klein; sie wirken also wie Modelle — allerdings unter Verzerrung,[2] d. h. Verlängerung nach der Tiefe (GRÜTZNER, GÜNTHER).

---

[1] Dementsprechend wird die Stereoleistung von Entfernungsmessern unter 20″ herkömmlich als „sehr gut“, zwischen 20,1 und 25″ als „gut“, zwischen 25,1 bis 30″ als „genügend“, über 35″ als „ungenügend“ klassifiziert. Die Gruppeneinteilung ist allerdings sehr abhängig (HEINSIUS) von der jeweils verwendeten Untersuchungsmethode (Tafeln nach PULFRICH, Horopterapparate — vgl. S. 107, Stereoeidometer nach MONJÉ, Stereoeikonometer nach KOCH, Meprü- und Emagerät nach MÜNSTER, Zeißwerk), deren vergleichende Würdigung außerhalb des hier gesteckten Rahmens gelegen ist. Wesentlich ist ferner die Berücksichtigung des Adaptationszustandes, indem sehr wohl gute Tagesmesser schlechte Nachtmesser sein können und umgekehrt.

[2] Die Sehferne weicht bei Messung mittels des Telestereoskops in individuell charakteristischer Weise ab von dem wahren Beobachtungsabstand (GÜNTHER).

c) Nichtstereoskopische sekundäre, sogenannt empirische Faktoren der Tiefenlokalisation.

Mit der zweiäugig-stereoskopischen Leistung ist aber keineswegs die Tiefenlokalisation überhaupt erschöpft. Es kommt vielmehr noch eine ganze Reihe von Faktoren in Betracht, welche auch dem Einzelauge eine weitgehende Unterscheidung verschieden entfernter Objekte ermöglichen und dadurch eine auch praktisch bedeutsame Tiefenorientierung im Raum gestatten. Diese Motive seien als „nichtstereoskopische“ oder sekundäre zusammengefaßt; herkömmlicherweise werden sie, weniger zutreffend, als „empirische“ bezeichnet. Beim zweiäugigen Sehen unterstützen sie die Stereoskopie; beim einäugigen Sehen, so speziell in den Flanken des Gesichtsraumes, ebenso bei Abschluß des zweiten Auges, vermögen sie eine nicht unbeträchtliche Ersatzleistung aufzubringen. Fehlbewertung der sekundären Tiefenlokalisationsmotive kann beim Entfernungsmessen zu einem konstanten persönlichen Fehler, speziell zu charakteristischem Weitmessen, führen (Hamburger).

Parallaktoskopie. Unter den nichtstereoskopischen Faktoren steht an erster Stelle der zwangsläufige Tiefeneindruck, der durch gegenseitige Verschiebung ungleich entfernter Konturen bei ihrer Relativbewegung entsteht, gleichgültig, ob sich die Objekte zum Beobachter verschieben oder eine Stellungsänderung von Kopf und Auge erfolgt. Als Beispiel sei hier nur das zwingende Hervortreten der hochsitzenden Blüten angeführt, wie es sich beim Vorbeigehen an einer Wiese ergibt. Diese Leistung sei als *Parallaktoskopie* (A. v. Tschermak-Seysenegg) oder Tiefenlokalisation auf Grund von *Bewegungsparallaxe* bezeichnet — im Gegensatz zur binokularen Stereoskopie, d. h. der Tiefenlokalisation auf Grund der Lageverschiedenheit oder Stellungsparallaxe gegenüber beiden Augen (Verwey). Allerdings muß die Relativbewegung ein genügendes Ausmaß und eine hinreichende Geschwindigkeit sowie Darbietungsdauer besitzen. Dabei ergibt sich die Regel, daß die näheren Gegenstände scheinbar zurückbleiben, bzw. nach der entgegengesetzten Seite von dem etwa in mittlerer Entfernung befindlichen Hauptobjekt der Aufmerksamkeit gelangen, wie der Beobachter selbst. Letzteres scheint dabei zu ruhen; die weiter abliegenden Dinge scheinen hingegen die Bewegung mitzumachen, wenn diese nicht mit übergroßer Geschwindigkeit erfolgt. Ruht endlich der Blick in der Ferne, so scheinen ferne Objekte zu ruhen, nähere wenig, nahe stark zurückzubleiben. Parallaktoskopie erfolgt, was besonders wichtig, nicht bloß bei zweiäugiger, sondern ebensogut bei einäugiger Beobachtung, und zwar sowohl nach der Breite wie nach der Höhe. Bei der Stereoskopie bewegter Objekte (*Dromostereoskopie*) findet eine Mitverwertung der Relativbewegung statt; die Tiefenlokalisation ist bei Objektannäherung sicherer als bei Objektentfernung (Kilches). Eine solche Kombination liegt dem „überplastischen“ Eindruck zugrunde, den man von Stereobildern im Film erhält, die bei Fortbewegung des Aufnahmeapparates gewonnen wurden. In den unokularen Flanken des Gesichtsfeldes ist die Parallaktoskopie geradezu die Hauptquelle der Tiefenlokalisation; dabei kommt ihr eine recht erhebliche praktische Bedeutung zu — besonders für den Autolenker, wohl auch für den Piloten beim Tiefflug und beim Landungsmanöver. Analoges gilt aber auch für rasch sich bewegende Tiere mit seitlich gerichteten Augen, also mit kleinem binokularem Gesichtsraum. Ebenso wird beim Klettern im kupierten Terrain die Tiefenorientierung durch geeignete Bewegungen des Kopfes oder des Gesamtkörpers wesentlich unterstützt. Die Leistung der parallaktoskopischen Tiefenlokalisation läßt sich bequem mit einem Apparat messend prüfen, welcher auf dem Prinzip des Heringschen Stäbeversuches beruht und die Aufgabe stellt — bei Beschränkung auf *ein* Auge, jedoch Freigabe des Kopfes —

drei Gruppen von parallelen Drähten in eine scheinbare Ebene zu stellen (A. v. Tschermak-Seysenegg, Abbildung 77). Auch durch Sukzessivdarbietung von perspektivisch verschiedenen Bildern läßt sich schon mit einem Auge ein plastisch-parallaktoskopischer Eindruck gewinnen (sogenannte unokulare Stereoskopie nach Straub).

Was die lokalisatorische Bedeutung der *Naheeinstellung* der Augen anbelangt, so spielt zwar die Konvergenz der Blicklinien bei der absoluten Abstandsbewertung seitens *beider* Augen eine wesentliche Rolle (vgl. das unten S. 140 über die egozentrische Lokalisation Bemerkte). Hingegen werden beim Sehen mit *einem* Einzelauge — trotz gleichmäßiger Mitveränderungen am verdeckten anderen! — nur größere Akkommodationssprünge (vom $\pm$ 1,5 bis 2,5 D) bemerkt und verwertet.

Von hohem Einfluß auf den räumlichen Eindruck ist die *geometrisch-perspektivische Auslegung*, welche wir den verschiedenen Anordnungen von Außenpunkten geben, deren Glieder sich teilweise decken und sich im gleichen Sinne an Öffnungswinkel ändern — wie Geleise, Alleen, Säulengänge. Auch bietet schon die Sichtbarkeit der Endpunkte einer Strecke (so der Aufhängestelle und des Fußpunktes von Loten), ferner die verschiedene Dicke gebotener Konturen wertvolle Anhaltsdaten für die räumliche Beurteilung bereits durch das Einzelauge. Die unokulare Tiefenauslegung von Linearperspektive kann eine so lebhafte sein, daß selbst der trügerische Anschein von Gleichwertigkeit mit binokularer Tiefenempfindung erweckt werden mag. Dementsprechend sind perspektivische Zeichnungen (wie „Figur des aufgeschlagenen Buches", Treppenfigur, Würfel, Rhomboeder u. a.),

Abb. 77. Parallaktoskop (nach A. v. Tschermak-Seysenegg).

welche eine ausgesprochene Tiefenauslegung — allerdings in zweierlei Sinn — gestatten, ja geradezu dazu reizen, durchaus ungeeignet, um damit das Vorhandensein von binokularer Stereoskopie zu prüfen oder Schielende zu einer solchen zu bringen (vgl. S. 121)! Auch kommt bei einäugiger Tiefenauslegung, ebenso bei zweiäugiger Darbietung vollidentischer Bilder, nicht aber bei stereoskopischer Vereinigung ungleicher solcher eine sprunghafte Umkehr der scheinbaren Plastik aus der Vollform in die Hohlform vor. Analoges gilt für die Tiefenauslegung und damit für den Auslegungssinn einer gesehenen Drehbewegung. Unter Umständen kann eine solche *Inversion* willkürlich, und zwar durch ein Sichvorstellen der einen oder der anderen Form oder durch Fixieren („Nachvornziehen") der hervortretensollenden Ecken und Kanten ausgelöst werden. Die Bezeichnung „Auslegung" bedeutet aber nicht notwendig einen bewußten Vorgang! Der so interessante Fall der Winkelperspektive wird zweckmäßig erst bei der Lehre von den Augenbewegungen behandelt werden (vgl. S. 161ff.). Gerade für die Charakteristik der jeweiligen Lage und Orientierung des Auges gewinnt ja dieser Faktor entscheidende Bedeutung.

Hier aber sei als ein nichtstereoskopischer Faktor der Tiefenlokalisation noch kurz angeführt die *Verteilung von Licht oder Glanz und Schatten*. So gibt vor allem der bei einseitiger Beleuchtung eines Gegenstandes anschließende tiefe

Schlagschatten ein gewichtiges Motiv ab für die Tiefenauslegung: allerdings kann eine solche Scheinplastik einer gelegentlichen Inversion unterliegen. (Die Bedeutung des Wettstreites für die Erscheinung des binokularen Glanzes wurde bereits oben S. 114 gewürdigt.) Hier sei schon darauf hingewiesen, daß auch Helligkeitsunterschiede in beiden Augen, geschaffen durch einseitige Dämpfung, einen charakteristischen Einfluß auf die Stereoskopie nehmen (vgl. S. 148).

Endlich kommt noch die *Luftperspektive* in Betracht, d. h. die Aufhellung und Minderung der Deutlichkeit, welche der Eindruck ferner Objekte durch die vorgelagerte Luftschicht erfährt. Diese ist ja selten ideal durchsichtig, vielmehr besteht in der Regel eine erhebliche Trübheit durch wechselnde Schichtung und durch Abhängigkeit der Lichtdurchlässigkeit des Dunstes vom Gehalt an Luftplankton (Wassertröpfchen, feste Teile wie Staub und Ruß). Durch die Lichtverstreuung in einem solchen Medium resultiert ein Luftlichtschleier, dessen Leuchtdichte bei sternenklarer mondheller Nacht mit etwa 10^{-3} asb anzusetzen ist, und der die Reizschwelle des Auges für Lichtzeichen merklich erhöht. So wird durch den Bodendunst besonders beim Blick von oben her, also von einem Gipfel oder vom Flugzeug aus die Sehschärfe (vgl. S. 14) für Erdziele stark beeinträchtigt und deren Entfernungseindruck vergrößert (LÖHLE). Die Ränder hintereinander gelegener Höhenzüge heben sich infolge von Randkontrast kulissenartig schärfer ab, während die Füllung der Landschaftskulissen weniger deutlich erscheint. Auch nimmt die vom Wetter und Sonnenstand abhängige Färbung der Luft Einfluß auf den Entfernungseindruck; zunehmende Dicke der Luftschicht begünstigt übrigens die selektive Absorption langwelliger Lichter und führt zu vorwiegendem Restieren von blauen Strahlungen (HASCHEK und HAITINGER, KNOWLES-MIDDLETON).

Ungeachtet der lokalisatorischen Bedeutung der geschilderten Motive, die bei einäugiger Betrachtung allein maßgebend sind, darf doch der wesentliche Unterschied von bloßer Tiefenauslegung und binokular-stereoskopischer Tiefenempfindung nicht verkannt und geringgeschätzt werden. Für die praktische Untersuchung der letzteren ergibt sich aber aus dem Gesagten die wichtige Nutzanwendung, daß dabei alle nicht auf Querdisparation beruhenden Motive sorgfältig auszuschließen sind. Es bedarf daher bei exakten stereoskopischen Beobachtungen der Feststellung des Kopfes, der Konstanthaltung und Sicherung der Fixation, Konvergenz und Akkommodation, ferner der Vermeidung aller Anlässe zu perspektivischer Auslegung durch Einschalten geeignet geformter und gestellter Blenden, Berücksichtigung der Querdimension der Prüfobjekte, endlich des Ausschlusses einer Einflußnahme der Schattenverteilung und der Luftperspektive. Umgekehrt kann man künstlich das Querdisparationsmotiv in Widerstreit bringen mit den sekundären Faktoren der Tiefenlokalisation. Auch kann eine Fehlbewertung der sekundären Momente zu charakteristischen Mängeln der Stereoleistung, vor allem bei der Entfernungsmessung, führen (HEINSIUS, HAMBURGER).

Doch berechtigen die gewiß wertvollen Beiträge, welche die sekundären Faktoren für die Tiefenwahrnehmung liefern, keineswegs dazu, die grundlegende Bedeutung des primären Faktors, nämlich der Stereoskopie auf Grund der Querdisparation, zu bezweifeln oder gar zu bestreiten! Ein Gleiches gilt von kortikal-psychologischen Faktoren, welche beispielsweise bei künstlich bewirkter Fehlabbildung — so durch Vorsetzen von Prismen oder Menisken (EBBECKE) — oder infolge von Netzhautabhebung (WUNDT) zu einer korrigierenden örtlichen Maßstabänderung führen. Dank einer solchen anpassungsmäßigen Umwertung erlangen die subjektiven Eindrücke nach einiger Zeit wieder die richtige Form und Größe, und wird trotz Fehlabbildung eine Konstanz der Sehdinge erreicht.

Nach Wiederherstellung normaler Abbildungsweise weicht der Eindruck einige Zeit hindurch in umgekehrtem Sinne von der Norm ab. Jedoch berechtigen solche Erfahrungen nicht etwa dazu, überhaupt eine rein psychologische Grundlage der Raumwahrnehmung zu erschließen!

6. Das räumliche Sehen Schielender.

An die vorstehende Darstellung der optischen Lokalisation des Normalen sei nun eine kurze Charakteristik des räumlichen Sehens Schielender angeschlossen, da dieses Gebiet das besondere Interesse sowohl des Klinikers als auch des Theoretikers gewonnen hat. Beim Normalen ist es die harmonische Stellung der Augen, welche die Auswertung der festen, elementaren sensorischen Korrespondenz zum Einfachsehen und zur sehrichtungskonstanten, im allgemeinen zugleich ebenflächigen Lokalisation der im Horopter gelegenen Objekte gestattet. Gleichzeitig aber ermöglicht das an bestimmte Bedingungen geknüpfte zeitweilige Zusammenarbeiten querdisparater Stellenpaare ein zwangsmäßig plastisches Sehen von strenger Gesetzmäßigkeit und hoher Präzision.

Wie gestaltet sich nun aber die binokulare Leistung bei solchen Personen, bei denen eine Disharmonie der Augenstellung, also manifestes Schielen besteht? Zunächst erscheint damit der Anlaß gegeben, die Außenobjekte in Doppelbildern von verschiedener Schärfe zu sehen, speziell den Hauptgegenstand der Aufmerksamkeit in einem schärferen, von der Fovea des fixierenden oder „führenden" Auges vermittelten Halbbild und in einem minder scharfen, welches der gleichzeitig gereizten exzentrischen Stelle des schielenden oder „geführten" Auges zugehört. Entsprechend der Prävalenz der Konturen über den minder gewichtigen Grund wäre ein aufdringliches, die räumliche Orientierung störendes *Doppeltsehen* zu erwarten. Natürlich fehlt auch mangels einer binokular-korrespondenten Abbildung bestimmter Objekte die Festlegung einer Kernfläche und damit die Unterlage für binokulares Tiefensehen.

Der Widerstreit zwischen der primär motorischen Anomalie und der normalen, nun aber unzweckmäßig gewordenen sensorischen Korrespondenz löst zwei Gegenreaktionen aus, die auf Beseitigung der Störungsfolge, ja auf das Ziel einer gewissen Wiederherstellung der sensorischen Zusammenarbeit in Form eines allerdings anders gearteten Ersatzes — unter Angleichung an die motorische Anomalie — gerichtet sind. Die erste Reaktion besteht in einer Änderung der Wertigkeit der beiden Einzelsehfelder, bzw. einer *inneren Hemmung* der Schielaugeneindrücke, speziell des extrafovealen Bildes des vom führenden Auge fixierten Gegenstandes. Früher bezeichnete man diesen Vorgang unzweckmäßig als „Exklusion" und suchte ihn psychologisch zu deuten — anstatt ihn anderen, bereits genauer bekannten physiologischen Hemmungsprozessen gleichzustellen. (Solches wurde ja bereits oben S. 118 bezüglich bestimmter Paarlinge, und zwar in Vierzahl, bei der normalen Stereoskopie vertreten.) Das Resultat ist ein Ungleichwertigwerden beider Einzelsehfelder bis zu dem Grenzfall einer mosaikartigen Zusammensetzung des Sehfeldes aus rein unokularen Stücken. Ein solches Verhalten ergibt sich allerdings unter den Verhältnissen des gewöhnlichen Sehens keineswegs selten (besonders HAMBURGER); wird doch dadurch eine Störung durch aufdringliche Doppelbilder vermieden. Dabei besteht Dominanz der Fovea des führenden Auges an dessen Fixierpunkt — bei Wechsel der Anteile in dessen weiterer Umgebung. Die Erscheinungen der inneren Hemmung sind aber nicht bloß bei manifestem Fortbestand der normalen Korrespondenz, sondern auch bei deren Substitution durch ein anomales Zusammenarbeiten nachweisbar, wobei übrigens deutliche örtliche Unterschiede an innerer Hemmung merk-

lich werden können, indem speziell die mit der fixierenden Fovea sehrichtungs-
gleiche gewordene Region des Schielauges betroffen erscheint (TRAVES). Als
Grenzfall kommt hierbei eine Dominanz der Eindrücke der beiden Foveae an
getrennten Orten von charakteristischer Lagebeziehung (entsprechend dem
Anomaliewinkel) in Betracht.

Die zweite sensorische Alteration, die wir aber besser als eine Anpassungs-
reaktion auffassen, besteht in einer Veränderung der relativen Lokalisation der
beiden Einzelsehfelder oder, besser gesagt, in der Herstellung einer neuen, *anomalen
Sehrichtungsgemeinschaft* zwischen dem führenden und dem schielenden Auge.
Eventuell beschränkt sich diese auf einen gewissen Anteil des Sehfeldes. Daneben erweist sich die normale Beziehung oder Korrespondenz nicht einfach als
völlig aufgehoben, sondern wohl nur als verdrängt. Sie kann nämlich unter
gewissen Umständen wieder hervortreten — eventuell unter fließender
angleichender Änderung des Anomaliewinkels (v. TSCHERMAK-SEYSENEGG,
HAMBURGER). Solches ist mitunter bei künstlicher gleichzeitiger und
gleichartiger Beanspruchung der beiden Foveae zu erreichen — etwa durch
einen vertikalen und einen horizontalen Nachbildstreifen, die sich auch
dann noch zeitweilig zu einem regulären Kreuz zusammenfügen können
(vgl. oben S. 104). Eine gleichzeitige Manifestation von anomaler Sehrichtungsgemeinschaft und normaler Korrespondenz äußert sich in *Doppeltsehen mit dem
schielenden Auge*, so etwa bei Abschluß des führenden, oder gar in *Triplopie*,
wie sie unter Umständen bei gewissen Schielenden (der dritten Gruppe) vorkommt. Besonders ist nach gelungener operativer Beseitigung der motorischen
Anomalie, neben der bereits eine sensorische bestand, ein Wiederkehren oder,
besser gesagt, Wiederhervortreten der Korrespondenz zu erwarten und zu er-
hoffen. Ein solcher Erfolg und ein (wenigstens vorwiegendes) Fortgelten der
normalen Netzhautbeziehung dürfte vor allem durch planmäßige Beanspruchung
der Korrespondenz, besonders nach ihrer Vorzugsleistung, der Stereoskopie, gefördert und gesichert werden. Übungen an einem geeigneten Stereoskop mit
passenden Bildern (vgl. S. 121) oder besser am Nadelstereoskop (vgl. oben S. 107)
mit freiverschieblichen Testnadeln stellen gewissermaßen ein orthopädisches Verfahren dar, für welches die operative Korrektur der Schielstellung allerdings nur
die vorbereitende Unterlage schafft. So häufig auch ein erfreulicher Erfolg der
Operation zu verzeichnen ist, so kann doch auch nach wohlgelungener Stellungs-
korrektur die anomale Sehrichtungsgemeinschaft fortbestehen, bzw. die normale
Korrespondenz nicht genügend hervortreten. Ein eventuell störendes Sehen in
„paradoxen" Doppelbildern — statt der bisherigen, wenn auch unvollkommenen
Haploskopie trotz Schielens — kann dann die unerwünschte Folge der operativen
„Verschönerung" sein.

Andererseits darf aber die anomale Sehrichtungsgemeinschaft keineswegs als
mit der normalen Beziehung oder Korrespondenz gleichgeartet betrachtet und
schlechtweg als „anomale Korrespondenz" mit einem „Pseudozentrum" oder
einer „Pseudofovea" behandelt werden. Der wesentliche Unterschied der beiden
Arten von Zusammenarbeit ist in dem leicht und häufig eintretenden Schwanken
der anomalen Beziehung gelegen, wozu jede Änderung der Abbildungsverhältnisse
(volles oder nur teilweises Abdecken des Schielauges, Vorsetzen eines Farbglases
oder eines Prismas vor dasselbe u. a.) den Anlaß geben kann. Neben entsprechenden Großschwankungen oder Aberrationen unterliegt jedoch die anomale Sehrichtungsgemeinschaft auch bei Konstanthalten der Beobachtungsbedingungen
charakteristischen Kleinschwankungen oder Oszillationen (A. v. TSCHERMAK-
SEYSENEGG, SCHLODTMANN, HAMBURGER). Dieses Schwanken im Zusammenwirken beider Augen ist von besonderer Art und findet nicht etwa eine Analogie

im Verhalten des PANUMschen Verschmelzungskreises, da bei dieser fakultativen Haplo-Stereoskopie die primäre Sehrichtungsgemeinschaft oder Korrespondenz nicht aufhört, sondern nur zurückgedrängt ist. Im scharfen Gegensatz zur anomalen Sehrichtungsgemeinschaft bewahrt die Korrespondenz ihren festen, elementaren Charakter auch bei Wechsel der Bedingungen und trotz der Möglichkeit eines „Panumsehens". Eine Bezeichnung beider Kooperationsweisen mit dem gleichen Namen als „Korrespondenz" erscheint mir daher unzweckmäßig.

Dieser Wechsel der Lokalisationsanomalie bildet gewissermaßen das senso-

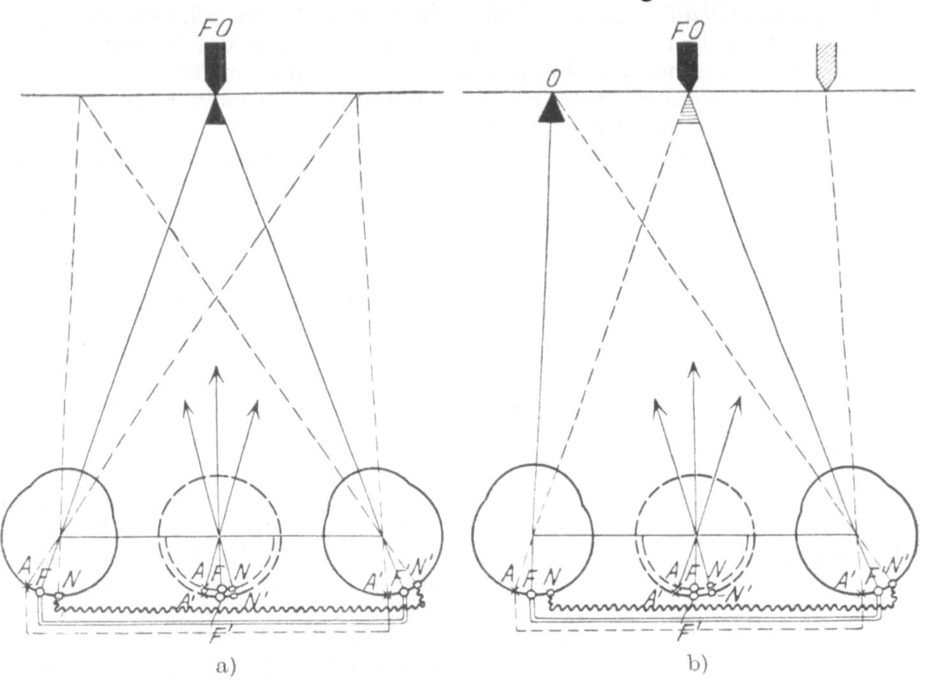

Abb. 78 a bis d. Motorisches und sensorisches Verhalten von Normalen und Schielenden. a) Normaler: bifoveale Einstellung auf *FO*, binokulares Einfacherscheinen von *FO* auf Grund der normalen Verknüpfung von *FF'*, *AA'*, *NN'*. b) Schielender der 1. Gruppe: foveale Einstellung des R. A. auf *FO*, laterales Abweichen des L. A. auf *O*; Doppelterscheinen von *FO* entsprechend der Sehrichtung von *(F)F'* und von *A(A')* und subjektive Deckung des linksäugigen Eindruckes von *O(F)* mit dem rechtsäugigen von *N'* auf Grund der normalen Verknüpfung von *FF'*, *AA'*, *NN'*. c) Schielender der 2. Gruppe: foveale Einstellung des R. A. auf *FO*, laterales

rische Gegenstück zu dem ähnlich bedingten Lagewechsel (samt ständigen Kleinschwankungen) an motorischer Anomalie, also bezüglich des *Schielwinkels*. Doch gehen sensorisches und motorisches Verhalten durchaus nicht einfach und notwendig parallel! Im allgemeinen gelten sonach die Maße des Schielwinkels nur für die oft recht komplizierten Abbildungsbedingungen, welche während seiner Bestimmung obwalteten; die Voraussetzung einer weitgehenden Konstanz desselben entbehrt meines Erachtens einer tatsächlichen Berechtigung. Die Schielabweichung ist übrigens im allgemeinen eine komplexe, meist dreifältige, indem nicht bloß eine Ablenkung nach der Seite, sondern gleichzeitig — in gewissem, wenn auch eventuell bescheidenem Ausmaß — eine solche nach der Höhe und der Orientierung um die Gesichtslinie (im Sinne von Außen- oder Innenrollung) besteht. Beim Begleitschielen wechselt übrigens mit den Orientierungsänderungen des Schielauges auch die Orientierung des führenden Auges, was darauf hinweist, daß es sich beim manifesten wie beim latenten Strabismus oder bei der Heterophorie nicht um eine einseitige Störung oder um eine Verschiedenheit der „Ruhestellung" beider Augen, sondern um eine Anomalie der binokularen Tonusverteilung handelt.

Dem wechselnden, schwankenden Charakter der anomalen Sehrichtungsgemeinschaft entsprechend entbehrt auch diese Art von Zusammenarbeit ungleich gebauter Stellen einerseits der durchschnittlichen Dauergleichwertigkeit beider Augen, anderseits der Vermittlung von Stereoskopie durch „neu-querdisparate" Elemente; wenigstens gilt letzteres im allgemeinen. Doch entspricht

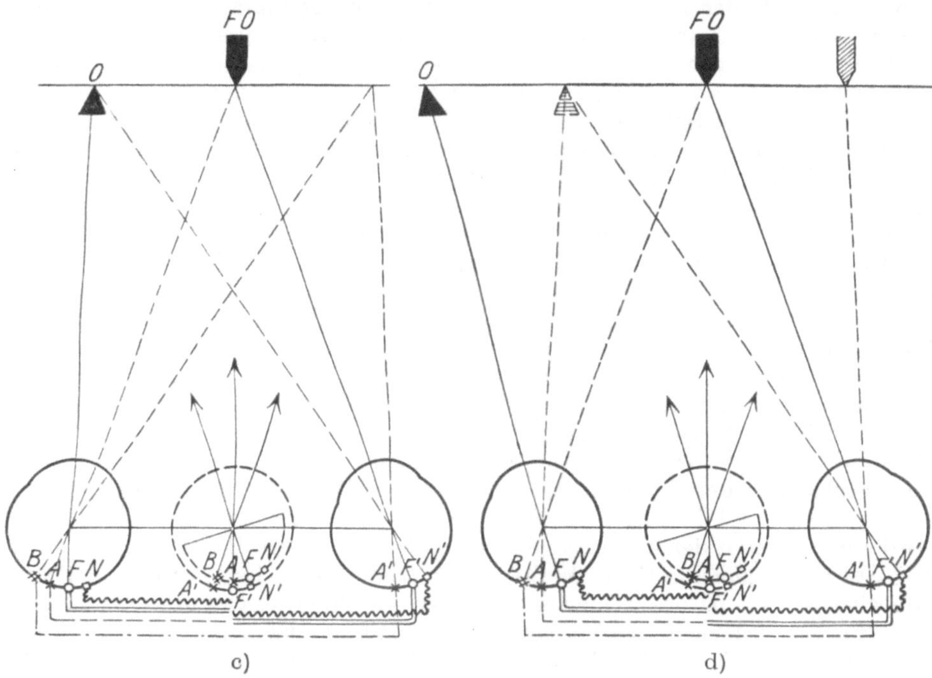

Abweichen des L. A. auf O; Einfacherscheinen von FO entsprechend der Sehrichtung AF' sowie von O entsprechend der Sehrichtung FN' auf Grund des Bestehens einer anomalen Verknüpfung (von BA', AF', FN') in Harmonie zur Schielstellung. d) Schielender der 3. Gruppe: foveale Einstellung des R. A. auf FO, starkes laterales Abweichen des L. A. auf O; Doppelterscheinen von FO — ebenso von O — entsprechend der Sehrichtung AF' und BA' in paradoxen Doppelbildern auf Grund des Bestehens einer anomalen Verknüpfung (von BA', AF', FN') in Disharmonie zur Schielstellung.

die sensorische Anomalie nicht einem bloßen Parallelismus an selbständiger egozentrischer Lokalisation beider Augen, sondern doch einer echten Gemeinschaft — trotz der Ungleichwertigkeit der nun zusammenarbeitenden Partner. Den Beweis hierfür liefert die Möglichkeit von Wettstreit, Mischung und Simultankontrast zwischen beiden Seiten — aber auch der Einfluß, den die jeweiligen Abbildungsverhältnisse auf die anomale Lokalisationsweise, auf die Schielstellung sowie auf egozentrische Lokalisation des scheinbaren Geradevorne nehmen.

Gewiß erscheint die Auffassung ansprechend, daß die kurz charakterisierte sensorische Umschichtung eine Anpassungsleistung darstelle, welche durch die motorische Anomalie ausgelöst wird. Die anomale Sehrichtungsgemeinschaft stellt sozusagen einen Ersatz dar für die fixe, elementare Korrespondenz, welche offenbar auf einer angeborenen oder besser bildungsgesetzlichen Grundlage ruht. Doch ist damit noch nicht gesagt, daß die sensorische Veränderung einfach ständig und unter allen Bedingungen der motorischen Veränderung parallel gehe und ihr voll entspreche. Gewiß ist eine solche Harmonie möglich — wenigstens in bestimmten Fällen und bei gewissen Augenstellungen bzw. Beobachtungsabständen. Oft aber finden wir die sensorische Umschichtung entweder unzulänglich gegenüber der bereits eingetretenen Schielablenkung oder aber bereits über deren Betrag hinausgeeilt. Es mag sich, wenigstens bei gewissen Individuen, im ersteren Fall um ein „Nochnicht", im letzteren Fall um ein „Nichtmehr" handeln, wobei die gerade erreichte Angleichung nicht mit genügender Bremsung (etwa angesichts der inneren Hemmung der Schielaugeneindrücke) festgehalten wurde. — Jedenfalls aber müssen wir klar und folgerichtig unterscheiden zwischen motorischer und sensorischer Anomalie, zwischen der funktionellen Verschiebung des einen okulomotorischen Apparats gegenüber dem anderen und der Verschiebung des einen Sehfeldes gegenüber dem anderen, gewissermaßen der einen Netzhaut gegenüber der anderen. Die erstgenannte Störung messen wir im *Schielwinkel*, und zwar im *schielenden* Auge als Ablenkung seiner Gesichtslinie, bei Vergleich von eingestellter und von abgewichener Lage und Ansetzen des Winkelscheitels im Drehpunkt. In angenäherter Gleichheit kann auch der Richtungsunterschied genommen werden, welcher im schielenden Auge zwischen der abgewichenen Gesichtslinie und der auf den Fixationspunkt des anderen Auges zielenden Richtungslinie besteht, wobei aber der Winkelscheitel in den etwa 6,1 mm vor dem Drehpunkt gelegenen Knotenpunkt zu liegen kommt. Hingegen charakterisieren wir die sensorische Lokalisationsänderung durch den *„Anomaliewinkel"* als den Richtungsunterschied zwischen der Blicklinie und der mit der Schielfovea sehrichtungsgleichen Stelle im *führenden* Auge, wobei der Winkelscheitel in dessen Knotenpunkt zu liegen kommt. Beide Winkel, der Schielwinkel und der Anomaliewinkel, sind natürlich gesondert zu bestimmen, zu vergleichen und in ihrem Wechsel messend zu verfolgen. Ein zeitweiliges Wiederhervortreten der normalen Korrespondenz reduziert den letzteren Winkel auf Null; bei gleichzeitiger Merklichkeit beider Lokalisationsweisen erfolgt Doppeltsehen seitens des Schielauges (unokulare Diplopie, vgl. oben S. 129).

Nach dem gegenseitigen Verhalten von Motilität und sensorischer Leistung ergibt sich naturgemäß eine Einteilung der Schielenden in drei Gruppen (nach A. v. Tschermak-Seysenegg), nämlich:

1. Gruppe: Rein motorisch Anomale mit normaler sensorischer Beziehung beider Netzhäute, dementsprechend — neben Kenntlichkeit des manifesten Schielens auf Grund der Einstellbewegung bei Wechselfreigabe der einzelnen Augen — reguläres Doppeltsehen, allerdings unter innerer Hemmung der Schielaugeneindrücke.

2. Gruppe: Motorisch und sensorisch Abnorme mit Harmonie beider Anomalien, dementsprechend binokulares Einfachsehen, wenn auch beeinträchtigt durch innere Hemmung, gröbere wie feinere Schwankungen und Ungleichwertigkeit der beiden Partner.

3. Gruppe: Motorisch und sensorisch Abnorme mit Disharmonie beider Anomalien, dementsprechend Sehen in paradoxen Doppelbildern — allerdings unter innerer Hemmung. (Näheres ist noch aus dem Studium der schematischen Diagramme zu entnehmen, Abb. 78a bis d.)

Die Gruppenzugehörigkeit des einzelnen Falles kann mit den Beobachtungsbedingungen, selbst nach dem Abstand, wechseln. Doch besteht meines Erachtens kein berechtigter Grund an dem Vorkommen der 2. oder der 3. Gruppe überhaupt zu zweifeln oder die letztere als ein Kunstprodukt besonderer Untersuchungsbedingungen zu betrachten.

Angesichts des besonderen Interesses, welches die Erscheinungen dieses Gebietes verdienen, sei endlich noch ein kurzer Seitenblick auf die Methoden (nach A. v. TSCHERMAK-SEYSENEGG) geworfen, welche die obige Gruppeneinteilung ermöglichen. Es ist dies einerseits das *Nachbildverfahren* (Nachbildhaploskopie), wobei den Einzelaugen hintereinander eine lotrechte oder waagrechte Leuchtlinie in ihrer Gesichtslinie geboten wird und sodann die Kombinationsfigur auf

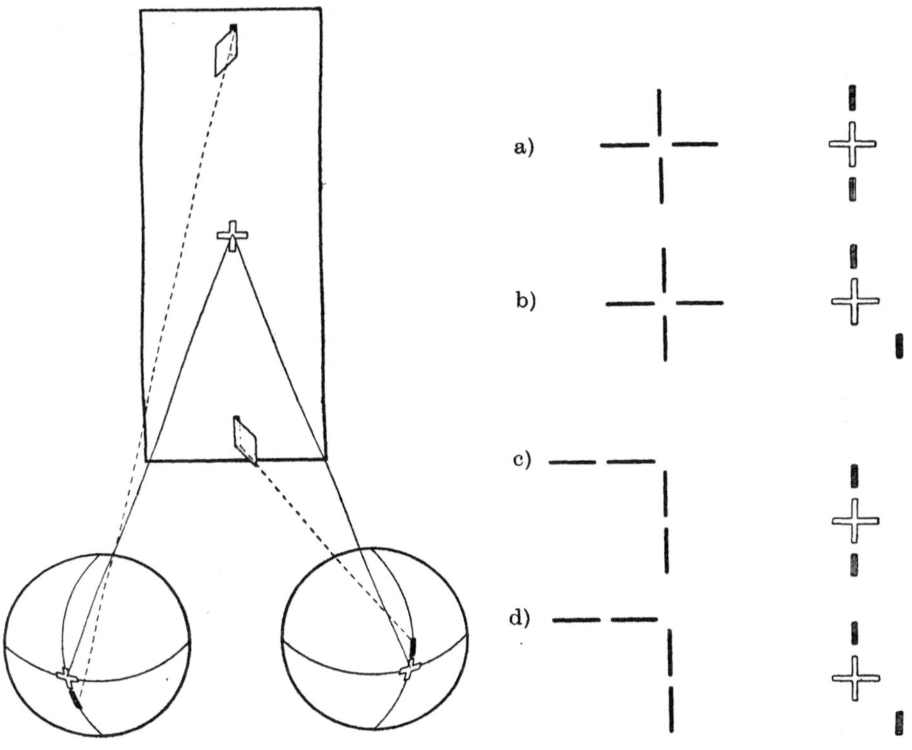

Abb. 79. Kongruenzapparat (nach A. v. TSCHERMAK-SEYSENEGG).

Abb. 80. Ergebnisse der Nachbildprobe (links) und der Kongruenzprobe (rechts):

	sensorisch	motorisch
a) Normaler:	normal	normal.
b) Schielender der 1. Gruppe:	normal	abnorm.
c) Schielender der 2. Gruppe:	abnorm	abnorm, und zwar unter Harmonie beider Anomalien.
d) Schielender der 3. Gruppe:	abnorm	abnorm, und zwar unter Disharmonie beider Anomalien.

reguläre Kreuzesform geprüft wird. Letzteres trifft zu beim Normalen (vgl. oben S. 104, 129) wie bei Schielenden der ersten Gruppe, während solche der zweiten und dritten Gruppe eine gegenseitige Verschiebung der beiden Arme angeben (vgl. Abb. 80). Die Ergänzung dazu bildet die Untersuchung am *Kongruenzapparat*, an welchem das mittlere Kreuz beiden, der obere Einzelspalt mit Flügelblende nur dem linken, der untere nur dem rechten Auge zugänglich ist (vgl. Abb. 79). Für Normale wie für Schielende der zweiten Gruppe stehen am Kongruenzapparat alle drei Figuren vertikal übereinander, Schielende der dritten Gruppe (ebenso wie Schielende der ersten Gruppe) hingegen geben eine Verschiebung an. Durch die erste Methode werden also die Gruppen 2 und 3 vereint von der Gruppe 1 abgesondert, durch die zweite Methode aber werden Gruppe 2 und Gruppe 3 voneinander getrennt.

7. Einflußnahme äußerer Kräfte und innerer Faktoren auf die optische Lokalisation.

Das subjektive Raumbild wird zwar nicht erst durch äußere Kräfte geschaffen; so entsteht die Vertikalempfindung nicht erst durch die Massenwirkung, speziell durch die Schwerkraft, bzw. durch deren Rezeption seitens des Labyrinths. Am wenigsten kann man sagen, daß wir die Wirkungsrichtung der Gravitation direkt wahrnähmen! Wohl aber besitzen äußere Kräfte wie innere Faktoren einen entscheidenden Einfluß auf unsere Orientierung im Raum. Dies gilt einerseits in sensorischer Beziehung, also von der subjektiven Lokalisation, zumal von der absoluten und der egozentrischen (vgl. S. 140). Anderseits aber wird auch — wie hier vorausgreifend gleich mitangeführt sei (vgl. S. 178) — die Motilität unserer Augen beeinflußt. Das stato-*motorische Verhalten* betrifft beim Menschen speziell die Lagerung um die Achse herum, bei zahlreichen Tieren vor allem die Höhenstellung der Augen. Allerdings gehen die sensorischen und die motorischen Effekte nicht einfach zwangläufig parallel. Sind doch die ersteren Effekte Folgen davon, daß verschiedene von der Körperperipherie her gewonnene Eindrücke, wie sie dem Auge, dem Labyrinth, der Haut und dem Bewegungsapparat entstammen, in der psychophysischen Sphäre, im Bewußtsein zusammenwirken. Hingegen ist das begleitende motorische Verhalten der Augen wie die begleitende Haltung von Kopf, Stamm und Gliedern im allgemeinen als einfache Reflexleistung zu betrachten.

Die Einflußnahme der Schwerkraft auf den Raumsinn und die Motorik unseres Sehorgans geschieht in erster Linie durch die Gravizeptoren des Labyrinths, genauer gesagt, durch den Oto- oder Statolithenapparat. Dieser weist bekanntlich beim Menschen nicht — wie bei den Crustaceen und Fischen — mehr oder weniger freibewegliche feste Körperchen auf, welche der Schwerkraft folgen und einfach örtliche Druckreize, eventuell auch Zugreize auf die Endigungen des N. vestibularis ausüben, sondern ist durch den Besitz von Otolithenmembranen auf Schichtungs- und Scherungsbeanspruchung eingerichtet. Daneben aber kommen schwerkraftempfängliche Rezeptoren auch dem Hautkleide und dem ganzen Bewegungsapparat (Muskeln, Sehnen, Bänder — nicht aber Gelenksflächen selbst) zu. Solche extralabyrinthäre Gravizeptoren finden sich besonders an den gewöhnlich beanspruchten Unterstützungsflächen der Beine und des Rumpfes, aber auch an den Gliederungsstellen unseres Körpers überhaupt. Im allgemeinen[1] sind die nervösen Aufnahmeapparate, welche auf

---

[1] Ob die Otolithenapparate durchwegs ebensogut wie auf den Schwerkraftreiz auch auf hinzugefügte Drehkräfte reagieren, also sowohl bezüglich Reizvermittlung als bezüglich Innervationsweise vollständig „isotrop" zu nennen sind, bleibe dahingestellt. Jedenfalls ist der Otolithenapparat zugleich als Rezeptor für geradlinige Progressivschleunigung (Rectilinear-Velozeption) zu betrachten, während der Bogengangapparat zur Aufnahme von Dreh- oder Winkelbeschleunigung (Zirkular-Velozeption), und zwar nach drei bevorzugten Ebenen, differenziert erscheint. Trotz dieser Ausgestaltung, welche in der Tierreihe recht verschiedene Höhe erreicht, dürfte allerdings dem ursprünglichen Alleinvertreter, dem Utriculo-Sacculus, ein gewisser Rest an Zirkular-Velozeption verbleiben. Die entwicklungsgeschichtliche Verknüpfung der statisch-dynamischen Apparate des Labyrinths, des Otolithenapparats und des Bogengangsystems, mit dem Gehörapparat erscheint, wie nebenbei bemerkt sei, in folgendem begründet. Eine flüssigkeitsgefüllte Blase mit einem gegenüber der Massenwirkung heterogenen Inhalt ist eben — gleichmäßige Innervation vorausgesetzt — prinzipiell in gleicher Weise dazu veranlagt, durch Schichtung bzw. Schichtungsänderung, durch Scherung bzw. Trägheitsströmung wie durch Schichtenschwingung beansprucht zu werden (A. v. Tschermak-Seysenegg).

Beanspruchung durch Schwerkraft eingerichtet erscheinen, überhaupt für Massenbeschleunigung empfänglich, wie solche ebenso durch Fliehkraft gesetzt wird, sich also als Resultante aus der gleichzeitigen Einwirkung von Schwerkraft und Fliehkraft ergibt.

Die Wirkung der Schwerkraft auf die optische Lokalisation tritt am reinlichsten — also ohne Mitspielen von Fliehkraft wie von inneren Faktoren — hervor, wenn der Gesamtkörper gestreckt, d. h. ohne Knickung zwischen Kopf und Stamm, nach der Seite oder nach vorne-hinten geneigt wird. Zu diesem

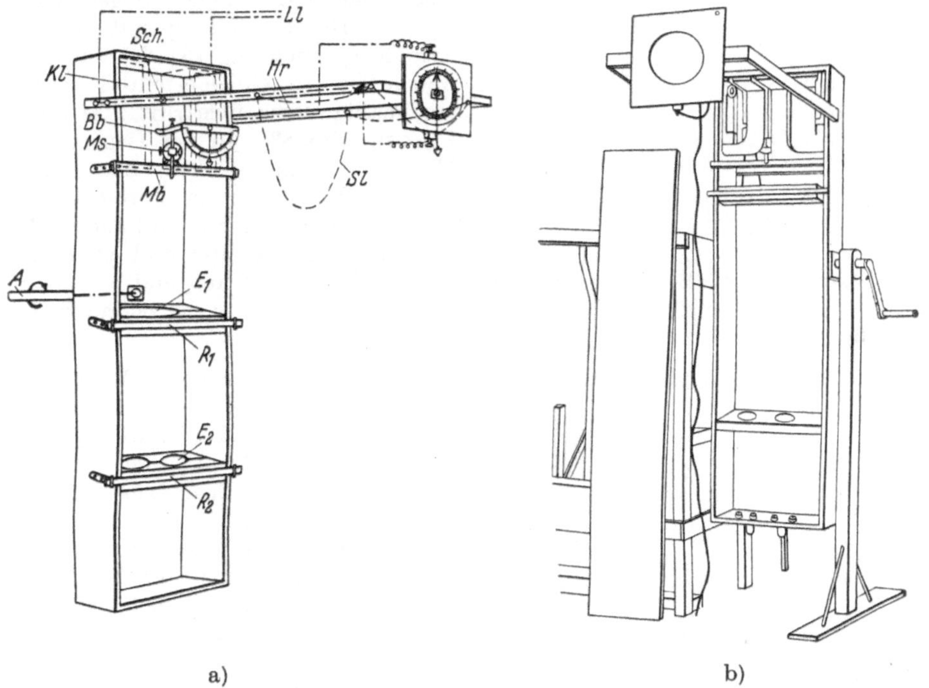

a)   b)

Abb. 81. Neigungskasten zur Bestimmung der SV., der SKR. und der Orientierung (Rollung) der Augen.
a) Bei Seitenneigung, b) bei Vor-Rückwärtsneigung.

Behufe wird der Beobachter in eine geeignete Neigungseinrichtung (beispielsweise einen Neigungskasten, so bei den Untersuchungen von M. H. Fischer, Schubert, Brecher, vgl. Abb. 81) eingeschlossen. Solange der Ausblick nicht künstlich beschränkt wird, erscheinen — trotz seitlicher Neigung — lotrechte Konturen, wie Haus- und Fensterkanten, Baumstämme, Masten, auch weiter vertikal, obzwar ihre Bilder nicht mehr den ursprünglichen Lotmeridian der Netzhaut treffen. Die Abweichung dieses Meridians ist allerdings nicht so groß wie der Neigungswinkel selbst, da eine gegensinnige parallele Rollung beider Augen eintritt, welche subtraktiv wirkt (vgl. S. 137). An sich aber führt die Anpassung, d. h. die korrektive Umwertung, welche die absolute Lokalisation — entsprechend der „Empfindung", besser gesagt: der Rezeption der Schiefhaltung, unter den Bedingungen des gewöhnlichen Sehens erfährt, bis zum Ziele, also bis zur „Wiederanerkennung" der Lotrichtung.

Schränken wir jedoch das Sehen künstlich ein, schließen wir also alle empirischen Motive für die absolute Vertikallokalisation im Außenraum aus, und bieten wir dem Beobachter nur einen drehbaren Kontur, beispielsweise eine

Leuchtlinie (Abb. 82) im Dunkeln, so erscheint ihm letztere in lotrechter Position deutlich schief, und zwar mit dem oberen Ende wegstrebend. Er erteilt daher der Leuchtlinie eine korrektive „Mitnahme". Dieselbe geht von angenäherter Nulleinstellung der SV. bei aufrechter Haltung bis zu einem Maximum von 46 bis 51° bei einer tatsächlichen Neigung von ± 135°. Daneben ist aber noch eine durch die Gegenrollung der Augen einigermaßen komplizierte Einstellung auf scheinbare Körperrichtung (SKR.) möglich, welche die tatsächlich erteilte Neigung regelmäßig etwas übertrifft (bis etwa 7°, vgl. Abb. 83). In der Gegend des Maximums (um ± 135°) kann sozusagen ein Wettstreit eintreten, zwischen der Einstellung auf SV. und auf SKR., also zwischen absoluter und egozentrischer Lokalisation. Beide Wertreihen sind überdies bei Rechts- und bei Linksneigung nicht streng symmetrisch gleich. Auch ergeben sich beträchtliche individuelle Differenzen.

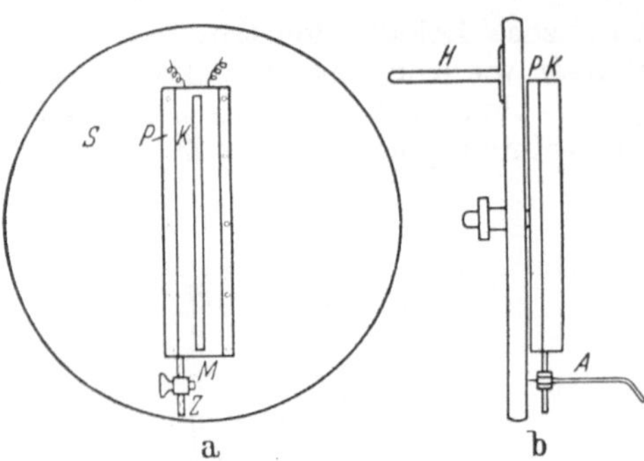

Abb. 82. Leuchtlinie mit Stichmarkierung.
a) Von vorne, b) von der Seite.

Wird hingegen der Kopf allein (unter Aufrechtbleiben des Stammes) zur Seite geneigt, so bleibt zwar die asymmetrische Wirkung der Schwerkraft auf den Kopf beschränkt, jedoch tritt der Faktor der Achsenknickung zwischen Kopf und Stamm hinzu. Das Ergebnis ist ein nur mäßiges Schieferscheinen des Lotes mit dem oberen Ende von der Seite der tatsächlichen Neigung weg und die Forderung einer mäßigen korrektiven „Mitnahme" der einzustellenden Testlinie (*A-Phänomen* nach AUBERT); seltener ist ein umgekehrtes Verhalten zu beobachten (*E-Phänomen* nach G. E. MÜLLER). Endlich kann die Wirkung der Achsenknickung allein untersucht werden — allerdings unter gleichzeitiger Neigung des Stammes gegen die Schwerkraft, indem zunächst eine seitliche Neigung des Gesamtkörpers ausgeführt,

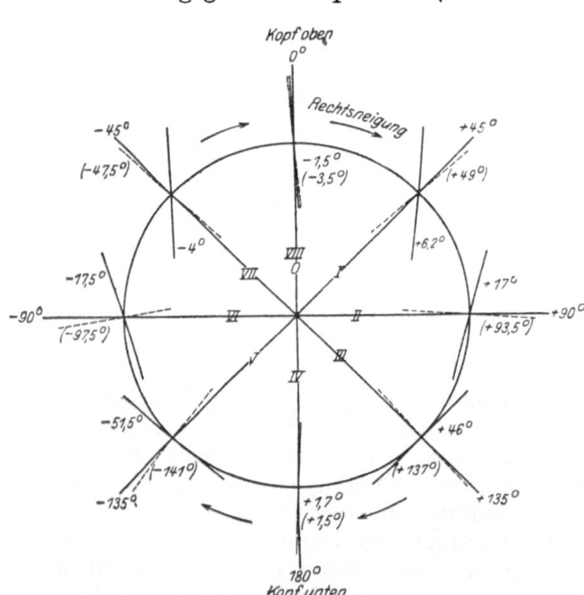

Abb. 83. Einstellung der SV. (—) und der SKR. (---) bei Seitenneigung (nach A. v. TSCHERMAK-SEYSENEGG und G. SCHUBERT).

dann aber der Kopf lotrecht aufgerichtet wird. Dabei ergibt sich die schwächste Wirkung, so daß für den *sensorischen Effekt auf die SV.* — unter Addition beim ersten Glied — *folgende Reihung* gilt:

$$V E_{GK} > V E_K > V E_{St}, \quad \text{und zwar} \quad V E_{GK} = V E_K + V E_{St}.$$

Endlich kann man die Asymmetrie der Schwerkrafteinwirkung beseitigen, indem man den Körper in Rückenlage bringt und nun die Achsenknickung ausführt. Dabei läßt sich allerdings nur auf SKR. und auf objektive Orientierung der Augen um die Blicklinie prüfen.

Wie bereits erwähnt, hat die seitliche oder frontoparallele Neigung neben dem geschilderten lokalisatorischen Effekt noch eine *motorische Nebenwirkung*, welche in einer parallelen Rollung beider Augen um die Blicklinie besteht. Dieselbe ist zu Anfang beträchtlich, sinkt aber bald auf einen mäßigen Dauerbetrag ab. Bei seitlicher Neigung des Kopfes allein ist dieser reflektorische Effekt am stärksten, kleiner bei Neigung des Gesamtkörpers — in beiden Fällen aber gegen den Sinn der erteilten Neigung gerichtet; doch kommt es nicht dazu, daß der primär vertikalempfindende Meridian (p. LMS. [a]) im Raum angenähert aufrecht bliebe (vgl. Abb. 84). Der okulomotorische Effekt bei isolierter Stammesneigung oder Achsenknickung ist nur scheinbar ein gegensinniger; auf den Sinn des Uhrzeigers bezogen bedeutet er aber eine Verstärkung der Gegenrollung, so daß sich für den *statomotorischen Rollungseffekt* folgende Reihung — unter Subtraktion beim zweiten Glied — ergibt:

$$RE_K \rangle RE_{GK} \rangle RE_{St},$$

und zwar $RE_{GK} = RE_K - RE_{St}.$

Die motorische Reflexaktion erreicht — wenigstens bei Neigung des Gesamtkörpers — früher ein Maximum (um etwa 60°), während der sensorische Effekt weiter ansteigt bis 120°, ja 150°, wo die erstere Wirkung schon sehr stark abnimmt (M. H. Fischer).

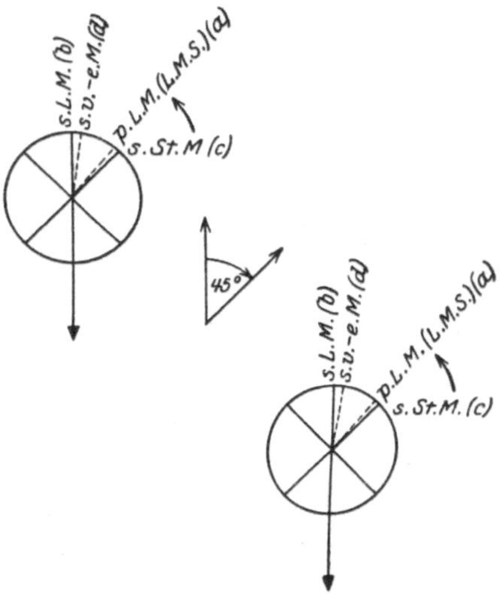

Abb. 84. Lage der Netzhautmeridiane bei Rechtsneigung des Kopfes um 45°, und zwar bei Ansicht von hinten. *p.L.M.* = primärer Lotmeridian, *L.M.S.* = primär vertikalempfindender Längsmittelschnitt mit charakteristischem Disklinationshalbwinkel, *s.L.M.* = sekundärer Lotmeridian, *s.v.-e.M.* = sekundär vertikalempfindender Meridian, *s.St.M.* = sekundärer Stirnmeridian (senkrecht zur Basallinie). Die Abweichung von 45° (*s.St.M.*—*p.L.M.* bzw. *c—a*) bezeichnet das Ausmaß der Gegenrollung, die Abweichung des *s.v.-e.M.* vom *L.M.S.* das Ausmaß des Aubertschen Phänomens.

Es zeigt sich somit, daß die sensorische Umwertung der Meridiane an Vertikalempfindung und die motorische Orientierungsänderung bzw. Rollung der Augen den Sinn oder wenigstens die Richtung von Anpassungsreaktionen aufweisen. Erscheint doch der erstere Vorgang darauf gerichtet, lotrechte Objekte auch bei seitlicher Neigung (angenähert) vertikal erscheinen zu lassen, der andere darauf abzielend, den (primären) Längsmittelschnitt in der gleichen Lage im Außenraum, nämlich angenähert lotrecht, zu erhalten. Die motorische Reaktion ist jedoch ungenügend; die sensorische reicht zwar unter den Bedingungen des gewöhnlichen Sehens aus, bleibt aber unzulänglich oder fehlt gar bei Einschränkung desselben (nämlich bei A-Phänomen, vgl. S. 136, 139) — nur in besonderen Fällen (mit E-Phänomen) kann sie sogar darüber hinausschießen, ohne rechtzeitig abgebremst zu werden.

Die Effekte bei Seitenneigung des Gesamtkörpers sind durch Gravizeptoren bewirkt, unter denen jene des Kopfes, bzw. der Otolithenapparat des Labyrinths voranstehen. Bei Seitenneigung des Kopfes spielen neben reinen Gravizeptoren noch solche nervöse Aufnahmeapparate mit, welche durch die gegenseitig asymmetrische Stellung von Kopf und Rumpf, also durch innere Kräfte, beansprucht werden. Diese Propriozeptoren oder primären Tätigkeitsrezeptoren sind in der Haut (dermästhetische PZ.) und im Bewegungsapparat (kinästhetische PZ.), besonders in der Halswirbelsäule, gegeben. Daran, daß gerade den kinästhetischen Propriozeptoren des Nackens — und zwar ihrer Beanspruchung bei jeder Stellung und Bewegung des Kopfes — eine besondere Bedeutung zukommt für die Tonusverteilung in der Gesamtmuskulatur und damit für die Haltung von Rumpf und Gliedern (MAGNUS), braucht hier kaum erinnert zu werden.

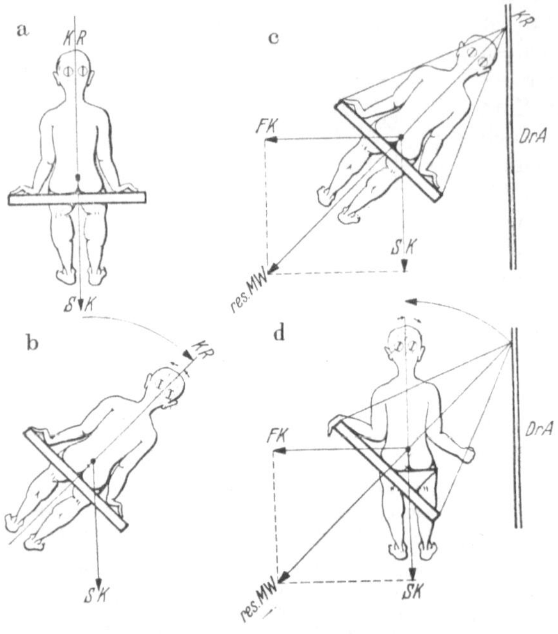

Hingegen bedürfen die Folgen, zu denen kombinierte Wirkung von Schwerkraft und Fliehkraft in Form der resultierenden Massenwirkung führt, noch näherer Erörterung bezüglich unserer Orientierung im Außenraum. Hierbei wird nämlich die Ausgangs- oder Nullage nicht mehr durch die Richtung der Schwere, also durch die Lotrechte, bezeichnet, sondern durch die Richtung der resultierenden Massenbeschleunigung. Die Herbeiführung einer Abweichung zwischen Körperrichtung und Massenwirkungsrichtung kommt somit einer Körperneigung bei alleiniger Wirkung der Schwerkraft gleich. Dementsprechend wird die resultierende Massenbeschleunigung einflußlos auf die Einstellung der SV. wie auf die Orientierung der Augen um die Blicklinie, sobald sich die Körperachse — gewissermaßen korrektiv — in die Richtung dieser Kraft einstellt. Es wird eben dadurch eine neue Nullage geschaffen. Die SV. nähert sich diesfalls — sowie bei aufrechter Haltung ohne Fliehkrafteinwirkung — mehr oder weniger der objektiven Körperachse; eine drehbare Testlinie wird zum mindesten zwischen dem Lot und der Richtung der resultierenden Massenwirkung eingestellt. Übrigens erfolgt ganz automatisch eine Angleichung der Körperachse an die Richtung der Massenwirkung unter Neigung des Gesamtkörpers gegen den oberen Teil der Drehungsachse (DrA) im Pendelkarussell sowie im richtig kurvenden Flugzeug. Dabei stellt sich nämlich die Sitzfläche senkrecht zur Resultierenden und der Fahrer wird nur stärker gegen den Sitz gedrückt (Abb. 85c). Wird jedoch diese Mitneigung künstlich verhindert und trotz Hinzutretens von Rotation die Körperachse wie bisher aufrechtgehalten, so entspricht eine solche, beispielsweise der Drehungsachse parallele Zwangslage (Abb. 85d) einer Wegneigung von der Massenrichtung und wirkt ebenso wie eine Seitenneigung (nach außen) bei Ruhe. In ganz analoger Weise ergibt sich daher ein scheinbares Schiefwerden lotrechter Konturen, und zwar mit dem oberen Ende nach außen, die Forderung einer korrektiven Neigung („Mitnahme") derselben gegen den Beobachter hin sowie eine parallele Rollung gegen die Richtung der Massenwirkung hin (A. v. TSCHERMAK-

Abb. 85. Einfluß von Massenwirkung (Schwerkraft, Fliehkraft) und Körperneigung auf die Augenstellung.

Seysenegg und Schubert). Messende Beobachtungen solcher Art konnten speziell bei Einschließen des Beobachters in einen rotierenden Zylinder (Rotatorium nach L. Prandtl) vorgenommen werden (Schubert).

Bei hohen Werten von Rotationsgeschwindigkeit (etwa von 4 g an) nähert sich die Richtung der resultierenden Massenwirkung und damit die automatisch sich angleichende Körperachse des Piloten mehr und mehr der objektiv Waag-rechten. Der Pilot lokali-siert daher bei Rechtskur-ven den Himmel zur Lin-ken, die Erdoberfläche zur Rechten, während er selbst aufrecht zu sitzen glaubt, indem sich die SV. und die SKR. zusammenschlie-ßen.

Zusammenfassend läßt sich folgende Darstellung des geschilderten Verhal-tens geben. Für die „rich-tige" Einstellung der sub-jektiven Vertikalen, wie sie unter den Bedingungen des gewöhnlichen Sehens er-folgt, kommt ein „statisch-sensorischer Faktor" in Be-tracht, welcher im allge-meinen eine volle Umwer-tung entsprechend der Massenwirkung (vermin-dert um die Gegenrollung)

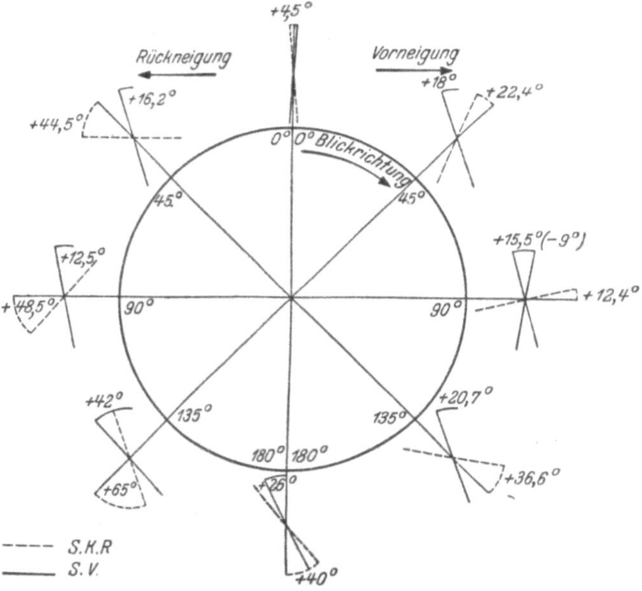

Abb. 86. Einstellung der SV. (—) und der SKR. (- - -) bei Vor-Rückwärtsneigung (nach Schubert und Brecher).

zustande bringt. Bei eingeschränktem Sehen aber tritt ein zweiter, „egozentrisch-sensorischer Faktor" hervor, d. h. die Tendenz einer Angleichung an die Körper-richtung. Bei Seitenneigung unter Ruhe (Abb. 85b) ergibt sich im letzteren Falle ein *gegen*sinniger Effekt dieser beiden Faktoren und daher eine gewisse „Mit-nahme" der Vertikaleinstellung bis zu einem bestimmten mittleren Wert (A-Phänomen). Hingegen läßt sich der seltenere umgekehrte Effekt (E-Phänomen) auf Vorwiegen des statisch-sensorischen Faktors, also auf eine über das Ziel hinausschießende Umwertung entgegen der Neigung und auf Fehlen von Brem-sung beziehen (vgl. S. 136 ff.). Umgekehrt kann bei hochgradiger Seitenneigung, wenigstens zeitweilig, der egozentrisch-sensorische Faktor allein hervortreten, so daß es zu einer Art Wettstreit der SV.- und der SKR.-Einstellung kommt. Bei richtiger Seitenneigung im Flugzeug (Abb. 85c) endlich kommen Massen-wirkung und Körperrichtung zum Zusammenfallen, so daß der Effekt beider Faktoren *gleichen* Sinn erhält und die Vertikaleinstellung sich mehr und mehr der Körperrichtung anschließt. Aufrichtung aus der resultierenden Massen-wirkungsrichtung endlich (Abb. 85d) wirkt wie reine Neigung nach der Seite.

Gewiß bietet diese allgemeine Fassung nur eine vertiefte Analyse, noch keine erschöpfende Erklärung der reizvollen Erscheinungen. Eine solche muß vorläufig weiterer Forschung überlassen bleiben!

In analoger Weise wie seitliche Neigung oder seitlich angreifende Fliehkraft wirkt *Neigung oder Einwirkung von Zentrifugalkraft nach vor-, rückwärts* auf die Lokalisation der SV., bzw. des Scheinbargleichhoch (SGH.) und der SKR. Bei

Vorneigung muß die Testlinie, um vertikal im Raume zu erscheinen, in bestimmtem Betrag über das Lot hinaus dem Körper zugeneigt, bei Rückneigung weggeneigt werden. Das SGH. kommt durchwegs immer tiefer zu liegen. Bezüglich der Körperrichtung findet ersterenfalls eine Unterschätzung, andernfalls eine Überschätzung statt (vgl. Abb. 86). Bei entsprechender Drehkrafteinwirkung kommt es zu einem scheinbaren Schiefwerden des Bodens des Laboratoriums und zu einer reaktiven Einstellung der Körperrichtung in die Richtung der resultierenden Massenbeschleunigung. Auch sei hier bereits erwähnt, daß Vor-Rückwärts-Neigung, ebenso entsprechend angreifende Fliehkraft — bei Ausschluß aller Fixationsmotive — zu einer kompensatorisch-reflektorischen Hebung-Senkung der Augen führt (SCHUBERT und BRECHER).

8. Egozentrische Lokalisation.

Schon bei der Untersuchung der scheinbaren Vertikalen (SV.) und damit der absoluten Lokalisation hat sich unter gewissen Umständen die subjektive Körperrichtung (SKR.) vorgedrängt — so bei Seitenneigung auf 135°, noch mehr bei Einwirkung von Zentrifugalkraft (vgl. S. 136, 138). Sodann wurden wir bei Erörterung der Lokalisation nach subjektiven Sehrichtungen, welche in Form eines Büschels nach einem bestimmten Bezugszentrum konvergieren, bereits zu den Grundproblemen der egozentrischen Lokalisation geführt. Wir fanden dabei das scheinbare Geradevorne (SGV.) entscheidend für die Verlegung des Sehrichtungszentrums, bzw. seines objektiven Äquivalents in eine bestimmte medianoparallele Kopfebene.

Doch bedarf die gesamte Beziehung der optischen Lokalisation zum sogenannten Fühlbild des eigenen Körpers (E. HERING) oder zum Körperschema (SCHILDER) noch einer zusammenfassenden Würdigung, wobei wieder subjektiver Eindruck und objektive Lage in Vergleich zu setzen sind. Empfindungsanalytisch ergeben sich drei ausgezeichnete subjektive Hauptebenen: die subjektive Medianebene oder mittlere Längsebene, welche bei aufrechter Haltung zugleich Vertikalebene ist, die subjektive Horizontalebene oder mittlere Querebene und die subjektive Frontalebene bzw. die Hauptqualitäten: scheinbar Geradevorne (SGV.- und zugleich Vertikal), Gleichhoch (SGH. „mit den Augen" und zugleich Horizontal) und Stirngleich. Die drei Hauptebenen bzw. Hauptqualitäten treffen sich sozusagen in einem Punkt, in dem das beobachtende Ich sozusagen konzentriert erscheint.

Diese Empfindungseindrücke erweisen sich ganz bestimmten objektiven Schnittflächen des Kopfes, auch des Rumpfes zugeordnet. Die daraufhin ermittelten Äquivalenzflächen (Längshauptfläche, Querhauptfläche, Stirnhauptfläche nach A. v. TSCHERMAK-SEYSENEGG) sind nun in Vergleich zu setzen mit bestimmten geometrischen Schnittebenen. Als solche kommen in Betracht: die geometrische Kopfmediane oder Kopfsymmetrale als die zur Pupillardistanz oder Basalstrecke durch den Halbierungspunkt senkrecht gelegte Ebene, sodann die durch die Basalstrecke laufende Ebene, welche die beiden primär gestellten Blicklinien einschließt, endlich die schematische Frontalebene — senkrecht auf die beiden vorgenannten durch die Basalstrecke gelegt. Schwieriger erscheint die Festlegung einer schematischen Einteilung des Rumpfes; doch sei von deren Erörterung hier abgesehen.

Ein reinliches Zusammenfallen der subjektiven Mediane oder besser der ihr äquivalenten Längshauptfläche mit der oben schematisch definierten objektiven Kopfmediane würde einen Idealfall bedeuten, der zunächst als Norm vorausgesetzt wurde (so von E. Hering). Tatsächlich aber ergeben sich schon beim Normalen — noch mehr bei Personen, welche gewohnheitsmäßig ein Auge vorwiegend gebrauchen (Schützen, Mikroskopiker, Fernrohrbeobachter, viele Feinarbeiter) — charakteristische Verschiedenheiten oder Diskrepanzen zwischen dem subjektiven und dem objektiven Koordinatensystem, bzw. den Äquivalenten des ersteren und dem letzteren. Bei Benutzung beider Augen ist der Unterschied zumeist nur ein geringer; größer fällt er aus beim Sehen mit nur *einem* Auge, indem sich das SGV.

sozusagen nach dessen Seite hin verlagert. Das SGV. zeigt große Bestimmtheit und geringe Schwankungsbreite, jedoch gewisse zeitliche Variationen. Bei raschem Wechsel der Beobachtungsweise ist sogar ein „Springen" des ganzen Sehfeldes zu beobachten (unokular-binokulare Lokalisationsdifferenz nach Purkinje, Witasek, Hillebrand, vgl. Abb. 87). Auch die besonderen Abbildungsverhältnisse — wie Abblendung oder Verblendung, d. h. diffuse Mitbelichtung des anderen Auges — sind noch von Einfluß.

Von der *Einstellung der SKR.* (oder des Kopf-Fußwärts) wurde bereits oben (S. 139) bemerkt, daß dieselbe sich von der „Richtigkeit" relativ wenig entfernt, bei seitlicher Körperneigung allerdings im allgemeinen eine nachweisbare Überschätzung dieser Lageänderung erfolgt.

Bezüglich des *scheinbaren Gleichhoch* (SGH.) oder besser der Querhauptfläche besteht bei Mittelstellung des Kopfes und Fernsehen ein charakteristisches

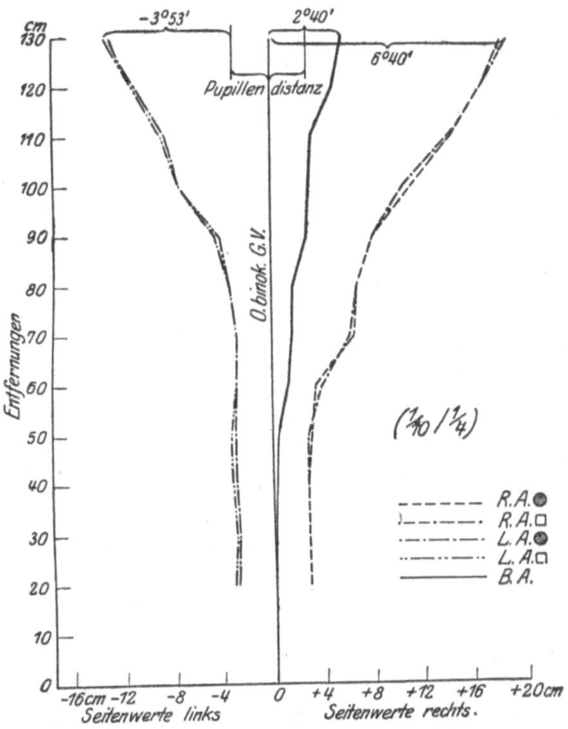

Abb. 87. Einstellung auf S. G. V. für einen normalen Binokularsehenden. 1. Bei unbehindertem Binokularsehen (B.A.), 2. bei Unokularsehen, und zwar bei Abblendung (●) des R.A. bzw. L.A. oder bei diffuser Mitbelichtung (□) des R.A. bzw. L.A. (nach M. H. Fischer).

Tieferliegen gegenüber dem objektiven Gleichhoch. Diese Senkung des subjektiven Horizonts beträgt etwa 1 bis 3°. Hingegen läßt Näherung des Blickes die Querhauptfläche ansteigen bis zum Erreichen, ja Überschreiten des objektiven Gleichhoch (vgl. Abb. 88). In gleicher Richtung wirkt Hebung bzw. Rückwärtsneigung des Kopfes oder Gehobenhalten der Augen.

Auf der Verknüpfung des SGH. mit einem gewissen Senkungsgrad beruht das scheinbare Ansteigen des Horizonts des Meeres oder einer gleichmäßigen Ebene, so daß dadurch eine subjektive *Schalenform der Erdoberfläche* resultiert. Derselben steht die *Erscheinungsform des Himmels als eines gedrückten Gewölbes* gegenüber (vgl. Abb. 89). Allerdings ist dessen Krümmungsgrad (auch die Krümmungsform) ein recht wechselnder, abhängig von der Bewölkung und Beleuchtung — des Nachts am stärksten, bei wolkenlosem Tageshimmel schwächer, bei grauem Wolkenhimmel am flachsten. Das Himmelsgewölbe scheint bei unbeschränkter Fernsicht bereits bei einem Elevationswinkel (α nach REIMANN) von 21,47 $\pm$ 0,08° (korrigiertes Mittel nach A. MÜLLER) die Hälfte des Bogenstückes zwischen Horizont und Zenith (bei mondlosem Nachthimmel 29,95°, bei Mondschein 26,55°, bei beschränkter Sicht 24,69°, bei Vollbedeckung 20,55°)

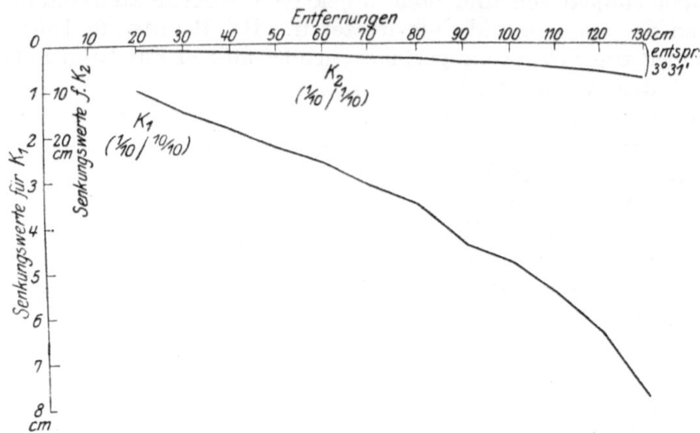

Abb. 88. Einstellung des SGH. für einen normalen Binokularsehenden. K_1 mit zehnfacher Vergrößerung der Ordinatenwerte (nach M. H. FISCHER).

zu erreichen: Scheinhöhe (subjektive Zenithhöhe) und Scheindurchmesser (subjektive Horizontweite) entsprechen etwa einem Verhältnis von 1:1,5 bis 6,7 (bei Sonnenaufgang 1:3 bis 4). Diese Charakteristik gestattet eine mathematische Erfassung der Referenzfläche des Himmels und der Gestirne (v. STERNECK, A. MÜLLER). Am Himmelsgewölbe werden sonach gleiche objektive Gesichtswinkel oder Bogenlängen in kleineren Höhen überschätzt, in größeren (etwa von 35° an) unterschätzt. Dementsprechend erscheint beispielsweise ein Flugzeug in Horizontnähe beträchtlich höher und näher (sogenannter Höhenfehler). Eine vollbefriedigende Erklärung der geschilderten Erscheinung fehlt noch. Der bezügliche Einfluß der Blickrichtung an sich — im Sinne von scheinbarer Verkleinerung bei Blickhebung

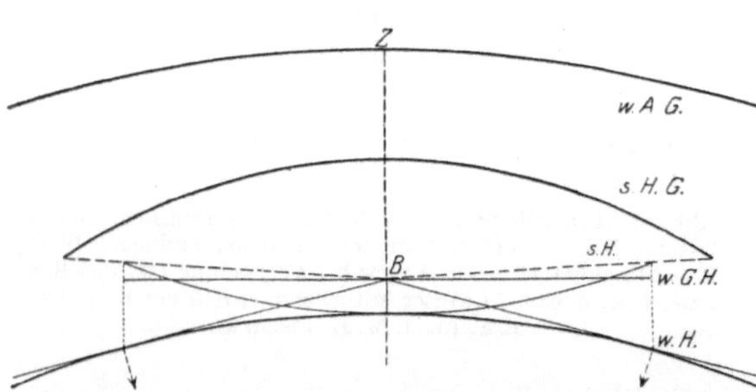

Abb. 89. Schema der *wirklichen* Krümmung (überstark) der Erde und der konzentrischen Atmosphärenschichten, und der *scheinbaren* Krümmung des Himmelsgewölbes und der Erde, speziell der Meeresfläche, für einen in B stehenden Beobachter.

gelegen — ist ein recht bescheidener. Am ehesten wäre ein Einfluß der „absoluten" Blickrichtung relativ zur Schwerkraftrichtung (nicht die Orientierung des Beobachters an sich!), also eine Beziehung von Schwerkraftsrichtung und subjektivem Maßstab zu vermuten.

Bei dieser Gelegenheit sei auch einer am Himmel zu beobachtenden Polarisationserscheinung, des HAIDINGERschen *Büschels* gedacht, das eine relativ dunkle, gelbe, etwa 50gradige Doppelgarbe oder Spindelfigur darstellt (mit 4 bis 5° Gesichtswinkel), von zwei hellen, im Kontrast bläulichen Hyperbelflächen flankiert. Die Achse der letzteren entspricht der Polarisationsebene. Die Erscheinung ist ein Produkt der Absorption des polarisierten Lichtanteiles in negativ doppelbrechenden, gelbpigmentierten Faserelementen (MÜLLERsche Stützfasern, HENLEsche Zapfenfasern), welche in der Netzhautgrube radiär angeordnet sind (vgl. Abb. 90). Dadurch ist ein fovealer Radiärnikol oder Netzhautanalysator gegeben, welcher den jeweiligen Polarisationscharakter des Himmelslichtes auch ohne künstliche Hilfsmittel zu ermitteln gestattet. Dementsprechend finden wir die Büschelgarbe im Ost-West-Meridian des Himmelsgewölbes vertikal, in der Nord-Süd-Linie horizontal gestellt — die Polarisationsebene hingegen ersterenfalls horizontal, anderenfalls vertikal orientiert (vgl.

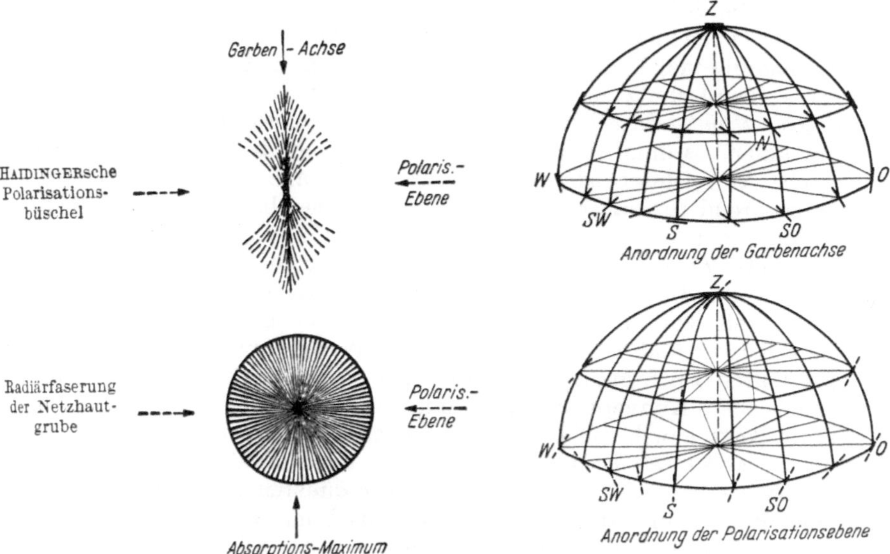

<table>
<tr><td>Abb. 90. Erklärung des HAIDINGERschen Polarisationsbüschels.</td><td>Abb. 91. Orientierung des HAIDINGERschen Polarisationsbüschels am Himmelsgewölbe (perspektivische Ansicht von Süden her).</td></tr>
</table>

Abb. 91). Dadurch ist unter günstigen Umständen bei aufrechter Haltung eine optische Bestimmung der Himmelsrichtungen, bzw. der zu durchlaufenden oder bereits durchlaufenen Sonnenbahn möglich, was nicht ohne Reiz und Bedeutung erscheint.

Ähnlich wie am Himmel wird das Licht, welches trübe Medien durchdringt, oder eine Reflexion, speziell auf Wasserflächen, erfährt, oder feine Gitterstrukturen sowie doppelbrechende Substanzen passiert, mehr oder weniger polarisiert.

Schon die lokale Doppelbrechung und Polarisation, die sich in der Erscheinung des HAIDINGERschen Büschels am Fixationspunkt äußert, läßt eine gleichmäßig von polarisiertem Licht erfüllte Fläche zunächst subjektiv ungleichmäßig, bei unstetem Blick geradezu flimmerig erscheinen. Bei Festhalten der Fixation verschwindet allerdings die Figur selbst bald, indem Lokaladaptation eintritt (vgl. S. 35). Zu dem unstetigen Eindruck, den wir beim Sehen in polarisiertem Licht erhalten, trägt aber auch noch die extrafoveale Fortsetzung der HAIDINGERschen Figur, die peripheren Polarisationsbüschel (BOEHM), bei. Diese hellen radiärstrahligen Sektoren von je 60° Divergenzwinkel und senkrechter Orientierung zur Polarisationsebene beschränken sich auf die *alle* Zellschichten aufweisende parazentrale Region der Netzhaut. Neben solchen örtlichen Folgen

und Anzeichen von Vorpolarisation am einfallenden Lichtstrom des Himmelslichtes kommt aber noch Polarisation im Auge selbst zustande, indem der Glas-
körper sich wie ein doppelbrechendes Gebilde von charakteristischer Orientierung
(große Achse der Indexellipse angenähert in die Richtung der Lidspalte fallend,
mit leichter Neigung nasalwärts) verhält. Man kann also von einem eigen-
polarisationsoptischen Fehler des Auges sprechen (BOEHM), neben welchem noch
die mannigfachen Reflexionen innerhalb des Auges sowie die komplexe Lichtzerstreuung in den inhomogenen, trüben Medien des bilderzeugenden Apparates
orientiert-polarisierend wirken und damit die Reizverteilung komplizieren.
Entsprechend diesen Ungleichmäßigkeiten könnte sich sehr wohl die Schwellenerregbarkeit und die Sehschärfe in polarisiertem Licht, auch bei Ausgleichen
der Leuchtdichte, verschieden vom Sehen in gewöhnlichem Licht verhalten.
Über die Verwendung von Polarisation zur stetigen Abstufung der Leuchtdichte
und damit zum Blendschutz zu handeln, ist hier nicht der Ort.

Die subjektive Frontalebene bzw. die Stirnhauptfläche ist nur im indirekten
Sehen und unokular bestimmbar. Es ergibt sich auch hier beim Fernsehen eine
charakteristische Abweichung oder Diskrepanz nach vorne von der objektiven
Frontalebene, während bei Näherung des Blickes das scheinbare Stirngleich deutlich nach hinten rückt.

Die egozentrische Tiefen- oder Abstandslokalisation, d. h. die subjektive Bewertung der absoluten Entfernung der gesehenen Objekte zeigt eine charakteristische Abhängigkeit von dem Grad der Naheeinstellung des stereoskopisch
sehenden Doppelauges, und zwar speziell vom Konvergenzgrad, welcher wieder
von der vorgestellten Entfernung beeinflußt wird. Von manchen Autoren wird
daraufhin eine eigene Konvergenzempfindung angenommen.

Das Gesagte zeigt gewiß hinlänglich, daß ebenso wie auf dem Gebiete der
relativen und der absoluten Lokalisation, so auch bezüglich der egozentrischen
unleugbare Diskrepanzen bestehen, also von einer direkten räumlichen Wahrnehmung keine Rede sein kann. Noch stärker als beim Normalen sind diese
Abweichungen aber bei Schielenden — besonders was das SGV. anbelangt.

Für die egozentrische Lokalisation bringt bereits das sogenannte Fühlbild die
Elemente bei: Geradevorne, Gleichhoch, Stirngleich, Kopf-Fußwärts. Dazu bedarf es nicht erst einer Intervention des Sehens und des Blickens — ähnlich wie
die Elemente unserer Vorstellung vom Außenraum: Vertikal, Horizontal und
Verhalten beider zur Körperrichtung auch *ohne* Labyrinth gegeben sind. Ebenso
wie die Eindrücke gewisser Haltungen oder Bewegungen unserer Glieder durch
Verknüpfung mit den genannten räumlichen Vorstellungselementen ausgezeichnet
sind, gilt Analoges von Eindrücken unseres optischen Apparates. Meines Erachtens
ist dabei weder an primäre Innervationsempfindungen, wie man sie früher an-
nahm, zu denken, noch an ein eigentliches Stellungsbewußtsein der Augen. Haben
wir doch weder von der Lage noch vom Spannungsgrad unserer Augenmuskeln,
auch nicht von der tatsächlichen Augenstellung an sich eine nur halbwegs sichere
Kenntnis. Aber auch die Annahme rein optischer Momente, etwa des Eindruckes
der Gesichtsfeldgrenzen, speziell des Nasenschattens, gibt keine ausreichende
Unterlage für die erstaunlich präzise egozentrische Lokalisation ab. Die beste
Begründung scheint mir in der *Theorie einer indirekt-sensorischen Funktion der
Augenmuskeln* gegeben zu sein (A. v. TSCHERMAK-SEYSENEGG). Nach dieser sei
zwar ein Ansprechen afferenter Nervenfasern auf aktive Dauerspannung der
Augenmuskeln, nicht aber auf passive Dehnung angenommen. Doch wird nicht
ein Spannungseindruck der einzelnen Muskeln oder die Augenstellung als solche
bewußt. Vielmehr ist mit einer gewissen komplizierten Kontraktionsverteilung
oder einem bestimmten Spannungsbild am okulomotorischen Apparat, also mit

einem Komplex afferenter Erregungen, die gewissermaßen präexistente einfache Empfindung Geradevorne oder Gleichhoch verknüpft. Nach dieser Auffassung werden nicht Augenstellungen oder Blickrichtungen empfunden, sondern die subjektiven Hauptebenen, das subjektive Koordinatensystem durch den gleichzeitigen Eindruck eines gebotenen Testobjekts festgelegt. Die egozentrische Lokalisation ist somit nicht myosensorisch geschaffen oder begründet, wird aber auf diesem Wege wesentlich mitbestimmt (vgl. S. 151, 170). Allerdings nimmt auf die Beziehung von myosensorischem Spannungsbild und egozentrischer Lokalisation eine Reihe verschiedener Momente Einfluß.

9. Lokalisation bei bewegtem Blick und optische Wahrnehmung von Bewegungen (Kineoskopie).

Bei willkürlichen oder wenigstens vom Willen zugelassenen Blickbewegungen bewahren unsere optischen Eindrücke im allgemeinen ihren scheinbaren Ort, obwohl sich dabei die Bilder auf der Netzhaut verschieben. Dieses Verhalten ist für unsere praktische Orientierung im Außenraum von größter Bedeutung, indem wir trotz Blickwanderung einen sehr angenähert konstanten Eindruck von der räumlichen Anordnung der ruhenden Außendinge erhalten. Umgekehrt liefern bewegte Objekte einen Bewegungseindruck, sobald die Ortsveränderung mit genügender Geschwindigkeit erfolgt — so daß wir geradezu den Außenraum und seine Veränderungen „wahrzunehmen" glauben. Die Stabilität der subjektiven Lokalisation bildet geradezu ein ergänzendes Gegenstück zu der weitgehenden, wenn auch keineswegs absoluten Konstanz der Eindrücke der Außendinge an Helligkeit und Farbe, wie sie durch die achromatische wie chromatische Adaptation erreicht wird (vgl. oben S. 32, 67).

Hingegen führt der Vorgang der Bildverschiebung auf der Netzhaut, wenn er künstlich durch passive Stellungsänderung des Auges oder durch Vorschieben eines Prismas oder Linsenrandes (Meniscus) zustande gebracht wird, zu einer Scheinbewegung. Bei genauer Selbstbeobachtung überzeugen wir uns überdies, daß auch die unbeabsichtigten Nebenkomponenten einer willkürlichen Blickbewegung — selbst die begleitende Rollung, welche bei rascher und ausgiebiger Blickführung längs eines nichtprimären Radianten eintritt — sich durch subjektive Bewegungseindrücke, speziell durch ein „Wippen" des verfolgten Konturs, verraten. Hingegen ist bei einer radiantentreuen Blickbewegung aus der Primärstellung heraus — trotz der dabei zwangsläufig erfolgenden kinematischen Neigung (vgl. unten S. 154) keine Scheinbewegung zu erwarten. Ja, man könnte daraufhin die Bedeutung der Listingschen Bewegungsweise (vgl. S. 157 ff.) geradezu in der Verwirklichung des Prinzips der vermiedenen Scheinbewegung erblicken. Doch erfolgen die Blickbewegungen wohl in der Regel nicht mit solcher Geschwindigkeit und in solchem Ausmaße, daß daraus der Primärstellung ein praktischer Vorzug von solcher Art erwüchse, auch wird derselbe wieder durch die Unstetigkeit der tatsächlichen Blickbahn vermindert. Doch führen die zeitweiligen gröberen Schwankungen, ebenso wie das wenigstens bei manchen Personen während des Fixierens fortbestehende Pendelzittern (nach Trendelenburg und Marx u. a., vgl. S. 169), selbst das pathologische Augenzittern (Nystagmus) — wenigstens innerhalb mäßiger Breite — im allgemeinen nicht zu Scheinbewegungen. Wohl aber kommt es zu solchen an kleinen isoliert gebotenen Objekten (in Form des sogenannten *Punkt-*, speziell *Sternschwankens* [A. v. Humboldt, Aubert] oder *Punktwanderns* [Charpentier, S. Exner]) bei den stärkeren Blickschwankungen, welche beim Sehen in tiefer Dämmerung mit Untererregbarkeit des Netzhautzentrums (vgl. oben S. 38) eintreten.

Andererseits aber wandert ein zuvor eingeprägtes Nachbild bei willkürlichen Blickbewegungen einfach mit, während die äußeren Eindrücke in Ruhe verharren. Allerdings erfährt während der Ausführung der gewöhnlichen Augenbewegungen, speziell beim Lesen, die Deutlichkeit der räumlichen Wahrnehmung selbst eine merkliche Verminderung (ERDMANN und DODGE, vgl. S. 123).

Es muß also der Einfluß der Verschiebung, welche die Netzhautbilder bei gewöhnlichen Blickbewegungen erfahren, durch Vorgänge besonderer Art recht angenähert kompensiert werden. Als ein solcher stabilisierender Faktor kommt zunächst der Umstand in Betracht, daß noch *vor* und dann *während* der Ausführung einer willkürlichen Blickbewegung die Aufmerksamkeit eine Wanderung ausführt (E. HERING). Sie verlagert sich nämlich von dem bisherigen Hauptgegenstand, auf welchen beide Blicklinien eingestellt sind, nach einem bisher indirekt gesehenen oder auch nur vorgestellten Punkt des Sehfeldes. Diese primäre Wanderung der Aufmerksamkeit erfolgt nach Höhe, Breite und Tiefe, und zwar unter Abschätzung des Abstandes der neuen Zielstelle vom bisherigen Fixationspunkt. Genau genommen gibt erst diese Zielsetzung den Anlaß zu der etwas nachhinkenden Augenbewegung und damit zur Bildverschiebung auf der Netzhaut, die an sich zu einer Scheinbewegung des neuen Zieles nach dem alten hin führen müßte (HILLEBRAND). Doch wirkt eben die gleichzeitig erfolgende Umwertung der egozentrischen Lokalisation dem entgegen, so daß eine Kompensation eintritt. Dieselbe ist eine vollkommene, d. h. die Außeneindrücke scheinen auch bei bewegtem Blick dann vollkommen zu ruhen, wenn die Wanderung der Aufmerksamkeit und die tatsächliche Verlegung des Blickpunktes nach Richtung, Ausmaß und Geschwindigkeit einander entsprechen, also Absicht und Erfolg übereinstimmen. Wenn hingegen Disharmonie zwischen beiden besteht, und die Blickbewegung mit einer gewissen höheren Geschwindigkeit geschieht, so kommt es zu einer Scheinbewegung des Zielpunktes mitsamt dem ganzen Sehfeld. Man kann also sagen, daß willkürliche Blickbewegungen, welche gemäß der Wanderungsweise der Aufmerksamkeit ausgeführt werden, für die Lokalisation bedeutungslos werden — hingegen unbeabsichtigte Komponenten derselben, ebenso unwillkürliche Augenbewegungen (vom geeigneten Ausmaß und Tempo) sich störend durch Scheinbewegung verraten. Augen- und Kopfbewegungen werden aber dann nicht mehr bei der Lokalisation verwertet, wenn sie zu rasch erfolgen (EBBECKE).

Scheinbewegung ist also die optisch-lokalisatorische Folge einer nicht durch Aufmerksamkeitswanderung kompensierten Augenbewegung oder Bewegungskomponente. Ein solcher Effekt von Disharmonie tritt besonders dann hervor, wenn die Blickbewegung infolge von Augenmuskellähmung unzulänglich ist oder fehlt. Ein Gegenstand, welcher in der Wirkungsrichtung des geschädigten Motors gelegen ist, und den der Beobachter mit dem Blick zu erfassen sucht, scheint nämlich immer wieder zu entfliehen, auch wenn es dabei zu keiner oder nur zu einer ganz unzulänglichen Augenbewegung kommt. Ein gleiches kann schon der Normale beobachten, wenn er künstlich — durch Andrücken von großen Klumpen von Glaserkitt — die Bewegung seiner Augen behindert.

Allerdings sei offen zugegeben, daß die Erklärung der zweifellos eintretenden Kompensation durch Aufmerksamkeitswanderung noch nicht als vollbefriedigend bezeichnet werden kann, zumal wenn man sie rein psychologisch faßt und förmlich auf den Menschen zuschneidet; muß doch für die räumliche Orientierung der Tiere ganz Analoges gelten!

Ideal ist natürlich die Unabhängigkeit der subjektiven Anordnung der Sehdinge von Ruhe und Bewegung nicht verwirklicht. So ergibt sich schon für das Sehen mit einem Auge eine gewisse „Stellungsparallaxe" als Folge der Lagedifferenz von Drehpunkt und Abbildungszentrum. Auch ist die Stabilität der egozentrischen Lokalisation keine vollkommene: So wird durch eine längerdauernde Seiten- oder Vertikalablenkung des Blickes das scheinbare Geradevorne oder Gleichhoch im indirekten Sehen einigermaßen „mitgenommen". Bei Benutzung beider Augen ist vor allem eine deutliche Verschiedenheit an Tiefenlokalisation zu bemerken, indem die Blickbewegungen nach der Tiefe die bereits bei Blickruhe bestehende Plastik erhöhen. Speziell läßt ein solches „Abtasten" unter Konvergenz- und Akkommodationswechsel die Eindrücke hintereinander gelegener Objekte viel deutlicher und stärker auseinanderrücken.

Auch wird bei wanderndem Blick geeigneten Objekten (wie Stäben oder Lotfäden) eine andere Einstellung erteilt, um in einer frontoparallelen Ebene zu erscheinen, als bei ruhendem Blick. Der sogenannte *Wanderhoropter* (eine allerdings grob praktische Bezeichnung!) erweist sich als bedeutend flacher als der sogenannte Planhoropter, bzw. der wahre oder Sehrichtungskonstanzhoropter (vgl. oben S. 104, 106 ff.). Bei Bestimmung des sogenannten Wanderhoropters wird nämlich nicht der geometrische Ort korrespondent abgebildeter Außenpunkte aufgesucht, sondern es werden Eindrücke von Stellenpaaren ständig wechselnder Exzentrizität miteinander verglichen, wobei hauptsächlich auf die Netzhautzentren geachtet und das indirekte Sehen mehr zur Kontrolle benutzt wird.

Kineoskopie. Von besonderer Bedeutung für die Nutzleistung unserer Augen ist es, daß dieselben uns neben relativ stabilen optischen Eindrücken, die nur gelegentlich einer gewissen Scheinbewegung unterliegen können, auch direkte Bewegungsempfindungen, sogenannte *Kineoskopie*, vermitteln. Die letztere unterscheidet sich wesentlich von einer bloßen Schlußfolgerung auf Erfolgtsein einer Lageänderung, wie wir eine solche aus dem Sukzessivvergleich zeitlich voneinander getrennter Eindrücke ziehen können. Damit ein Lagewechsel einen unmittelbaren Bewegungseindruck hervorbringt, muß er mit einer gewissen minimalen Winkelgeschwindigkeit erfolgen; unter geeigneten Bedingungen ergibt sich eine Übereinstimmung zwischen Bewegungsschwelle und eben noch merklichem Lageunterschied. Zur Gewinnung eines Bewegungseindruckes ist eine Minimalwinkelgeschwindigkeit von 1 oder 2 Bogenminuten pro Zeitsekunde sowie eine gewisse Mindestgröße in der ablaufenden Orts- oder Haltungsänderung erforderlich, ohne daß die Änderung streng kontinuierlich erfolgen müßte (AUBERT). Im indirekten Sehen zeigt der Bewegungseindruck zwar keine geringere, vielmehr sogar eine höhere Schwelle (15 bis 30''), ist aber von größerem Gewicht und von höherer scheinbarer Geschwindigkeit und Ausgiebigkeit, was leicht zur Zuwanderung der Aufmerksamkeit und damit zur Blickbewegung führt. Immerhin kommt der Peripherie des Gesichtsfeldes die Aufgabe zu, durch Erkennung von Bewegungen zu veranlassen, daß wir den bewegten Gegenstand nunmehr fixieren (S. EXNER). (Man vergleiche auch das oben S. 102, Anm. 1 zur Bestimmung des SRK-Horopters nach der Oszillationsmethode Bemerkte!)

Um den Eindruck einer stetigen Orts- oder Gestaltsveränderung zu erzeugen, genügt infolge der Trägheit unseres Sehorgans (vgl. oben S. 42 ff.) die Darbietung von 10 bis 20 (im Mittel 16) Einzelbildern in der Sekunde. Die erforderliche Mindestzahl ist, wie die Intermittenzzahl bei rhythmischer Reizung überhaupt (vgl. oben S. 44), vor allem abhängig von der Leuchtdichte und vom Zustand des Auges, aber auch von der Geschwindigkeit der photographisch registrierten Bewegung. Bei genügender Zahl von Aufnahmen, welche heute mittels „Zeitlupe" auf etwa 500, mittels Überzeitlupe auf 10000, ja durch die Hochfrequenz-Kinematographie bis auf 6,5 Millionen Bilder in der Sekunde gesteigert werden kann, läßt sich der Bewegungsvorgang künstlich verlangsamt reproduzieren (in sogenannter Zeitlupe auf etwa $^1/_{25}$). Umgekehrt können langsame Veränderungen, die wir im natürlichen Ablauf nicht mehr als Bewegungen empfinden — wie das Wachsen der Pflanzen, — durch rasche Aneinanderreihung von mäßig verschiedenen Einzelbildern beschleunigt und mit unmittelbarem Bewegungseindruck wiedergegeben werden (nach dem Prinzip des Zeitraffers). Der Augenblick des Bildwechsels wird durch zeitgerechte Abblendung bei den verschiedenen *Stroboskopen* unwirksam gemacht (Lebensrad nach PLATEAU und STAMPFER mit Längsschlitzen der den Bildstreifen fassenden Trommel; Phorolyt oder Kinesiskop nach PURKINJE mit Radiärschlitzscheibe und entsprechender Bildscheibe; Dädaleum nach HORNER durch ein System von Speichen; beim Kinematographen durch das sogenannte Malteserkreuz).

Flächenhafte Bewegungseindrücke, wie sie beispielsweise durch Betrachten der bekannten *Archimedischen Spirale* hervorgerufen werden, führen in der einen Drehrichtung — im Sinne von Aufwicklung — zum Eindruck von Schrumpfen, in der anderen von Schwellen des Sehfeldes. Sie vermögen auch eine gegensinnige Nebenwirkung in der Umgebung, sogenannten *simultanen Bewegungskontrast*, hervorzurufen, wofür das sogenannte Uferphänomen, d. h. das scheinbare Gegenströmen der Sandstreifen am Ufer eines Baches, ein Beispiel liefert. Schon dabei,

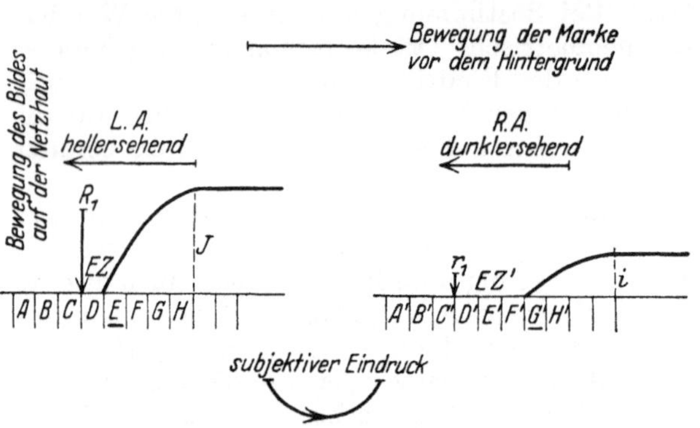

Abb. 92. Schema des PULFRICH-Effekts der kreisenden Marke.

besser aber beim Stehen auf einer Brücke und Fixieren des Geländerrandes bzw. der Strömung, überträgt sich der kontrastive Eindruck von Gegenbewegung leicht auf den Beobachter selbst, der demgemäß gegen den Strom zu fahren glaubt. In der Wahrnehmung von Ruhe und Bewegung besteht eben sichtliche Relativität.

Eine solche *heautokinetische Täuschung* kennt jeder vom vermeintlichen Selbstfahren her, wie es beim Ausblick aus dem Fenster des noch stehenden eigenen Zuges auf einen vorbeifahrenden anderen eintritt. Andererseits ist unter geeigneten Umständen auch ein *sukzessiver Bewegungskontrast*, einem negativen Nachbild vergleichbar, von charakteristischer Geschwindigkeit und Dauer zu beobachten.

Auch *plastische Bewegungseindrücke* sind erzielbar, wenn entweder beiden Augen gleichzeitig (mittels Rot-Grün-Bild und Grün-Rot-Brille nach ROLLMANN, DUCOS DUHAURON, DE ALMEIDA oder mittels einer Polarisationsvorrichtung) oder auch rasch hintereinander (mittels Intermittenzfusiometer) querverschiedene Bilder geboten werden. Von besonderer Art sind die plastischen Scheinbewegungen, welche unter besonderen Bedingungen durch eine Phasendifferenz der beidäugigen Eindrücke zustande kommen, die von einem in stirnparalleler Ebene bewegten Objekt ausgelöst werden. Dabei resultiert nämlich eine Beanspruchung ungleichartiger (d. h. querdisparater) Tasten in den beiden Augen — so der Tasten E und G' statt E' in Abb. 92 — und damit ein zwangsmäßiger Tiefeneffekt (vgl. S. 118, 123). Die Phasendifferenz und damit „die Erscheinung der nach der Tiefe kreisenden Kugel" kann durch ungleichzeitige Abblendung und Freigabe beider Augen (DVOŘAK-MACH) erreicht werden. Ebenso wirkt aber schon einseitiges Vorsetzen eines lichtschwächenden Rauchglases oder sonstigen Filters, also Verschiedenheit an Helligkeit und damit an Dauer des Anklingens (Latenzstadium oder sogenannte Empfindungszeit, in Abb. 92 EZ bei J kleiner als EZ' bei i — PULFRICH-*Stereoeffekt*, zuerst beobachtet von FERTSCH). Der Stereoeffekt ist also der Ausdruck des Bestehens einer EZ-Differenz. Auf dieses Verhalten läßt sich sogar ein photometrisches Verfahren zur Messung subjektiver Helligkeit gründen (PULFRICH), dessen Resultate jedoch stark vom Adaptationszustand abhängig sind (ENGELKING). Ja, der Stereoeffekt liefert geradezu eine Charakteristik für den Adaptationszustand (MONJÉ). Der Effekt ist eben vom Zustand, von dem Grade der einseitigen Abschwächung und von individuellen Faktoren abhängig.

Durch Vergrößerung der Feldleuchtddichte, bzw. durch Blendung wird der Stereoeffekt, d. h. die EZ-Differenz beider Augen verkleinert, nicht aber die Tiefen- wie die Plansehschärfe (vgl. S. 39 und S. 124) verschlechtert (SCHOBER und MONJÉ).

Endlich führt schon am Einzelauge die relative Lageänderung, welche die Eindrücke verschieden entfernter Objekte bei Kopf- oder Körperbewegung erfahren, zwangsmäßig zu einer „parallaktoskopischen" Tiefenlokalisation (vgl. S. 125 ff.).

Die subjektiven Bewegungseindrücke sind im wesentlichen nicht auf Augenbewegungen zurückzuführen, sondern haben zweifellos eine sensorische Wurzel. Auch erweisen sich die Bewegungsempfindungen und die motorischen Reaktionen des Auges nicht einfach als gekoppelt. Das gilt speziell auch von den durch Darbietung passend bewegter Objekte auslösbaren tonischen Reflexen, den sogenannten optokinetischen Lageänderungen der Augen (vgl. unten S. 177). Beobachtung eines hin- und herschwingenden oder zitternden Lichtpunktes kann hinwiederum zu ermüdender Blickunruhe, ja Nystagmus führen; diesem Übelstand vermag eine Fesselung des Blickes an die Stäbe eines vorgesetzten, etwas vom Hintergrund abstechenden Gitters entgegenzuwirken.

10. Allgemeine Lokalisationstheorien.

a) Fundamentalforderungen.

Ähnlich wie dies vor Behandlung der Theorien des Licht- und Farbensinnes geschah, seien zunächst kurz die grundsätzlichen Forderungen formuliert, denen eine befriedigende Theorie der optischen Lokalisation entsprechen muß. Als solche „Instanzen" seien bezeichnet:

1. Das Erscheinen der optischen Eindrücke außerhalb unseres Körpers im vorgestellten Außenraum sowie in bestimmter egozentrischer Anordnung zur medianen, horizontalen und frontalen Hauptebene des Körpers bzw. Kopfes.

2. Das Erscheinen der optischen Eindrücke in einer bestimmten relativen Anordnung, wobei der Größenwert mit dem jeweiligen subjektiven Maßstab des Sehfeldes wechselt.

3. Das Bestehen charakteristischer Abweichungen oder Diskrepanzen zwischen der objektiven Lage der äußeren Reizquellen und der retinalen Reizstellen einerseits, der scheinbaren Anordnung der subjektiven Eindrücke andererseits. Beim gewöhnlichen Sehen wird allerdings durch die beiläufig symmetrische Verteilung der (Breiten-) Diskrepanzen in beiden Augen und durch Wandern des Blickes eine Störung in der praktischen Orientierung vermieden und ein Verhalten erreicht, als ob die wirkliche Lage der Außendinge zueinander, zum Lot und zum Beobachter direkt „wahrgenommen" oder „erkannt" würde. Die Diskrepanzen sind wahrscheinlich nicht einfach durch Asymmetrien im bilderzeugenden Apparat vorgetäuscht, sondern im

wesentlichen durch Asymmetrien in der Verteilung der Lokalzeichen, also in den funktionellen Differenzierungen bedingt.

4. Die Tatsache, daß Motilität, Bilderzeugung und funktionelle Gliederung des Auges nicht um denselben Punkt zentriert sind, vielmehr das funktionelle Zentrum *vor* dem Perspektivitätszentrum, dieses *vor* dem Drehpunkt gelegen ist.

5. Die Tatsache, daß die Empfindung Oben-Unten von vornherein mit der unteren-oberen Netzhauthälfte, der Eindruck Links mit den rechten, der Eindruck Rechts mit den linken, also entsprechend der Bildumkehr verknüpft ist, ebenso die Empfindungen Vertikal und Horizontal primär bestimmten Netzhautschnitten, speziell dem Längsmittelschnitt und dem Quermittelschnitt, zugehören.

6. Die Tatsache, daß die Eindrücke beider Augen vereint in gemeinsamen Sehrichtungen lokalisiert erscheinen, und zwar entsprechend einer konstanten, elementaren Beziehung (Korrespondenz) und entsprechend einer charakteristischen Wechselwirkung beider Seiten (Antagonismus und Vikariieren).

7. Die Verknüpfung einer zwangsmäßigen relativen Ordnung der optischen Eindrücke nach der Tiefe mit der Querdisparation der Bilder, wobei zugleich Zusammenrücken und schließliche Verschmelzung der Eindrücke erfolgt (sensorische Fusion), ohne daß grundsätzlich erst Blickbewegungen zu diesem Erfolg erforderlich wären.

b) Übersicht der Lokalisationstheorien.

Für eine allgemeine Theorie des optischen Raumsinnes bestehen drei Möglichkeiten, nämlich eine *Projektionslehre*, eine Theorie sensorischer Lokalzeichen oder eine okulomotorische Lokalisationstheorie.

Die erstgenannte Vorstellung nimmt an, daß das Auge seine Eindrücke in den Raum hinausverlege, längs gewisser Konstruktionslinien im dioptrischen Apparat. Demgemäß sollen wir sozusagen nicht die Sonne am Himmel, sondern die Sonne an den Himmel sehen. Für das Einzelauge wird dabei entweder an die durch den mittleren Knotenpunkt laufenden Richtungslinien (VOLKMANN u. a.) oder an die durch das Zentrum der optischen Eintrittspupille gelegten Visierlinien (HELMHOLTZ) gedacht (vgl. S. 101). Für das Doppelauge erfolge eine „bizentrische" Projektion (nach V. KRIES) der beiderseitigen Eindrücke an die Schnittpunkte jener Linien (PANUM u. a.). Die Benutzung der genannten Konstruktionsbehelfe wird von den meisten Autoren als eine gewohnheitsmäßige bzw. gedächtnismäßige betrachtet. Dieser Anschauung zufolge bleibt jedoch jede Diskrepanz von Reizverteilung und Projektionsweise unverständlich, ebenso ein Wechsel im Divergenzgrad der Projektionslinien mit dem jeweils geltenden subjektiven Maßstab. Damit ist aber jede Projektionstheorie zum Scheitern verurteilt, zumal da die Voraussetzung einer analogen psychologischen Leistung für das Sehen der Tiere, gar der kurzlebigen, auf die größten Schwierigkeiten stößt. Nur dadurch, daß die Projektionstheorie infolge ihres engen Anschlusses an die Dioptrik zunächst ansprechend erscheinen mag, ist es zu verstehen, daß eine solche Lehre heute noch in so manchen Lehrbüchern, besonders aber in der Populärwissenschaft fortlebt.

Demgegenüber hat schon die *Theorie von der Selbstanschauung der Netzhaut* (JOH. MÜLLER) einen grundsätzlichen Fortschritt bedeutet, wenn auch für sie das Bestehen von Diskrepanzen förmlich eine Unmöglichkeit darstellt. Die Lösung dieses Widerspruches brachte erst die *Theorie der retinalen Lokalzeichen* (LOTZE, HERING, STUMPF u. a.) als funktioneller Qualitäten besonderer Art, wie sie im Einzelauge als Höhen- und Breitenwert, beim Zusammenwirken beider Augen auch noch als Tiefenwert hervortreten. Diese Funktionen sind im Prinzip unabhängig vom bloßen Ort der betreffenden Seheinheit in der Netzhautmosaik; geometrischer Lagewert und funktioneller Raumwert werden also grundsätzlich voneinander getrennt. Auch stellen die Lokalzeichen nach dieser Auffassung funktionelle Ordnungs- oder Reihungswerte, nicht konstante Größenwerte dar; sie erhalten erst sekundär durch den jeweils geltenden Maßstab einen Größencharakter. Zwischen beiden Augen schafft die feste, elementare Korrespondenzbeziehung, welche nicht glatter Identität entspricht, eine wahre Sehrichtungsgemeinschaft unter den an Höhen- und Breitenwert übereinstimmenden Stellenpaaren. Für diese Auffassung bedeuten die nachweisbaren Diskrepanzen auf dem Gebiete der relativen, der absoluten und der egozentrischen Lokalisation demnach keine Schwierigkeiten, sondern wertvolle Stützen. Dadurch erscheint eine vollbefriedigende physiologische Erklärung des zweiäugigen räumlichen Sehens begründet ohne Hilfsannahmen im Sinne eines komplizierten Zusammenwirkens der Augen und verschiedener cerebraler Fähigkeiten (so neuerdings DÉVÉ).

Endlich sei noch der Theorie einer *okulomotorischen Begründung der Lokalisation* gedacht (STEINBUCH, CORNELIUS, WUNDT u. a.). Für die Zurückführung der optischen Orientierung auf Blickbewegungen werden entweder sogenannte Innervationsempfindungen oder bewußte Muskelspannungsgefühle, Stellungsempfindungen, kurz ein fein abgestufter Muskelsinn angenommen. Jede einzelne Netzhautstelle stehe in Beziehung mit bestimmten Kontraktionsgraden der einzelnen Augenmuskeln — entsprechend der Richtung und Größe der Einstellbewegung der Fovea. Es erscheinen gewissermaßen jene Maßeindrücke, welche zunächst durch abwechselnde Einstellung der Netzhautgrube auf zwei Außenpunkte gewonnen werden, auf die entsprechende exzentrische Netzhautstelle übertragen und in Form eines Bewegungsgedächtnisses als eines „komplexen motorisch-sensorischen Lokalzeichens" festgehalten. Dabei fungiere der Drehpunkt als Träger der Hauptperspektive — im Gegensatz zur Tatsache der funktionellen Zentrierung der Netzhaut um die Mitte der optischen Eintrittspupille. Eine solche Annahme komplexer motorisch-sensorischer Leistungen, ja einer Art psychischer Synthese erscheint hochgradig auf den Menschen zugeschnitten und bleibt unanwendbar auf das Lokalisieren der Tiere, das aber doch wohl in ganz analoger Weise erfolgt. Unter diesen gibt es aber nicht wenige, bei denen Augenbewegungen so gut wie fehlen, ja anatomisch unmöglich sind (so speziell bei den Eulen — ähnlich aber auch bei den Hühnern, Tauben, Möwen, Fischen). Zudem ist die Existenz der angenommenen feinabgestuften Sinnesempfindungen der Augenmuskeln auch für den Menschen selbst nicht erwiesen, womit allerdings eine indirekt sensorische Bedeutung der Augenmuskeln für die egozentrische Lokalisation keineswegs ausgeschlossen sei (vgl. oben S. 145, 170).

Fragen wir uns schließlich nach der *Herkunft der Grundlagen der optischen Lokalisation*, so lassen sich sofort folgende Argumente für einen nativistischen oder besser bildungsgesetzlichen Charakter — im Gegensatz zu einer empiristischen Begründung — anführen. So sei zunächst daran erinnert, daß bereits der Blindgeborene den Effekt mechanischer Reizung an seinen Augen, das sogenannte Druckphosphen, gegensinnig lokalisiert (SCHLODTMANN); ein „Umkehren" des Netzhautbildes braucht also nicht erst gelernt zu werden! Auch bestehen die Strecken- und Richtungsdiskrepanzen zweifellos von vornherein, zumal da sie einen gewissen Widerspruch gegen Richtigkeit und Erfahrung darstellen. Entschieden spricht gegen jede empiristische Erklärung die Tatsache, daß sich viele Tiere, besonders Insekten und Vögel, unmittelbar nach dem Verlassen des Eies — auf sich allein gestellt — mit Hilfe ihres Gesichtssinnes im Raum orientieren, wobei sie übrigens auch bereits stereoskopische Leistungen aufbringen. Auch zeigt das Produkt anpassungsmäßigen Erwerbes oder Ersatzes, nämlich die anomale Sehrichtungsgemeinschaft bei Schielenden — besonders durch ihr Schwanken — einen wesentlich anderen Charakter als die fixe, elementare Korrespondenz der Netzhäute. Auch läßt die letztere ebenso eine anatomisch vorgebildete Unterlage erkennen, wie die motorische Verknüpfung beider Augen, was Tierversuche und klinische Befunde dartun. Ja, die Motilität wird erst sekundär am Einzelindividuum ausreguliert auf Grund der primär maßgebenden sensorischen Verbindung. Im gleichen nativistischen Sinne spricht auch die Möglichkeit, beim Menschen exzentrische Netzhautstellen, welche infolge der Abblendung durch die Nase nicht binokular beansprucht werden, künstlich durch Spiegelanbringung zu plastischem Einfachsehen zu bringen.

Bei aller Betonung angeborener, bildungsgesetzlicher Grundlagen sei jedoch keineswegs verkannt oder geleugnet, daß zahlreiche empirische Momente wie psychische Faktoren auf den jeweiligen Maßstab im Sehfeld, aber auch auf die absolute und egozentrische Lokalisation der optischen Eindrücke entscheidenden Einfluß nehmen. Das heißt aber nicht etwa, daß die optischen Raumempfindungen überhaupt erst aus einer komplizierten Synthese retinal-sensorischer, okulomotorischer und psychologischer Komponenten, speziell aus Gestaltauffassungen (Jaensch) hervorgehen. Eine solche Deutung muß ja unbedingt scheitern, wenn wir versuchen, sie auf die Tierwelt, vor allem auf die kurzlebige auszudehnen!

Offen sei zugegeben, daß all diese Ergebnisse, welche hier übrigens nur einführend behandelt werden konnten, bloß den ersten verheißungsvollen Teil, nicht schon den Abschluß einer vollbefriedigenden Lehre vom optischen Raumsinn darstellen. Zum weiteren Ausbau oder gar zur Vollendung wird es noch lange „des Schweißes der Edlen" bedürfen!

Sechstes Kapitel.

Einführung in die Physiologie der Augenbewegungen.

1. Allgemeine Vorbemerkungen.

Eine wesentliche Förderung erfährt unsere Orientierung im Raume durch die geordnete Beweglichkeit unserer Augen. Dieselbe schafft allerdings nicht erst die Raumempfindungen, wie dies früher von manchen vertreten wurde. Es entbehren doch — wie oben (S. 151) bemerkt — solche Tiere gewiß nicht räumlicher Eindrücke, welche — wie die Fische und viele Vögel — nur einen sehr beschränkten Gebrauch von Augenbewegungen machen· oder — wie die Eulen — schon aus anatomischen Gründen zu solchen überhaupt nicht befähigt sind. Speziell beim Menschen aber ermöglicht erst die Beweglichkeit der Augen die volle Auswertung der sensorischen Anlagen, besonders für das zweiäugige Sehen unter gewöhnlichen Bedingungen.

Der Apparat der äußeren Augenmuskeln dient einerseits dazu, durch Drehbewegungen des Bulbus in der Orbitalpfanne eine Verlagerung des Blickes zustande zu bringen, anderseits dazu, den Blick in geeigneten Lagen festzuhalten. Die Körper des Gelenkes befinden sich in ständiger flächenhafter Berührung, wobei die von der Tenonschen Kapsel ausgekleidete Pfanne auch bei Abweichen des Augapfels von der strengen Kugelform schmiegsam in der ganzen Fläche den Kontakt aufrechthält. Trotz einer geradezu idealen Flächen- und Volumkongruenz ergibt sich doch ein gewisses Schwanken des Drehpunktes im Augapfel, weniger in der Orbita. Dabei wird aber bei den in gewohnter Weise und im physiologischen Ausmaß ausgeführten Bewegungen der sogenannte interaxiale Raum von etwa 0,3 mm Durchmesser nicht überschritten.

Diese Abweichungen sind so gering, daß die Bewegungen des Bulbus in seiner
Gelenkspfanne kinematisch mit weitgehender Annäherung so behandelt werden
können, als ob beide Gelenkskörper kongruente sphärische Krümmung besäßen
(von 12,25 mm Radius) und einen fixen Drehpunkt (in 13,47 mm Abstand vom
Hornhautscheitel, 1,33 mm *hinter* dem Krümmungsmittelpunkt, 9,54 mm vor der
Netzhautgrube und einige Zehntelmillimeter nasal von der Blicklinie gelegen).
Eine optische Lokalisation während der Ausführung der Drehung kommt ja
praktisch nicht so sehr in Betracht (vgl. S. 123, 146); auch liegen die Blicklinien für
die Endlagen sehr angenähert homozentrisch. Praktisch wichtig ist es, daß die
Drehpunkte beider Augen[1] recht angenähert in der Verbindungslinie der beiden
äußeren Orbitalränder, die Knotenpunkte in jener der äußeren Lidwinkel gelegen sind (vgl. Abb. 66). Auch sei daran erinnert, daß die vom Fixierpunkt

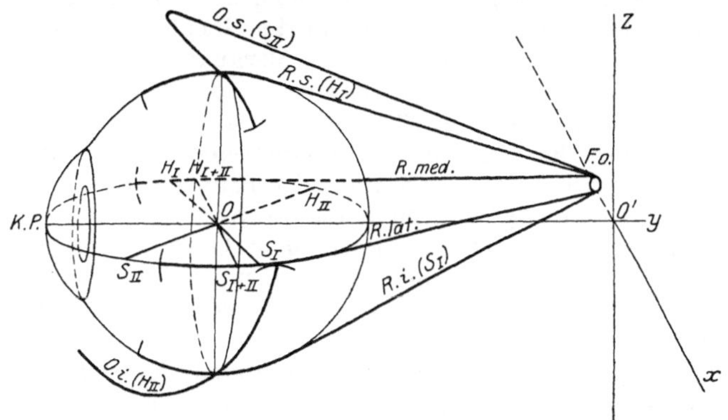

Abb. 93. Schema des linken Bulbus und der Augenmuskeln mit deren Drehungsachsen bei Ansicht von links her.

durch den Drehpunkt laufende Blicklinie von der durch den Knotenpunkt angesetzten Gesichtslinie und von der aus dem Netzhautzentrum durch den Mittelpunkt der optischen Eintrittspupille zielenden Hauptvisierlinie einigermaßen abweicht (vgl. oben S. 5, Anm. 1). Auch sind Drehpunkt und Zentrum der Visierlinien bzw. Pupillenmitte nicht identisch ($d = 6{,}07$ mm).

Bewegungsmechanisch ist das Bulbusgelenk durch hochgradige Deformierbar-
keit und Elastizität der Pfanne, sehr geringe intraartikulare Reibung und dauernde
Dämpfung der Exkursionen durch Bänder ausgezeichnet. Dabei erscheinen die
unverkennbar bestehenden ständigen Asymmetrien der Widerstände gegen Bewegung im allgemeinen ausgeglichen durch eine entsprechend asymmetrische
Verteilung des passiven Dehnungswiderstandes, möglicherweise auch des Muskeltonus (speziell der Senker und Auswärtsroller). Das ganze Gewicht des Augapfels (Bulbus allein 7,5 g, mit Muskeln, Sehnen, Bindegewebe und Sehnerv
13,2 g) wird durch den Gegendruck des Widerlagers getragen.

Die am Bulbus angreifenden Muskeln (vgl. Abb. 93) wirken dementsprechend
unter optimalen Bedingungen, indem ein nur sehr geringer Kraftaufwand erfordert wird und infolge der Aufwicklung der Endstrecke der Muskeln auf dem
Bulbus der Abstand der Zugrichtung vom Drehpunkt, der sogenannte Hebelarm
der Kraft, konstant bleibt. Die geringe Belastung verändert sich nicht; die
Kontraktion ist eine isotonische. Da hinwiederum jener Abstand selbst sehr gering
ist (rund 12,2 mm), wird schon bei sehr mäßiger Verkürzung eines Augenmuskels

---

[1] Der Abstand der beiden Drehpunkte ist 2 bis 3 mm größer anzusetzen als die
empirisch ermittelte Pupillardistanz (DUANE).

ein erheblicher Drehungswinkel durchmessen, also eine relativ große Winkelgeschwindigkeit erreicht. Die maximale Verkürzung macht nur etwa ein Viertel der Ruhelänge aus. Die Ursprungsstellen der Augenmuskeln am Foramen opticum und am Orbitalfortsatz des Oberkiefers stellen, praktisch genommen, Fixpunkte dar, an denen nur Spannung produziert wird. An Länge sind die vier geraden Augenmuskeln einander fast gleich (40 mm), während die beiden schiefen (mit 32,7 bis 34,5, Mittel 33,6 mm) zurückstehen; hingegen sind die Unterschiede an Querschnitt und dementsprechend an Kraft recht beträchtlich [R. med. (17,3) > ... > Obl. inf. (7,89 mm^2).]

Die Drehbewegungen des Augapfels sind nach allen Richtungen gleich gut möglich. Dem Effekt nach betreffen sie — zunächst am Einzelauge betrachtet — einerseits die Horizontale als Seiten- bzw. Einwärts- oder Auswärtsbewegung, die Vertikale als Vertikalbewegung bzw. Hebung oder Senkung. Es kann sich aber auch die Orientierung der Netzhaut um die Blicklinie selbst ändern — so durch eine wahre Rollung. Für das einachsige Meridiansystem mit der Blicklinie als Achse, das wir bei der älteren, sogenannten geographischen Einteilung der Netzhaut verwenden (vgl. oben S. 96), kommt es dabei zu einer charakteristischen Lageänderung der einzelnen Meridianebenen, speziell der Ebene des vertikalen und des horizontalen Ausgangs- oder Primärmeridians gegen eine in der Orbita, bzw. im Raume fest angenommene Bezugsebene oder Bezugsrichtung — speziell gegen die durch das Lot bezeichnete Gravitationsrichtung. Einer analogen Orientierungsänderung unterliegen aber auch die Meridianebenen, welche einem zweiachsigen System — speziell dem vertikal-horizontalen System, wie es oben (S. 96) definiert wurde — angehören. Unter diesen sind übrigens die Ebene des Vertikal- und des Horizontalmeridians identisch mit den bezüglichen Meridianebenen des einachsigen Systems. Nun kann aber dieselbe Endlage der Meridiane des zweiachsigen Systems, speziell dieselbe Lotabweichung des Vertikalmeridians, ebenso wie durch wahre Rollung auch erreicht werden durch eine Bewegung, welche um eine zur Blicklinie senkrechte Schrägachse erfolgt, bei der also keine Komponente in die Blicklinie selbst fällt, also keinerlei wahre Rollung eintritt. Solches gilt speziell bei Benutzung einer festen Achse, welche der zur primär gestellten Blicklinie senkrecht orientierten, im Bulbus wie in der Orbita festen sogenannten primären Achsenebene (vgl. Abb. 93) angehört. Dieser Vorgang, der zwangsläufig zu einer charakteristischen Abweichung des Vertikalmeridians vom Lot führt, sei als *„kinematische"* Neigung bezeichnet. Ihre Verfolgung wird uns ja gleich bei der Lehre von den Bewegungsgesetzen des Einzelauges näher beschäftigen. Hier sei nur nachdrücklich betont, daß wir aus der Gleichheit des Endeffekts an Lotabweichung oder Neigungsgrad nicht auf eine wesentliche Übereinstimmung der beiden dazu führenden Bewegungsvorgänge schließen dürfen. Wahre Rollung und kinematische Neigung können sehr wohl denselben Grad von Lotabweichung hervorbringen; doch wäre es meines Erachtens unzweckmäßig und irreführend, wollte man daraufhin die kinematische Neigung als scheinbare Rollung oder Raddrehung schlechthin bezeichnen (vgl. S. 163).

Was die Beteiligung der einzelnen Augenmuskeln an den grundsätzlich gekennzeichneten Bewegungsleistungen anbelangt, so lassen sich nur die waagrechten Drehungen — schematisch und bei Beschränkung auf eine bestimmte Höhenstellung — als Leistungen eines einzelnen Muskels bzw. Muskelpaares betrachten, nicht aber gilt solches von den Vertikalbewegungen, welche schon ein Zusammenwirken einer Mehrzahl (mindestens Zweizahl) von Muskeln erfordern.

Angesichts der beträchtlichen Ausdehnung der Ursprungsflächen und der Ringsektorenform der Insertion der einzelnen Augenmuskeln ist die Aufstellung einer resultierenden Zugrichtung oder Wirkungsebene (bestimmt durch Zugrichtung und Blicklinie) und damit einer einheitlichen Drehungsachse nur schematisch möglich. Der Festsetzung eines räumlichen Koordinatensystems der Ursprungs- und Ansatzpunkte sowie der Achsenlage haftet daher stets eine gewisse Willkür an, zumal dabei allen einzelnen Fasergruppen oder Fasern jedes Augenmuskels die gleiche Verkürzungsgröße oder Kraft zugeschrieben werden muß. Immerhin hat mühevolle Messung und Rechnung zu einem feinsinnigen Ansatz eines Raumkoordinatensystems für Ursprungs- und Ansatzpunkte der Augenmuskeln geführt (VOLKMANN, A. FICK, RUETE, ZOTH), ebenso zu einer schematischen Ableitung der Lage der Drehungsachsen in der Orbita und der axialen Winkelteilung im Auge (besonders RUETE), die sehr befriedigend genannt werden darf. Weniger gilt dies von den bisherigen Bestimmungen der Kraft und der Drehmomente der einzelnen Augenmuskeln.

Als Halbachse der Drehung wird (so in Abb. 93) jene bezeichnet, um welche — beim Visieren vom Drehpunkt aus — die Bewegung im Sinne des Uhrzeigers erfolgt. Positiv wird eine wahre Rollung genannt, wenn sie, vom Retinalpol aus gesehen, im Sinne des Uhrzeigers erfolgt. Streng genommen besitzt, wie schon angedeutet — selbst bei sogenannter Primärstellung des Auges (vgl. S. 131) — kein einzelner Muskel eine genau lotrechte, geschweige denn waagrechte Drehungsachse. Es ist also keiner als völlig reiner Seitenwender oder gar als völlig reiner Vertikalmotor bzw. Roller zu bezeichnen, indem Nebenkomponenten im Sinne von Vertikalbewegung oder Seitenwendung und in beiden Fällen von Rollung bestehen.

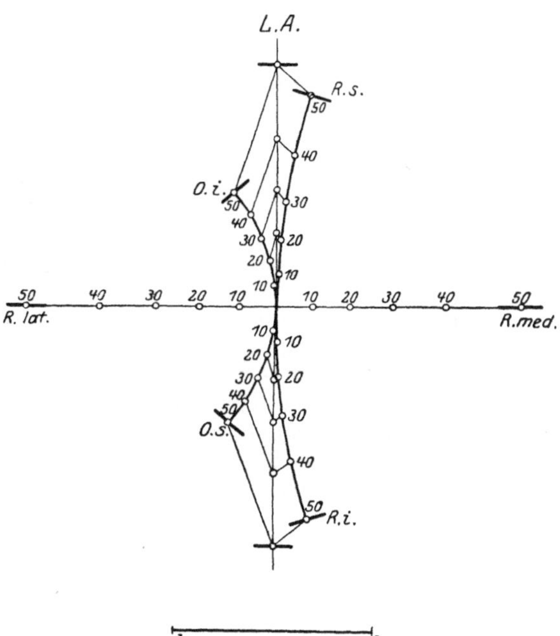

Abb. 94. Schema der Spurlinien der Blicklinie des L.A. unter Wirkung der einzelnen Augenmuskeln bei Abstand *dd* (nach E. HERING, modifiziert von A. v. TSCHERMAK-SEYSENEGG).

Ebenso liegen für kein Muskelpaar die beiden einzelnen Halbachsen in genau derselben Richtung; es gibt demnach unter den Augenmuskeln keine völlig reinen Antagonisten. Will man die Drehkomponenten eines Muskels aus dem Verhalten des Auges bei Lähmung erschließen, so muß mit der Möglichkeit gerechnet werden, daß dabei — als Folge der gleichzeitigen Beeinträchtigung der Fusionsleistung — ein präexistentes Ungleichgewicht (sogenannte Heterophorie) hervortritt und die Ausfallserscheinungen kompliziert (vgl. S. 175). Das oben geschilderte Verhalten ist (von der sehr geringen Differenz der Seitenwender abgesehen) recht gut aus dem HERINGschen Schema (Abb. 94) abzulesen, das die Spurlinien darstellt, welche die Blicklinie in Gradexkursion, bei alleiniger Wirkung je eines Augenmuskels auf einer stirnparallelen Ebene von bestimmtem Abstand (*dd*) verzeichnen würde. Der Rect. sup. ist demzufolge nicht bloß Heber, sondern auch zugleich Einwärtswender und Einwärtsroller, der Obl. sup. sein Gegenstück zwar als Senker und Auswärtswender, nicht aber als gleichfalls einwärtsrollender Muskel. Ebenso sind Rect. inf. als Senker und

Einwärtswender und Obl. inf. als Heber und Auswärtswender — abgesehen von gemeinsamer Auswärtsrollung — zwar dem Sinne nach, nicht aber der Wirkungsgröße nach Antagonisten. Reine Hebung kann demnach nur erreicht werden durch ein charakteristisches Zusammenwirken von Rect. sup. und Obl. inf., reine Senkung durch ein solches von Rect. inf. und Obl. sup., wie dies in dem obigen Schema (modifiziert von A. v. Tschermak-Seysenegg) durch Hinzufügung einer Hebungs- und einer Senkungsresultante angedeutet ist. Demgemäß wirken die beiden Heber (wie Senker) gleichsinnig, wenn auch nicht gleichmäßig mit einer in die waagrechte Achse fallenden Komponente, gegensinnig mit einer lotrechten Komponente, gegensinnig mit einer in die Blicklinie fallenden Rollungskomponente zusammen. Dem Rect. sup. und Obl.

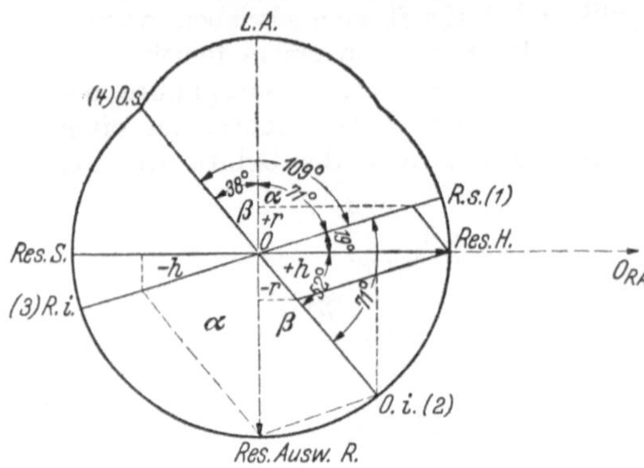

Abb. 95. Halbachsen (in die Horizontale verlegt) und Kooperationsweisen der Muskeln am L. A.

sup. kommt je eine einwärtsrollende, dem Rect. inf. und Obl. inf. eine auswärtsrollende Teilwirkung zu.

Auch die gewiß recht praktische Verlegung der Drehungshalbachsen der Vertikalmotoren in die Horizontalebene (zuerst vorgenommen von Ruete, vgl. Abb. 95) ist nur möglich unter der Voraussetzung, daß die Teilwirkungen an Seitenwendung, also die in die Vertikalachse selbst fallenden Komponenten einander ständig genau kompensieren. Auch bedarf es der Voraussetzung, daß

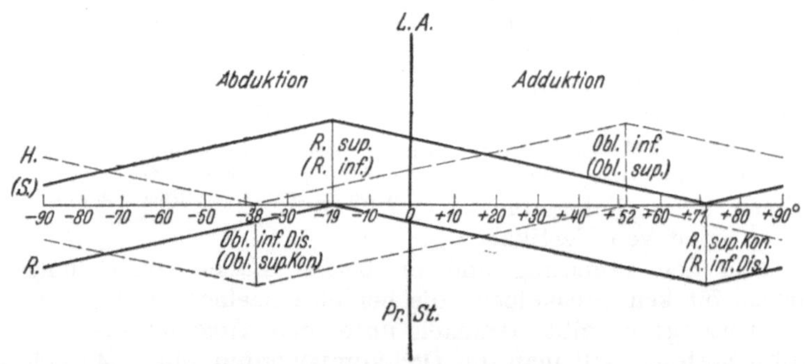

Abb. 96. Aufteilung der Vertikal- und der Rollungskomponenten der Vertikalmuskeln entsprechend der Laterallage der Blicklinie des L. A.

die Drehungshalbachse von Rect. sup. und Rect. inf., ebenso jene der beiden Obliqui in derselben Richtung liegen und beide Gesamtachsen einander unter einem Winkel von 109° schneiden. Vorausgreifend sei gleich bemerkt, daß die primärgestellte Blicklinie diesen Winkel in die Teilwinkel $\beta = 38°$ (lateral) und $\alpha = 71°$ (medial) zerlegt, ebenso wie die Hebungs- und Senkungsresultante den Supplementärwinkel von 71° in die Teilwinkel 19° (vorne) und 52° (hinten) scheidet.

Allerdings ist noch zu berücksichtigen, daß die Wirkungskomponenten der einzelnen Augenmuskeln abhängig sind von der jeweiligen Augenstellung. So ist nach dem obigen Schema (vgl. Abb. 96) der Rect. sup. ein reiner Heber bei mäßiger Abduktion (—19°), hingegen ein reiner Einwärtsroller bei sehr starker Adduktion (+71°); der Obl. inf. ein reiner Heber bei starker Adduktion (+52°), hingegen ein reiner Auswärtsroller bei mittlerer Abduktion (—38°). Anderseits bewirkt der Rect. inf. reine Senkung bei mäßiger Abduktion (—19°), reine Auswärtsrollung bei sehr starker Adduktion (+71°), der Obl. sup. endlich reine Senkung bei starker Adduktion (+52°), reine Einwärtsrollung bei mittlerer Abduktion (—38°). Ebenso begünstigt Abduktion die Hebewirkung des Rect. sup. und die Auswärtsrollung durch den Obl. inf., die Senkungswirkung des Rect. inf. und die Einwärtsrollung durch den Obl. sup. Allerdings bleibt die Zugwirkung des einzelnen Seitenwenders wie des Heber- oder Senkerpaares trotz Änderung der Augenstellung dann in der Orbita und im Auge konstant, wenn die Ebene der Blickbahn die Zugrichtung gerade einschließt: die beiden durch Wirkungsrichtung und Drehpunkt gelegten Ebenen schneiden einander in einer Geraden, welche die sogenannte Primärstellung der Blicklinie bezeichnet. Von dieser Stellung aus wird dementsprechend die Blicklinie längs einer ebenen Fläche oder der Blickpunkt längs eines geradlinigen Radianten bewegt, indem eine im Auge wie in der Orbita feste, zur Blicklinie senkrechte Schrägachse benutzt wird. (Selbst bei erheblicher Drehung des Bulbus aus der Primärstellung heraus verändern die Drehungsachsen der einzelnen Muskeln ihre Lage im Raum nicht nennenswert!) Es erfolgt dabei eben keine Rollung. Wohl aber gewinnen bei gehobener oder gesenkter Blicklage die seitlichen Augenmuskeln neben der Wendungskomponente noch eine in die Blicklinie selbst fallende Rollungskomponente; diese wird dementsprechend bei geradliniger Seitenwendung aus einer Vertikal-Sekundärlage manifest. Ebenso fügt sich bei Laterallage zur Vertikalwirkung des doppelten Hebers oder Senkers noch ein Rollungseffekt.

Ganz allgemein ergibt sich die bedeutsame Schlußfolgerung, daß schon zur tatsächlichen Ausführung einer reinen Seitenwendung, weit mehr aber zur Ausführung einer reinen Vertikalbewegung oder reinen Rollung ein einzelner Augenmuskel nicht zureicht, vielmehr ein geordnetes, in bestimmten Verhältnissen erfolgendes Zusammenwirken mehrerer Muskeln erforderlich ist.

Die Blickbewegungen setzen sich auf ein variables Ausmaß von Dauerspannung oder Tonus der Augenmuskeln drauf. Der Dauerbestand eines solchen bewirkt zweifellos eine Verkürzung des Zeitverlustes durch Anspannungszeit, die allerdings an dem widerstandsarmen okulomotorischen Apparat an sich schon gering ist. Auch für die Abbremsung und Beendigung der Blickbewegung ist der Tonus von Bedeutung. Seine wichtigste Aufgabe aber ist in der Präzisionsregulierung der Augenstellung gelegen (vgl. S. 170). Hier mag die Frage offen gelassen werden, ob dem Tonus eine wahre variable Gleichgewichtslage mit einem bestimmten Verkürzungs- oder Spannungsbetrag zugrunde liegt oder ob eine schwache tetanische Daueraktion mit 100 bis 150 Einzelerregungen in der Sekunde besteht, die sich allerdings auch auf eine verschiedene Niveaulage draufsetzen könnten. Auch an die Frage der Zusammensetzung des jeweiligen Tonusbetrages aus einem rein myogenen Grundbetrag und einer hinzutretenden rein efferent-neurogenen (zentralen) und einer reflektorisch-neurogenen Komponente, wie sie durch Belichtung und Abbildung ausgelöst wird, sei hier nur erinnert.

2. Bewegungsgesetze des Einzelauges.

a) Das DONDERSsche und das LISTINGsche Gesetz.

Bezüglich der Bewegung des Einzelauges, d. h. der am Einzelauge zu beobachtenden Bewegung, hat sich zunächst für jedwede Art von Blickbewegung eine Gesetzmäßigkeit der Endlagen ergeben. Es erreichen nämlich die Netzhautschnitte bei jeder einzelnen Blicklage eine ganz charakteristische, konstante Lage im Raum: es gilt das *Gesetz von der Konstanz der Orientierung nach der Blicklage* (DONDERS). Hiervon überzeugen wir uns am besten durch Einprägen des (negativen) Nachbildes eines rechtwinkeligen Kreuzes und durch Aufsuchen des hierdurch bezeichneten (primären) lotrechten und waagrechten Meridians. Dabei ist es gleichgültig, ob uns die Kreuzfigur rechtwinkelig auf einer homozentrischen Hohlkugelfläche — wie etwa dem Himmelsgewölbe — oder perspektivisch verzerrt auf einem stirnparallelen Hintergrund erscheint.

Was immer für eine Bahn der Blick zwischendurch beschrieben haben mag, als Endlage am Zielpunkt ergibt sich immer wieder die gleiche Raumlage der imprägnierten Netzhautschnitte. Nach Hebung oder Senkung, ebenso nach Seitenwendung aus der geeigneten Ausgangsstellung, nämlich aus der Primärstellung — wie wir sie recht angenähert bei aufrechter Kopfhaltung, Geradeaussehen und Waagrechthalten der Blicklinie (kontrolliert durch Nadelprobe) erreichen —, finden wir in sogenannter Sekundärstellung keine Neigung der Nachbildschenkel. Wohl aber ergibt sich eine solche von ganz charakteristischem Sinn und Grad bei kombinierter Lateral- und Vertikalabweichung, also in einer bestimmten Tertiärlage des Blickes. Streng genommen gilt dieses Gesetz allerdings nicht einfach für die absolute Blicklage an sich, sondern betrifft nur das *relative* Ausmaß der Lageänderung, welche von dem jeweilig in der Primärlage gegebenen Wert an Orientierung gerechnet eintritt. Dieser variiert nämlich sowohl zeitlich als auch beim Nahesehen oder bei seitlicher Neigung des Kopfes, indem dabei eine Rollung von bestimmtem nachdauerndem Betrag eintritt. Die relative

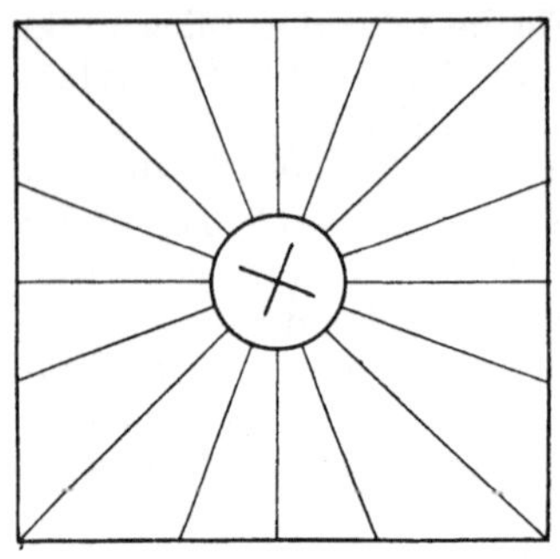

Abb. 97. Radiantenrahmen zur Prüfung des LISTINGschen Gesetzes.

Orientierung oder Neigung der Hauptmeridiane erweist sich somit als innerhalb des Blickraumes rationiert, d. h. als aufgeteilt an die einzelnen möglichen Blicklagen. Die Konstanz der Orientierung der Netzhaut nach der Blicklage erleichtert zweifellos unsere Orientierung im Raume ganz wesentlich.

Die Gruppierung der Blicklagen und die Verteilung der Neigungsgrade erscheint als bezogen auf einen charakteristischen Nullpunkt, d. h. auf eine ganz bestimmte Ausgangsstellung der Blicklinie in der Orbita, welche bereits vorausgreifend (S. 93, 145, 146, 155, 156) als Primärstellung bezeichnet wurde. Die kinematische Bedeutung derselben erhellt aber erst daraus, daß nachweisbar der Blick aus dieser Position heraus längs einer beliebigen Geraden, eines sogenannten Radianten geführt werden kann, ohne daß der nach dieser Richtung weisende Netzhautschnitt die Bahnebene verläßt. Dieses als LISTINGsches Gesetz bezeichnete Verhalten läßt sich daher kurz als das Gesetz der für jede Radiärbewegung zwangsläufig rationierten Neigung aller außerhalb der Bahnebene gelegenen Meridiane bezeichnen. Ebenso können wir es nennen das Gesetz der rationierten Änderung der räumlichen Orientierung des Auges ohne Rollung. Der zuvor behandelte DONDERSsche Satz der charakteristischen (relativen) Orientierung des Auges in jeder Blicklage erscheint demnach als eine bloße Folge der LISTINGschen Bewegungsweise.

Die Primärlage erweist sich als dadurch ausgezeichnet, daß von ihr aus alle Radiärbewegungen radiantentreu, also um je eine feste Achse, ohne Rollung um die Blicklinie erfolgen. Davon, daß der einzelne Meridian vom Anfang bis zum Ende einer Radiärbewegung in der Bahnebene verharrt, überzeugen wir uns am einfachsten in folgender Weise (vgl. Abb. 97).

Wir stellen — an einem Rahmen[1] mit drehbarer Zentralscheibe und einem umgebenden Papierbogen mit vorgezeichneten, vom Zentrum auslaufenden Strahlen — den Streifen oder das Kreuz in der Mitte zunächst in den zu verfolgenden Radianten ein. Dann erzeugen wir uns durch stramme Fixation ein negatives Nachbild und lassen nun den Blick entsprechend wandern und prüfen das Nachbild auf ständiges genaues Zusammenfallen mit der vorgezeichneten Linie. Dieser Erfolg wird aber nur bei einer ganz bestimmten Höhen- und Breitenlage der Blicklinie in der Augenhöhle erreicht: darüber, darunter wie daneben verliert der Nachbildstreifen unter Drehung die verlangte Deckung, was nur durch Eintreten von Rollung um die Blicklinie geschehen sein kann. Daß daher eine genaue Feststellung des Kopfes während der ganzen Beobachtung unerläßlich ist, bedarf kaum näherer Ausführung. Nach obigem Ergebnis besteht eben eine, aber auch nur *eine* Blicklage in der Augenhöhle, von welcher aus der Blick geradlinig wandern kann, ohne daß dabei das Auge eine Rollung erführe. Auf Grund des Kriteriums der Radiantentreue oder Rollungsfreiheit läßt sich die Primärstellung mit hoher Genauigkeit bestimmen, durch ein geeignetes Fixationszeichen festhalten, übertragen und immer wiederfinden. Der Tatbestand der Rollungsfreiheit einerseits und des rationierten Neigungsgrades andererseits wird verständlich, wenn wir uns an die früheren Ausführungen (S. 154) erinnern, daß nämlich das zweiachsige Einteilungssystem unserer Netzhaut bei Bewegung um eine feste Schrägachse, welche der primären Achsenebene angehört und zur Bahnebene senkrecht

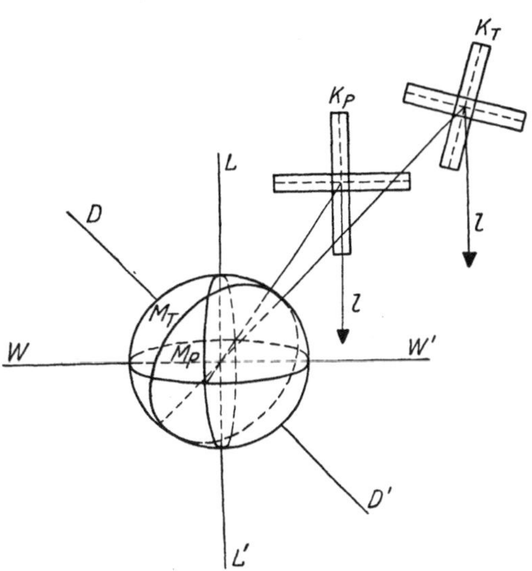

Abb. 98. Einfaches Modell zur Demonstration des LISTINGschen Gesetzes (nach A. v. TSCHERMAK-SEYSENEGG).

steht, zwangsläufig eine charakteristische, als kinematisch bezeichnete Neigung zum Lot erfährt. Dieselbe erfolgt bei Blickführung in den ersten oder dritten Quadranten des Gesichtsraumes im Sinne des Uhrzeigers (vom Drehpunkt aus betrachtet), also in „positiver" Richtung — bei Blickführung in den zweiten und vierten Quadranten in negativer Richtung.

Dieses Verhalten läßt sich recht gut an einem ganz einfachen Modell (nach A. v. TSCHERMAK-SEYSENEGG, Abbildung 98) demonstrieren, in welchem die Blicklinie aus der Primärlage (K_P) um die 45°-Achse DD' in die Tertiärlage (K_T) überführt wird. Dabei gelangt die Ebene des primären Vertikalmeridians M_P in die Position M_T und das Indexkreuz der Blicklinie gewinnt eine charakteristische Tertiärabweichung K_T vom Lot 1. Einer geometrischen Darstellung legen wir am besten die Vorstellung zugrunde, daß die Ebene des primären Lotmeridians, bzw. des davon wenig abweichenden Längsmittelschnittes

---

[1] Die Verwendung einer solchen frontoparallelen Radiantentafel ist einfacher und eindringlicher als die übliche Benutzung einer Tafel mit vertikal-horizontaler Quadratteilung und einem dauernd aufrechten Nachbildkreuz. Auch hat gerade die letztere Anordnung zu manchen Fehlschlüssen — speziell in der Erklärung der Tertiärverzerrung des Nachbildkreuzes — verleitet (vgl. S. 163).

sich bei der Drehung um eine feste Schrägachse abwickelt an der Mantelfläche eines sogenannten Führungskegels (A. v. Tschermak-Seysenegg), dessen Öffnungshalbwinkel ($\sphericalangle BOA = \omega$) dem Richtungsunterschied von Lotmeridian und Schrägachse entspricht und daher als Achsenlagewinkel bezeichnet sei (vgl. Abb. 99). So gelangt die Vertikalmeridianebene LL' bei ebenflächiger Bewegung der Blicklinie von P nach T, also bei Drehung (um den Drehwinkel β — gemessen in der Ebene $B'O'BC$) um die Schrägachse AA' mit dem Achsenlage winkel ω aus der ursprünglichen Lage BO nach der Lage CO. Dabei ergibt sich zwangsläufig der *Tertiärneigungswinkel* α gegenüber dem Lot, welcher

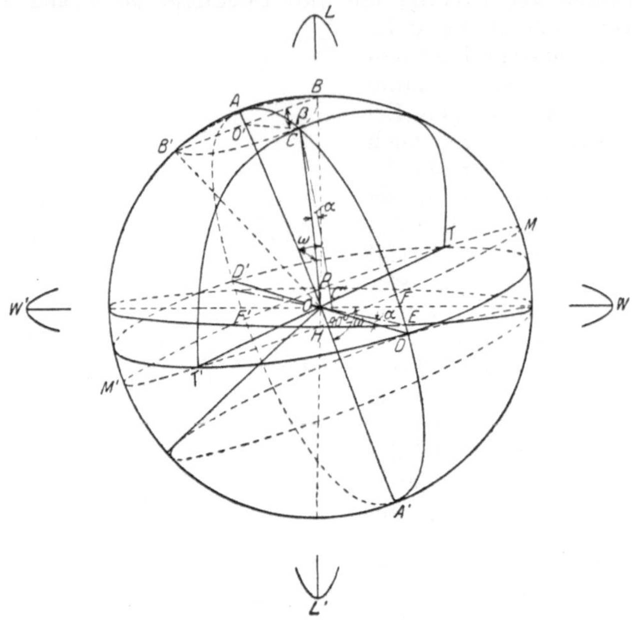

Abb. 99. Erklärung des Listingschen Gesetzes durch Kegelabwicklung.

zweckmäßig in der durch den Lageindexpunkt C und die Schrägachse AA' gelegten Ebene ACA' gemessen wird. Nur nebenbei sei bemerkt, daß das Prinzip der Führungskegel für die geometrische Analyse von Gelenksbewegungen überhaupt in hohem Maße verwendbar ist.

Endlich aber sei das so interessante Listingsche Gesetz noch durch zwei Bilder eines komplizierteren Modells (nach A. v. Tschermak-Seysenegg, der auch ein noch feineres allgemeines Modell angegeben hat) illustriert, das den Führungskegel für den Spezialfall von „Achsenlagewinkel" $\omega = 45°$ und die direkte Messung des „Tertiärneigungswinkels" $\alpha = 15°$ bei „Blickliniendrehwinkel" $\beta = 45°$ betrifft. Der Vergleich der Vorderansicht bei Ausgangsstellung (vgl. Abb. 100) und der Ableseansicht nach durchgeführter Drehung (vgl. Abb. 101) sagt alles Nähere.

Der Tertiärneigungswinkel ist durch die beiden anderen Winkel, den Achsenlagewinkel und den „Blickliniendrehwinkel" (oder Achsendrehwinkel), als goniometrische Funktion eindeutig bestimmt. Sein an einem der Modelle abgelesener oder nach einer geeigneten Methode am Menschen ermittelter Wert läßt sich dementsprechend mit der Zahl vergleichen, die für gegebene Werte von ω zu β zu errechnen ist nach einer bestimmten Formel (Schubert, vgl. auch die Berechnung des sogenannten Raddrehungswinkels nach HELMHOLTZ, S. 136). Dadurch wird eine bequeme Kontrolle und eine Angabe der Genauigkeit möglich, mit welcher das LISTINGsche Bewegungsgesetz an den Modellen wie am menschlichen Auge zutrifft.

Der kinematische Neigungseffekt verrät sich am Schiefstand des negativen Nachbildes, welches wir bei Primärstellung von einem aufrechten rechtwinkeligen Kreuz gewonnen haben (vgl. Abb. 97). Reinlich und zu direkter Messung des Tertiärneigungswinkels verwendbar ist aber dieser Eindruck nur dann, wenn

das Nachbild in eine zur Blicklinie senkrechte Fläche, sei es eine Ebene oder eine homozentrische Kugelschale — etwa des Himmelgewölbes (SCHOEN), verlegt wird (WUNDT, LE CONTE). Während bei reiner Hebung oder Seitenwendung, also in jedweder vertikalen oder horizontalen Sekundärlage, das Nachbildkreuz aufrecht bleibt, ergibt sich diesfalls in Tertiärlagen eine mit der Seiten- und Höhenabweichung zunehmende Neigung des rechtwinkelig bleibenden Kreuzes, welche bei Hebung von der primären Vertikalen mit dem oberen Ende symmetrisch weggerichtet, bei Senkung symmetrisch ihr zugewendet ist.

Wird hingegen das Nachbild in eine zur Blicklinie geneigte Fläche lokalisiert, speziell auf einem merklich stirnparallelen Schirm aufgefangen

Abb. 100. Kegelmodell nach A. v. TSCHERMAK-SEYSENEGG in Grundstellung.

(RUETE, DONDERS, HELMHOLTZ, HERING, TSCHERNING), so zeigt es eine perspektivische Verzerrung gemäß den Gesetzen der projektiven Geometrie (vgl. S. 163). Dabei ergibt sich ein verschiedener Effekt für den vertikalen und für den horizontalen Schenkel je nach der Blicklage innerhalb der einzelnen Quadranten bzw. Oktanten des Blickfeldes wie an deren Grenzen (vgl. das oben Abb. 60, S. 100, gegebene Schema der Einteilung des zweiäugigen Gesichtsfeldes und seiner Abbildungsweise in beiden Augen). Während in allen Sekundärlagen das Nachbildkreuz seine Normalform und Grundorientierung beibehält, zeigt in Tertiärlagen wohl der vertikale Schenkel dem Sinne nach die oben geschilderte Schiefstellung zur mittleren Vertikalen des Sehfeldes. In den beiden oberen Quadranten ist nämlich die Neigung von der Mittellinie weggerichtet, in den beiden unteren ihr zugewendet. Jedoch entspricht diese Schiefe nur an den Oktantengrenzen reinlich der kinematischen Neigung, innerhalb der Oktanten hingegen wirkt daneben noch perspektivische Verzerrung mit, und zwar im 1. und 4., 5. und 8., also innerhalb der seitlichen Oktanten additiv — mit Maxima bei 22,5, 157,5, 202,5, 337,5° —, in den oberen-unteren Oktanten (2. und 3., 6. und 7.) subtraktiv — mit Maxima bei 67,5, 112,5, 247,5, 292,5° (vgl. Abb. 103).

Abb. 101. Kegelmodell nach **A. v. Tschermak-Seysenegg** in Tertiär- bzw. Ablesestellung.

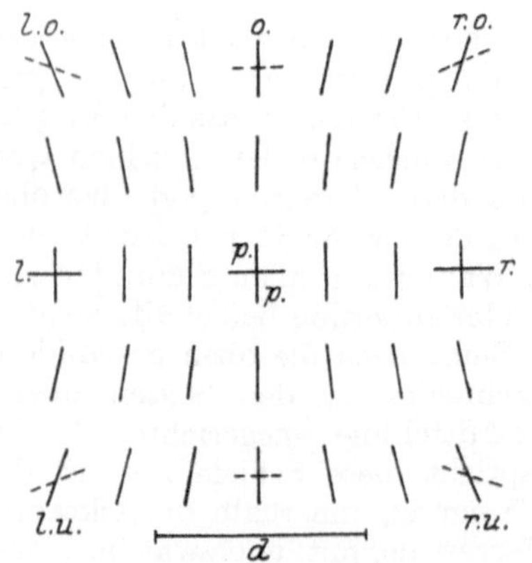

Abb. 102. Nachbildkreuz in Primär-, Sekundär- und Tertiärlage.

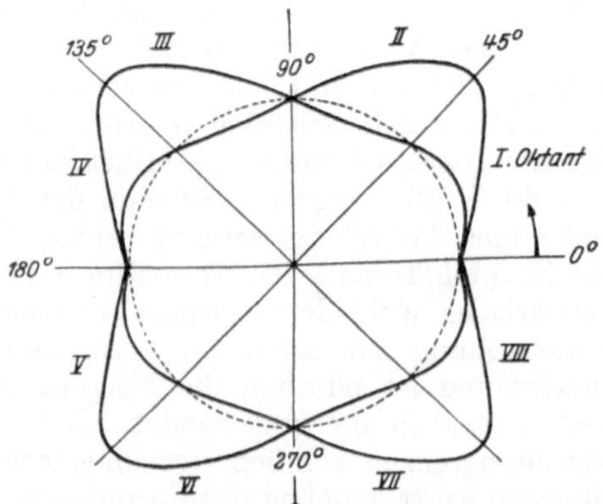

Abb. 103. Perspektivische Verzerrung des Vertikal- und des Horizontalschenkels des Nachbildkreuzes in Tertiärlage bei verschiedener Lage der Drehungsachse.

Im Gegensatz zum vertikalen Schenkel zeigt auf einer frontoparallelen Ebene der horizontale Schenkel eine scheinbar gegensinnige Neigung, so daß eine Verzerrung zur Andreaskreuzform resultiert, welche in den Quadrantenhalbierenden (bei 45, 135, 225, 315°) je ein Maximum erreicht (vgl. Abb. 103 unter Darstellung in zentrifugal-positiven und zentripetal-negativen Polarordinaten).

Die beschriebene Veränderung entspricht einer Überkompensation des Effekts der kinematischen Neigung gerade im Ausmaß des negativ genommenen Neigungswinkels selbst. Der perspektivische Einfluß auf den Horizontalarm macht eben das Doppelte ($- 2\,\alpha$) vom Tertiärneigungswinkel aus, während der perspektivische Einfluß aus dem Vertikalarm dem (negativ genommenen) Unterschied vom sogenannten Raddrehungswinkel (α') und Tertiärneigungswinkel (α), also einem Verzerrungsmaß von $-(\alpha' - \alpha)$ gleichkommt (vgl. Abb. 104). Bezüglich des HELMHOLTZschen Raddrehungswinkels (α') genüge es hier zu sagen, daß seine kurvenmäßige Darstellung einfach der negativ genommenen Kehr- oder Spiegelbildfunktion des Tertiärneigungswinkels entspricht. Auch sei daran erinnert, daß es zur Manifestierung der beschriebenen perspektivischen Verzerrung durchaus nicht erst einer Quadratteilung des Beobachtungsgrundes und einer Fehlabbildung derselben, bzw. einer perspektivischen Auslegung von Grund und Nachbild bedarf. Endlich sei noch bemerkt, daß in Tertiärlage die Einstellung einer allein sichtbaren drehbaren Testlinie auf scheinbar vertikal weder den tatsächlich geneigten primären Längsmittelschnitt, noch den nunmehr lotrecht stehenden Meridian trifft, sondern einen bestimmten Intermediärschnitt: es erfolgt also dabei eine anpassungsweise Umwertung der Netzhautmeridiane an ab-

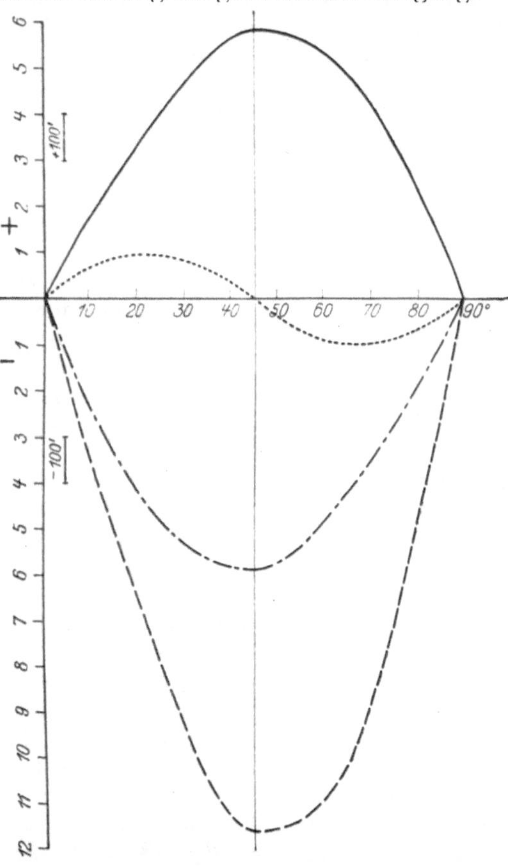

Abb. 104. Verhalten des Tertiärneigungs- (—), Raddrehungs- (— · — ·) und Verzerrungswinkels des vertikalen (. . . .) und des horizontalen Schenkels (- - -) des Nachbildkreuzes.

soluter Lokalisation nach dem Lot hin (SHODA). Dementsprechend erscheinen auch erfahrungsgemäß lot-waagrechte Konturen, wie Fenster oder Türausschnitte, Gebäudeecken, bei stirnparalleler Orientierung und Betrachtung mit tertiärgestelltem Blick angenähert „richtig", obwohl die Abbildung auf Netzhautschnitten erfolgt, deren Richtungsunterschied kleiner ist als ein rechter Winkel und die bei Primärlage die Empfindung eines deutlich schiefen Winkels erwecken, wie ein zuvor gewonnenes Nachbild klar zeigt. Es wirkt eben die räumliche Auslegung korrigierend, wie sie durch die Erfahrung an rechtwinkeligen Objekten gestützt wird.

Die Erkenntnis, daß das Auge von einer ganz bestimmten Stellung aus nach jeder beliebigen Richtung hin Radiärbewegungen mit kinematischer Neigung, aber ohne Rollung auszuführen vermag, hat uns unmittelbar zu dem Schluß auf Gegebensein von radiären, festen Drehungsachsen geführt, die in einer gemeinsamen Ebene gelegen sind. Die Einstellung der Blicklinie senkrecht zu dieser primären Achsenebene charakterisiert eben die Primärstellung.

Es bleibt aber noch die Frage zu beantworten, wie es bei der Divergenz der einzelnen Drehungsachsen der sechs Augenmuskeln im Raum — welche selbst nach schematischer „Verlegung" der Achsen der vier Vertikalmuskeln in die Horizontale (vgl. oben S. 156, 167) ihren Ausdruck in einem Richtungsunterschied von 109° findet — doch zu einer solchen Lagegemeinschaft kommt. Wenigstens schematisch können die Drehmomente der Seitenwender als in eine gemeinsame Vertikalachse fallend betrachtet werden. Als Ergänzung dazu müssen aber nun die Drehmomente der Vertikalmuskeln ständig, ob diese nun schwach oder stark beansprucht werden, eine gemeinsame Horizontalachse ergeben. Die Erfüllung dieser Forderung setzt aber voraus, daß die beiden in verschiedener Etage gelegenen Heber (Rect. sup. und Obl. inf.), ebenso die beiden in verschiedener Etage gelegenen Senker (Rect. inf. und Obl. sup.) niemals einzeln, sondern stets vereint in Aktion treten und auch ständig in einem und demselben konstanten Verhältnis der Kräfte oder besser der Drehmomente ($=$ Kraft $\times$ Kraftarm, d. h. Abstand vom Drehpunkt) zusammenwirken. Nur so wird es möglich, daß zwar das Horizontaldrehmoment und das resultierende Vertikaldrehmoment sich in jedem beliebigen Verhältnis verbinden können, jedoch die relative Zusammensetzung des Vertikaldrehmoments selbst stets eine und dieselbe bleibt. Die beiden Heber wie die beiden Senker müssen sich also verhalten wie ein einziger Muskel, wie ein in zwei Arme gespaltener Heber oder Senker. Die Kooperation muß eben so erfolgen, daß alle anderen Nebenwirkungen, speziell die in die primäre Blicklinie fallenden Rollungskomponenten einander gerade aufheben — wie dies für die Wendungskomponenten bereits bei der schematischen „Verlegung" in die Horizontalebene vorausgesetzt wurde (vgl. Abb. 95, oben S. 156). Die übrigbleibenden Hebe- oder Senkungskomponenten summieren sich dann glatt zu einer Resultante von konstanter Richtung, senkrecht zur Primärlage der Blicklinie. Diese Vollkompensation der Rollungskomponenten besteht aber bei Gegebensein des Einzelachsenwinkels von 71° nach der Seite, 109° nach vorne, dann, wenn die gemeinsame Horizontalachse — bzw. schematisch gleichgesetzt der Verbindungslinie der Drehpunkte beider Augen — den ersteren in die Winkel $(90 - \alpha = 19°)$ und $(90 - \beta = 52°)$ und die Primärblicklinie den Supplementärwinkel in $\alpha = 71°$ und $\beta = 38°$ teilt. Trigonometrisch bedeutet dies $r_1 = r_2$, und zwar $\pm r_1 \mp r_2 = 0$, $h_1 = m_1 \cdot \sin \alpha$, $h_2 = m_2 \cdot \sin \beta$, $h_1 + h_2 = H$, $s_1 + s_2 = S$, $\dfrac{m_1}{m_2} = \dfrac{\cos \beta}{\cos \alpha} = k_V$, und zwar 2,42. Dieser Wert stimmt nun recht angenähert überein mit dem Verhältnis der Muskelkräfte (auch der Muskeltrockengewichte) sowie der Vertikaldrehmomente der beiden Heber $\dfrac{\text{R. s.}}{\text{O. i.}} = 2{,}32$ (VOLKMANN) bzw.

1,85 (RUETE) und der beiden Senker $\dfrac{\text{R. i.}}{\text{O. s.}} = 3{,}09$ bzw. 2,60.

Man kann hieraus schließen, daß die beiden Heber wie Senker einfach ständig im Verhältnis ihrer gegebenen Kräfte oder Vertikaldrehmomente zusammenarbeiten, indem sie gleichzeitig und gleichstark innerviert werden — sich also einheitlich wie zwei Anteile eines und desselben Muskels verhalten. Mit um so größerer Berechtigung können wir daher sagen, daß das Auge sich so benimmt, als ob es nicht bloß einen einfachen Seitenwender, bzw. ein einfaches Seitenwenderpaar, sondern auch einen einfachen Heber-Senker, bzw. ein einfaches

Heber-Senker-Paar besäße, deren resultierende Drehungsachsen eine Ebene, nämlich die primäre Achsenebene, bezeichnen.

Die sechs Augenmuskeln wirken also zunächst so, als ob sie nur vier an der Zahl wären — nämlich zwei Horizontal- und zwei Vertikalmuskeln. Hierdurch wird nun aber auf einfachstem Wege zwangsläufig die LISTINGsche Bewegungsweise des Auges erreicht. Dieselbe stellt durchaus keine Besonderheit des Orbitalgelenkes dar, sondern kommt jedem angenähert sphärischen Gelenk zu, an welchem die einzelnen Muskeln entweder so angeordnet sind oder wenigstens so zusammenarbeiten, daß die resultierenden Drehungsachsen in eine gemeinsame Ebene fallen und so eine bestimmte Ausgangsstellung für rollungsfreie Radiärbewegung festlegen.

Hingegen ist das Wesen des LISTINGschen Gesetzes *nicht* an eine bestimmte Zahl oder anatomische Anordnung von Einzelmuskeln gebunden. So ist bei den Metacarpophalangealgelenken je ein einfacher Seitenwender und je ein einfacher Heber-Senker gegeben, beim Orbitalgelenk je ein einfacher Seitenwender und je eine feste Heber-Senker-Gemeinschaft. In beiden Fällen aber werden drei Grade der Freiheit erreicht. Allerdings erweist sich dabei der dritte Freiheitsgrad als rationiert — nämlich die Orientierung um die Längslinie des Gelenkes oder der Neigungsgrad, welcher eben von der Raumlage des Endgliedes abhängt. Damit ist aber das Wesen des LISTINGschen Gesetzes bezeichnet, auch die Primärvorzugslage als Senkrechteinstellung der Längsrichtung des Endgliedes zur oben definierten Achsenebene festgelegt.

Für die praktische Erprobung steht nicht bloß die kurz geschilderte Nachbildprobe (mit 0,5° Genauigkeit) an der Radiantentafel als einfachste und reinlichste Methode zur Verfügung, sondern auch noch andere Verfahren (darunter die empfindlichste, bis $\pm\,0,1°$ reichende Substitutionsmethode, die allerdings durch zusätzliche Beanspruchung der Fusion kompliziert ist). Dabei hat sich das LISTINGsche Gesetz am Auge mit großer Annäherung als gültig erwiesen. Das heißt: unter bestimmten Bedingungen — nämlich bei relativ langsamer, gleitender Augenbewegung längs vorgezeichneter Radianten, sowie bei Vergleich einzelner herausgegriffener Blicklagen — vermögen wir unser Auge aus einer bestimmten Stellung, nämlich der Primärstellung, heraus sehr angenähert rollungsfrei, also um im Raum wie im Auge feste Achsen zu bewegen. Nicht aber sei damit gesagt, daß wir auch beim gewöhnlichen Sehen unseren Blick in radiären Bahnen und um feste Achsen bewegen. Doch wird über die habituelle Bewegungsweise erst später (S. 168) zu handeln sein. Hier genüge es zu betonen, daß das LISTINGsche Gesetz an sich beim Nahesehen (mit einer gewissen Auswärtsrollung verbunden) und bei verschiedener Kopfstellung (mit Gegenrollung bei seitlicher Neigung verbunden) seine grundsätzliche Geltung — wenn auch nur in erster Annäherung (SCHUBERT) — beibehält, wie wir sie eben gegenüber der gewöhnlichen Praxis einschränkend umschrieben haben. Nur mag bei einzelnen Beobachtern (so speziell bei E. HERING) die Blicknäherung gewisse Extrarollungen — speziell eine Hebungs-Senkungs-Rollung neben der Näherungsrollung — als Komplikationen mit sich bringen, doch hört dabei das konstante Zusammenwirken der beiden Heber-Senker nicht auf. Auch die Haltung des Kopfes, der ja nicht wie das Auge eine kinematisch ausgezeichnete Grundstellung besitzt, hat keinen wahren Einfluß auf die LISTINGsche Bewegungsweise des Auges (vgl. S. 179).

b) Extrarollung und funktionelle Bedeutung der Sechszahl der Augenmuskeln.

Mit der Ermöglichung einer rollungsfreien Radiärbewegung um eine feste Achse ist nun aber die funktionelle Bedeutung der sechs Augenmuskeln keineswegs erschöpft. Wie schon oben (S. 154) allgemein gesagt wurde, erweist sich nämlich der Bulbus — allerdings ohne willkürlichen Impuls — auch zu Bewegungen um die Blicklinie selbst, also zu wahren oder Extrarollungen befähigt. Rollungen kommen nämlich nicht bloß als kinematisch erzwungene Nebenerscheinungen bei Bewegungen außerhalb von Primärradianten vor, sondern auch als selbständige Änderungen der Orientierung um die Blicklinie. Dies gilt sogar unter Aufrechtbleiben der Primärstellung — wie dies in Form zeitlicher Orientierungsschwankungen (u. a. auch bei Belichtung und Verdunklung), ferner als parallele Gegenrollung beider Augen bei seitlicher Neigung, bzw. Abweichung der Körperachse von der Richtung der Massenwirkung, endlich als Anpassungsbewegung unter Fusionszwang zu beobachten ist.

Um eine Extrarollung zustande zu bringen, erweist sich ein einzelner Muskel — wenigstens bei mittlerer Augenstellung — unzureichend. Dies gilt auch speziell vom Obl. sup. (oder inf.); seine Rollungskomponente ist zwar ausschlaggebend, doch bedarf seine vertikale und laterale Nebenwirkung einer Aufhebung durch den Rect. sup. (oder inf.). Zu einer selbständigen Rollung ist also das Zusammenwirken von zwei geeigneten Muskeln notwendig, d. h. von solchen, deren Halbachsen bzw. Drehmomente die Blicklinie zwischen sich fassen. In der Extrarollung kommt ebenso eine bestimmte Kooperationsweise unter den vier vertikalen Muskeln zum Ausdruck wie in der reinen Hebungs-Senkungs-Bewegung. Neben der rollungsfreien Vertikalkooperation zwischen je zwei ungleichnamigen Muskeln verschiedener Etage (d. s. R. s. + O. i. und R. i. + O. s.) ist nämlich eine vertikalbewegungsfreie Rollungskooperation zwischen je zwei Muskeln derselben Etage (Einwärtsrollung durch O. s. und R. s., Auswärtsrollung durch O. i. und R. i.) möglich. Trigonometrisch bedeutet dies

$$h_2' = h_3', \quad \text{und zwar} \quad \pm\, h_2' \mp h_3' = 0, \quad r_2' + r_3' = R,$$

bzw.

$$\frac{\sin 71°}{\sin 38°} = k_R, \text{ und zwar } 1{,}54.$$

Dieses Verhältnis stimmt allerdings nicht gut mit der Relation der Rollungsdrehmomente, soweit diese bisher auf Grund theoretischer Rechnung aufgestellt wurden, überein, nämlich

$$\frac{\text{O. s.}}{\text{R. s.}} = 1{,}34 \ (\text{Volkmann}), \ 1{,}94 \ (\text{Ruete})$$

und

$$\frac{\text{O. i.}}{\text{R. i.}} = 0{,}82 \text{ bzw. } 1{,}22.$$

Doch dürfen diese Werte, zumal angesichts möglicher Asymmetrien der Widerstände, als recht problematisch bezeichnet werden. Es erscheint sehr wohl möglich, daß sich bei der Revision eine genügende Angleichung der Werte ergeben wird, so daß auch bezüglich der Rollungskooperation der Schluß möglich wäre, daß die betreffenden Muskeln ständig im Verhältnis ihrer Kräfte oder besser ihrer Rollungsdrehmomente zusammenwirken, indem sie gleichzeitig und gleich stark, niemals aber verschieden stark innerviert werden. Auf jeden Fall erscheint das folgende Kooperationsschema verwirklicht:

Rect. sup. → *Einwärtsrollung* ← Obl. sup.

↓ (binokular: *Konklination*) ↓

Hebung　　　　　　　　　*Senkung*

↑　　　　　　　　　↑

Obl. inf. → *Auswärtsrollung* ← Rect. inf.

(binokular: *Disklination*)

Dieses Verhalten läßt sich, allgemein gesprochen, folgendermaßen ausdrücken: Die nach Lage ihrer Halbachsen oder Einzeldrehmomente benachbarten Vertikalmuskeln arbeiten paarweise in solchen Kräfteverhältnissen zusammen, daß die zugehörigen Kräfteparallelogramme supplementär und parallelseitig sind, also die beiden Resultierenden senkrecht zueinander stehen. Dabei fällt die eine mit der primären Querachse, bzw. der Verbindungslinie der beiden Drehpunkte, die andere mit der primären Längsachse zusammen (vgl. Abb. 105).

Die beiden Koppelungsarten erweisen sich als völlig unabhängig voneinander. Auf jeden überhaupt möglichen Grad von Extrarollung als Grundwert in Primärstellung kann sich ungestört und frei die Vertikalbewegung bzw. die LISTINGsche Bewegungsweise draufsetzen. — Das Gegebensein von sechs Augenmuskeln statt der Vierzahl (ja Dreizahl), wie sie zur LISTINGschen Bewegung mit drei Graden der Freiheit, jedoch Rationierung des dritten Grades ausreichen würde,

hat demnach eine tiefere funktionelle Bedeutung (A. v. TSCHERMAK-SEYSENEGG). Die in der ganzen Wirbeltierreihe sich wiederholende anatomische Doppelung oder „Spaltung" der Vertikalmuskeln ermöglicht nämlich zwei Kooperationsformen zwischen den vier Gliedern, und zwar einerseits ein Zusammenwirken der *ungleichnamigen* Vertikalmuskeln *verschiedener* Etage mit dem Effekt LISTINGscher Bewegungsweise, d. h. rollungsfreier Vertikalbewegung, anderseits ein Zusammenwirken der *ungleichnamigen* Vertikalmuskeln *derselben* Etage mit dem Effekt vertikalbewegungsfreier Extrarollung. Funktionell verhält sich

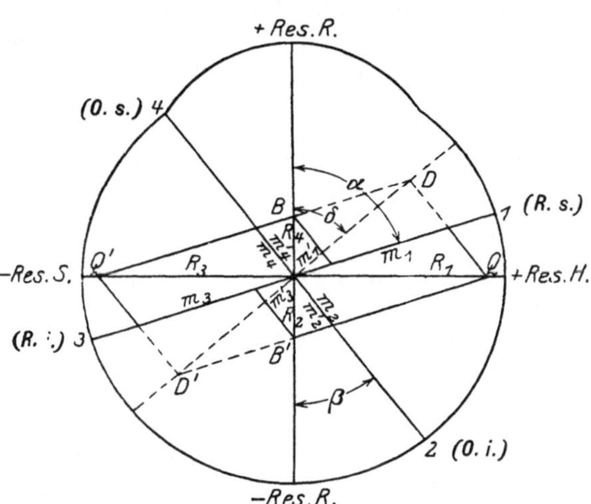

Abb. 105. Kräfteparallelogramm der beiden Koppelungspaare für das L. A.

das Auge sehr angenähert so, als ob es je einen reinen Innen- und Außenwender und je einen reinen Heber und Senker mit einer gemeinsamen Achsenebene und daneben noch einen reinen Auswärts- und Einwärtsroller besäße.

Die Rollungskooperation tritt allerdings nur unwillkürlich, in beschränktem Ausmaß und nur unter besonderen Bedingungen in Tätigkeit. Solche erscheinen gegeben beim Nahesehen (sogenannte Näherungsrollung, die allerdings bei manchen Personen fehlt), ferner an gewissen Individuen bei Hebung-Senkung, speziell unter Nahesehen, vor allem aber bei seitlicher Neigung bzw. Abweichung der Körperachse von der Richtung der Massenwirkung überhaupt, endlich im Interesse des binokularen Einfachsehens. Allgemein kann man sagen, daß der Extrarollung die Bedeutung einer Anpassungsleistung zukommt, indem sie entweder statischen Zwecken dient, d. h. in der Richtung der Aufrechterhaltung der bisherigen Einstellung zur Massenwirkung gelegen ist oder eine symmetrische Orientierung des Einteilungs- oder Lokalisationssystems beider Augen zustande bringt. Eine solche Harmonie ist aber natürlich für die Zwecke des binokularen Einfachsehens von größter Bedeutung.

Es würde in dieser einführenden Darstellung zu weit führen, wollten wir hier auch eine Analyse der *Bewegung um nichtprimäre Achsen* geben. Es muß hier genügen, darauf hinzuweisen, daß jede Blickbewegung außerhalb eines Primärradianten, mag sie erfolgen aus der Primär- oder einer Sekundärstellung heraus, die Drehungsachse aus der primären Achsenebene des Auges heraustreten und damit eine in die Blicklinie selbst fallende Komponente gewinnen läßt. Die Folge davon ist eine zwangsläufige Nebenwirkung im Sinne von Rollung.

Neben der bereits genauer betrachteten (Nr. 1) Blickbewegung längs Primärradianten, und zwar um eine im Auge wie in der Orbita feste Primärachse, kommen noch zwei weitere Grundformen in Betracht. Es sind dies: (Nr. 2) die Bewegung unter Rollung im Sinne HERINGS, d. h. Blickwandern längs eines Direktions- oder Richtkreises (vgl. oben S. 97), bzw. längs einer hyperbolischen, kegelflächigen Extraradiantenbahn — unter Drehung um eine im Auge wie in der Orbita feste Achse, der bei Zerlegung nach HERING zwei einen rechten Winkel einschließende, im Auge wandernde Achsen entsprechen; sodann (Nr. 3) ist es die Bewegung unter Raddrehung oder kinematischer Rollung im Sinne von HELMHOLTZ, d. h. Blickwandern längs eines nicht durch die Primärstellung gehenden Hauptkreises, bzw. (im einfachsten Falle!) längs einer geradlinigen, ebenflächigen Extraradiantenbahn — unter Drehung um eine Serie instantaner Achsen. Letzterenfalls wickelt sich der eine von zwei symmetrisch kongruenten, elliptischen POINSOTschen Achsenkegeln, und zwar der sogenannten Gangpol-Achsenkegel, ab auf seinem ruhenden Partner, dem sogenannten Rastpol-Achsenkegel.

c) Habituelle Haltung und Bewegung des Auges.

Die Primärstellung ist zwar, wie oben geschildert, kinematisch wohlcharakterisiert. Sie entspricht aber allgemein und streng weder der „myosensorischen Grundstellung", wie sie verknüpft ist mit der Empfindung „Geradevorne" und „Gleichhoch" (als egozentrischer Nullpunkt der subjektiven Symmetrie nach A. v. TSCHERMAK-SEYSENEGG), noch der *absoluten* tonusfreien *Ruhelage*, wie sie nicht während des normalen Lebens, sondern nur bei totaler Ophthalmoplegie und kurz nach dem Tode noch vor Eintritt der Totenstarre besteht.

Zur Erhaltung des Auges in *Primärstellung* ist jedenfalls nicht bloß ein gewisses Minimum an ziemlich gleichmäßigem Muskeltonus wie in der physiologischen Grundstellung erforderlich, sondern eine nicht unbeträchtliche Tonushöhe, welche ungleichmäßig verteilt ist und individuell wie zeitlich wechselt. Gerade dieses Variieren ist ein Ausdruck einer *tonischen* Grundlage der Primärstellung (wie auch der Grundstellung), welche demgemäß durchaus nicht einer wahren Ruhelage entspricht. Der zeitliche Wechsel der Primärstellung beweist zugleich ein Schwanken im Verhältnis des Einzeltonus der beiden Heber-Senker, der sich zur Kraft, bzw. zum Drehmoment des einzelnen Muskels hinzufügt. (Analogerweise ist auch die Ablenkungsstellung des Auges bei manifestem wie latentem Schielen sowie bei Heterophorie als Ausdruck einer Asymmetrie des binokularen Tonus, nicht einfach als Ausdruck einer asymmetrischen Nullstellung zu betrachten, vgl. S. 130.) Weder die Grund- noch die Primärstellung beider Augen muß eine streng symmetrische, gar eine parallele sein.

Wenn nicht gerade ein Gegenstand im Sehraum besonders beachtet wird, werden die Augen habituell angenähert symmetrisch zur Medianebene gehalten, und zwar zumeist parallel geradeaus gerichtet, seltener konvergent gestellt. Die Abweichung von der Primärlage ist ersterenfalls in der Regel nicht groß. Doch wird der Kopf habituell recht verschieden, meist etwas gesenkt getragen. *Das Ausmaß der Inanspruchnahme der Blickbewegung* ist individuell ziemlich verschieden, hält sich aber meistens in relativ engen Grenzen; auch wird stärkere Konvergenz vermieden, wenn es auch nicht wenige Fehlkonvergierende gibt (vgl. S. 109, 175). Der Bewegungsumfang übersteigt unter gewöhnlichen Verhältnissen kaum 18°; schon bald werden dabei Kopfbewegungen zu Hilfe genommen. Hingegen ist ein recht erhebliches Ausmaß willkürlicher Blickbewegung überhaupt möglich, wenn auch nach oben geringer als nach unten. Durch die Beweglichkeit des Auges wird der übersehbare Raum für das menschliche Einzelauge nach außen von etwa 90° auf 128° vergrößert. Für die vereinigten Einzelblickfelder beider Augen bedeutet dies eine Vergrößerung in der Horizontalen rechnerisch auf etwa 260°, und zwar noch ohne begleitende Kopfbewegungen. Praktisch erweist sich das *binokulare Blickfeld* allerdings nach den Seiten (auf etwa 50°) und nach unten, aber auch nach der Nase zu erheblich eingeschränkt, da Senkung der Blickebene die Konvergenz begünstigt, so daß vorzeitig Konvergenzschielen eintritt, auch der binokulare Koordinationsbereich beschränkt ist. Die Geschwindigkeit der Blickbewegung zeigt deutliche Unterschiede nach den einzelnen Richtungen; in der Horizontalen ist sie am größten, in der Vertikalen am kleinsten. Im allgemeinen bestehen — an Geschwindigkeit und Tempo bzw. Verlaufsform — zwei Typen von Bewegungen: rasche von 0,02 bis 0,06 Sekunden Dauer und langsame von 0,1 bis 0,2 Sekunden. Auch ist in der Anfangs- und Endphase die Geschwindigkeit eine geringere als in der Mittelphase. Willkürlich läßt sich die Geschwindigkeit etwa auf das Vierfache steigern.

Einer besonderen Analyse bedarf das *Verhalten des Auges beim Fixieren.* Auch während die Aufmerksamkeit auf einen Punkt konzentriert ist, verharrt das Auge nur durch beschränkte Zeit, während einer sogenannten Elementarfixation von 1 bis 2,5 Sekunden, in relativer Ruhe, der aber — wenigstens bei manchen Personen — noch ein feinschlägiges Pendelzittern von etwa einer Bogenminute Ausmaß entspricht (nach Trendelenburg, Marx, Bartels, Dohlmann u. a., vgl. S. 145). Nach einem solchen Akt schieben sich gröbere Schwankungen oder Aberrationen von etwa 3 bis 4 Bogenminuten ein, so daß die Fixationsgenauigkeit nur auf etwa 4 bis 5 Bogenminuten zu veranschlagen ist. Dies kommt — speziell bei länger fortgesetzter Beobachtung — einem Fixationsfeld von etwa 100 μ Durchmesser, kleiner als die Fovea (mit 240 bis 300 μ — vgl. S. 84), gleich (s. jedoch die Registrierungen von Münster und Schlaak). Auch haben die Fixationsschwankungen an beiden Augen weder stets gleichen Umfang noch gleiche Richtung (McAllister, E. Koch). Die Konvergenz- und Divergenzschwankungen können bei einzelnen Personen Werte erreichen, welche sich der Grenze des Bereiches des binokularen Einfachsehens nähern (Münster und Schlaak — vgl. S. 172, 178). Eine erhebliche Zunahme erfahren die Fixationsschwankungen beim Dämmerungssehen; dies führt an dauernd beobachteten isolierten Lichtzeichen bei herabgesetzter Beleuchtung zu kleineren oder stärkeren Scheinbewegungen (sogenanntes *Punktschwanken* und *Punktwandern*, vgl. oben S. 145).

Tatsächlich verlaufen die willkürlichen Blickbewegungen nicht nach dem Schema einer radiantentreuen oder ebenflächigen Bewegung um eine im Raume und im Auge feste Achse, wie es oben für die Listingsche Bewegungsweise entworfen wurde. Dieses Schema entspricht eben nur der *Möglichkeit* einer stetigen rollungsfreien Führung des Blickes längs eines Radianten aus der ausgezeichneten Primärstellung heraus. Die habituellen Blickbahnen erweisen sich vielmehr als krummlinig und unstetig, wie dies besonders an Spurlinien hervortritt, welche beim Abwandern geschlossener Figuren (vgl. Abb. 106) photographisch registriert wurden. Dabei können aber sehr wohl in raschem Wechsel Achsen der primären Achsenebene benutzt werden; nach dem Listingschen Gesetz ist ja an sich jede Bahnform möglich. Mit seiner sehr angenäherten Gültigkeit ist also die Tatsache recht wohl vereinbart, daß ungeachtet der Listingschen Möglichkeit die wirklichen Stellungsänderungen des Auges, wenigstens im allgemeinen und bei größerem Umfang, nicht geradlinig radiantentreu oder ebenflächig und nicht völlig stetig, sondern in wechselnder Richtung längs unregelmäßiger krummer Blickbahnen und ruckartig wie absatzweise („sakkadiert") erfolgen. Es schieben sich nämlich auch zeitweilige Bremsungen, ja Stillstände ein. Ja, es ergeben sich abwechselnd mit binokularen auch unokulare Bewegungen. Die These einer ständigen gleichmäßigen und gleichstarken Innervation beider Augen stellt ebenso wie die Deduktion einer ständigen und gleichmäßigen Kooperation der Heber und Senker und damit der LISTINGschen Bewegungsweise bloß ein Als-Ob-Schema dar, welches nur in erster Annäherung verwirklicht ist. Die übliche Formulierung der Okulomotorik hat ebenso wie jene der Haplostereoskopie mehr die Bedeutung von Zielsetzung als von Festlegung des tatsächlichen Weges! Gewiß ist angesichts dieser Erkenntnis die Forderung vollberechtigt, daß das tatsächliche Verhalten des Auges bei bestimmten Blickbewegungen, auch während haplostereoskopischer Beobachtungen, durch einwandfreie Registrierung (MÜNSTER und SCHLAAK) festgelegt und analysiert werden soll (vgl. das auf S. 177, 178 Bemerkte).

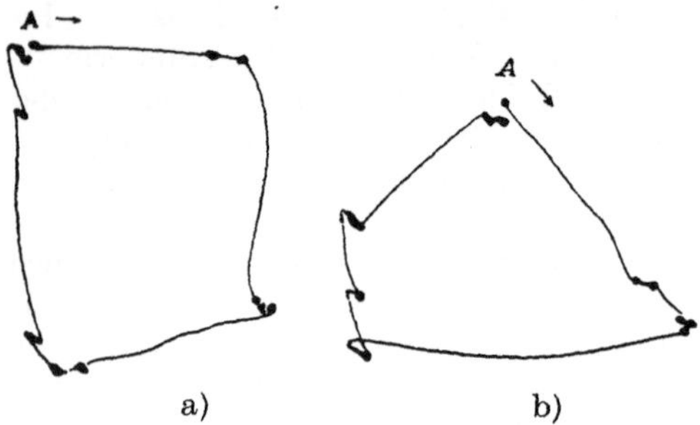

Abb. 106. Registrierte Spurlinien von Blickbewegungen (nach STRATTON). a) Entlang eines stehenden Rechtecks, b) entlang eines Kreises.

Der Geschwindigkeit nach kann man rasche, ruckartig und absatzweise erfolgende und langsame, gleitende Augenbewegungen unterscheiden (vgl. oben S. 169). Die ersteren erfolgen in Form von Kommando- oder Spähbewegungen, so auch beim Lesen, die letzteren aber beim Verfolgen eines bewegten Gegenstandes oder bei Festhalten des Blickes und bloßem Drehen des Kopfes. Innerhalb der ersten Gruppe gibt es Augenbewegungen, welche mit einer sehr raschen ununterbrochenen Stellungsänderung glatt zum Ziele führen. Doch kommen auch solche vor, welche danebentreffen und erst nach einmaliger ruckweiser Korrektur das Ziel erreichen, endlich solche, welche zwei Fehllagen bzw. Korrekturen durchlaufen. Gewöhnlich trifft der zweite Fall zu. Von dem tatsächlichen Ablauf der Blickbewegungen aber erhalten wir nur ganz ungefähre Kunde, ebenso wie unsere Vorstellung von der jeweiligen Augenstellung eine sehr unsichere ist. Diesbezüglich fehlt uns eine bewußte Kinaesthesie, was entschieden gegen eine okulomotorische Begründung der optischen Lokalisation überhaupt spricht (vgl. oben S. 151, 152ff.). Hingegen läßt sich sehr wohl eine indirekt myosensorische Funktion der Augenmuskeln vertreten, und zwar in Form von Einflußnahme auf die egozentrische Lokalisation (vgl. S. 145, 151). Die afferenten Nerven, welche in den Augenmuskeln reichlich vorhanden sind, könnten auch für eine unbewußte Regulierung der Blickbewegungen — speziell durch reflektorische Beeinflussung der Antagonisten — von Bedeutung sein.

Am Einzelauge wie noch mehr am Doppelauge besteht offensichtlich eine geordnete Regulierung des Bewegungsablaufes und des Zusammenwirkens, eine zweckmäßige Abstufung in der Beanspruchung der einzelnen Muskeln, kurz eine weitgehende Koordination. Bei dieser steht (nach SCHUBERT) neben der rein motorisch-efferenten, zentral-nervös gesteuerten Grundleistung anscheinend eine Präzisionsregulierung (vgl. S. 157) reflektorischen Charakters, für welche die rezeptorischen Nerven der Augenmuskeln die Vermittler darstellen. An der wohl bereits subcortical erfolgenden Reflexkoordination läßt sich eine dauernde, statische Komponente (Haltemechanismus) und eine von der einen zur anderen Augenstellung wechselnde, dynamische Komponente unterscheiden; auch arbeitet die Reflexkoordination langsamer als die zentral-nervöse Grundkoordination. Letztere besteht auch ohne optische Eindrücke, so bei Blinden.

Deutlich ausgesprochen ist besonders an den Augenmuskeln die Verknüpfung von Kontraktion des einen Muskels oder Muskelpaares mit Erschlaffung des gegensinnig wirksamen Muskels oder Muskelpaares. Ein solches Verhalten entspricht dem allgemeinen Gesetz der reziproken Innervation der Antagonisten (SHERRINGTON, H. E. HERING). Am Auge greifen übrigens deren Tonisierungsbereiche in charakteristischer Weise übereinander; auch scheint eine besondere Hemmungsinnervation zu bestehen, welche selbst unter das normalerweise bestehende Niveau aktiver Dauerspannung herunterführt, also detonisierend wirkt.

3. Bewegungsgesetze des Doppelauges.

a) Willkürliche binokulare Bewegungen.

Die bisherige Sonderbehandlung der Bewegungsgesetze des Einzelauges darf uns nicht die grundlegende Tatsache verkennen lassen, daß die gesamten Blickbewegungen, und zwar nicht bloß die willkürlichen, sondern auch die der Willkür entzogenen Korrektivbewegungen gleichzeitige und gleichmäßige Leistungen *beider* Augen darstellen. Entsprechend dieser Assoziation oder Synergie kann man mit Recht von einem *motorischen Doppel- oder Zyklopenauge* sprechen — ebenso wie wir angesichts der Leistungen des binokularen Einfachsehens ein sensorisches Doppelauge aufgestellt haben, das wir uns etwa in der Mitte zwischen den beiden Einzelaugen denken und dem wir auch eine binokulare Blicklinie zuschreiben können (nach E. HERING — vgl. S. 102).

Die *binokularen Bewegungen* lassen sich einteilen in solche, welche der Willkür unterworfen, und in solche, welche dieser entzogen sind. Unter den ersteren sind wieder zu unterscheiden: *eigentliche* mehr oder weniger ruckartige *Blickbewegungen* infolge sprunghafter Wanderung der Aufmerksamkeit von einem ruhenden Gegenstand zu einem anderen solchen (so schon beim Lesen!), ferner gleitende, höchstens leicht wellenförmige *Folge- oder Führungsbewegungen* (DODGE), d. h. Stellungsänderungen des Auges beim Haften des Blickes, sei es an einem bewegten Gegenstand oder bei gleichzeitiger Drehung des Kopfes. Endlich kommen in Betracht *Spähbewegungen*, das sind Blickbewegungen ohne optischen Anlaß, ausgeführt in der Absicht, ein erwartetes Objekt aufzusuchen. Daneben stehen noch solche Augenbewegungen, welche mehr oder weniger reflektorisch auf Eindrücke anderer Sinnesgebiete erfolgen, besonders auf Gehör-, Tast- oder Schmerzeindrücke hin, oder welche die Ausführung von Bewegungen der Glieder begleiten.

Die Blick- und Folgebewegungen haben wesentlich den Charakter zugelassener „psycho-optischer" Reflexe (HOFMANN), zu denen entweder die Wanderung der Aufmerksamkeit von einem bisher binokular fixierten, ruhenden Objekt zu einem anderen oder eine Bewegung des dauernd beachteten Objekts selbst den Anlaß gibt. Es besteht eben das Bestreben, ja ein förmlicher Zwang, den Hauptgegenstand der Aufmerksamkeit deutlich und einfach zu sehen, wobei der Ort des exzentrischen Bildes auf der Netzhaut zugleich für die notwendige Bewegungsinnervation bestimmend ist (E. HERING — vgl. S. 146).

Bei Abschluß des einen Auges vom bisherigen gemeinsamen Sehen, ebenso beim Begleitschielen oder bei Blindheit macht das eine Auge doch alle Blickbewegungen des anderen Auges mit. Auch betreffen alle unwillkürlichen Anpassungsbewegungen, selbst das Augenzittern — letzteres mit ganz seltenen Ausnahmen! —, *beide* Augen in *gleichem* Maße. Hieraus kann man — wenigstens mit großer Annäherung — die Geltung des *Gesetzes einer gleichzeitigen und gleich starken Beanspruchung, speziell Innervation beider Augen* erschließen (E. HERING). Allerdings beginnen die konjugierten Blickbewegungen nicht gleichzeitig; auch erfolgen sie nicht streng in gleichem Ausmaß und in gleicher Richtung (MCALLISTER). Ja, eine einwandfreie Registrierung läßt sogar das zeitweilige Vorkommen von Blickschwankungen jedes Einzelauges beim Fixieren erkennen, welche wenigstens den Anschein einer unokularen Innervierung erwecken (MÜNSTER und SCHLAAK — vgl. S. 169).

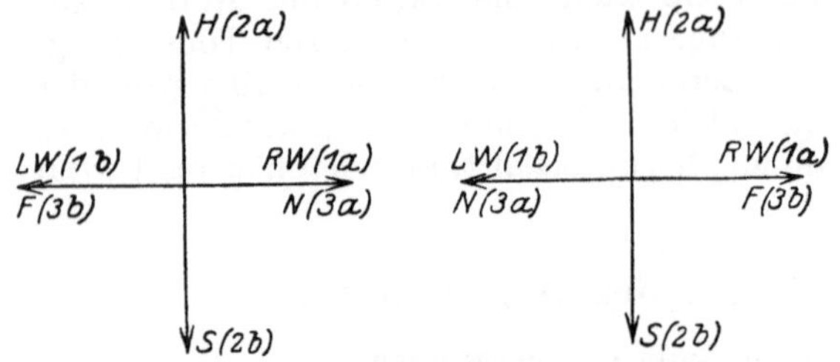

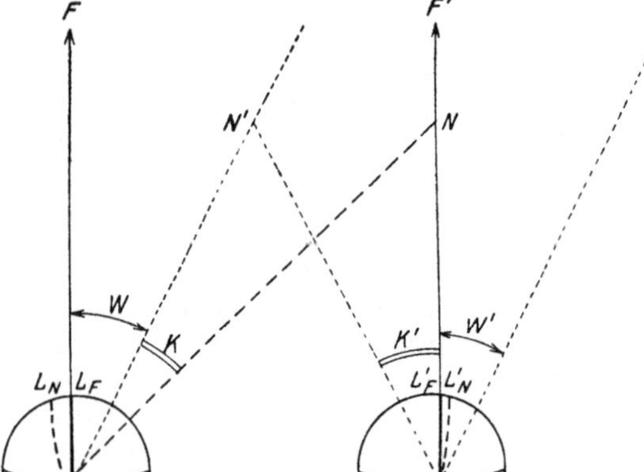

Abb. 107. Schema der willkürlichen Synergien beider Augen.

Gehen wir von der idealen Voraussetzung aus, daß bei Primärstellung ein gemeinsamer unendlich ferner Blickpunkt, bzw. strenge Parallelität der beiden Einzelblicklinien unter Senkrechtstand zur Basalstrecke und voller Parallelismus in der LISTINGschen Bewegungsweise, ferner eine symmetrische Einstellung der Längsmittelschnitte beider Augen besteht, so ergibt sich folgendes *Schema der willkürlichen Synergien* (vgl. Abb. 107):

1. Gleichsinnige Lateralsynergie:
   a) Rechtswendung,
   b) Linkswendung.
2. Gleichsinnige Vertikalsynergie:
   a) Hebung,
   b) Senkung.
3. Gegensinnige Distanzsynergie:
   a) Näherung oder Konvergenz, b) Fernerung oder Divergenz.

Nebenbei sei bemerkt, daß sich der gleichwertige aktive Charakter der Fernerungssynergie schon aus der Möglichkeit absoluter Divergenz und aus der etwas größeren Geschwindigkeit des Fernerungsvorganges gegenüber dem Näherungsvorgang ergibt (vgl. S. 174).

Abb. 108. Schema des Überganges vom Fernsehen FF' mit Parallelprimärstellung beider Augen zum Nahesehen mit asymmetrischer Konvergenz auf Punkt N.

Durch Kombination beider Gruppen der gleichsinnigen und der gegensinnigen Leistung können ungleichmäßige Gesamteffekte resultieren. So erfolgt bei asymmetrischer Näherung des Blickes, also bei Konvergenz der Blicklinien unter Verbleiben des einen Auges in Primärstellung, an dem einen (linken) Auge (vgl. Abb. 108) eine Addition der Lateraleffekte, d. h. Rechtswendung und Näherung ($W + K$), an dem anderen (rechten) Auge eine *Subtraktion* (Rechtswendung und Näherung: $W' = K'$ und $W' - K' = 0$). Beweisend für diese Auffassung ist das gelegentlich zu beobachtende Hin- und Herpendeln des sonst feststehenden (rechten) Auges sowie die beiderseits (regelmäßig) erfolgende Auswärtsrollung (vgl. unten S. 173). Nur die Möglichkeit des Eintretens einer bescheidenen Asymmetrie an Pupillenverengerung und Akkommodation (vgl. unten S. 174) zeigt, daß der Satz von der gleichmäßigen und gleichstarken Innervation der beiden

Einzelaugen einer gewissen Einschränkung unterliegt. Hingegen bedeutet die Möglichkeit, beide Augen gleichzeitig um verschiedene Winkel und mit verschiedener Geschwindigkeit zu bewegen, keinen Widerspruch.

b) Komplex des Nahesehens.

Der Näherung und Fernerung des binokularen Blickes dient ein Komplex von Innervationen oder Bewegungsleistungen, welche mit der Konvergenz entweder bloß habituell verknüpft oder — was vorwiegend gilt — assoziiert sind. Allgemein gesprochen gilt folgendes Schema:

Konvergenz

^ ^ ^ ^

habituell   *assoziiert*   *assoziiert*   *assoziiert*

Blicksenkung   Auswärtsrollung   Akkommodation   Pupillen-
und Kopfsenkung   (Disklination)   verengerung

Die Senkung der Blickebene bringt — wohl einfach durch mechanische Momente — an sich schon eine gewisse Tendenz zur Konvergenz mit sich. Dies entspricht der unter den Bedingungen des gewöhnlichen Sehens zweckmäßigen Kombination, doch ist diese Tendenz durch den Zwang des Binokularsehens unschwer überwindbar.

Die disklinatorische, d. h. nach auswärts gerichtete Rollung, welche beim Nahesehen in der Regel, aber nicht ausnahmslos erfolgt, trägt nicht den Charakter einer bloßen kinematischen Nebenwirkung, sondern stellt eine selbständige Extrarollung dar, auf welche sich die LISTINGsche Bewegungsweise ungestört draufsetzt. Als komplizierende individuelle Besonderheit (so bei E. HERING) kann, zumal beim Nahesehen, noch eine Vertikalbewegungsrollung hinzukommen, indem Hebung der Blicklinie mit einer gewissen Disklination, Senkung mit einer gewissen Konklination einhergeht. Auch in solchen Fällen handelt es sich wahrscheinlich um Extrarollungen, auf welche sich die LISTINGsche Bewegungsweise einfach draufsetzt (vgl. Abb. 109). Eine disklinatorische Orientierungsänderung beim Nahesehen könnte insofern für die

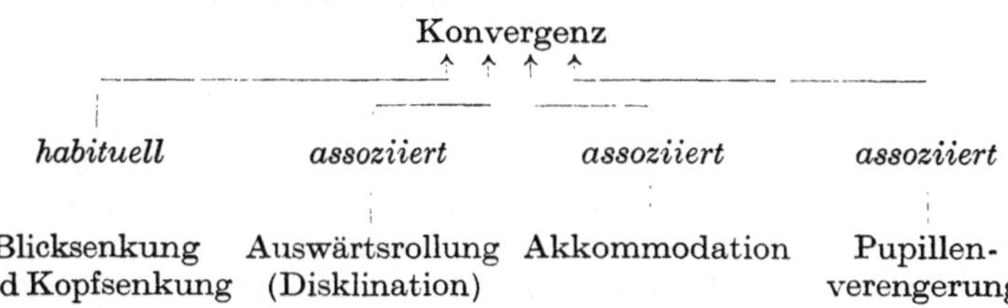

Abb. 109. Spurlinienschema für den Übergang vom Ferne- zum Nahesehen am L.A.

Stereoskopie von einer gewissen Bedeutung sein, als dadurch eine fortschreitende Umwandlung des Längshoropters aus der (schematischen) Zylinderform in einen Kegel von zunehmendem Öffnungswinkel erfolgt und so der durch feinste Unterschiedsempfindlichkeit ausgezeichnete Längshoropter mehr und mehr jener Fläche angeglichen wird, in welcher die Nahearbeit verrichtet wird. Allerdings muß eine solche Bewertung der Näherungsdisklination als einigermaßen problematisch bezeichnet werden, da auch Fälle von Fehlen, ja von gegenteiligem Verhalten vorkommen (speziell HARMS).

Mit der Konvergenz ist zweckmäßigerweise noch aktive Naheeinstellung des dioptrischen Apparats zugleich mit Minderung der Leuchtdichte und Verschärfung der Netzhautbilder, speziell Vermehrung der Tiefe der Abbildung (bzw. Akkommodation und Pupillenverengerung) verknüpft, ohne daß hinwiederum diese beiden Leistungen selbst noch miteinander assoziiert sein müßten. Die bezüglichen Bewegungen erfolgen in der Regel streng symmetrisch, doch sind — wenigstens bei manchen Personen — beschränkte Ungleichmäßigkeiten möglich, speziell erzielbar bei asymmetrischer Konvergenz (für Pupille Tournay; für Akkommodation Schubert mit $d = \pm 0,5\,D$ — gegenüber C. v. Hess). Als relativ locker erweist sich die Koppelung von Konvergenz und Akkommodation, doch ist sie auch bei Ametropen nicht vollkommen lösbar. Das Auge vermag eben bei jedem einzelnen Konvergenzgrad nur einen gewissen Anteil, nicht aber seine ganze absolute Akkommodationsbreite (von etwa $9,5\,D$) aufzubringen — ebensowenig nach Belieben die Akkommodation völlig ruhen zu lassen.

Zu jedem Konvergenzgrad (bis zu einem Maximum um 70°) gehört somit eine nach Individualität und Alter verschiedene „*relative Akkommodationsbreite*", welche dem Brechkraftunterschied zwischen relativem Nahepunkt und relativem Fernpunkt der Akkommodation entspricht und um 33° Konvergenz ein Maximum von etwa $8,5\,D$ erreicht. Umgekehrt kommt jedem Akkommodationsgrad eine „*relative Konvergenz- oder Fusionsbreite*" zu, welche vom relativen Fern- und Nahepunkt der Fusion begrenzt wird. Nebenbei sei bemerkt, daß der unter Kontraktion des Ciliarmuskels bewerkstelligte Übergang von der Fern- zur Naheeinstellung bei Abhängigkeit vom Willen und von der Konzentration mehr Zeit (0,5 gegen 0,426″ — Kirchhof) erfordert als die umgekehrte Veränderung, und zwar bei großen individuellen Verschiedenheiten der absoluten Geschwindigkeitsmaße. — Der Zusammenhang zwischen dem Tätigkeitsgrad des Akkommodationsmuskels und der Konvergenzsynergie erscheint dadurch kompliziert, daß es möglich ist, eine stärkere Kontraktion des Ciliarmuskels aufzubringen, als sie zur Einstellung auf den Nahepunkt erforderlich ist; dieses „leere" Plus bringt jedoch nur die bereits relativ erschlaffte Zonula zu weiterer Erschlaffung, bewirkt aber nicht eine weitere Zunahme der Linsenwölbung. Bei der Bezeichnung „*maximale Akkommodation*" ist also streng zwischen Nahepunkteinstellung der Linse und maximaler Ciliarmuskelleistung zu unterscheiden (C. v. Hess). Die Einschränkung der relativen Akkommodationsbreite bei höheren Konvergenzgraden muß daher als eine nur scheinbare bezeichnet werden, da sie nur die effektive Linsenwölbung, nicht aber die Ciliarmuskelkontraktion selbst betrifft. Angesichts der Gesetzmäßigkeit des Zusammenhanges von Konvergenz und Akkommodation und der Einflußlosigkeit von Übung auf denselben darf eine kongenitale Begründung (E. Hering) für die relative Koppelung, die schon bei sehr jungen Kindern hervortritt, als weit wahrscheinlicher bezeichnet werden wie die Zurückführung auf Erwerb durch Gewohnheit. Nebenbei sei auch des Vorkommens einer besonderen Pupillarreaktion beim Eintreten binokularer Fusionseinstellung gedacht (Schubert und H. Burian).

c) Der Willkür entzogene binokulare Augenbewegungen (Anpassungs- und Fusionsbewegungen).

Die der Willkür entzogenen Augenbewegungen zeigen einen wesentlich anderen Charakter als die direkt intendierten Blickbewegungen. Diese Verschiedenheit findet schon in dem viel langsameren, gleichmäßigen Verlauf und in der viel längeren Dauer (durchschnittlich 2 bis 6 Sekunden) der ersteren ihren Ausdruck. Auch kommt es dabei nicht auf eine vorübergehende Blickverlagerung an, sondern auf die Herstellung und Erhaltung einer bestimmten Augenstellung für längere Zeit. Die unwillkürlichen Augenbewegungen stellen insofern Reflexleistungen besonderer Art dar, als auch bei ihnen — ähnlich wie bei den willkürlichen — die Aufmerksamkeit eine entscheidende Rolle spielt: durch diese wird erst das Netzhautbild zum Reflexreiz, bei dem die Reflexzeit auch von der Reizstärke, d. h. Leuchtdichte abhängt. Endlich wird mit den unwillkürlichen

Stellungsänderungen die Aufbringung der normalen Leistung des Binokularsehens trotz gewisser Hindernisse erstrebt, die entweder von vornherein gegeben sind oder erst künstlich gesetzt werden. In anderen Fällen dienen diese Stellungsänderungen der Aufrechterhaltung des normalen Binokularsehens trotz geänderter Einwirkung äußerer Kräfte, speziell der Massenwirkung und der Körperhaltung. Durchwegs muß man hiernach den unwillkürlichen Augenbewegungen einen Anpassungscharakter zuerkennen. An motorischer Fusion ist eine bestimmten Daueranforderungen entsprechende statische oder Halteleistung bzw. Dauerspannung und eine dynamische oder Bewegungsleistung, d. h. eine Spannungsänderung im Dienste momentaner Ansprüche zu unterscheiden (Schubert).

Als präexistentes Hindernis für korrespondente Abbildung und damit für das binokulare Sehen kommt eine asymmetrische Ausbildung oder wenigstens eine asymmetrische Tonusverteilung an den beiden okulomotorischen Apparaten in Betracht. Dieselbe äußert sich in einer diskrepanten Stellung des einen Auges nach Höhe, Breite, Orientierung, sobald dasselbe irgendwie in der Teilnahme am Sehakt beeinträchtigt oder gar völlig abgeschlossen wird. Die Abblendungsstellung (bei Abdecken — ,,Verblendung'' bei Diffusbelichtung des anderen Auges), ebenso die Einstellbewegung bei Freigabe variiert in solchen Fällen ebenso zeitlich und abhängig von den jeweiligen Abbildungsverhältnissen (Blicklage bzw. Konvergenzgrad, einseitige Verdunkelung, einseitige Diffusbelichtung oder farbige ,,Differenzierung'' oder Teilabblendung), wie die Schielstellung bei manifestem Strabismus (vgl. oben S. 129). Dies gilt unabhängig davon, ob das führende Auge genaue Primärstellung oder eine sonstige Lage, etwa die sensorisch ausgezeichnete Grundstellung (vgl. oben S. 168) einnimmt. Die Abwanderung des Auges aus der Fixationsstellung erfolgt langsam, gleitend, absatzweise (Schubert).

Angesichts des meist komplexen Charakters und des Schwankens nach Ausmaß und selbst nach Richtung kann man die einzelnen Fälle nur schematisch und bedingt als Exo- oder Esophorie, Hyper- oder Hypophorie sowie positive oder negative Zyklophorie klassifizieren. Bei allen phorometrischen Untersuchungen muß man sich dies immer gegenwärtig halten! Jedenfalls aber bildet die fakultative Heterophorie der Augen — speziell die Exophorie oder Konvergenzinsuffizienz beim Nahesehen — geradezu die Regel, der Idealfall von Orthophorie eine seltene Ausnahme. Auch verhält sich die reguläre Ungleichmäßigkeit im okulomotorischen Apparat beider Augen nicht durchwegs und vollkommen alternierend. Im Anschluß an die erwähnten Disharmonien der Augenstellung sei auch an die habituelle Fehlkonvergenz erinnert (vgl. S. 109, 168).

Die heterophore Ausgangsstellung entspricht, wie dies schon bezüglich der Schielstellung bei manifestem Strabismus (vgl. S. 129) nachdrücklich betont wurde, nicht einer inkongruenten Ruhelage, sondern einer asymmetrischen Tonusverteilung, was in beiden Fällen schon das zeitliche Schwanken lehrt. Eine solche sonst korrigierte Anomalie kann bei den verschiedensten sensorischen Beeinträchtigungen hervortreten und den Befund komplizieren. Ebenso kann dieser Umstand es auch erschweren, aus dem Verhalten bei Lähmung auf deren Charakter oder auf die physiologischen Drehkomponenten eines einzelnen Augenmuskels zu schließen (vgl. S. 155).

Die physiologischen Ausgleichsbewegungen und nachdauernden korrektiven Stellungsänderungen werden im Interesse des binokularen Einfachsehens reflektorisch, auch gegen den Willen durchgeführt, so daß man von einem direkten *Fusionszwang* sprechen kann. Der Fusionsreflex, für welchen die absolute Reizschwelle zwischen $4{,}7 \times 10^{-8}$ und $2{,}94 \times 10^{-9}$ Lux, bzw. bei $6{,}82 \times 10^{-8} \frac{\mathrm{erg}}{\mathrm{cm^2 sek}}$

liegt (THEMEL), ist auf kongruente Einstellung, d. h. Gewinn eines gemeinsamen binokularen Blickpunktes und symmetrischer Orientierung beider Augen gerichtet.

Es lassen sich neben der gleichsinnigen wie ungleichsinnigen Lateralsynergie und der gleichsinnigen Vertikalsynergie, welche — wenn auch als korrigierende psycho-optische Reflexleistungen — bereits unter den willkürlichen Augenbewegungen behandelt wurden (vgl. S. 172), noch folgende der *Willkür entzogene binokulare Synergien* unterscheiden:

1. Gegensinnige Vertikalsynergie oder Vertikaldivergenz (der HERTWIG-MAGENDIEsche Schielstellung zugrunde liegend).

2. Gegensinnige Rollungssynergie, und zwar Auswärtsrollung oder Disklination, Einwärtsrollung oder Konklination.

3. Gleichsinnige oder parallele Rollungssynergie, und zwar rechtsläufige (Dextroklination), linksläufige (Lävoklination).

Vertikaldivergenz und gegensinnige Rollung können sich frei und unabhängig miteinander kombinieren; auch lassen sich gleichsinnige Rollungen nicht bloß „statisch" (als Neigungsrollung, vgl. oben S. 137), sondern auch optisch als Korrektiv- und Fusionsrollungen auslösen. Allerdings gelingt dies nur unter dem Zwang von Koinzidenzerhaltung mit einem zuvor eingeprägten Nachbild (NOJI).

Bei dieser Aufstellung wird an der allgemeinen, wenn auch etwas schematischen Voraussetzung festgehalten, daß beide Augen stets gleichzeitig und gleichmäßig beansprucht werden. Dementsprechend wurde bereits oben (S. 172, 173) eine scheinbar einseitige Stellungsänderung nicht auf eine wirklich einseitige Innervation zurückgeführt, sondern auf zwei binokulare Bewegungsanteile, welche sich algebraisch summieren, also an dem einen Auge einander das Gleichgewicht halten, am anderen hingegen sich addieren.

Als Einzelglieder solcher Synergien kommen wieder nur die bereits für das Einzelauge festgestellten Motoren, speziell das Heber- oder Senkerpaar, das Paar der Auswärts- oder Einwärtsroller in Betracht. In keinem Falle hebt etwa die Binokularsynergie einen einzelnen der Paarlinge aus der Koppelung heraus. (Damit erscheint allerdings die Möglichkeit rein einäugiger Bewegungen korrektiven Charakters nicht völlig ausgeschlossen, wenn solche auch nur einen seltenen Ausnahmefall bilden dürften — vgl. S. 181.)

Anderseits ergibt sich eine lehrreiche Parallele zwischen dem Verhalten des Einzel- und Doppelauges! Wie am Einzelauge jeder einzelne Muskel der oberen und der unteren Etage sowohl in Vertikalkooperation als in Rollungskooperation tätig sein kann (vgl. S. 166 ff.), so wird am Doppelauge jeder Horizontalmuskel als Paarling sowohl zu Seitenwendung als zu Näherung-Fernerung des Blickes verwendet. Ebenso tritt jeder Vertikalmuskel als Glied des Heber- oder Senkerpaares zu gleich- oder gegensinniger Vertikalbewegung beider Augen wie als Glied des Rollerpaares zu gleich- oder gegensinniger Rollung beider Augen in Aktion. Das Prinzip einer mehrfachen Kooperationsweise der gegebenen Einzelmotoren ist sonach nicht bloß am Einzelauge, sondern auch am Doppelauge zweckmäßig verwirklicht!

Asymmetrien im okulomotorischen Apparat stellen schier unvermeidliche Unvollkommenheiten dar, da ursprünglich zwischen beiden Augen nur eine gröbere Verknüpfung gegeben erscheint. Erst durch besondere Korrektivbewegungen wird eine nachträgliche Präzisionsregulierung erreicht, die — wenigstens regulär — auf binokularem Wege erfolgt. Auf diese Weise wird eine weitgehende Kongruenz in der Einstellung, Orientierung und Bewegung zustande gebracht, obzwar auch dann noch gleichzeitige und gleichmäßige Fixationsschwankungen beider Augen bestehen. Aber erst durch die geschilderte feine Ausregulierung wird die Auswertung der Veranlagung zu binokularem haplo-stereoskopischem Sehen ermöglicht. Die Korrektur der Heterophorien hat also die hohe biologische Bedeutung, der sensorischen Leistung unseres Doppelauges zu dienen. Die Heterophorie äußert sich in einer Asymmetrie des binokularen Tonus, wobei die jeweiligen Abbildungsverhältnisse — ebenso wie beim Schielen (vgl. S. 130) — von charakteristischem Einfluß sind (A. v. TSCHERMAK-SEYSENEGG). Die Heterophorie wird grundsätzlich vom latenten Schielen unterschieden und auf einen Ausfall der Reflexkoordination zurückgeführt, welche als Präzisionsfaktor zu der übergeordneten, zentral-nervös gesteuerten Grundkoordination hinzutritt (SCHUBERT).

Analoge Veränderungen der Tonusverteilung, wie sie durch die physiologischen synergialen Korrektivbewegungen zustande gebracht werden, lassen sich künstlich in Gestalt sogenannter *Fusionsbewegungen* erzwingen. Führen die ersteren aus einer disharmonischen Stellung zur harmonischen, so verbringen die letzteren die Augen aus der normalen Lage in eine asymmetrische, die jedoch den künstlich geschaffenen Bedingungen entspricht. Beidemal ist die Stellungsänderung im Interesse des binokularen Einfachsehens gelegen und durch den Fusionszwang ausgelöst. Als künstliche Mittel solcher Art wird die Schaffung einer an Breite, Höhe oder Neigung verschiedenen Abbildung in beiden Augen verwendet, wozu einseitiges oder beiderseitig-gegensinniges Vorsetzen von Prismen oder Bildverstellung in einem Haploskop dient. Die dabei ermittelten Grenzwerte bezeichnen die sogenannte *Fusionsbreite*. Auch bei nur einseitig gegebenem Anlaß verteilt sich die Stellungsänderung symmetrisch auf beide Augen. Ebenso erweisen sich die einzelnen Synergien als selbständig und unabhängig voneinander.

Charakteristisch für die unwillkürlichen Augenbewegungen, speziell für die Fusionsbewegungen, ist, wie bereits erwähnt (S. 174), die relative Langsamkeit (1 bis 6 Sekunden) und die längere Nachdauer mit langsam abklingenden „Resten". Letztere äußern sich durch nachträgliches charakteristisches Doppeltsehen nach Freigabe der Augen von den getroffenen Zwangsmaßnahmen.

Die primäre Einrichtung zum Ausregulieren und Erhalten einer harmonischen Augenstellung, also die Antriebs- und Bremsvorrichtung für Ausgleichsbewegungen, welche — trotz gewisser gegebener oder künstlich geschaffener Asymmetrien — die Augen gleichmäßig orientieren und den Blick punktuellbifoveal einstellen, ist aber bereits in der normalen sensorischen Verknüpfung beider Augen gegeben.

Dem Anlasse nach sind zu unterscheiden:

1. Korrektivbewegungen.

2. Fusionsbewegungen.

3. Statische Lageänderungen — ausgelöst durch Schaffung von Divergenz zwischen Richtung der Massenwirkung und der Körperachse (Neigung gegen die Schwerkraft, bzw. gegen die Resultante von Schwer- und Fliehkraft).

4. Optokinetische Lageänderungen — ausgelöst durch Mitführen der Augen bei Vorbeibewegung von Streifenmustern (*Rotationshaploskopie*).

Optokinetische Lageänderungen lassen sich übrigens entweder im Sinne von Horizontal- oder Vertikaldivergenz oder auch von Rollungen beider Augen um ihre Achse produzieren (BRECHER). — Im Anschluß hieran sei auch kurz noch des optokinetisch auslösbaren Augenzitterns, des *optischen Bewegungsnystagmus* gedacht, der gewisse Bewegungseindrücke begleitet. Dasselbe stellt eine Führungsbewegung von charakteristischem Ablauf dar, bestehend aus einer minder sinnfälligen, langsamen Phase gleitender Blickbewegung und einer auffälligen, raschen Phase von entgegengesetzter, korrektiver Richtung, welch letztere in der Bezeichnung als charakteristisch hervorgehoben wird. Die langsame Phase hat die Bedeutung eines Augenstellreflexes, welcher auf das Festhalten des Bildes auf der Netzhaut abzielt, bzw. eine Verschiebung desselben zu verhüten sucht.

Beim Nystagmus läßt sich das Vorhandensein eines supranuklearen Haltungs- und Schaltapparates erschließen (WIEDERSHEIM). Dabei vermag jeder einzelne Augenmuskel *beide* Phasen von Nystagmus zu erzeugen, und zwar die eine durch aktive Verkürzung, die andere durch aktive Erschlaffung (HÖGYES). Der Nystagmus stellt eine besondere Beanspruchung von binokularen Synergien dar; optokinetisch kann er ebensogut von einem Auge allein her ausgelöst werden wie von beiden zugleich. Das Hervorrufen von optokinetischem Nystagmus durch ein vorbeibewegtes Streifenmuster läßt sich zum Nachweis der Lichtperzeption (RIEKEN), auch zu einer objektiven Adaptometrie (GEMELLI, SCHUPFER, OHM) sowie zur Feststellung von Gesichtsfelddefekten verwenden (vgl. S. 38). Dabei wird entweder das Verhalten des Auges direkt beobachtet oder durch einen geeigneten Nystagmographen registriert — am reinlichsten durch graphische Verzeichnung des Hornhautreflexes unsichtbarer Strahlungen (MÜNSTER und SCHLAAK, vgl. S. 169, 170) oder der Aktionsströme der Gesichts- und Augenmuskulatur sowie der Netzhaut (Elektronystagmograph nach GEMELLI, GILDEMEISTER, SCHUPFER). Darbietung festbleibender Marken, auch plötzlich zugespiegelter, vermag durch Fesselung des Blickes den optokinetischen Nystagmus zu bremsen (OHM).

Subjektiv kann sich ein grober Nystagmus dadurch äußern, daß die zweite, rasche Phase zu einer scheinbaren Auskerbung am Eindruck eines streifenförmigen Objekts — im Vorbild wie im Nachbild — führt. Sobald das Bild über die Netzhautgrube gleitet, tritt nämlich deren verspätetes Anklingen und ihre längerdauernde Nacherregung hervor. Aber auch die langsame Phase kann sich in Form von Abtreiben des Eindruckes, speziell eines fovealen Nachbildes, nach der Peripherie hin verraten.

d) Kopf und Auge.

Bei Abweichung zwischen der Längsachse des Kopfes, bzw. des Gesamtkörpers und der Massenwirkung, so bei seitlicher Neigung des ruhenden Körpers, aber auch durch bloße Knickung der Kopf-Rumpf-Achse selbst kommt es zu „statischen" Lageänderungen der Augen. Diese Reflexe zielen darauf ab, die bisherige, den äußeren Kräften entsprechende Lage der Augen aufrechtzuerhalten. Beim Menschen beschränkt sich diese Reaktion — entsprechend der frontalen Anordnung seiner Augen — im wesentlichen auf parallele Rollung. Letztere strebt der Richtung der Massenwirkung zu, d. h. der Lotrechten bei seitlicher Neigung des ruhenden Körpers, bzw. der Resultante bei gleichzeitiger Einwirkung von Drehkraft neben der Schwerkraft. Dementsprechend fanden wir bereits (vgl. oben S. 138) bei Aufrechthaltung des ruhenden Körpers, ebenso bei Schrägeinstellung in die Richtung der resultierenden Massenwirkung im Pendelkarussell oder im richtig kurvenden Flugzeug keinen Anlaß zu einer „statischen" Augenrollung gegeben. Wohl aber besteht ein solcher bei irgendwelcher Abweichung von der so bezeichneten Grundstellung. — Bei Tieren mit seitlicher Augenlage, besonders schön bei Fischen, ist die statische Vertikaldivergenz bei seitlicher Neigung des ruhenden Körpers oder künstlicher Aufrichtung des entsprechend rotierenden Tieres sehr ausgesprochen. Beim Menschen kommt hingegen eine HERTWIG-MAGENDIEsche Schielstellung nur unter besonderen Umständen vor, speziell bei einseitiger Reizung oder Verletzung der Vestibularisleitung.

Endlich sei noch der weitgehenden Vertretbarkeit von Augenbewegungen durch Kopfbewegungen gedacht. Solche begleiten normalerweise — allerdings unter starker individueller Verschiedenheit und in weitgehender Freiheit — die Wanderung des Blickes, sobald sie ein gewisses Ausmaß (etwa 10 bis 15°) überschreitet, besonders wenn sie nach einem fernabliegenden Ziel hin erfolgt. Doch erweist sich bereits an der Kurzstreckenaufgabe des Lesens der Kopf mitbeteiligt. Die Kopfbewegungen entsprechen im allgemeinen dem Prinzip der groben, die Augenbewegungen dem Grundsatz der feinen Einstellung des Blickpunktes. Auf das Bewegungsgesetz der Augen hat, wie bereits (S. 165) bemerkt, die Kopfstellung keinen Einfluß. Auch bei seitlicher Neigung setzt sich die Kooperationsweise der Vertikalmotoren unverändert auf das Niveau der statischen Gegenrollung drauf. Daß andererseits die Gravi- und Propriozeptoren des Kopfes Einfluß nehmen auf die absolute und die egozentrische Lokalisation, hat bereits oben (S. 138, 142) Erwähnung und Würdigung gefunden. Auch die Bedeutung von Kopfbewegungen für die Tiefenlokalisation — auf dem Wege der Parallaktoskopie (vgl. S. 125) — ist uns nicht mehr fremd. Gerade die Untersuchung und Ausbildung dieser Ersatzfunktion bei Einäugigen wird meines Erachtens noch einmal eine praktische Rolle spielen. In pathologischen Fällen von Lähmung einzelner Augenmuskeln ist die kompensatorische Kopfhaltung unter Umständen so charakteristisch, daß sie für die Diagnose verwendet werden kann (BIELSCHOWSKY).

4. Kurze Übersicht der Verbindungen von Gehirn und Auge.

Unsere Einführung in die physiologische Optik sei geschlossen mit einer ganz kurzen Übersicht der Verbindungen von Gehirn und Auge. Dabei können natürlich — angesichts der Überfülle neurologischer Spezialdaten — nur die wichtigsten elementaren Grundlagen Erwähnung finden.

Zunächst sei daran erinnert, daß die zentrale Sehleitung, welche aus dem im Auge mitvorgelagerten sensiblen Endkern, dem Ganglion opticum oder der Ganglienzellenschicht der Netzhaut, entspringt, ihre erste Umschaltung im äußeren Kniehöcker und in dem direkt anschließenden Kaudalpol des Thalamus, dem primären Pulvinar, erfährt. Ebenso wie im Nervus, dann im Tractus (Fasciculus) opticus eine gesetzmäßige Gruppierung der einzelnen Faserbündel besteht, die den einzelnen Netzhautregionen — speziell dem Maculabezirk (als papillomaculares Bündel) — zugehören, so ergibt sich ein analoger Aufbau des Corpus geniculatum laterale (speziell DE CRINIS) und weiterhin auch eine Gliederung der subcorticalen GRATIOLETschen Sehstrahlung (FLECHSIG). Der laterale, sensorische Anteil derselben, aus starkkalibrigen Fasern zusammengesetzt, endigt an den Lippen der Fissura calcarina und an der Kappe des Occipitalpoles, welche zusammen das primäre optische Rindenfeld darstellen. Dasselbe ist bekanntlich durch seinen besonderen Bau ausgezeichnet, speziell durch den VICQ D'AZYRschen Faserstreifen, bzw. die Doppelschicht der großen Pyramidenzellen. Auch hier ist eine charakteristische Felderung nachgewiesen — nämlich Zugehörigkeit der Polregion zur Macula, welche gehälftet-einseitig (besonders v. SZILY), nicht wie früher angenommen doppelseitig (WILBRAND, SÄNGER) vertreten erscheint. Ferner besteht Verknüpfung der oberen Lippe mit der oberen, der unteren Lippe mit der unteren Netzhauthälfte, bzw. den entsprechenden Quadranten. Gemäß der Halbseitenkreuzung der optischen Zuleitung beim Menschen — mit etwa zwei Drittel gekreuzter und nur einem Drittel ungekreuzter Tractusfasern — projizieren sich auf die rechte obere Calcarinalippe die beiden korrespondierenden rechten oberen Netzhautquadranten, bzw. die linken unteren Viertel des Gesichtsfeldes. Die korrespondierenden Einzelleitungen fließen wohl nicht einfach zusammen, sondern endigen übereinander in den beiden Lagen der verdoppelten inneren Körnerschicht der Sehrinde (KLEIST, R. v. VOLKMANN). Analoges gilt von der (rechten) unteren Calcarinalippe, den (rechten) unteren Netzhautquadranten, bzw. den (linken) oberen Vierteln des Gesichtsfeldes (vgl. dazu Abb. 60, S. 100).

So erscheint eine ganz bestimmte umschriebene Lokalisation in der Sehsphäre gegeben (HENSCHEN, LENZ, BEST) — nicht aber eine unscharfe, weitreichende Beteiligung der Hirnrinde am primären Sehakt (wie sie speziell seinerzeit v. MONAKOW vertrat). Derselbe Bezirk, eventuell mit einer gewissen Erweiterung dorsalwärts, dient zugleich der Vermittlung von konjugierten Augenbewegungen, soweit sie als psycho-optische Reflexe auf Gesichtseindrücke hin erfolgen. Die Sehsphäre weist demgemäß, allgemein gesprochen, einen gemischten, senso-motorischen Charakter auf.

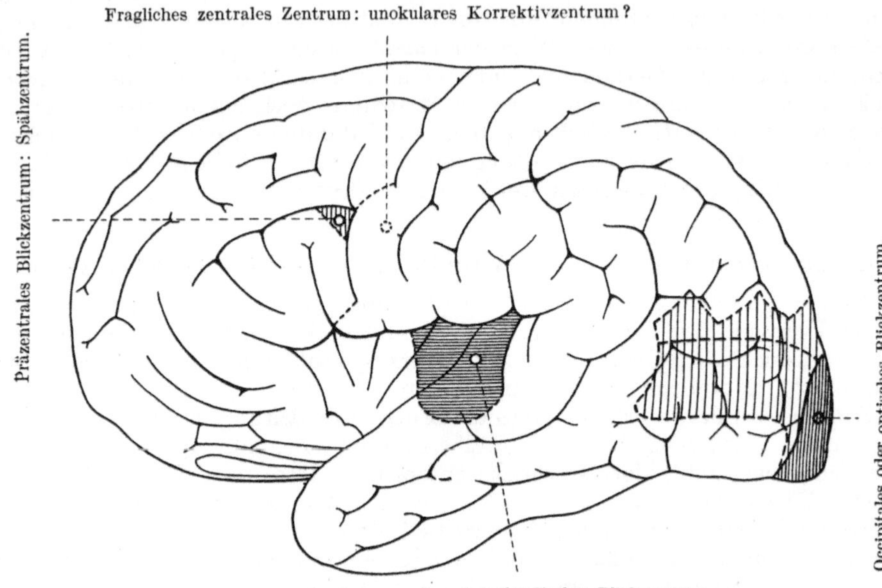

Abb. 110. Blickzentren der linken Hirnhemisphäre (nach A. v. TSCHERMAK-SEYSENEGG).

Doch ist das *occipitale oder optische Blickzentrum*, welches nicht bloß den willkürlichen, sondern auch den unwillkürlichen Korrektiv- und Fusionsbewegungen dient, keineswegs das einzige Rindenfeld, von welchem her Augenbewegungen ausgelöst werden. Vielmehr lassen sich daneben noch zwei oder drei weitere *corticale Blickzentren* unterscheiden (vgl. Abb. 110), nämlich als zweites ein *insulo-temporales oder akustisches Blickzentrum*, welches durch Gehörseindrücke beansprucht wird und Zuwendung beider Augen, in Verein mit dem Kopfe, zur Schallquelle vermittelt. Dasselbe fällt mit der primären Hörsphäre zusammen, welche wir heute (nach FLECHSIG, HENSCHEN) auf die hintere, temporale HESCHLsche Querwindung der Insel beschränkt erachten, nicht mehr ausgedehnt auf die Konvexität des Schläfenlappens, speziell der ersten Temporalwindung.

An dritter Stelle steht das *präzentrale oder frontale Blickzentrum*, welches den assoziierten Bewegungen der Augen und des Kopfes zum Aufsuchen eines erwarteten Gegenstandes dient und daher als „*Spähzentrum*" bezeichnet sei. Beim Menschen ist dasselbe — je nach der etwas wechselnden Faltung in dieser Rindengegend — in den Fuß der zweiten Stirnwindung, bzw. an das Ende der zweiten Stirnfurche zu lokalisieren. Noch einigermaßen fraglich erscheint, wenigstens beim Menschen, die Existenz eines vierten Augenbewegungszentrums, des *unokularen Korrektivzentrums*, das — in Analogie zum experimentellen Befund am Gyr. coronalis des Hundes (HITZIG) — an der oberen Grenze des unteren Drittels der vorderen Zentralwindung zu vermuten wäre.

Bei der mehrseitigen Zufuhr von Erregungen zu den Augenmuskelkernen ist es begreiflich, daß Fälle von dauernder und vollständiger corticaler Blicklähmung fehlen (während vorübergehende Störungen sichergestellt sind), zumal da es als wahrscheinlich bezeichnet werden kann, daß die Augenmuskeln doppelseitig von der Hirnrinde aus innerviert werden. Für die nervöse Regulierung des Augenmuskeltonus kommen supranukleare Bahnen und Zentren, speziell im Mittelhirn, in Betracht (BARTELS).

Sowohl für die sensorische als für die motorische Seite der Sehsphäre trifft die allgemeine Dreigliederung der Rindenfunktion zu, indem nach den maßgebenden Erfahrungen der Klinik primitive und höhere Leistungen gesondert geschädigt werden oder ausfallen können. Ein solches Verhalten ist am einfachsten durch die Annahme einer felderweisen, nicht bloß einer schichtenmäßigen Sonderung zu erklären, zumal da die myelogenetischen und cytoarchitektonischen Daten damit sehr gut vereinbar sind.

Als höhere Leistung ergibt sich auf sensorisch-optischem Gebiet zunächst das Verständnis für die primären Gesichtseindrücke und deren Einordnung in Begriffe, die wiederum als verallgemeinerte, durch Wortsymbole bezeichnete Empfindungsspuren betrachtet werden können, also die „*Gnosis*". Daneben oder besser darüber aber steht noch das Gedächtnis für die spezialisiert gebliebenen früheren Sinneseindrücke, die „*sensorische Mnesis*". Auf motorischem Gebiet erscheint in analoger Weise den primären Bewegungsimpulsen übergeordnet die sie allgemein zusammenfassende *Handlung, Aktion oder Praxie* einerseits, die gedächtnismäßige Fundierung der Oberleitung andererseits, das Bewegungsgedächtnis oder die *motorische Mnesis*. Letztere Gliederung ist allerdings bezüglich der Tätigkeit der Skeletmuskulatur deutlicher ausgesprochen als gerade bezüglich der Augenmuskeln. Immerhin läßt sich in spezieller Anwendung auf das Auge — was, hier natürlich nur ganz kurz bemerkt, nicht näher ausgeführt werden kann — folgendes Schema (nach A. v. TSCHERMAK-SEYSENEGG) für die kortikale Vertretung des Sehaktes und seiner motorischen Auswertung entwerfen.

Während die Lokalisation der primären sensorischen wie motorischen Rindenzentren heute als bereits weitgehend geklärt und gesichert bezeichnet werden darf, ist die Rindenvertretung der sekundären und tertiären Zentren noch vielfach problematisch. Dazu kommt übrigens die Wahrscheinlichkeit einer noch weitergehenden Spezialisierung gerade auf optischem Gebiet, wo die allgemeine Verarbeitung der optischen Eindrücke und die spezielle Verwertung in Form des Lesens voneinander getrennt sein dürften, wofür die klinischen Erfahrungen bezüglich der Alexie sprechen. Immerhin läßt sich für die gnostisch-optischen Leistungen und für die entsprechenden Aktionen oder Praxien eine Vertretung in den Randzonen vermuten, welche an die untere wie besonders an die obere Calcarinalippe grenzen. Die mnestischen Leistungen dürften an noch weiter vom primären optischen Zentrum, der Sehsphäre, abgelegene Rindenfelder, etwa im parietooccipitalen Terminalgebiet, speziell im dorsalen Anteil des Gyrus angularis geknüpft sein. Wahrscheinlich gehören beiderlei höhere Zentren den „Binnenfeldern" an, d. h. den einer direkten Verbindung mit der Peripherie entbehrenden Rindengebieten. Hingegen stellen die primären sensorischen wie motorischen Zentren „Stabkranzfelder" dar im Sinne der FLECHSIGschen Theorie von der tektonischen Dualität der Hirnrinde (Terminologie nach A. v. TSCHERMAK-SEYSENEGG). Gemäß dieser Vorstellung empfangen die tertiären sensorischen

Zentren ihre Erregung, wenigstens im allgemeinen, durch Vermittlung der sekundären, gnostischen Zentren; diese wieder von den primären Zentren. Ebenso wirken die tertiären motorischen Rindenfelder auf die sekundären, praktischen, diese endlich auf die primären motorischen Zentren, während den primären Zentren der Verkehr mit der Peripherie, ihren Aufnahmeapparaten wie ihren Erfolgsorganen obliegt. Diese Rangordnung hat übrigens bereits im obigen Schema Ausdruck gefunden.

Schema der sensorischen und motorischen optischen Zentren, bzw. ihrer Störungen.

Sensorisch		Motorisch	
Bezeichnung der Nervenzentren	Bezeichnung der Ausfallserscheinungen	Bezeichnung der Ausfallserscheinungen	Bezeichnung der Nervenzentren
O_{III} mnestisch-optisches Zentrum (Z. des Gedächtnisses)	Amnestische oder transcorticale Blindheit	Amnestische oder transcorticale Blicklähmung	M_{III} mnestisch-motorisches Zentrum (Z. des Gedächtnisses für Blickbewegung)
O_{II} Gnostisch-optisches Zentrum (Z. des Verständnisses)	Sogenannte Seelenblindheit (Verständnislosigkeit für optische Eindrücke)	Corticale Blicklähmung (optogene Apraxie)	M_{II} Aktions-, spez. Blickzentrum (Z. für Augenbewegungsbilder)
	Subcorticale Blindheit	Subcorticale Blicklähmung	
O_I Sehsphäre	Rindenblindheit	Rindenlähmung	M_I Rindenzentren für Blickimpulse

Unter den efferenten okulomotorischen Leitungen sind die vom occipitalen Blickzentrum entspringenden am genauesten bekannt (vgl. Abb. 111). Ihre feinen Fasern nehmen als sekundärer oder motorischer Anteil der GRATIOLETschen Strahlung die Mitte ein zwischen der (medialsten) Balkenschicht und der (lateralen) primären oder sensorischen Sehstrahlung. Sie steigen teils (M_1) ab zum sekundären Pulvinar (sek. P.), teils (M_2) zum vorderen Paar der Vierhügel (v. P. d. V.H.), teils (M_3) direkt zu den Augenmuskelkernen. Aus dem vorderen (wie hinteren) Paar der Vierhügel läuft ein absteigendes System, das quadrigemino-spinale System oder die optisch akustische Reflexbahn (o. a. R.B. nach HELD) durch die fontänenartige Haubenkreuzung MEYNERTs in die Schleifenregion und endigt teils an den Augenmuskelkernen beider Seiten, teils durch den Fissurenstrang absteigend am Vorderhorn des Halsmarkes der Gegenseite (für die Nackenmuskulatur). Daneben gelangt aus den Vierhügeln ein ungekreuztes System zur Brücke (Br.K.). Vom Spähzentrum wie vom insulo-temporalen Blickzentrum dürften Leitungsfasern teils zu den Vierhügeln, teils direkt zu den Augenmuskelkernen gelangen. Als subcorticale Stationen der okulomotorischen Bahn kommen also das sekundäre Pulvinar, das tiefe Grau des vorderen Paares der Vierhügel und die Augenmuskelkerne in Betracht.

Die Assoziationen und Synergien erweisen sich nicht so sehr in der untersten Instanz, also in den Hirnnervenkernen, als vielmehr wesentlich supranuclear begründet. Unter den Augenmuskelkernen dient der unpaarige Mediankern dem Innervationskomplex des binokularen Sehens, speziell des Nahesehens (Konvergenz, Pupillenkontraktion, Akkommodation). Bemerkenswert ist ferner der unmittelbare Zusammenhang der Kerne für die beiden Heber (Rect. sup. und Obl. inf.) wie der beiden Senker (Rect. inf. und Obl. sup.), deren Okulomotorius- wie Trochlearisfasern vollständig gekreuzt sind. In dieser Konfluenz mag man einen Ausdruck sehen für das ständige Zusammenarbeiten in konstantem Verhältnis der Einzeldrehmomente, wozu einfach gleich starke Innervation ausreichen dürfte (vgl. oben S. 164).

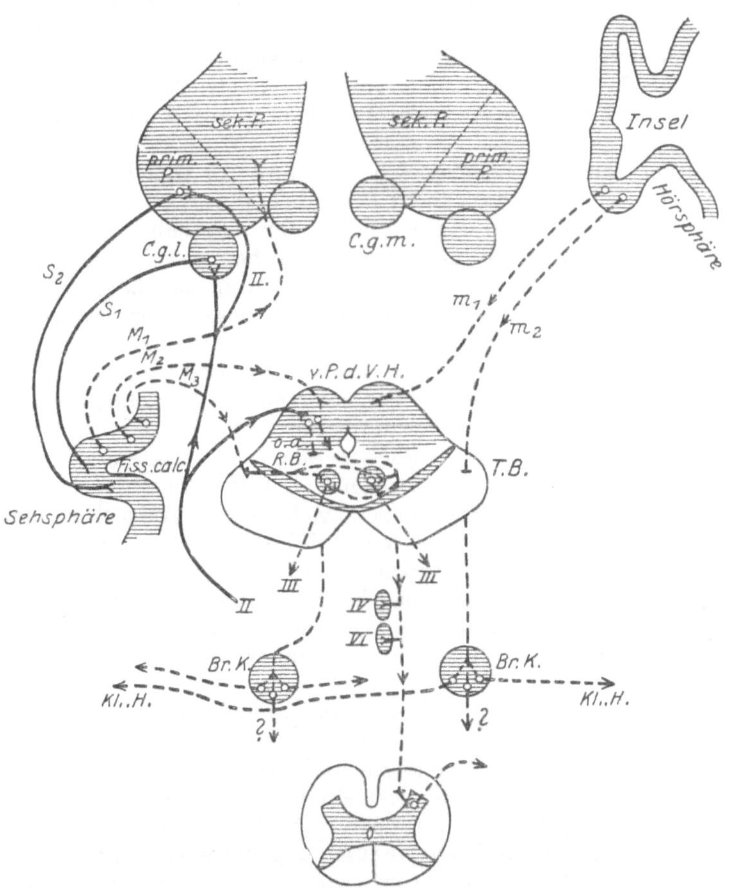

Abb. 111. Stabkranzbahnen der Seh- und der Hörsphäre.

Unklar ist noch die zentrale Vertretung der afferenten Leitungen, an denen gerade die Augenmuskeln reich sind. Sie könnten die Endstätte der mesencephalen Trigeminuswurzel, den Locus caeruleus, als Schaltstation benutzen, so daß die zugehörigen sensibel-sensorischen Endkerne dorsal von den einzelnen motorischen Augenmuskelkernen angeordnet wären.

5. Biologische Begründung und Bedeutung der Augenbewegungen.

Schon die Tatsache einer strengen Koppelung der Vertikalmotoren bei gleichzeitiger Befähigung zu einer unwillkürlichen Rollungskooperation, nicht minder die schon am Neugeborenen hervortretende, auch durch künstliche

Reizung produzierbare Verbindung beider Augen zu bestimmten Synergieformen, endlich die komplizierte Innervation des okulomotorischen Apparats weisen deutlich auf eine angeborene oder besser bildungsgesetzliche Begründung hin. Bloße Gewöhnung und individuelle Erfahrung könnte niemals ein so striktes Zusammenarbeiten hervorbringen.

Allerdings schafft nicht erst die Motilität der Augen den optischen Raumsinn, wie bereits oben (S. 123, 151 ff.) betont wurde. Ist doch in Wirklichkeit unsere Kenntnis von der jeweiligen Augenstellung nur eine sehr grobe! Vielmehr stellt die Lokalisation des Einzelauges ebenso wie die elementare Korrespondenz beider Netzhäute das Primäre dar. Stellung und Bewegung des Doppelauges sind nicht die Quellen der Lokalisation, sondern nur der Ausdruck der jeweiligen Verteilung der Aufmerksamkeit, eine Folge der Lokalisationsweise des Zielpunktes für den Blick.

Räumliches, selbst plastisches Sehen besteht *vor* jeglichen Augenbewegungen und *ohne* sie. Es bedarf dazu nicht erst einer motorisch-dynamischen Leistung, wohl aber einer sensorisch-dynamischen, der sogenannten Allelotropie, vgl. S. 119 ff. Doch ist diese speziell beim Menschen gewöhnlich von motorischen Äußerungen, zumal von Schwankungen der Naheinstellung, Konvergenz und Akkommodation, begleitet. Das Zusammenarbeiten der beiden Hälften des okulomotorischen Apparats ist zwar grob präformiert, wird aber erst auf Grund des Fusionszwanges fein ausreguliert. So wird speziell die gewöhnlich bestehende Heterophorie durch entsprechende Tonusverteilung korrigiert, dadurch auch eine weitgehend symmetrische Orientierung beider Netzhäute erreicht. Die sensorische Korrespondenz ist eben von vornherein eine weit exaktere als die motorische.

Nur die Spähbewegungen der Augen sind wahre Intentionsbewegungen, hingegen müssen die Stellungsänderungen, welche dem Aufsuchen oder Verfolgen eines optisch oder akustisch erfaßten Objekts dienen, als zugelassene psycho-optische Reflexbewegungen klassifiziert werden, wobei die wandernde Aufmerksamkeit den Sinnesreiz, speziell das Netzhautbild, zum Reflexreiz macht. So wirkt schon die querdisparate Abbildungsweise eines beachteten Gegenstandes als Reflexreiz, der unter Fusionszwang die Näherungs-Fernerungs-Bewegung hervorruft.

Bei der Koordination der äußeren Augenmuskeln erscheinen zwei Regulationen hintereinandergeschaltet, und zwar ein rein reflektorischer Haltemechanismus und ein auch der Willkür unterworfener Bewegungsmechanismus (SCHUBERT). Schon die Fixationsstellung entspricht einem tonischen Festhalten des Blickes, für welches ein besonderer Reflexapparat (Stellungsapparat nach GERTZ, Einschnappmechanismus nach KESTENBAUM) angenommen wird.

Durch die Augenbewegungen wird, wie schon betont, eine Auswertung der präexistenten sensorischen Anlagen zu haplo-stereoskopischem Sehen unter beträchtlicher Erweiterung des Gesichtsraumes erreicht. Zugleich wird dadurch eine Kontrolle der bei Blickruhe erhaltenen Eindrücke, vor allem der Tiefeneindrücke, ermöglicht. Andererseits scheinen die Augenmuskeln auch Rezeptoren zu enthalten, welche entscheidenden Einfluß nehmen auf die egozentrische optische Lokalisation.

Schlußwort.

Unser Rundgang durch die Ergebnisse und Probleme der physiologischen Optik ist beendet. Er sollte und wollte uns keinen erschöpfenden Einblick in das schon so weit und so reich gewordene Gebiet vermitteln. Vielmehr mußten wir uns damit begnügen, überall die wesentlichsten Tatbestände herauszuheben und für eine Vertiefung des Interesses durch anschließendes Detailstudium zu werben.

Auch wurden offenherzig so manche Lücken aufgezeigt, schon um zu deren Ausfüllung durch eigene Fortarbeit anzuregen. Nicht minder sollte der Leser von gewissen Vorurteilen befreit werden, wie sich derer nicht wenige durch die traditionelle Übernahme so mancher Theorien als eines altehrwürdigen Hausrates ergeben!

Trotz der unvermeidlichen Unvollständigkeit des Gebotenen und trotz der vielleicht etwas stark subjektiven Farben, welche unsere Darstellung unleugbar aufweist, darf doch die Harmonie des gewonnenen Bildes nicht verkannt werden. Weit davon entfernt, bloß angewandte Physik sein zu wollen, hat die Dioptrik wie die Photik und Chromatik uns alsbald mitten in das Studium der Reaktionen des Lebendigen hineingeführt. War es dort der Kontrast, der einer rein psychologischen Wertung entzogen und in seiner eminenten biologischen Bedeutung als Korrektionseinrichtung für das Anschauungsbild herausgestellt werden konnte, so wurde uns hier die Abhängigkeit der Farbreaktion nicht bloß von den physikalischen Faktoren der Wellenlänge und der Lichtstärke, sondern auch vom physiologischen Charakter und Zustand des gereizten Systems klar. Nicht minder lehrte uns dann die Analyse des optischen Raumsinnes klar und folgerichtig zwischen geometrischem Lagewert oder Bildort und funktionellem Raumwert der Netzhauttasten zu unterscheiden und die Beweiskraft bezüglicher Diskrepanzen anzuerkennen. Aber auch die Betrachtung der haplo-stereoskopischen Leistungen unseres Doppelauges hat uns in der Statuierung eines räumlichen Reagierens, nicht einer eigentlichen Raumwahrnehmung bestärkt. Endlich konnten wir in der Motilität der Augen das Mittel zur Auswertung der lokalisatorischen Anlagen unserer Netzhäute erkennen, wobei die Kinematik für uns nicht einfach angewandte Mathematik, sondern reizvolle Biomechanik bedeutete.

So dürfen wir wohl sagen, daß die hier vertretene Grundauffassung des exakten Subjektivismus sich als einheitliche und wirksame Schau bewährt hat. Sie erschließt uns aber nicht bloß wertvolle Erkenntnis nutzbarer Wahrheit, sondern auch Einsicht in beglückende Schönheit und Harmonie!

Zum Schluß sei es gestattet, auf andere zusammenfassende Darstellungen des Verfassers über physiologische Optik zu verweisen, in denen auch die gesamte einschlägige Literatur angeführt erscheint:

Der exakte Subjektivismus in der neueren Sinnesphysiologie. 1. Aufl. Berlin: Springer 1921; 2. Aufl. Wien: Haim (Springer) 1932.

Die Helldunkeladaptation und die Funktion der Stäbchen und Zapfen. Erg. Physiol. 1 (1), S. 695—800. 1902.

Über Kontrast und Irradiation. Erg. Physiol. 2 (1), S. 726—798. 1903.

Über die Grundlagen der optischen Lokalisation nach Höhe und Breite. Erg. Physiol. 4, S. 517—564. 1904.

Merklichkeit und Unmerklichkeit des blinden Fleckes. Erg. Physiol. 24, S. 330—377. 1925.

Licht- und Farbensinn. BETHES Handb. d. Physiol. 12/1, S. 295—501. 1929.

Theorie des Farbensehens. BETHES Handb. d. Physiol. 12/1, S. 550—584. 1929.

Raumsinn. BETHES Handb. d. Physiol. 12/2, S. 833—1000. 1930.

Augenbewegungen. Ebenda 12/2, S. 1001—1094. 1930.

Methodik des optischen Raumsinnes und der Augenbewegungen. ABDERHALDEN, Handbuch d. biol. Arbeitsmethoden, Abt. V, Teil 6, S. 1427—1754. 1937 (letzte Lieferung — mit Bandregister gesondert käuflich).

Abschnitt: Allgemeine Sinnesphysiologie in Bd. 2 der „Allgemeinen Physiologie" (in Vorbereitung für 1946. Bd. 1. Berlin: Springer. 1924).

Siehe auch:

Physiologie des Gehirns. Bd. 4 (1), S. 1—206 von W. A. NAGELS Handbuch der Physiologie des Menschen. Braunschweig: Vieweg 1904.

Namenverzeichnis.

Sachverzeichnis.